Ärztliche Kooperationsformen unter haftungs- und berufsrechtlichen Gesichtspunkten

Europäische Hochschulschriften

Publications Universitaires Européennes
European University Studies

Reihe II
Rechtswissenschaft

Série II Series II
Droit
Law

Bd./Vol. 4569

PETER LANG
Frankfurt am Main · Berlin · Bern · Bruxelles · New York · Oxford · Wien

Iris Felicitas Koller

Ärztliche Kooperationsformen unter haftungs- und berufsrechtlichen Gesichtspunkten

Von der Einzelpraxis zum Unternehmensnetzwerk

PETER LANG
Internationaler Verlag der Wissenschaften

Bibliografische Information der Deutschen Nationalbibliothek
Die Deutsche Nationalbibliothek verzeichnet diese Publikation in der Deutschen Nationalbibliografie; detaillierte bibliografische Daten sind im Internet über <http://www.d-nb.de> abrufbar.

Zugl.: Passau, Univ., Diss., 2007

D 739
ISSN 0531-7312
ISBN 978-3-631-56212-3

www.peterlang.de

Meinen Eltern

Vorwort

Die vorliegende Arbeit wurde im Sommersemester 2006 von der Juristischen Fakultät der Universität Passau als Dissertation angenommen. Neuere Rechtsprechung und Literatur konnten weitestgehend bis August 2006 berücksichtigt werden.

Mein besonderer Dank gilt an dieser Stelle meinem Doktorvater, Herrn Professor Dr. Markus Stoffels, für die Betreuung und Unterstützung der Arbeit sowie seine wertvollen Anregungen. Er stand mir stets mit Kompetenz, Rat und Tat schnell und unkompliziert zur Seite. Seine umgängliche und verständnisvolle Art sowie seine stetige Gesprächsbereitschaft waren mir eine große Hilfe.
Ebenso bedanken möchte ich mich sehr herzlich bei Herrn Professor Dr. Otfried Seewald für die zügige Erstellung des Zweitgutachtens.

Besonders bedanken möchte ich mich aber bei meinen Eltern, die mich während meiner gesamten Ausbildung unterstützt und mir diese Arbeit ermöglicht haben. Ihnen ist dieses Buch gewidmet. Ihr in mich gesetztes Vertrauen, ihre stets optimistische, humorvolle und aufbauende Art, gerade auch in schwierigen Phasen, war mir stets fröhlicher Ansporn und Motivation. Ohne ihre vielfältige und tatkräftige Unterstützung, ihre Geduld und ihr Verständnis hätte ich die vorliegende Arbeit in der jetzigen Form niemals vollenden können.
Schließlich danke ich auch meiner Schwester sowie all meinen Freunden und Bekannten, die zur Realisierung dieser Arbeit auf die verschiedenste Art und Weise und in allen Phasen beigetragen haben.

Passau, im Februar 2007 — Iris Felicitas Koller

Inhaltsübersicht

Inhaltsverzeichnis

Abkürzungen

Die verwendeten Abkürzungen entsprechen, soweit sie nicht allgemein gebräuchlich sind, dem „Abkürzungsverzeichnis der Rechtsprache" von *Hildebert Kirchner* und *Fritz Kastner*, 5. Aufl., Berlin u. a. 2003.

Einleitung

A. Gegenstand und Beweggründe der Arbeit

Der Gesundheitsmarkt erfährt gegenwärtig die weitreichendste Änderung in seiner Geschichte. Die Gesundheitsbranche ist schon seit Jahren intensiv bemüht, sämtliche vorhandenen Wirtschaftsreserven zu mobilisieren, um die Versorgung der Patienten in qualitativer und ökonomischer Hinsicht zu verbessern. Sie ist eine Branche, die Wachstumschancen und Gewinnerzielungsmöglichkeiten verspricht.

Die rasante Entwicklung des Gesundheitsmarktes der letzten Jahre zeigt, insbesondere auf dem Gebiet der ärztlichen Kooperationsformen, dass sich dieser Sektor immer mehr zu einem bedeutenden Wirtschaftsfaktor entwickelt. Jede Gesundheitsreform eröffnet den Ärzten neue Kooperationsmöglichkeiten. Die gesellschaftsrechtlichen Gestaltungsmöglichkeiten werden immer vielseitiger und umfangreicher. Die Folge dieses Strukturwandels ist, dass sich die Rolle des freiberuflich tätigen Arztes in der Leistungsanbietergruppe langsam aber sicher zu der eines Unternehmers wandelt.

Die Liberalisierung des Gesundheitswesens ist durch die Erweiterung der Kooperationsmöglichkeiten eine Entwicklung, die schon seit den vergangenen Gesundheitsreformen einsetzte und noch immer nicht endgültig abgeschlossen ist. Durch die Gesundheitsgesetzgebung der letzten Jahre ist insbesondere auf dem Gebiet der Entwicklung neuer Versorgungsformen im deutschen Gesundheitswesen deutlich Bewegung entstanden. Die Liberalisierung hat die Auflockerung des herkömmlichen Rechtsrahmens in Richtung einer zunehmenden Patientensouveränität sowie verstärkter Entscheidungs- und Handlungsspielräume der Patienten, Leistungserbringer und Kostenträger zur Folge. Nicht nur die Ärzte gehen neue Formen der Zusammenarbeit ein, sondern auch andere Leistungserbringer wie z. B. Krankenhausträger. Unterschiedliche und flexible Vertragslösungen zwischen den Anbietern untereinander und mit den Krankenkassen werden weiter zunehmen. Das zeigt sich insbesondere an den immer wichtiger werdenden öffentlich-rechtlichen Handlungsalternativen der Modellvorhaben, Strukturverträge, Integrierten Versorgung und der Medizinischen Versorgungszentren. Auch Beispiele der Kooperation, Konzernbildung und Fusionierung zwischen Leistungsanbietern nehmen drastisch zu. Die Verbesserung und Weiterentwicklung sektorenübergreifender Versorgungsstrukturen ist eines der zentralen gesundheitspolitischen Themen. Diese angestrebte weitgehende Liberalisierung soll einen Zuwachs an Effektivität und Effizienz im Gesundheitswesen bringen.

Gegenwärtig befinden wir uns aber erst am Anfang einer weit reichenden Entwicklung hin zu einem neu strukturierten Gesundheitswesen, das mit der klassisch starren Dreiteilung in *ambulanten* Sektor, *stationären* Bereich und *Rehabilitation* nichts mehr zu tun hat. Gefragt ist also in den nächsten Jahren eine neue Architektur unseres Gesundheitswesens. Die bisherigen strukturellen Schwachstellen der medizinischen Versorgung müssen eliminiert, insbesondere die Probleme an den Schnittstellen der Versorgungssektoren reduziert werden. Erklärtes Ziel ist es dabei, die Patienten auf der adäquaten Versorgungsebene mit den zur Erreichung des patientenbezogenen Behandlungsziels notwendigen Leistungen zu versorgen und dabei ineffiziente oder medizinisch nicht notwendige Versorgungsleistungen zu vermeiden, unter gleichzeitiger Wahrung eines normativ vorgegebenen Qualitätsniveaus.

Nachfolgend will die Verfasserin zunächst einen groben Überblick über die in den letzten Jahren im Hinblick auf die ärztlichen Kooperationsformen bedeutenden Gesundheitsreformen geben. Die Ausführungen beschränken sich aber nur auf diejenigen Gesichtspunkte, die im Rahmen der Entwicklung des Einzelarztes hin zum Unternehmensnetzwerk von entscheidender Bedeutung waren bzw. sind. In diesem Zusammenhang seien insbesondere die letzten zwei Gesundheitsreformen erwähnt.

Das **GKV-Gesundheitsreformgesetz**[1)] (Gesetz zur Reform der gesetzlichen Krankenversicherung aus dem Jahre 2000) stellt den Einstieg in eine Integrationsversorgung dar und ermöglicht den Aufbau neuer Betriebsformen und Versorgungskonzepte. Mit dieser Reform wurden erstmals nachhaltige Strukturreformen im System der gesetzlichen Krankenversicherung angegangen. Hauptziel dieser Reform war die Verbesserung von Qualität und Wirtschaftlichkeit im Gesundheitswesen. In diesem Zusammenhang wurde erstmals die Versorgungsform der Integrierten Versorgung zur besseren Vernetzung der ambulanten und der stationären Versorgung eingeführt.

---

1) Näher dazu *Krauskopf*, in: *Laufs/Uhlenbruck*, Handbuch des Arztrechts, § 23 Rn. 41.

Die Reform mit den weitreichendsten Folgen stellte jedoch das **Gesundheitsmodernisierungsgesetz**[2] **(GMG)** von 2004 dar. Dieses Gesetz hat schwerpunktmäßig die Weiterentwicklung der Versorgungsstrukturen zum Ziel und enthält umfassende Regelungen der Versorgungsstrukturen im ambulanten Bereich. Hierbei soll insbesondere die Integrierte Versorgung weiter ausgebaut werden. Um dieses Ziel zu erreichen, wurden bestehende Hindernisse beseitigt und der Abschluss der Versorgungsverträge in die alleinige Verantwortung der Vertragspartner gestellt. Darüber hinaus wurden die Medizinischen Versorgungszentren zur ambulanten Versorgung zugelassen. Diese Einrichtungen, die sich durch eine interdisziplinäre Zusammenarbeit von ärztlichen und nichtärztlichen Heilberufen auszeichnen, sollen die Versorgung des Patienten ‚aus einer Hand' ermöglichen. Durch den Ausbau der Versorgungsstrukturen soll ein Wettbewerb zwischen den verschiedenen Versorgungsformen mit dem Ziel ermöglicht werden, dass Patienten jeweils in der ihren Erfordernissen am besten entsprechenden Versorgungsform behandelt werden können.

Im Hinblick auf das demnächst in Kraft tretende **Vertragsarztrechtsänderungsgesetz**[3] **(VÄndG)** sei auf Kapitel 4 verwiesen.

Die Integrationsversorgung i. S. d. §§ 140 a ff. SGB V als bislang aktuellste Kooperationsform zielt auf eine umfassende, ganzheitliche Behandlung des Patienten entlang seiner Behandlungskette ab. Im Rahmen der Integrierten Versorgung können je nach Ausgestaltung der Verträge entweder ein Kollektiv von Leistungserbringern oder aber auch einzelne Leistungserbringer bzw. Managementgesellschaften, die mit den Kassen in direkter vertraglicher Bindung stehen, die Steuerung der Behandlungsabläufe übernehmen und für diese auch Budgetverantwortung tragen. Diese neue Versorgungsform stellt das Alternativmodell zur allgemeinen vertragsärztlichen Versorgung unter dem Sicherstellungsauftrag der Kassenärztlichen Vereinigung dar.

Einen weiteren Meilenstein in der Entwicklung des Einzelarztes zum Unternehmer bildet die Einführung der *Medizinischen Versorgungszentren* als neuen Leistungserbringertyp. Erstmals in der Geschichte der vertragsärztlichen Versorgung wird neben dem niedergelassenen freiberuflich tätigen Vertragsarzt oder neben Gemeinschaften von Vertragsärzten

---

2) *Quaas/Zuck*, Medizinrecht, § 4 Rn. 58 ff.
3) Verweis auf S. 267 ff.

für die ambulante Versorgung eine institutionelle medizinische Einrichtung als Wettbewerber eingeführt. Diese Neuerung wird langfristig eine vollständige Reorganisation des ambulanten Sektors zur Folge haben. Zwischen dem freiberuflich isoliert agierenden Allgemeinarzt und den angestellten oder anderweitig vertraglich gebundenen Ärzten in Zentren, die sich häufig in unmittelbarer Nähe oder auf dem Gelände eines Krankenhauses befinden, bestehen nahezu keine Unterschiede mehr. Diese Zentren werden idealer Weise ebenso wie ein Integriertes Versorgungssystem von einem Team geleitet, das sowohl medizinische als auch kaufmännische Aspekte abdeckt. Über die Konstruktion der Medizinischen Versorgungszentren werden nun erstmals die juristischen Personen des Privatrechts als zulässige Rechtsformen auf dem ambulanten Sektor zugelassen, um mit angestellten Ärzten heilkundliche Leistungen anzubieten. Der Behandlungsvertrag wird zwischen dem Patienten und der juristischen Person geschlossen. Diese erfüllt ihn durch die angestellten Ärzte der verschiedenen Fachrichtungen. Die Vorbehalte gegen die Heilkundegesellschaften bestehen seit Jahrzehnten und finden sich in den berufsgesetzlichen Regelungen einiger Bundesländer wieder, die bestimmte Gesellschaftsformen im ambulanten Bereich entweder verbieten oder an die Zustimmung der Ärztekammer binden.

Unmittelbar zwingende Folge dieser gesellschaftsrechtlichen Konstruktion im Rahmen der Medizinischen Versorgungszentren war es, dass auch auf dem übrigen ambulanten Sektor, also außerhalb dieser Zentren, die juristischen Personen des Privatrechts zugelassen werden mussten. Mit der Einführung der Ärztegesellschaft durch die novellierte Musterberufsordnung im Jahre 2004 ist nun einheitlich auf dem Gebiet der ambulanten ärztlichen Berufsausübung der Abschluss des Behandlungsvertrages zwischen einem Patienten und einer juristischen Person möglich. Der damit einhergehende Übergang der vertraglichen Einstandspflicht auf die Kapitalgesellschaft und damit die Beschränkung der Haftung auf deren Vermögen galt im Rahmen der Diskussion um die Heilkundegesellschaft jahrzehntelang als grober Widerspruch zum traditionellen und wohlbegründeten Modell des persönlich unbeschränkt verantwortlichen Freiberuflers. Bis zur Einführung der Ärztegesellschaft i. S. d. § 23 a MBO 2004 galt der beinahe unüberwindbare Grundsatz, dass die ärztliche Dienstleistung nur durch die einzelnen Ärzte selbst erbracht werden könne. Die Gesellschaft als solche dürfe hierbei nicht in das Behandlungsverhältnis integriert werden. Die Einführung der Medizinischen Versorgungszentren hatte also weit reichende Folgen in Bezug auf die Frage der statthaften Rechtsform im Rahmen der Berufsausübungsgemeinschaften im Allgemeinen.

B. Ziel der Arbeit und Problemaufriss

Die Arbeit will zum einen das weite Spektrum möglicher Kooperationen aufzeigen, die die Entwicklung des Einzelarztes zum Unternehmensnetzwerk bewirken. Zum anderen will die Arbeit aber auch die Haftungssituation der ärztlichen Kooperationsformen näher beleuchten, da diese eng mit der Entwicklung der Versorgungslandschaft zusammenhängt. Die Darstellung der aus den immer vielseitiger werdenden Kooperationsbestrebungen resultierenden Konsequenzen, insbesondere in gesellschafts- und haftungsrechtlicher Hinsicht, soll ein Schwerpunkt dieser Arbeit sein.

Die Rolle des Arztes verändert sich grundlegend. Der Arzt, der in der klassischen Vorstellung medizinisch autonom und nur der Berufsethik und dem Patienten verpflichtet ist, wird immer mehr zu einem Leistungsanbieter mit Erfolgshonorar. Die Rolle des Freiberuflers wandelt sich in der Leistungsanbietergruppe zu der eines Unternehmers. Damit eng zusammen hängt die in der Arbeit zu untersuchende Frage, ob sich mit der veränderten Rolle des Arztes auch die haftungsrechtliche Verantwortlichkeit für sein ärztliches Handeln ändert. Durch die immer vielseitiger werdenden Kooperationsmöglichkeiten entstehen neue Gebilde, die es in haftungsrechtlicher Hinsicht auf dem Sektor der Gesundheitsversorgung bislang nicht gab. Ob damit eng verbunden auch eine veränderte neue Haftungsstruktur auf dem Gebiet des ärztlichen Handelns einhergeht, gilt es in der Arbeit herauszuarbeiten.

Im Rahmen der haftungsrechtlichen Ausführungen will die Verfasserin an den entsprechenden Stellen aufzeigen, worin die Konflikte der neu eingeführten Versorgungsformen zu anderen Rechtsgebieten, insbesondere zum ärztlichen Berufsrecht, liegen. Es gilt diejenigen Stellen aufzuspüren, wo die Entwicklung des Einzelarztes hin zum Unternehmensnetzwerk noch ‚hakt', wo also noch gewisse rechtliche Hindernisse und Hemmnisse überwunden werden müssen. Die Verfasserin will also einerseits die einzelnen Kooperationsmöglichkeiten darstellen, die dazu führen, dass sich die Rolle des Einzelarztes immer mehr zur derjenigen eines Unternehmers entwickelt; andererseits soll aber genauso untersucht werden, ob sich parallel dazu auch die Haftungssituation des Arztes ändert.

Ein weiterer Schwerpunkt der Arbeit liegt darin, auch und gerade die Besonderheiten des Arztberufs, die in einzelnen Punkten die Rechtslage beeinflussen, herauszuarbeiten. Es gilt zu untersuchen, ob der Arzt wie jeder andere Unternehmer auch behandelt werden kann oder ob das Berufs- und Vertragsarztrecht nicht doch an manchen Stellen eine unterschiedliche Behandlung fordert. Tatsache ist, dass die Entwicklung des Einzelarztes hin zum Unternehmer nicht mehr aufzuhalten ist. Die Frage ist aber, ob es eine geradlinige Entwicklung oder eben doch nur eine mit angezogener Handbremse ist.

Das Anliegen der Arbeit soll demnach sein, neben der systematischen Darstellung der einzelnen in Betracht kommenden Kooperationsformen insbesondere auch die Schnittstellen und Überschneidungen der verschiedenen betroffenen Rechtsgebiete herauszuarbeiten und zu diskutieren. Die ärztlichen Kooperationsformen können nicht isoliert dargestellt werden, sondern müssen stets im Lichte und im Einklang mit dem ärztlichen Berufsrecht ausgelegt werden. Das Berufsrecht der Ärzte stellt die allumfassende große Klammer dar, die die Stellung des Arztes mit all seinen Rechten und Pflichten regelt. Die rechtliche Behandlung der neuen Kooperationsformen, insbesondere der damit zusammenhängenden haftungsrechtlichen Schiene, muss also stets konform gehen mit dem Berufsrecht. Über der Mannigfaltigkeit der ärztlichen Dienste darf deren gemeinsame Grundlage nicht aus dem Blick geraten. Die ärztliche Berufsethik bildet eine verbindende Grundlage, in der auch die Berufsfreiheit des Arztes wurzelt. Die Berufsordnung gilt grundsätzlich für alle Ärztinnen und Ärzte, auch im Rahmen neuer Kooperations- und Gesellschaftsformen. Die Berufsordnung ist das gemeinsame Band, das die heterogene Ärzteschaft zusammenhält. In der Arbeit sollen etwaige gegenwärtig bestehende Widersprüche zwischen dem gesellschaftsrechtlich Erlaubten und dem berufsrechtlich Verbotenen als Folge des Berufsrechts und dessen unterschiedlicher Umsetzung in den einzelnen Ärztekammern aufgezeigt und deren Auswirkungen in der Praxis dargestellt werden.

Schließlich wird der Frage nach möglicherweise bestehenden Auswirkungen des grundgesetzlich verankerten Föderalismusprinzips auf das Gebiet der ärztlichen Kooperationsformen nachgegangen. Die Art und Weise der ärztlichen Berufsausübung ist in den von den Landesärztekammern auf der Grundlage der jeweiligen Kammergesetze für Heilberufe erlassenen Berufsordnungen geregelt. Das ärztliche Berufsrecht als solches enthält also keine gesellschaftsrechtlichen oder gar haftungsrechtlichen Vorschriften. Die jeweiligen Länderberufsordnungen orientieren sich aber an der Musterberufsordnung, müssen die vorgeschlagenen Vorschriften aber nicht zwingend übernehmen. Eine bundeseinheitliche Regelung über die ärztliche Berufsausübung existiert also nicht, da neben den auf Landesebene erfolgten Regelungen gemeinschaftlicher Berufsausübung weder die Bundesärzteordnung noch die Approbationsordnung für Ärzte Regelungen zur gemeinschaftlichen Berufsausübung oder zur Haftung ärztlicher Handlungsformen enthalten. Das Berufsrecht der ärztlichen Handlungsformen, welches als Landesrecht bzw. auf Grund landesrechtlicher Satzungskompetenz von den Berufskammern gesetzt wurde, enthält bislang keine haftungsrechtlichen und unmittelbar gesellschaftsrechtlichen Regelungen für die freiberufliche Berufsausübung.

Die Darstellung des Zusammenspiels der verschiedenen die ärztlichen Kooperationsformen betreffenden Rechtsgebiete, insbesondere das Gesellschaftsrecht, das Vertragsarztrecht und das Berufsrecht, ist ein Hauptanliegen der Verfasserin. Das Verhältnis zwischen der gesellschaftsrechtlichen Gestaltungsfreiheit einerseits und den berufsrechtlichen Einschränkungen andererseits wird ein weiterer Schwerpunkt der Arbeit sein.

Ziel der Arbeit soll es sein, die verschiedenen Kooperationsformen, insbesondere unter haftungsrechtlichen Gesichtspunkten aufzuzeigen und darzustellen, an welchen Stellen noch Regelungsbedarf besteht. Insbesondere die berufs- und vertragsarztrechtlichen Schwachstellen gilt es herauszuarbeiten.

C. Gang der Darstellung

Das **1. Kapitel** befasst sich mit den verschiedenen Kooperationsmöglichkeiten der niedergelassenen Ärzte im Rahmen der ambulanten Versorgung. Bedingt durch die Rechtsprechung der letzten Jahre auf dem Gebiet der (Außen-)Gesellschaft bürgerlichen Rechts, insbesondere zur Haftung, wird der Gemeinschaftspraxis und deren Haftungsproblemen in allen Facetten besonderes Augenmerk gewidmet. Die unmittelbar damit zusammenhängende Frage, ob denn die Außengesellschaft bürgerlichen Rechts auch eine eigene Vertragsarztzulassung erhalten kann, wird ein weiterer Problemkreis sein. Schließlich wird im Rahmen der Gemeinschaftspraxis auch das Problem der sog. ‚Nullbeteiligungsgesellschaft' diskutiert. Des Weiteren wird im ersten Kapitel die Statthaftigkeit der juristischen Personen des Privatrechts und der Handelsgesellschaften als mögliche Rechtsformen ärztlicher Kooperationen diskutiert, was durch die Einführung der Ärztegesellschaft angezeigt ist. Einen weiteren Schwerpunkt bildet die neue Versorgungsform der Medizinischen Versorgungszentren als Form der Teilnahme an der ambulanten vertragsärztlichen Versorgung der Patienten. Im Rahmen des behandelten Praxisverbundes legt die Verfasserin besonderes Augenmerk auf die verschiedenen Rechtskonstruktionen und Gesellschaftsformen.

Im **2. Kapitel** will die Verfasserin die Zusammenarbeit der niedergelassenen Ärzte auf dem stationären Sektor beleuchten. Dabei soll ein Schwerpunkt auf dem Gebiet des Belegarztwesens, insbesondere des kooperativen Belegarztwesens, liegen.

Im Rahmen des **3. Kapitels** zeigt die Verfasserin zunächst eine überblicksartige Zusammenstellung der wesentlichen Punkte in der Integrationsentwicklung der ambulanten und der stationären Versorgung auf. Im Folgenden wird das Thema Ambulante Operation näher beleuchtet, wobei auch in diesem Rahmen die haftungsrechtliche Seite besonders betont wird. Schließlich widmet die Verfasserin der Integrierten Versorgung als vorläufig letzte Stufe der angestrebten Verzahnung von ambulanter und stationärer Versorgung besonderes Augenmerk. Der Schwerpunkt wird auch hierbei auf den verschiedenen Vertragsgestaltungen und gesellschaftsrechtlichen Konstruktionen liegen. Der Haftungssituation im Rahmen der Integrierten Versorgung wird die Verfasserin ebenfalls besondere Bedeutung beimessen.

Das **4. Kapitel** eröffnet einen Ausblick auf die künftige Gesundheitsreform und die möglichen Auswirkungen auf dem Gebiet der ärztlichen Kooperationsformen. Die in diesem Zusammenhang heftigst diskutierte und verstärkt zu Tage tretende Diskussion über die Kompetenzverteilungen zwischen Bund und Ländern wird in diesem Zusammenhang angesprochen werden. Das geplante Vertragsarztrechtsänderungsgesetz liefert die Grundlage für erheblichen Zündstoff im Rahmen der Föderalismusdebatte.

Die Arbeit wird mit der **Schlussbemerkung** geschlossen, worin die erarbeiteten Erkenntnisse zusammengefasst werden.

1. Kapitel:
Ambulante Versorgung

A. Kooperationen von niedergelassenen Ärzten im Rahmen der ambulanten Versorgung

I. Konsilium

Eine in der Praxis häufig auftretende Form der ärztlichen Zusammenarbeit besteht in der Heranziehung nicht unmittelbar beteiligter außenstehender Ärzte durch den jeweils behandelnden Arzt im Rahmen der ambulanten Behandlung.

1. Allgemeines zum Konsiliararztsystem

Nach ärztlichem Sprachgebrauch definiert sich das Konsilium als die Besprechung zweier oder mehrerer Ärzte nach vorausgehender Untersuchung zwecks Stellung der Diagnose oder Festlegung des Heilplans.[4] Charakteristisch ist die gemeinsame Beratschlagung zu demselben Zweck, unabhängig davon, ob der Zweck diagnostischer oder therapeutischer Art ist. Konsilium bedeutet die mittelbare Einwirkung des konsiliaren Beitrages auf den Willen des Behandlers und auf den Behandlungsablauf unter Fortdauer seiner originären Behandlungszuständigkeit. Folglich bleibt derjenige Arzt, in dessen Obhut sich der Patient ursprünglich begeben hat, für die Behandlung, Aufklärung und Überwachung verantwortlich.[5] Der Primärbehandler wird dadurch nicht ohne weiteres von der eigenen Behandlungs- und Haftungszuständigkeit befreit. Ihm obliegt weiterhin die Pflicht zur Koordination der ärztlichen Zusammenarbeit.

---

4) Vgl. *Schmid*, Die Passivlegitimation im Arzthaftpflichtprozess, S. 62 f.; vgl. *Jorzig/Schafirski*, KHuR 2002, 118 ff. (118); allgemein zum Konsiliararztverhältnis siehe *Richter-Reichhelm*, ZaeFQ 2003, 599 ff. (601).

5) Vgl. OLG Köln, Urt. v. 10.1.1983, 7 U 163/81, MedR 1983, 112 ff. (113); vgl. *Geiß/Greiner*, Arzthaftpflichtrecht, B I Rn. 121; vgl. *Steffen/Dressler*, Arzthaftungsrecht, B I Rn. 239; BGH, Urt. v. 14.7.1992, VI ZR 214/91, VersR 1992, 1263 ff.; vgl. *Bergmann/Kienzle*, Krankenhaushaftung Rn. 173.

Die Konsiliartätigkeit umfasst also niemals die Behandlung des Patienten an sich, sondern ausschließlich die Beratschlagung der Diagnose und der Therapie.[6] Eine etwaige diagnostische Tätigkeit des Konsiliararztes erfolgt dann allein zum Zwecke der Beratung.[7]

2. Abgrenzung zur Raterteilung und Empfehlung

Die lockerste Verbindung der konsiliaren Zusammenarbeit stellt die bloße Raterteilung und Empfehlung des Konsiliararztes für den behandelnden Arzt dar. Hierbei beschränkt sich die Tätigkeit des hinzugezogenen Arztes in der abstrakten Erörterung des Krankheitsbildes. Sie führt aber nicht zu konkreten diagnostischen Maßnahmen.[8]

3. Abgrenzung zur Mitbehandlung

Eine Mitbehandlung liegt hingegen vor, wenn mehrere Ärzte die Behandlung selbst gemeinsam durchführen.[9] Ebenso wie im Falle des Konsiliums handelt der hinzugezogene, mitbehandelnde Arzt auch selbständig und eigenverantwortlich. Die Mitbehandlung hingegen bezieht sich aber auch und gerade auf die **Behandlung** als solche.[10] Folglich schließen sich Konsilium und Mitbehandlung begrifflich aus.[11]

---

6) Vgl. *Schlund*, in: *Laufs/Uhlenbruck*, Handbuch des Arztrechts, § 115 Rn. 14; vgl. *Kammerlohr*, Behandlungsfehlerhaftung im arbeitsteiligen Medizinbetrieb, S. 164.

7) Vgl. *Schlund*, in: *Laufs/Uhlenbruck*, Handbuch des Arztrechts, § 115 Rn. 14; näher zur vertraglichen Ausgestaltung eines Konsiliarvertrages vgl. *Renzewitz*, in: *Robbers*, Die Krankenhausbehandlung, Bd. 5, A IV S. 109 ff.

8) Vgl. *Kammerlohr*, Behandlungsfehlerhaftung im arbeitsteiligen Medizinbetrieb, S. 164.

9) Vgl. *Neuefeind*, Arzthaftungsrecht, S. 15; *Schmid*, Die Passivlegitimation im Arzthaftpflichtprozess, S. 63.

10) Vgl. *Andreas/Siegmund-Schultze*, ArztRecht 1977, 243 ff. (244); vgl. *Schmid*, Die Passivlegitimation im Arzthaftpflichtprozess, S. 63.

11) Vgl. *Andreas/Siegmund-Schultze*, ArztRecht 1977, 243 ff. (244).

4. Vertragsbeziehungen und Haftungsverhältnisse

Der Patient, der behandelnde Arzt und der Konsiliararzt stehen in einem Dreiecksverhältnis zueinander. Folglich sind vertragliche Beziehungen sowohl zwischen dem Konsiliararzt und dem Patienten als auch zwischen dem Konsiliararzt und dem behandelnden Arzt möglich.

Im Falle einer bloßen Ratserteilung oder Empfehlung liegt in der Regel keine vertragliche Bindung zwischen den Beteiligten vor, soweit es an konkreten therapeutischen oder diagnostischen Maßnahmen des hinzugezogenen Arztes fehlt. Eine evtl. Schadensersatzpflicht des Konsiliararztes tritt nach § 676 BGB nicht ein.[12)]

Um die vertraglichen Beziehungen in diesem Dreiecksverhältnis klären zu können, muss zunächst zwischen der ambulanten und der stationären konsiliarischen ärztlichen Tätigkeit unterschieden werden. An dieser Stelle seien die Ausführungen zunächst auf den **ambulanten** Bereich beschränkt.

a) Externes Konsultationsverhältnis

aa) Vertragsbeziehungen

Zieht der niedergelassene behandelnde Arzt im Rahmen der ambulanten Behandlung mit der Zustimmung des Patienten unterstützend einen Konsiliararzt gleicher oder anderer Fachrichtung hinzu, entsteht unmittelbar zwischen dem Patienten und dem Konsiliararzt ein eigenes, zusätzliches Vertragsverhältnis.[13)] Tritt der hinzugezogene Arzt nicht persönlich dem

---

12) Sollte ausnahmsweise eine rechtlich verbindliche Auskunft erwünscht sein, können der behandelnde und der hinzugezogene Arzt einen Beratungs- oder Auskunftserteilungsvertrag abschließen. Siehe auch *Schmid*, Die Passivlegitimation im Arzthaftpflichtprozess, S. 62; vgl. *Sprau*, in: *Palandt*, Bürgerliches Gesetzbuch, § 675 Rn. 26 ff.

13) BGH, Urt. v. 29.6.1999, VI ZR 24/98, VersR 1999, 1241 ff., BGHZ 142, 126 ff.; BGH, Urt. v. 12.3.1987, III ZR 31/86, VersR 1987, 1191 f.; OLG Stuttgart, Urt. v. 15.3.1990, 14 U 38/87, MedR 1991, 143 ff.; vgl. *Laufs*, in: *Laufs/Uhlenbruck*, Handbuch des Arztrechts, § 98 Rn. 15; vgl. *Frahm/Nixdorf*, Arzthaftungsrecht, Rn. 14; vgl. *Kammerlohr,* Behandlungsfehlerhaftung im arbeitsteiligen Medizinbetrieb, S. 165; vgl. *Schmid*, Die Passivlegitimation im Arzthaftpflichtprozess, S. 63; vgl. *Schlund*, in: *Laufs/Uhlenbruck*, Handbuch des Arztrechts, § 115

Patienten gegenüber, erfolgt der Vertragsschluss über die Konstruktion der Stellvertretung. §§ 164 ff. BGB.[14)] Dieser sog. externe Konsiliararztvertrag wird mit der ausdrücklichen oder stillschweigenden Zustimmung des Patienten begründet.[15)] Er ist ausschließlich auf die Erbringung der angeforderten Leistungen durch den Konsiliararzt gerichtet.[16)] Im Rahmen dieser Aufgaben schuldet der hinzugezogene Arzt die konsiliarische Tätigkeit allein dem Patienten, nicht dem behandelnden Arzt. Daher ist der Konsiliararzt in dieser Konstellation kein Erfüllungsgehilfe i. S. d. § 278 BGB des niedergelassenen, behandelnden Arztes, da er eigene vertragliche Verpflichtungen erfüllen will.[17)]

bb) Haftungsverhältnisse

Verletzt der Konsiliararzt im Rahmen eines externen Konsultationsverhältnisses schuldhaft seine vertraglich übernommenen Pflichten, folgt seine vertragliche Haftung aus §§ 611, 280 Abs. 1, 276 BGB persönlich.[18)] Im Umfang dieser durch den Konsiliararzt übernommenen Pflichten wird der behandelnde Arzt von seiner eigenen Verantwortung befreit, mit der Folge, dass ggf. nur der hinzugezogene Arzt allein haftet.[19)] Begründet wird dies damit, dass die Vertragspflichten des behandelnden

---

Rn. 13. Näher zur Haftungssituation: vgl. *Jorzig/Schafirski*, KHuR 2002, 118 ff. (122 f.).

14) Vgl. *Frahm/Nixdorf*, Arzthaftungsrecht, Rn. 14.

15) Ein stillschweigender Vertragsschluss erfolgt in der Regel dadurch, dass der Patient die Untersuchung durch den Konsiliararzt duldet. Vgl. *Schlund*, in: *Laufs/Uhlenbruck*, Handbuch des Arztrechts, § 115 Rn. 13 ff. (14); vgl. *Neuefeind*, Arzthaftungsrecht, S. 15 f.; vgl. *Jorzig/Schafirski*, KHuR 2002, 118 ff. (122); vgl. *Schmid*, Die Passivlegitimation im Arzthaftpflichtprozess, S. 63.

16) BGH, Urt. v. 12.3.1987, III ZR 31/86, VersR 1987, 1191 f.; OLG Stuttgart, Urt. v. 15.3.1990, 14 U 38/87, MedR 1991, 143 ff.

17) BGH, Urt. v. 20.6.1989, VI ZR 320/88, NJW 1989, 2943 f.; LG Köln, Urt. v. 12.2.1997, 25 S 41/96, NJW-RR 1998, 344 f.; BGH, Urt. v. 29.6.1999, VI ZR 24/98, VersR 1999, 1241 ff., BGHZ 142, 126 ff.; vgl. *Heinrichs*, in: *Palandt*, Bürgerliches Gesetzbuch, § 278 Rn. 12 ff.; vgl. *Frahm/Nixdorf*, Arzthaftungsrecht, Rn. 49.

18) Vgl. *Schlund*, in: *Laufs/Uhlenbruck*, Handbuch des Arztrechts, § 115 Rn. 15.

19) Vgl. *Laufs*, in: *Laufs/Uhlenbruck*, Handbuch des Arztrechts, § 98 Rn. 15; BGH, Urt. v. 29.6.1999, VI ZR 24/98, BGHZ 142, 126 ff. Die andere Ansicht geht stets von einer gesamtschuldnerischen Haftung der beiden Ärzte aus. Siehe *Andreas/Siegmund-Schultze*, ArztRecht 1977, 243 ff. (244); vgl. *Schmid*, Die Passivlegitimation im Arzthaftpflichtprozess, S. 102 f.

Arztes beendet seien, soweit der Patient den Konsiliarius unmittelbar aus dem externen Konsiliararztvertrag in Anspruch nehmen kann.[20] Der Konsiliararzt ist für die Mängel seines Therapievorschlags bzw. seiner Diagnose unmittelbar verantwortlich. Da in dieser Konstellation ein Fall der horizontalen Arbeitsteilung gegeben ist, gelten deren Grundsätze entsprechend.[21] Das bedeutet, dass jeder der beteiligten Ärzte grundsätzlich darauf vertrauen kann, nur für seinen Aufgabenbereich der Diagnostik oder Therapie und nicht auch für den des Kollegen verantwortlich zu sein.[22] Das geschützte Vertrauen endet aber dort, wo sich der Fehler des anderen Arztes für seinen Kollegen geradezu aufdrängt. In diesem Fall haftet der behandelnde Arzt ausnahmsweise auch auf dem Gebiet der Diagnose bzw. Therapie aus eigenem Verschulden, § 276 BGB, mit der Folge der gesamtschuldnerischen Haftungsverteilung. Voraussetzung dieser Haftung ist, dass der behandelnde Arzt den Fehler des Konsiliarius erkannt hat oder bei gehöriger Anspannung der eigenen Kenntnisse und Fähigkeiten hätte erkennen können.[23] Anknüpfungspunkt einer solchen Haftung des Behandlers in diagnostischer oder therapeutischer Hinsicht ist nicht eine Überwachungspflicht gegenüber dem Konsiliararzt, sondern die während des gesamten Behandlungszeitraums fortdauernde Verantwortlichkeit des behandelnden Arztes für die fehlerfreie ärztliche Versorgung und den Schutz des Patienten. Verletzt der behandelnde Arzt schuldhaft seine vertraglichen Behandlungspflichten, haftet er allein. Für den Bereich der Behandlung ist allein er verantwortlich.[24] Darüber hinaus haftet der Behandler unter dem Gesichtspunkt des Auswahlverschuldens, § 276 BGB, wenn ihm die fehlende Eignung oder Zuverlässigkeit des Konsiliars bekannt war oder hätte bekannt sein müssen oder es versäumt hat, den hinzugezogenen Arzt mit den erforderlichen Informationen auszustatten.[25] Schließlich liegt ein Behand-

---

20) Zu den verschiedenen Ansichten siehe *Kammerlohr,* Behandlungsfehlerhaftung im arbeitsteiligen Medizinbetrieb, S. 167 f.

21) Zur Horizontalen Arbeitsteilung siehe *Laufs*, in: *Laufs/Uhlenbruck,* Handbuch des Arztrechts, § 101 Rn. 1 ff.; OLG Stuttgart, Urt. v. 15.3.1990, 14 U 38/87, VersR 1992, 55 ff. (56), MedR 1991, 143 ff. (148).

22) Vgl. *Westermann*, NJW 1974, 577 ff. (579).

23) Vgl. *Kammerlohr*, Behandlungsfehlerhaftung im arbeitsteiligen Medizinbetrieb, S. 168; BGH, Urt. v. 8.11.1988, VI ZR 320/87, VersR 1989, 186 ff.; BGH, Urt. v. 19.11.1997, 3 StR 271/97, NJW 1998, 1802 ff. (1803). Zur Haftung des Konsiliararztes allgemein und Fehler des Primärbehandlers: vgl. *Ulsenheimer/Erlinger*, in: *Dierks/Feussner/Wienke*, Rechtsfragen der Telemedizin, S. 72 ff. (74 f.).

24) Vgl. *Schmid*, Die Passivlegitimation im Arzthaftpflichtprozess, S. 102.

25) OLG Stuttgart, Urt. v. 15.3.1990, 14 U 38/87, MedR 1991, 143 ff. (148); OLG

lungsfehler des behandelnden Arztes auch dann vor, wenn er die Hinzuziehung eines Konsiliararztes unterlässt, obwohl er nicht in der Lage ist, eine Diagnose zu stellen oder der Patient auf die eingeschlagene Behandlung nicht anspricht.[26)] Muss der behandelnde Arzt bei kritischer Würdigung seiner eigenen Fähigkeiten erkennen, dass er ohne die Hinzuziehung eines Facharztes bzw. erfahrenen Kollegen dem konkreten Fall nicht gewachsen ist und unterlässt er diese dennoch, liegt ein Behandlungsfehler in Form des Übernahmeverschuldens vor.[27)] Der behandelnde Arzt ist uneingeschränkt dem Patienten gegenüber verpflichtet, ihn vor der eigenen Inkompetenz zu schützen.[28)]

Eine Haftung des behandelnden Arztes für die Fehler des Konsiliararztes auf dem Gebiet der Diagnose oder Therapie scheidet aus, da der hinzugezogene Arzt in diesem Bereich nicht Erfüllungsgehilfe des Primärbehandlers i. S. d. § 278 BGB ist. Letzterer will durch seine Dienstleistung vielmehr seine eigenen konsiliarischen Pflichten aus dem Vertrag mit dem Patienten erfüllen.[29)]

In deliktsrechtlicher Hinsicht haften sowohl der hinzugezogene Arzt als auch der Konsiliararzt jeweils persönlich nach § 823 Abs. 1 BGB.[30)] Je-

---

Düsseldorf, Urt. v. 30.6.1983, 8 U 178/80, NJW 1984, 2636 f.; vgl. *Kammerlohr*, Behandlungsfehlerhaftung im arbeitsteiligen Medizinbetrieb, S. 168. In diesem Fall gilt der Vertrauensgrundsatz ausnahmsweise nicht.

26) OLG Düsseldorf, Urt. v. 24.7.1986, 8 U 44/85, VersR 1987, 1138 f.; BGH, Urt. v. 22.9.1987, VI ZR 238/86, BGHZ 102, 17 ff. (25); vgl. *Geiß/Greiner*, Arzthaftpflichtrecht, B I Rn. 15; vgl. *Kammerlohr*, Behandlungsfehlerhaftung im arbeitsteiligen Medizinbetrieb, S. 165.

27) OLG Oldenburg, Urt. v. 11.6.1982, 6 U 6/82, VersR 1983, 888 f.; vgl. *Kammerlohr*, Behandlungsfehlerhaftung im arbeitsteiligen Medizinbetrieb, S. 166.

28) BGH, Urt. v. 24.11.1970, VI ZR 215/68, VersR 1971, 251 ff.; BGH, Urt. v. 27.9.1983, VI ZR 230/81, BGHZ 88, 248 ff. (259).

29) *Nüßgens*, in: *RGRK*, Das Bürgerliche Gesetzbuch, Bd. II 5, § 823 BGB, Anh. II Rn. 10; vgl. *Westermann*, NJW 1974, 577 ff. (582); vgl. *Frahm/Nixdorf*, Arzthaftungsrecht, Rn. 14.; vgl. *Heinrichs*, in: *Palandt*, Bürgerliches Gesetzbuch, § 278 Rn. 12 f.; vgl. *Grundmann*, in: *MüKo*, Bürgerliches Gesetzbuch, Bd. 2 a, § 278 Rn. 20 ff., 35.

30) Anderer Ansicht: *Schmid*, Die Passivlegitimation im Arzthaftpflichtprozess, S. 104. Danach wird die Ansicht vertreten, dass stets eine gesamtschuldnerische Haftung vorliegen soll. Dagegen spricht aber, dass ein Gleichlauf zwischen der vertraglichen und der deliktischen Handlung gewollt ist. Daher ist grundsätzlich die Aufteilung der Haftung entsprechend der Verantwortungsbereiche geboten. Nur ausnahmsweise soll eine gesamtschuldnerische Haftung eintreten.

der ist entsprechend seiner vertraglichen Bindungen für seinen eigenen Bereich deliktisch verantwortlich. Der Vertrauensgrundsatz ist auch in deliktischer Hinsicht anwendbar, so dass für die beteiligten Ärzte die Möglichkeit der Haftungsfreistellung besteht, wenn eine klare, horizontale Kompetenzabgrenzung zwischen den Ärzten vorliegt. Die Berufung auf den Vertrauensgrundsatz ist erst dann versagt, wenn den behandelnden Arzt ein Auswahl- oder Instruktionsverschulden trifft.[31)] Ausnahmsweise haften die beteiligten Ärzte gesamtschuldnerisch nach §§ 823 Abs. 1, 840 Abs. 1 BGB, wenn der behandelnde Arzt den schadensursächlichen Befund des Konsiliararztes in seine ärztliche Entscheidung einschließt, obwohl er dessen Fehlerhaftigkeit unter Anstrengung seines Standardwissens zumindest hätte erkennen können. Im Übrigen ist dem behandelnden Arzt das Fehlverhalten des Konsiliararztes nicht zuzurechnen.

Insbesondere ist der Konsiliarius kein Verrichtungsgehilfe i. S. d. § 831 Abs. 1 BGB.[32)] Er wird durch die Heranziehung nicht in den Betrieb des Behandlers eingebunden, ist also einem nachgeordneten ärztlichen Mitarbeiter nicht vergleichbar. Der Konsiliararzt bleibt ein selbständiger, niedergelassener Arzt. Trotz inhaltlicher Bindung an den Überweisungsauftrag bestimmt er in eigener Verantwortung und kraft autonomer Entscheidung die Art und Weise der Leistungserbringung. Es fehlt also die für § 831 Abs. 1 BGB erforderliche soziale und fachliche Abhängigkeit des Konsiliararztes.[33)] Eine fachliche Weisungsgebundenheit des Konsiliarius würde schließlich dem Sinn und Zweck des Konsultationswesens widersprechen, der gerade auf die Nutzung höherer fachlicher Kompetenzen oder spezieller Techniken des Konsiliarius abhebt. Eine direkte Beeinflussung durch den behandelnden Arzt wäre hiermit unvereinbar.[34)]

---

31) *Laufs*, in: *Laufs/Uhlenbruck*, Handbuch des Arztrechts, § 101 Rn. 9; BGH, Urt. v. 5.10.1993, VI ZR 237/92, NJW 1994, 797 ff.

32) OLG Stuttgart, Urt. v. 15.3.1990, 14 U 38/87, VersR 1992, 55 ff. (57); vgl. *Sprau*, in: *Palandt*, Bürgerliches Gesetzbuch, § 831 Rn. 8.

33) OLG Stuttgart, Urt. v. 15.3.1990, 14 U 38/87, VersR 1992, 55 ff. (57); vgl. *Kammerlohr*, Behandlungsfehlerhaftung im arbeitsteiligen Medizinbetrieb, S. 171.

34) Vgl. *Ulsenheimer/Erlinger*, in: *Dierks/Feussner/Wienke*, Rechtsfragen der Telemedizin, S. 78.

b) *Internes Konsultationsverhältnis*

aa) *Vertragsverhältnisse*

Fordert der behandelnde Arzt den konsiliarischen Rat lediglich 'intern' zu seiner eigenen fachlichen Sicherheit an, entstehen zwischen dem Konsiliararzt und dem Patienten keine vertraglichen Rechtsbeziehungen.[35] Dieser interne Konsiliarvertrag zeichnet sich durch die alleinige vertragliche Verpflichtung des Erstbehandlers gegenüber dem Patienten aus. In dieser Konstellation liegt in der Regel ein Raterteilungsvertrag zwischen dem behandelnden Arzt und dem Konsiliarius zugrunde.[36] Diese Art der Konsultation wählt der behandelnde Arzt insbesondere dann, wenn er nicht will, dass der Patient von der Beratung erfährt oder er eine Beratung übernommen hat, für die er nicht das nötige Wissen hat und deshalb einen Dritten unterstützend heranziehen muss.[37] Der behandelnde Arzt ist also alleiniger Vertragspartner des Patienten.

bb) *Haftungsverhältnisse*

Im Rahmen des internen Konsiliarvertrages steht allein der erstbehandelnde Arzt in vertraglichen Beziehungen zum Patienten. Will der Patient vertragliche Ansprüche geltend machen, muss er sich daher an seinen jeweiligen Vertragspartner halten. Vertragliche Ansprüche gegenüber dem Konsiliararzt bestehen mangels vertraglicher Rechtsbeziehung nicht.[38]

Der Konsiliarius hat also keine eigenen vertraglichen Verpflichtungen gegenüber dem Patienten. Wird er in therapeutischer oder diagnostischer Hinsicht tätig, handelt er mit Wissen und Wollen im vertraglichen Pflichtenkreis des behandelnden Arztes. Er handelt in Erfüllung des zugrunde liegenden Behandlungsvertrages. Folglich muss sich der Behandler etwaige schadensursächliche Fehler des Konsiliararztes nach

---

35) Vgl. *Neuefeind*, Arzthaftungsrecht, S. 16; vgl. *Schlund*, in: *Laufs/Uhlenbruck*, Handbuch des Arztrechts, § 115 Rn. 13; vgl. *Jorzig/Schafirski*, KHuR 2002, 118 ff. (119, 121 f.).

36) Bei Entgeltlichkeit ist Dienstvertragsrecht (§§ 611 ff.), bei Unentgeltlichkeit Auftragsrecht (§§ 662 ff.) einschlägig.

37) Vgl. *Ulsenheimer/Erlinger*, in: *Dierks/Feussner/Wienke*, Rechtsfragen der Telemedizin, S. 70; vgl. *Frahm/Nixdorf*, Arzthaftungsrecht, Rn. 15.

38) Vgl. *Schlund*, in: *Laufs/Uhlenbruck*, Handbuch des Arztrechts, § 115 Rn. 16.

§ 278 BGB zurechnen lassen.[39] Kann jedoch dem Konsiliarius im konkreten Einzelfall ein Mitverschulden nachgewiesen werden, hat der behandelnde Arzt einen Freistellungsanspruch gegen den hinzugezogenen Arzt, der sich quantitativ nach der Höhe der Mitverschuldensquote bestimmt.[40]

Jeder Arzt haftet für seine Fehler persönlich nach § 823 Abs. 1 BGB. Eine Haftung des behandelnden Arztes für die Fehler des Konsiliararztes nach § 831 Abs. 1 BGB scheidet aus bereits genannten Gründen aus.[41]

5. Exkurs 1: Mitbehandlung

a) Allgemeines

Die Kooperationsform der Mitbehandlung bezeichnet die gleichzeitige, sich zeitlich überschneidende Behandlung des Patienten durch eine Ärztemehrheit. Mehrere Ärzte des gleichen oder verschiedener Fachgebiete arbeiten bei der Behandlung des Patienten zusammen. Es handelt sich hierbei um einen Unterfall der horizontalen Arbeitsteilung.[42]

Anders als im Falle der Konsiliarstätigkeit wird der mitbehandelnde Arzt sowohl diagnostisch als auch therapeutisch tätig.[43] Der im Zuge der Mitbehandlung hinzugezogene Arzt behandelt mit dem Primärbehandler gleichzeitig den Patienten und zwar selbständig und in eigener Verantwortung.

---

39) Vgl. *Ulsenheimer/Erlinger*, in: *Dierks/Feussner/Wienke*, Rechtsfragen der Telemedizin, S. 70. Selbständigkeit steht nicht entgegen, keine soziale Abhängigkeit erforderlich, anders als bei § 831 BGB, unterschiedliche Anforderungen, siehe *Heinrichs*, in: *Palandt*, Bürgerliches Gesetzbuch, § 278 Rn. 7; vgl. *Sprau*, in: *Palandt*, Bürgerliches Gesetzbuch, § 831 Rn. 6; vgl. *Frahm/Nixdorf*, Arzthaftungsrecht, Rn. 15.

40) Vgl. *Schmid*, Die Passivlegitimation im Arzthaftpflichtprozess, S. 102; vgl. *Schlund*, in: *Laufs/Uhlenbruck*, Handbuch des Arztrechts, § 115 Rn. 16; vgl. *Andreas/Siegmund-Schultze*, ArztRecht 1977, 243 ff. (244); vgl. *Kammerlohr*, Behandlungsfehlerhaftung im arbeitsteiligen Medizinbetrieb, S. 169.

41) Verweis auf S. 41 dieser Arbeit.

42) Vgl. *Neuefeind*, Arzthaftungsrecht, S. 15; vgl. *Schmid*, Die Passivlegitimation im Arzthaftpflichtprozess, S. 63, 103 f.

43) Vgl. *Schmid*, Die Passivlegitimation im Arzthaftpflichtprozess, S. 63; vgl. *Kammerlohr*, Behandlungsfehlerhaftung im arbeitsteiligen Medizinbetrieb, S. 174; vgl. *Andreas/Siegmund-Schultze*, ArztRecht 1977, 244.

b) *Haftungsverhältnisse*

Im Falle der Mitbehandlung schließt der Patient sowohl mit dem erstbehandelnden Arzt als auch mit dem mitbehandelnden hinzugezogenen Arzt jeweils selbständig einen Behandlungsvertrag.[44)]

Verursacht einer der Ärzte einen Schaden, so haftet nur der jeweilige Arzt vertraglich aus dem mit dem Patienten geschlossenen Vertrag. Jeder mitbehandelnde Arzt ist für die eigenständige Erfüllung der ihm übertragenen Aufgaben vertraglich verpflichtet.[45)] Eine gesamtschuldnerische Haftung der behandelnden Ärzte kommt dann in Betracht, wenn sie gemeinsam einen Schaden herbeigeführt haben, also jeder seinen Behandlungsvertrag verletzt hat. Ein mitbehandelnder Arzt kann nicht als Erfüllungsgehilfe des anderen angesehen werden. Eine Haftungszurechnung über § 278 BGB scheidet aus, da jeder nur für die sich in seinem spezifischen Aufgabenbereich entwickelnden Gefahren verantwortlich ist.[46)]

Jeder behandelnde Arzt haftet in deliktischer Hinsicht persönlich aus § 823 Abs. 1 BGB, gemeinsam ggf. aus §§ 823 Abs. 1, 840 Abs. 1 BGB. Für die Anwendbarkeit des § 831 Abs. 1 BGB bleibt kein Raum, da die Ärzte im Falle der horizontalen Arbeitsteilung nicht in einem Über- und Unterverhältnis zueinander stehen. Keiner ist in die Praxis des anderen integriert, jeder erbringt seine Leistung vielmehr selbständig.[47)]

6. Exkurs 2: Weiterbehandlung

Neben der konsiliaren Tätigkeit und der sich zeitlich überschneidenden Mitbehandlung kann die Zusammenarbeit gleichstehender Ärzte im Wege der horizontalen Arbeitsteilung auch in der Gestalt zeitlich aufeinander folgender Behandlungen erfolgen.

---

44) Vgl. *Kammerlohr*, Behandlungsfehlerhaftung im arbeitsteiligen Medizinbetrieb, S. 174.

45) Vgl. *Kammerlohr*, Behandlungsfehlerhaftung im arbeitsteiligen Medizinbetrieb, S. 174.

46) Vgl. *Schmid*, Die Passivlegitimation im Arzthaftpflichtprozess, S. 103; vgl. *Biermann*, ZaeF 1995, 626 ff. (628); BGH, Urt. v. 29.6.1999, VI ZR 24/98, JuS 2000, 185 f.

47) Vgl. *Kammerlohr*, Behandlungsfehlerhaftung im arbeitsteiligen Medizinbetrieb, S. 175 f.

a) *Allgemeines*

Die Zusammenarbeit in Form der Weiterbehandlung liegt dann vor, wenn der Arzt einer anderen Fachrichtung zur selbständigen und alleinverantwortlichen Weiterbehandlung aufgefordert wird.[48] Die Weiterbehandlung schließt sich zeitlich der Primärbehandlung an. Mit dem vollständigen Rückzug des Primärbehandlers aus der Behandlung und der Überlassung der Behandlungssouveränität an den hinzugezogenen Arzt tritt eine Zäsur in der Behandlungszuständigkeit ein. Gegenüber der Mitbehandlung ist daher der Ermessensspielraum des weiterbehandelnden Arztes deutlich erweitert.[49]

b) *Haftungsverhältnisse*

Der Patient schließt mit dem jeweils behandelnden Arzt einen Behandlungsvertrag ab.[50] Es bestehen zwei getrennte Vertragsverhältnisse: zwischen Patient und Primärbehandler und zwischen Patient und Weiterbehandler.

Der jeweils behandelnde Arzt trägt die persönliche Einstandspflicht für seine Behandlungssphäre. Im Rahmen dieses Behandlungsbereichs haften die nacheinander tätig werdenden Ärzte jeweils vertraglich und deliktisch selbständig.[51] Die haftungsrechtliche Verantwortung des Erstbehandlers endet grundsätzlich mit der Übernahme der Behandlung durch den Weiterbehandler. Ausnahmsweise besteht eine gemeinschaftliche Verantwortung der beteiligten Ärzte, wenn sie einen schadensursächlichen, in der Arbeitsteilung angelegten Kooperationsfehler hervorrufen.

---

48) Vgl. *Neuefeind*, Arzthaftungsrecht, S. 15; vgl. *Kammerlohr*, Behandlungsfehlerhaftung im arbeitsteiligen Medizinbetrieb, S. 179.

49) Der weiterbehandelnde Arzt entscheidet nicht nur über die Art und Weise seiner Leistungserbringung, sondern auch über die für die weitere Behandlung erforderlichen Maßnahmen wie z. B. Überweisungen an andere Kollegen. Vgl. *Kammerlohr*, Behandlungsfehlerhaftung im arbeitsteiligen Medizinbetrieb, S. 179.

50) Vgl. *Schmid*, Die Passivlegitimation im Arzthaftpflichtprozess, S. 103, 63; vgl. *Kammerlohr*, Behandlungsfehlerhaftung im arbeitsteiligen Medizinbetrieb, S. 180.

51) Vgl. *Kammerlohr*, Behandlungsfehlerhaftung im arbeitsteiligen Medizinbetrieb, S. 180, 182.

Zwischen den behandelnden Ärzten erfolgt keine gegenseitige Zurechnung des Fehlverhaltens, da sie jeweils nicht die Funktion eines Erfüllungs- oder Verrichtungsgehilfen erfüllen.[52] Beide Ärzte nehmen ihre Aufgaben völlig selbständig in Erfüllung ihrer eigenen vertraglichen und deliktischen Sorgfaltsanforderungen wahr.[53] Da ein Fall der horizontalen Arbeitsteilung vorliegt, gelten dessen Grundsätze entsprechend.[54]

Der Primärbehandler ist aber verpflichtet, die Fehlerfreiheit des Behandlungsübergangs auf den weiterbehandelnden Arzt zu sichern, indem er diesem alle auf den konkreten Fall bezogenen Informationen und Erkenntnisse zukommen lässt.[55] Zudem macht sich der erstbehandelnde Arzt vertraglich und deliktisch schadensersatzpflichtig, wenn er bestehenden Zweifeln an der Sachkunde des Weiterbehandlers und der Richtigkeit seiner Behandlung nicht nachgeht oder sich verschließt.[56]

Der weiterbehandelnde Arzt darf grundsätzlich die bereits erfolgten Untersuchungsergebnisse vom Erstbehandler übernehmen, sofern kein begründeter Verdacht ihrer Unrichtigkeit besteht (Vertrauensgrundsatz).[57]

Ein genereller Zwang zur Wiederholung aller Voruntersuchungen durch den weiterbehandelnden Arzt kann weder aus zeitlichen noch aus ökonomischen Gründen verlangt werden.[58] Insbesondere würde in diesem Fall die ärztliche Arbeitsteilung zu Lasten des Patienten gehen, was es vordergründig zu vermeiden gilt.

---

52) Vgl. *Kammerlohr*, Behandlungsfehlerhaftung im arbeitsteiligen Medizinbetrieb, S. 180.

53) *Nüßgens,* in: *RGRK,* Das Bürgerliche Gesetzbuch, Bd. II 5 § 823 BGB, Anh. II Rn. 217; vgl. *Frahm/Nixdorf,* Arzthaftungsrecht, Rn. 14; vgl. *Deutsch/Spickhoff*, Medizinrecht, Rn. 301.

54) *Laufs,* in: *Laufs/Uhlenbruck,* Handbuch des Arztrechts, § 101 Rn. 1 ff.

55) Vgl. *Kammerlohr*, Behandlungsfehlerhaftung im arbeitsteiligen Medizinbetrieb, S. 180.

56) BGH, ArztRecht 1994, 156 f.; BGH, Urt. v. 14.7.1992, VI ZR 214/91, VersR 1992, 1263 ff.

57) OLG Celle, Urt. v. 8.5.1989, 1 U 53/88, VersR 1990, 1012 ff.

58) Vgl. *Kammerlohr*, Behandlungsfehlerhaftung im arbeitsteiligen Medizinbetrieb, S. 180.

II. Gemeinschaftspraxis

1. Allgemeines

Nach § 18 Abs. 1 der Musterberufsordnung für Ärzte[59] dürfen sich Ärztinnen und Ärzte zu Berufsausübungsgemeinschaften, zu Organisationsgemeinschaften, zu medizinischen Kooperationsgemeinschaften und Praxisverbünden zusammenschließen.[60] Nach der Neufassung der Musterberufsordnung von 2004 sind die beruflichen Kooperationsformen nun einheitlich in § 18 geregelt.[61] Diese Vorschrift ist die Grundnorm für die Kooperation von Ärzten.

Berufsausübungsgemeinschaften sind gekennzeichnet durch die gemeinsame ärztliche Berufsausübung in einer gemeinsamen Praxis.[62] Die Gemeinschaftspraxis i. S. d. § 33 Abs. 2 S. 1 Ärzte-ZV[63] ist durch die gemeinsame Ausübung ärztlicher Tätigkeit durch mehrere Ärzte des gleichen oder ähnlichen Fachgebiets in gemeinsamen Räumen mit gemeinsamer Praxiseinrichtung, gemeinsamer Karteiführung und Abrechnung sowie mit gemeinsamem Personal auf gemeinsame Rechnung geprägt.[64]

---

59) Musterberufsordnung für die deutschen Ärztinnen und Ärzte in der Fassung der Beschlüsse des 107. Deutschen Ärztetages 2004 in Bremen. Im Folgenden werden die Vorschriften daraus mit dem Zusatz „MBO 2004" zitiert. Das Hauptziel hierbei war, die berufsrechtlichen Regelungen den bundesrechtlich neu eingeführten wettbewerblichen Elementen im Gesundheitswesen anzupassen. Insbesondere die seit der Einführung der Medizinischen Versorgungszentren eingetretene Benachteiligung der Einzelpraxen sollte vermieden werden. Die Chancengleichheit von den niedergelassenen Kollegen und den Versorgungszentren sollte wieder hergestellt werden. Zur Änderung der Musterberufsordnung siehe auch *Flenker,* Referat S. 1 ff.; vgl. *Ratzel/Lippert*, MedR 2004, 525 ff.; ZMGR 3/2004, 115 ff.

60) Vgl. *Ratzel/Lippert*, MedR 2004, 525 ff. (527 f.); *Flenker*, Referat S. 1 ff. (7 ff.).

61) Die Vorschrift des § 22 i. V. m. Kapitel D II. Nr. 7-11 MBO 2000, die u. a. die Gemeinschaftspraxis als solche ausdrücklich aufführte, wurde durch §§ 18, 18 a MBO 2004 ersetzt.

62) Vgl. *Quaas/Zuck*, Medizinrecht § 18 Rn. 28.

63) Zulassungsverordnung für Vertragsärzte: Ärzte-ZV.

64) BGH, Urt. v. 25.3.1986, VI ZR 90/85, BGHZ 97, 273 ff.; BSG, Urt. v. 22.4.1983, 6 RKa 7/81, BSGE 55, 97 ff. (104); BSG, Urt. v. 14.7.1965, 6 RKa 1/63, BSGE 23, 170 ff.; vgl. *Uhlenbruck/Schlund*, in: *Laufs/Uhlenbruck*, Handbuch des Arztrechts, § 18 Rn. 12; vgl. *Deutsch/Spickhoff*, Medizinrecht, Rn. 104; vgl. *Luxenburger*, in: *Geschäftsführender Ausschuss der Arbeitsgemeinschaft Medizinrecht im DAV* (Hrsg.), Psychotherapeutengesetz – Ärztliche Kooperationsfor-

Die Gemeinschaftspraxis hat einen einheitlichen, also gemeinsamen Patientenstamm. Sie wird nicht nur räumlich, sondern auch fachlich als Einheit geführt und die Behandlung der Patienten kann im Falle der fachidentischen Gemeinschaftspraxis von jedem der beteiligten Ärzte vorgenommen werden.[65] Bei den abrechenbaren Leistungen muss nicht gekennzeichnet sein, welcher der Gemeinschaftspraxis angehörende Arzt welche Leistung erbracht hat. Insofern ist der Grundsatz der persönlichen Leistungserbringung modifiziert.

Die Gemeinschaftspraxis stellt die engste Verbindung niedergelassener Ärzte dar.[66] In diesem Fall steht die gemeinschaftliche, nicht notwendigerweise gemeinsame Berufsausübung im Vordergrund.[67] Die Gemeinschaftspraxis muss nach § 33 Abs. 2 S. 2 Ärzte-ZV durch den Zulassungsausschuss genehmigt werden.

2. Rechtsform

Eine sehr relevante Neuerung im Hinblick auf die Entwicklung des Arztes hin zum Unternehmer besteht darin, dass die Ärzte zukünftig alle für den Arztberuf zulässigen Gesellschaftsformen wählen können. In § 18 Abs. 2 S. 1 MBO 2004 ist festgelegt, dass Ärzte für Berufsausübungsgemeinschaften nur für den Arztberuf zulässige Gesellschaftsformen wählen dürfen, die ihre eigenverantwortliche, medizinisch unabhängige sowie nicht gewerbliche Berufsausübung wahren. Der Verweis in § 18 Abs. 2 S. 1 MBO 2004 auf „zulässige" Gesellschaftsformen verdeutlicht, dass eine Berufsausübungsgemeinschaft zwischen Ärzten nicht in jeder beliebigen Rechtsform geführt werden kann. Die Berufsordnungen der Ärz-

---

men, S. 68; vgl. *Ehmann,* MedR 1994, 141 ff.; vgl. *Möller,* MedR 2003, 195 ff. (195); vgl. *Rieger,* Verträge zwischen Ärzten in freier Praxis, S. 55; BGH, Urt. v. 25.3.1986, VI ZR 90/85, NJW 1986, 2364 f.; vgl. *Walter,* MedR 2002, 169 ff. (170); vgl. *Laufs*, in: *Laufs/Uhlenbruck*, Handbuch des Arztrechts, § 98 Rn. 3; BSG, Urt. v. 16.7.2003, B 6 KA 49/02 R, BSGE 91, 164 ff.; *Gummert,* in: *Gummert/Riegger/Weipert*, Münchener Handbuch des Gesellschaftsrechts, § 25 Rn. 2 ff.

65) BGH, Urt. v. 25.3.1986, VI ZR 90/85, BGHZ 97, 273 ff.; BSG, Urt. v. 16.7.2003, B 6 KA 49/02 R, BSGE 91, 164 ff.

66) Zu den Beweggründen für Kooperationen unter Ärzten, insbesondere die Vorteile, siehe *Quaas/Zuck*, Medizinrecht, § 14 Rn. 1 ff.

67) *Halbe/Rothfuß,* in: *Halbe/Schirmer,* Handbuch Kooperationen im Gesundheitswesen, A 1100 Rn. 42.

tekammern und das Vertragsarztrecht geben insoweit den rechtlichen Rahmen vor. Jedenfalls kann eine ärztliche Berufsausübungsgemeinschaft in der Rechtsform einer Gesellschaft bürgerlichen Rechts i. S. d. §§ 705 ff. BGB betrieben werden. Diese Rechtsform wird bundesweit in allen Berufsordnungen der Ärztekammern zugelassen.[68)]

Notwendige Voraussetzung für das Entstehen einer Gesellschaft bürgerlichen Rechts ist der Abschluss eines Gesellschaftsvertrages, d. h. die Einigung dahin gehend, dass ein gemeinsamer Zweck von allen Gesellschaftern gefördert werden soll. Die in einer Gemeinschaftspraxis kooperierenden Ärzte schließen sich mit der Absicht der gemeinsamen Berufsausübung zusammen. Sie verfolgen also einen gemeinsamen Zweck i. S. d. § 705 BGB, einen über die jeweiligen Einzelinteressen hinausgehenden, überindividuellen Verbandszweck. Dieser Wille muss auf die wechselseitige Verpflichtung zur Förderung eines gemeinsamen Zwecks gerichtet sein.[69)]

Eine derartige Gemeinschaftspraxis unter Ärzten stellt eine Außengesellschaft dar. Hierbei handelt es sich um eine rechtsfähige Personenvereinigung, die als solche am Rechtsverkehr teilnimmt.[70)] Sie beschränkt sich also nicht auf interne Beziehungen zwischen den Vertragspartnern in Bezug auf die Förderung des gemeinsamen Zwecks.[71)] Das Hauptbetätigungsfeld dieser Teilnahme am Rechtsverkehr ist im Falle einer Gemeinschaftspraxis unter Ärzten die Ausübung der Heilkunde am Menschen. Im Rahmen des Gesellschaftszwecks tritt die Gemeinschaftspraxis gegenüber dem Patienten als räumliche und fachliche Einheit im Außenverhältnis in Erscheinung.[72)] Die Gemeinschaftspraxis

---

68) Vgl. *Uhlenbruck/Schlund*, in: *Laufs/Uhlenbruck*, Handbuch des Arztrechts, § 18 Rn. 13; vgl. *Deutsch/Spickhoff*, Medizinrecht, Rn. 104; vgl. *Rieger*, Verträge zwischen Ärzten in freier Praxis, S. 55.

69) Vgl. *Timm/Schöne*, in: *Bamberger/Roth*, Bürgerliches Gesetzbuch, Bd. 2, § 705 Rn. 9; vgl. *Sprau,* in: *Palandt,* Bürgerliches Gesetzbuch, § 705 Rn. 20 f.; vgl. *Ulmer*, in: *MüKo*, Bürgerliches Gesetzbuch, Bd. 5, Vor § 705 Rn. 6 f.; *Happ*, in: *Gummert/Riegger/Weipert*, Münchener Handbuch des Gesellschaftsrechts, § 5 Rn. 1 ff., 30 ff.

70) Siehe Grundsatzurteil des BGH vom 29.1.2001, II ZR 331/00, NJW 2001, 1056 ff.

71) Vgl. *Ulmer*, in: *MüKo*, Bürgerliches Gesetzbuch, Bd. 5, § 705 Rn. 253; vgl. *Weimar*, MDR 2000, 866 ff.

72) Vgl. *Timm/Schöne*, in: *Bamberger/Roth*, Bürgerliches Gesetzbuch, Bd. 2, § 705 Rn. 139; vgl. *Ahrens,* MedR 1992, 141 ff.; vgl. *Uhlenbruck/Schlund*, in: *Laufs/ Uhlenbruck*, Handbuch des Arztrechts, § 18 Rn. 12.

bietet die Leistungen als einheitliche Gruppe an. Dem Patienten wird diese Teilnahme am Rechtsverkehr durch Hinweise auf Praxisschildern, Stempeln, Briefköpfen etc. deutlich gemacht.

Bei der Neufassung der Musterberufsordnung war die Transparenz über das Leistungsgeschehen und über die Zugehörigkeit zu Kooperationsgemeinschaften ein wesentlicher Gesichtspunkt. Die neue Vorschrift des § 18 a MBO 2004 trägt diesem Aspekt Rechnung. Danach besteht für eine Berufsausübungsgemeinschaft wie die Gemeinschaftspraxis nach § 18 a Abs. 1 MBO 2004 die Pflicht, diese anzukündigen. Es ist also an dem Ort der kooperierenden Leistungserbringung durch ein Schild auf die gemeinschaftliche Tätigkeit unter Nennung der Namen und Fachgebiete der beteiligten Ärztinnen und Ärzte hinzuweisen. Schließlich muss die Gemeinschaftspraxis der zuständigen Ärztekammer angezeigt werden, § 18 Abs. 6 MBO 2004.

3. Vertragsverhältnisse

Mit dem Grundsatzurteil des BGH vom 29.1.2001 und der Anerkennung der Rechts- und Parteifähigkeit der Außengesellschaft wurde ein jahrzehntelanger Theorienstreit beigelegt.[73)] Seit dieser Entscheidung ist die Außengesellschaft als Zuordnungssubjekt des Gesellschaftsvermögens und der Gesellschaftsverbindlichkeiten höchstrichterlich anerkannt.[74)] Sie nimmt durch ihre Organe am Rechtsverkehr teil, tritt somit nach außen auf.[75)] Soweit keine speziellen Vorschriften entgegenstehen, kann sie Rechte erwerben und Verbindlichkeiten eingehen, klagen und verklagt werden. Insoweit haftet die Gesellschaft mit dem Gesellschaftsvermögen.

Lange Zeit herrschte in der Rechtsprechung die Theorie der Doppelverpflichtung. Danach konnte der für die Gesellschaft Handelnde zunächst

---

73) BGH, Urt. v. 29.1.2001, II ZR 331/00, BGHZ 146, 341 ff. (344 ff.), BB 2001, 374 ff.; vgl. *Habersack,* BB 2001, 477 ff.

74) Vgl. *Ulmer*, in: *MüKo*, Bürgerliches Gesetzbuch, Bd. 5, § 705 Rn. 303; vgl. *Hennies,* Anm. zu BGH, Urt. v. 29.1.2001, das Krankenhaus 2001, 519 f.; *Gummert,* in: *Gummert/Riegger/Weipert*, Münchener Handbuch des Gesellschaftsrechts, § 17 Rn. 12.

75) Vgl. *Ulmer*, in: *MüKo*, Bürgerliches Gesetzbuch, Bd. 5, § 705 Rn. 305; zu den praktischen Auswirkungen in der Gemeinschaftspraxis: vgl. *Stellpflug,* Arzt& Wirtschaft 2002, 24 ff.

die Außengesellschaft als Gesamthand verpflichten. Gleichzeitig begründete er aber auch eine Verbindlichkeit für sich selbst und daneben kraft Vertretungsmacht auch seine Mitgesellschafter.[76] Die Gesellschafter hafteten sodann mit ihrem Privatvermögen, die Gesellschaft mit ihrem Gesellschaftsvermögen.

Die Anhänger der Akzessorietätstheorie hingegen sahen im Falle einer Außengesellschaft allein diese als Schuldnerin der Gesellschaftsverbindlichkeiten an. Die Haftung der Gesellschafter mit ihrem Privatvermögen folge lediglich aus § 128 HGB analog.[77]

In dem bereits zitierten Urteil[78] hat nun der BGH der Außengesellschaft die Rechts- und Parteifähigkeit zugesprochen und gleichzeitig die Grundsätze der Akzessorietätstheorie zugrunde gelegt. Die (Außen-)Gesellschaft bürgerlichen Rechts ist nun als rechtsautonomes Institut anerkannt, so dass vorrangig eine Gesellschaftsschuld entsteht. Sie nimmt also selbst am Rechtsverkehr teil. Da die Gesellschaft aber nicht selbst handeln kann, bedient sie sich der Gesellschafter als ihre Organe.[79] Sie wird folglich organschaftlich nach §§ 709, 714 BGB vertreten. Für diese organschaftliche Vertretungsmacht gilt der Grundsatz der Selbstorganschaft, so dass sie nicht auf Dritte übertragbar ist.[80] Die Gesellschafter handeln organschaftlich, da sie den Willen einer im Rechtsverkehr als rechtsfähig anerkannten Organisation (Außengesellschaft) bilden und in die Tat umsetzen.[81]

---

76) Vgl. *Ulmer*, in: *MüKo*, Bürgerliches Gesetzbuch, Bd. 5, § 714 Rn. 3; vgl. *Westermann*, in: *Erman*, Bürgerliches Gesetzbuch, Bd. 1, § 714 Rn. 2; BGH, Urt. v. 30.4.1979, II ZR 137/78, BGHZ 74, 240 ff.; BGH, Urt. v. 18.6.1979, VII ZR 187/78, BGHZ 75, 26 ff.; BGH, Urt. v. 15.12.1980, II ZR 52/80, BGHZ 79, 374 ff.; vgl. *Sprau*, in: *Palandt*, Bürgerliches Gesetzbuch, § 714 Rn. 11.

77) Vgl. *Westermann*, in: *Erman*, Bürgerliches Gesetzbuch, Bd. 1, Vor § 705 Rn. 18; vgl. *Altmeppen*, NJW 1996, 1017 ff.; vgl. *Ulmer*, ZIP 1999, 554 ff.; vgl. *Schmidt*, Gesellschaftsrecht, § 60 III, S. 1790 ff.

78) BGH, Urt. v. 29.1.2001, II ZR 331/00, BGHZ 146, 341 ff.

79) Vgl. *Timm/Schöne*, in: *Bamberger/Roth*, Bürgerliches Gesetzbuch, Bd. 2, § 705 Rn. 133 und 145; vgl. *Ulmer*, in: *MüKo*, Bürgerliches Gesetzbuch, Bd. 5, § 705 Rn. 253, 305; vgl. *Sprau*, in: *Palandt*, Bürgerliches Gesetzbuch, § 714 Rn. 1 ff.

80) Vgl. *Timm/Schöne*, in: *Bamberger/Roth*, Bürgerliches Gesetzbuch, Bd. 2, § 714 Rn. 2; vgl. *Ulmer*, in: *MüKo*, Bürgerliches Gesetzbuch, Bd. 5, § 714 Rn. 12; vgl. *Westermann*, in: *Erman*, Bürgerliches Gesetzbuch, Bd. 1, § 714 Rn. 4.

81) Vgl. *Ulmer*, in: *MüKo*, Bürgerliches Gesetzbuch, Bd. 5, § 714 Rn. 16 f.; vgl. *Ulmer*, in: *MüKo*, Bürgerliches Gesetzbuch, Bd. 5, § 705 Rn. 256 ff.

Übertragen auf die Gemeinschaftspraxis als Außengesellschaft i. S. d. § 705 BGB bedeutet dies, dass unter Berücksichtigung der aktuellen Rechtsprechung alleiniger Vertragspartner des Patienten die Gemeinschaftspraxis als solche ist. Der Behandlungsvertrag kommt ausschließlich zwischen der Außengesellschaft, organschaftlich vertreten durch die Ärzte, und dem Patienten zustande.

4. Haftungsverhältnisse in der (Außen-)Gesellschaft bürgerlichen Rechts

In den vergangenen drei Jahren hat der BGH in einer ganzen Reihe von Entscheidungen die Haftungsverfassung der BGB-Gesellschaft grundlegend umgestaltet. Durch die Grundsatzentscheidung des BGH vom 29.1.2001,[82] in der er die Partei- und Rechtsfähigkeit der BGB-Außengesellschaft festlegte und sich für die Akzessorietätstheorie aussprach, nahm die Entwicklung in Bezug auf die Haftungsverfassung ihren Lauf. Es folgten weitere wegweisende Entscheidungen des BGH, insbesondere diejenigen vom 24.2.2003 und vom 7.4.2003, die zur Klärung der gegenwärtigen Haftungssituation wesentlich beitragen und daher im Folgenden näher zu beleuchten sind.

a) Haftung der Gesellschaft

In dem Urteil vom 24.2.2003 hat der BGH die Anwendbarkeit des § 31 BGB auf die Außengesellschaft bürgerlichen Rechts anerkannt.[83] Danach muss sich die Gesellschaft bürgerlichen Rechts das zum Schadensersatz verpflichtende Handeln ihrer (geschäftsführenden) Gesellschafter entsprechend § 31 BGB zurechnen lassen. Diese Zurechnungsnorm erfasst sowohl die von den Gesellschaftern durch organschaftliche Vertretungsmacht begründeten rechtsgeschäftlichen Verbindlichkeiten als auch die durch deliktisches Handeln begründeten gesetzlichen Verbindlichkeiten.[84] Seit der Anerkennung der Rechtsfähigkeit der

82) BGH, Urt. v. 29.1.2001, II ZR 331/00, BGHZ 146, 341 ff.
83) BGH, Urt. v. 24.2.2003, II ZR 385/99, NJW 2003, 1445 ff.
84) Vgl. *Timm/Schöne*, in: *Bamberger/Roth*, Bürgerliches Gesetzbuch, Bd. 2, § 714 Rn. 16 ff.; BGH, Urt. v. 24.2.2003, II ZR 385/99, NJW 2003, 1445 ff.; vgl. *Walter*, Arzt&Wirtschaft 2003, 27 f.; *Walter*, Anm. zu BGH, Urt. v. 24.2.2003, II ZR

Außengesellschaft durch das BGH-Urteil vom 29.1.2001 waren die Argumente der älteren Entscheidung, die gegen die analoge Anwendbarkeit des § 31 BGB war, endgültig nicht mehr haltbar. Die damalige Entscheidung[85)] basierte auf der Auffassung, die Gesellschaft bürgerlichen Rechts sei zu wenig körperschaftlich organisiert. Deren Gesellschafter könnten daher nicht als Organe bezeichnet werden. Nunmehr ist die Außengesellschaft als allgemein rechtlich verselbständigtes Rechtssubjekt anerkannt und die Zurechnung haftungsbegründenden Verhaltens organschaftlich tätiger Gesellschafter nach § 31 BGB zwingende Folge.[86)]

b) Haftung der Gesellschafter

In dem Urteil vom 29.1.2001[87)] sprach sich der BGH nicht nur für die Partei- und Rechtsfähigkeit der Außengesellschaft bürgerlichen Rechts aus. Zugleich stellte er deren Haftungsmodell auf ein neues Fundament, indem er die akzessorische Gesellschafterhaftung nach § 128 HGB für anwendbar erklärte. Nach der akzessorischen Haftung aus § 128 HGB haften die Gesellschafter unbeschränkt und persönlich für die Gesellschaftsschuld, ohne selbst Schuldner zu sein.[88)] Die Gesellschafterhaftung folgt also automatisch aus der Gesellschaftsverbindlichkeit; es bedarf keines zusätzlichen Verpflichtungstatbestandes mehr. Die akzessorische Gesellschafterhaftung aus bzw. analog § 128 HGB setzt lediglich irgendeine Schuld voraus, eine rechtsgeschäftliche oder eine gesetzliche.[89)]
Trotz heftiger Kritik namhafter Autoren[90)] ist seit dem Urteil vom 24.2.2003 höchstrichterlich festgestellt, dass die Gesellschafter einer

---

385/99, MedR 2003, 632 f.; vgl. *Heinrichs*, in: *Palandt*, Bürgerliches Gesetzbuch, § 31 Rn. 2.

85) BGH, Urt. v. 30.6.1966, VII ZR 23/65, BGHZ 45, 311 ff. (312).

86) BGH, Urt. v. 24.2.2003, II ZR 385/99, NJW 2003, 1445 ff.

87) BGH, Urt. v. 29.1.2001, II ZR 331/00, BGHZ 146, 341 ff.

88) Vgl. *Hillmann*, in: *Ebenroth/Boujong/Joost*, Handelsgesetzbuch, Bd. 1 Kommentar, § 128 Rn. 15 ff.; vgl. *Schmidt*, in: *MüKo*, Handelsgesetzbuch, Bd. 2, § 128 Rn. 15 ff.; *Gummert*, in: *Gummert/Riegger/Weipert*, Münchener Handbuch des Gesellschaftsrechts, § 18 Rn. 13 ff., 32 ff.

89) Vgl. *Sprau*, in: *Palandt*, Bürgerliches Gesetzbuch, § 714 Rn. 13; vgl. *Hopt*, in: *Baumbach/Hopt*, Handelsgesetzbuch, § 128 Rn. 2; vgl. *Schmidt*, in: *MüKo*, Handelsgesetzbuch, Bd. 2, § 128 Rn. 10.

90) Vgl. *Altmeppen*, NJW 1996, 1017 ff.; vgl. *Altmeppen*, NJW 2003, 1553 ff.; vgl.

Gesellschaft bürgerlichen Rechts grundsätzlich auch für gesetzlich begründete Verbindlichkeiten ihrer Gesellschaft persönlich und als Gesamtschuldner einzustehen haben.[91] Eine Haftung lediglich für rechtsgeschäftlich begründete Verbindlichkeiten aufgrund teleologischer Reduktion würde die vollständige Anerkennung der Rechtssubjektivität der Gesellschaft bürgerlichen Rechts unterlaufen.[92] Weder im unmittelbaren Anwendungsbereich des § 128 HGB noch im gesetzlichen Verweisungsbereich, wie z. B. § 161 II HGB, noch im Bereich sinngleicher Normen, wie z. B. § 8 Abs. 1 PartGG, noch im Bereich der sinngemäßen Anwendung dieser Haftungsgrundsätze auf die Gesellschaft bürgerlichen Rechts sind Deliktsschulden der Gesellschaft von der Gesellschafterhaftung ausgenommen. Auch der Gedanke des Gläubigerschutzes spräche, so der BGH, für die Ausdehnung auf gesetzliche Verbindlichkeiten. Die Gläubiger könnten sich, im Gegensatz zu vertraglichen Verbindlichkeiten, bei gesetzlichen Verbindlichkeiten ihre Schuldner nicht aussuchen. Umso wesentlicher sei es in diesem Fall, dass das Privatvermögen der Gesellschafter als Haftungsmasse zur Verfügung stehe.[93] Schließlich sei ein Haftungsgleichlauf zwischen der Gesellschaft bürgerlichen Rechts und der Offenen Handelsgesellschaft angestrebt.[94] Die in der Gemeinschaftspraxis tätigen Ärzte haften also gesamtschuldnerisch nach § 128 HGB für die der Gesellschaft bürgerlichen Rechts nach § 31 BGB zugerechneten Gesellschaftsschulden (vertragliche und gesetzliche).

Baumann, JZ 2001, 895 ff. (900 f.); vgl. *Flume*, in: *Hefermehl/Gmür/Brox,* Festschrift für Westermann, 1974, S. 119 ff. (143); vgl. *Knobbe-Keuk*, in: *Lutter/ Mertens/Ulmer,* Festschrift für Stimpel, 1984, S. 202 f. Die Kritik an der Gesellschafterhaftung auch für Deliktsschulden basiert v. a. auf der Tatsache, dass nach BGH alle Mitgesellschafter mit ihrem Privatvermögen einstehen müssen (§ 128 HGB analog), obwohl sie sich womöglich an diesem Delikt überhaupt nicht beteiligt haben. Eine Deliktshaftung für fremdes Verschulden sei dem deutschen Deliktsrecht völlig fremd.

91) BGH, Urt. v. 24.2.2003, II ZR 385/99, NJW 2003, 1445 ff.; zustimmend: *Schmidt,* NJW 2003, 1897 ff. (1900 f.); vgl. *Timm/Schöne*, in: *Bamberger/Roth*, Bürgerliches Gesetzbuch, Bd. 2, § 714 Rn. 20; ablehnend (mit beachtlichen Argumenten): vgl. *Altmeppen,* NJW 2003, 1553 ff.

92) So auch entschieden im Urteil des OLG Koblenz vom 17.2.2005, 5 U 349/04, MedR 2005, 294 ff., das erstmals die Rechtsprechung des II. Zivilsenats auf ärztliche Gemeinschaftspraxen übertragen und eine Haftung der Gesellschafter auch für deliktische Gesellschaftsschulden bejaht hat.

93) BGH, Urt. v. 24.2.2003, II ZR 385/99, NJW 2003, 1445 ff.

94) Vgl. *Walter,* MedR 2002, 169 ff. (172); vgl. *Reiff,* Anm. zu BGH, Urt. v. 29.1.2001, II ZR 331/00, VersR 2001, 510 ff. (515 f.); vgl. *Schmidt,* NJW 2001, 993 ff. (999).

Für eigenes deliktisches Verhalten haftet jeder Gesellschafter persönlich und unbeschränkt nach § 823 Abs. 1 BGB. Die übrigen Gesellschafter haften hierfür wiederum gesamtschuldnerisch nach § 128 HGB.

c) *Gesamtschuldnerische Haftung zwischen der Gesellschaft und den Gesellschaftern*

Die Gesellschaft als eigenständiges Rechtssubjekt haftet über die Zurechnungsnorm des § 31 BGB für die Gesellschaftsschulden, die Gesellschafter haften nach § 128 HGB akzessorisch als Gesamtschuldner. Ein Gesamtschuldverhältnis besteht aber nur zwischen den Gesellschaftern untereinander,[95)] nicht jedoch zwischen der Gesellschaft und den Gesellschaftern.[96)] Die Haftung der Gesellschafter ist nämlich nur akzessorisch zur Hauptschuld. Einzig die rechtsfähige Außengesellschaft ist Schuldnerin der Verbindlichkeiten, nicht die einzelnen Gesellschafter. Die §§ 422-425 BGB sind daher mangels Gleichstufigkeit zwischen Gesellschaftshaftung und akzessorischer Gesellschafterhaftung nicht anwendbar.[97)] Das hat zur Folge, dass sich jede Veränderung der Gesellschaftsschuld unmittelbar auf die Gesellschafterschuld auswirkt.

d) *Haftung für Altschulden bei Eintritt in eine Gemeinschaftspraxis?*

In Fortführung der Rechtsprechungsentwicklung bzgl. der Außengesellschaft bürgerlichen Rechts, insbesondere infolge der Anerkennung der Rechtsfähigkeit und der Akzessorietätstheorie, hat der BGH im Urteil vom 7.4.2003[98)] nun auch die analoge Anwendbarkeit des § 130 HGB

---

95) Vgl. *Hopt,* in: *Baumbach/Hopt,* Handelsgesetzbuch, § 128 Rn. 21. Die nach § 128 HGB haftenden Gesellschafter sind Gesamtschuldner i. S. d. §§ 421 ff.

96) Vgl. *Timm/Schöne,* in: *Bamberger/Roth,* Bürgerliches Gesetzbuch, Bd. 2, § 714 Rn. 25; vgl. *Hillmann,* in: *Ebenroth/Boujong/Joost,* Handelsgesetzbuch, Bd. 1 Kommentar, § 128 Rn. 20 f.; vgl. *Schmidt,* in: *MüKo,* Handelsgesetzbuch, Bd. 2, § 128 Rn. 19; vgl. *Hopt,* in: *Baumbach/Hopt,* Handelsgesetzbuch, § 128 Rn. 19 f.; BGH, Urt. v. 9.5.1963, II ZR 124/61, BGHZ 39, 319 ff. (323 f.).

97) Vgl. *Ulmer,* in: *MüKo,* Bürgerliches Gesetzbuch, Bd. 5, § 714 Rn. 47 ff. Vgl. *Westermann,* in: *Erman,* Bürgerliches Gesetzbuch, Bd. 1, § 714 Rn. 22; BGH, Urt. v. 9.5.1963, II ZR 124/61, BGHZ 39, 319 ff. (323 ff.)

98) BGH, Urt. v. 7.4.2003, II ZR 56/02, NJW 2003, 1803 ff.; *Walter,* Anm. zu BGH, Urt. v. 7.4.2003, II ZR 56/02, MedR 2003, 634 ff.

ausdrücklich anerkannt. Die Haftung nach § 130 HGB sei notwendiger Bestandteil der akzessorischen Gesellschafterhaftung. Danach hafte der in eine Gesellschaft bürgerlichen Rechts eintretende Gesellschafter auch für die vor seinem Eintritt begründeten Verbindlichkeiten der Gesellschaft persönlich und mit den Altgesellschaftern gesamtschuldnerisch.[99] Dieser Gedanke entspreche dem Wesen der Personengesellschaft und einer im Verkehrsschutzinteresse zu Ende gedachten Akzessorietät der Haftung. Mit dem Erwerb der Mitgliedschaft des neu eintretenden Gesellschafters tritt danach auch ohne entsprechende Verpflichtungserklärungen dessen akzessorische Haftung für Altverbindlichkeiten ein. Auch er haftet als Konsequenz der akzessorischen Gesellschafterhaftung für sämtliche vor seinem Beitritt rechtsgeschäftlich oder gesetzlich begründeten Gesellschaftsverbindlichkeiten.[100]

Die Entscheidung war im Hinblick auf den angestrebten Haftungsgleichlauf zwischen der Gesellschaft bürgerlichen Rechts und der Offenen Handelsgesellschaft folgerichtig. Da sich der Übergang von der Rechtsform der OHG zu derjenigen der gewerblich tätigen Gesellschaft bürgerlichen Rechts nach § 105 HGB oft fließend vollzieht, würde eine unterschiedliche Haftungsverfassung zu erheblicher Rechtsunsicherheit führen. Schließlich stellt der BGH ausdrücklich fest, dass der Grundsatz der persönlichen Haftung der Neugesellschafter für Altverbindlichkeiten gerade auch für Gesellschaften bürgerlichen Rechts gilt, die von Angehörigen freier Berufe zur gemeinsamen Berufsausübung gegründet worden sind.[101]

---

99) BGH, Urt. v. 7.4.2003, II ZR 56/02, NJW 2003, 1803 ff.; zu den einzelnen Voraussetzungen und zum Umfang der Beitrittshaftung: vgl. *Schmidt*, in: *MüKo*, Handelsgesetzbuch, Bd. 2, § 130 Rn. 11 ff.; vgl. *Hopt*, in: *Baumbach/Hopt*, Handelsgesetzbuch, § 130 Rn. 2 ff.; vgl. *Hillmann*, in: *Ebenroth/Boujong/Joost,* Handelsgesetzbuch, Bd. 1 Kommentar, § 130 Rn. 3 ff.; vgl. *Möller,* MedR 2004, 69 ff. (70 ff.); vgl. *Walter,* Arzt&Wirtschaft 2003, 27 f. (28); vgl. *Debong,* ArztRecht 2003, 184 ff.; *Walter,* Anm. zu BGH, Urt. v. 7.4.2003, II ZR 56/02, MedR 2003, 634 ff.

100) Vgl. *Walter,* Anm. zu BGH, Urt. v. 7.4.2003, II ZR 56/02, MedR 2003, 634 ff. vgl. *Schmidt,* NJW 2003, 1897 ff. (1901); vgl. *Ulmer,* ZIP 2003, 1113 ff. (1115 f.); vgl. *Reiff,* Anm. zu BGH, Urt. v. 24.2.2003, II ZR 385/99, VersR 2003, 650 ff. (651 f.). Ablehnend in Bezug auf deliktisch begründete Alt-Gesellschaftsschulden: vgl. *Altmeppen,* NJW 2003, 1553 ff.

101) BGH, Urt. v. 7.4.2003, II ZR 56/02, NJW 2003, 1803 ff.; *Lux,* Anm. zu BGH, Urt. v. 7.4.2003, II ZR 56/02, MDR 2003, 756 ff.; zu den Konsequenzen in der praktischen Handhabung siehe auch *Debong,* ArztRecht 2003, 184 ff.

e) *Haftungsrechtlicher Unterschied zur früheren Rechtslage?*

Zu klären bleibt, ob sich die Haftung der Gesellschafter auf der Grundlage der nun vom BGH vertretenen Akzessorietätstheorie wesentlich von der früheren Haftungslage unterscheidet. Nach der früher herrschenden Theorie von der Doppelverpflichtung wurden in **vertraglicher** Hinsicht nicht nur die Gesellschaft als Gesamthand, sondern daneben auch die einzelnen Gesellschafter verpflichtet. Infolge der wechselseitigen Vertretungsmacht nach §§ 714, 709 BGB wurde jeder Beteiligte der Gemeinschaftspraxis aus dem geschlossenen Behandlungsvertrag verpflichtet und berechtigt. Diese hafteten als Gesamtschuldner nach §§ 421, 714 BGB mit ihrem Privatvermögen, unabhängig davon, welcher Arzt konkret den Schaden verursacht hatte. Das gegenseitige Zurechnen des Verschuldens und damit das Abbedingen des § 425 BGB wurde mit den inhaltlichen Besonderheiten des Schuldverhältnisses in einer Gemeinschaftspraxis begründet. Eine solche Praxis trete nach außen als Einheit auf, wodurch das Vertrauen des Patienten in eine gemeinschaftliche Erfüllungsverpflichtung begründet würde. Nicht nur der behandelnde Arzt würde als Vertragspartner betrachtet, sondern alle an der Gemeinschaftspraxis beteiligten Ärzte. Der Patient erwarte daher, dass dieser Zusammenschluss von Ärzten auch in haftungsrechtlicher Sicht als Einheit für Behandlungsfehler einsteht. Nach der nun vom BGH vertretenen Akzessorietätstheorie haften alle Gesellschafter nach Maßgabe des Wertungsmodells der §§ 128 ff. HGB gesamtschuldnerisch und persönlich für die der Gesellschaft über § 31 BGB zugerechneten Gesellschaftsschulden. Das Ergebnis, nicht aber die dogmatische Begründung, ist daher bei rechtsgeschäftlich begründeten Verbindlichkeiten nach beiden Theorien gleich: eine gesamtschuldnerische Haftung der Gesellschafter.

In **deliktsrechtlicher** Hinsicht bestehen aber durchaus haftungsrechtliche Unterschiede zwischen der früheren und der jetzigen Rechtslage. Vor der Anerkennung der Partei- und Rechtsfähigkeit der Gesellschaft bürgerlichen Rechts durch den BGH konnte der einzelne Gesellschafter nur wegen eigener schuldhafter Behandlungsfehler nach § 823 Abs. 1 BGB haftbar gemacht werden. Eine Mithaftung der nicht-behandelnden Ärzte konnte nicht hergeleitet werden. Insbesondere eine Zurechnung an die Gesellschaft als solche scheiterte an der damals ablehnenden Haltung dem § 31 BGB gegenüber. Bis zur Entscheidung vom 29.1.2001 wurde die Anwendbarkeit des § 31 BGB vom BGH mangels hinreichend körperschaftlicher Struktur abgelehnt. Somit war nach früherer Haftungslage eine deliktische Mithaftung der unbeteiligten Gesellschafter nicht möglich.[102] Im Unterschied dazu haftet nach aktueller Rechtslage nun jeder Gesellschafter auch für die deliktischen Verbindlichkeiten der Gesellschaft persönlich mit seinem Privatvermögen (§ 128 HGB). Diese automatische akzessorische Mithaftung aller Gesellschafter tritt unabhängig davon ein, welcher Gesellschafter tatsächlich den Behandlungsfehler begangen hat. In der Entscheidung vom 24.2.2003 wurde, wie bereits dargestellt, höchstrichterlich festgestellt, dass die Gesellschafter gerade auch für die gesetzlich begründeten Verbindlichkeiten der Gesellschaft einzustehen haben.[103] In Bezug auf die deliktische Haftung der Gesellschafter ist daher durch die neuere Rechtsprechung eine Haftungsverschärfung eingetreten.[104]

f) ***Exkurs 1:*** *Anwendbarkeit der BGH-Rechtsprechung auf die Gesellschaft bürgerlichen Rechts unter Vertragsärzten?*

Zu prüfen bleibt, ob diese eben dargestellte BGH-Rechtsprechung zur Beitrittshaftung auch im speziellen Fall der Gesellschaft bürgerlichen Rechts unter Vertragsärzten Anwendung findet. Dieses Problem der Beitrittshaftung des neuen in die Gemeinschaftspraxis eintretenden Vertragsarztes stellt sich insbesondere in den Fällen der Honorarrückforderungsansprüche der Kassenärztlichen Vereinigung (KV) und Ärzteregressen.

Namhafte Autoren sprechen sich gegen die analoge Anwendung des § 130 HGB im genannten Fall aus.[105] Als Begründung wird der strukturelle Unterschied zwischen den öffentlich-rechtlichen Rechtsbeziehungen der Kassenärztlichen Vereinigung und dem Vertragsarzt einerseits und der am allgemeinen Wirtschaftsleben teilnehmenden Gesellschaft bürgerlichen Rechts andererseits ausgeführt. Die durch § 130 HGB analog folgenden schwer begrenzbaren wirtschaftlichen Risiken würden nicht zur Förderung der ärztlichen Kooperationsbereitschaft beitragen,

---

102) BGH, Urt. v. 25.3.1986, VI ZR 90/85, BGHZ 97, 273 ff. (276); BGH, Urt. v. 30.4.1979, II ZR 137/78, BGHZ 74, 240 ff.; vgl. *Ulmer*, in: *MüKo*, Bürgerliches Gesetzbuch, Bd. 5, § 714 Rn. 3; vgl. *Sprau,* in: *Palandt,* Bürgerliches Gesetzbuch, § 714 Rn. 11 ff.

103) BGH, Urt. v. 24.2.2003, II ZR 385/99, NJW 2003, 1445 ff.

104) Allgemein zur Organhaftung in ärztlichen Gemeinschaftspraxen: *Walter*, GesR 9/2005, 396 ff.

105) *Engelmann,* ZMGR 01/2004, 3 ff. (7 f.); *Möller,* MedR 2004, 69 ff. (71 f.).

was aber gerade das Ziel des Gesetzgebers des SGB V ist. Überdies sei eine ärztliche Gemeinschaftspraxis nicht mit einer ‚normalen' Gesellschaft bürgerlichen Rechts, die am allgemeinen Wirtschaftsleben teilnimmt, vergleichbar.

Der zugelassene Vertragsarzt, der Mitglied in der zuständigen Kassenärztlichen Vereinigung (§ 77 Abs. 3 SGB V) ist, unterliegt mit seiner Tätigkeit der Regelungsgewalt dieser KV. Bezüglich des Inhaltes und des Preises seiner ärztlichen Tätigkeit kann er nicht frei entscheiden. Anders als der herkömmliche Gesellschafter einer Gesellschaft bürgerlichen Rechts ist der Vertragsarzt-Gesellschafter in ein öffentlich-rechtliches System eingebunden und daher nicht völlig frei in seinen Entscheidungen. Die Schutzbedürftigkeit der jeweiligen Gläubiger ist unterschiedlich hoch.[106)]

Auch das BSG tendiert zu dieser gegen die Anwendbarkeit des § 130 HGB analog ablehnenden Haltung.[107)] Danach stelle der Neueintritt eines Vertragsarztes eine **Zäsur** dar, die die Beitrittshaftung ausschließe.

Im Ergebnis ist dieser ablehnenden Meinung dahin gehend zu folgen, dass die analoge Anwendung des § 130 HGB im Bereich der vertragsärztlichen Gesellschaften des bürgerlichen Rechts ausscheiden muss. Jedoch ist ein anderer Begründungsansatz zu wählen. Es ist nicht einzusehen, warum allein der öffentlich-rechtliche Charakter des Genehmigungsaktes der Gemeinschaftspraxis als Begründung für eine Sperrwirkung oder eine Zäsur ausreichen soll. Die Art und Weise der Entstehung einer Gesellschaft bürgerlichen Rechts kann nicht allein ausschlaggebend sein für das weitere haftungsrechtliche Schicksal deren Gesellschafter. Dass der Genehmigungsakt einer vertragsärztlichen Gemeinschaftspraxis durch den Zulassungsausschuss öffentlich-rechtlich ist, steht außer Zweifel. Zum Zeitpunkt des Eintritts des Neugesellschafters ist die Gesellschaft aber bereits begründet, so dass der öffentlich-rechtliche Teil der Entstehung der Gesellschaft abgeschlossen ist. Die rechtliche Ausgestaltung des Neueintritts gestaltet sich allein nach zivilrechtlichen Vorschriften, insbesondere durch Abschluss des Gesellschaftsvertrages. Es ist nicht nachvollziehbar, worin der Statuswechsel liegen soll. Im BSG-Urteil vom 21.5.2003, B 6 33/02 R wird festgestellt, dass die Begründung einer Gemeinschaftspraxis eine Statusänderung

---

106) Ausführlich zu den ablehnenden Argumenten siehe *Engelmann,* ZMGR 01/2004, 3 ff. (7 f.).

107) BSG, Urt. v. 21.5.2003, B 6 KA 33/02 R, MedR 2004, 172 f.

darstellt. In dem hier zugrunde liegenden Fall bestand diese bereits. Deren öffentlich-rechtliche Genehmigung, die die Sperrwirkung für den neu eintretenden Gesellschafter auslösen soll, ist also längst abgeschlossen. Durch den Eintritt ändert sich ja nur der Gesellschafter-Bestand, nicht aber der Status der Gesellschaft als solcher. Die Tatsache, dass grundsätzlich auch die neue Zusammensetzung der ärztlichen Gesellschaft bürgerlichen Rechts der Genehmigung nach § 33 Abs. 2 S. 2 Ärzte-ZV bedarf, ändert am Charakter der Gemeinschaftspraxis als solcher nichts. Es ist daher schwer zu verstehen, dass diese neue Genehmigung über die Erweiterung des Gesellschafter-Bestandes eine so weitreichende Sperrwirkung nach sich ziehen soll, dass dadurch alle zivilrechtlichen Haftungsregeln außer Kraft gesetzt werden sollen.

Eine zu genehmigende Gemeinschaftspraxis i. S. d. § 33 Abs. 2 S. 1 Ärzte-ZV setzt das Bestehen einer Gesellschaft bürgerlichen Rechts oder Partnerschaftsgesellschaft zwischen den Partnern voraus. Das bedeutet, dass der zivilrechtliche Gründungsakt die Grundvoraussetzung für die Genehmigung ist. Es existiert also ein Zusammenspiel zwischen der zivil- und der öffentlich-rechtlichen Gründungsebene. Der Abschluss eines entsprechenden Gesellschaftsvertrages bildet die Grundlage für die Verleihung des öffentlich-rechtlichen Status einer Gemeinschaftspraxis.[108] Ab diesem Zeitpunkt ist die Gesellschaft bürgerlichen Rechts zivilrechtlich gegründet und es sind die §§ 128 ff. HGB analog anwendbar. Es ist daher nicht nachvollziehbar, warum allein der erst später erfolgende öffentliche Genehmigungsakt durch seine Sperrwirkung jegliche zivilrechtlichen Haftungsregelungen ins Abseits drängen und rückwirkend aushebeln soll. Ein solches Vorgehen würde zu erheblicher Rechtsunsicherheit führen, weil der Zeitpunkt der Genehmigung variabel ist. Die Genehmigung einer Gemeinschaftspraxis wird grundsätzlich nur in Bezug auf eine bestimmte Zusammensetzung der Gesellschafter erteilt, nicht der Gesellschaft als solcher. Demnach wird bei einem Neueintritt auch eine neue Genehmigung erforderlich, jedoch kein Statuswechsel bewirkt.

Das Urteil vom 21.5.2003, das diesem Begründungsansatz zugrunde liegen soll, ist auch vom Sachverhalt her anders gelagert. Dieser Entscheidung lag ein Sachverhalt zugrunde, in dem ein Einzelarzt durch Aufnahme einer weiteren Kollegin eine Gemeinschaftspraxis gründete. In diesem Fall soll die Begründung einer Gemeinschaftspraxis eine Status-

---

108) Siehe Urteil des BSG vom 16.7.2003, B 6 KA 49/02 R, BSGE 91, 164 ff.

änderung darstellen. Der Wechsel des Praxisstatus wird als Zäsur betrachtet. Im zitierten Urteil ist die Argumentation durchaus nachvollziehbar, da ja tatsächlich ein Wechsel (von der Einzel- zur Gemeinschaftspraxis) vorliegt.

In den Fällen aber, die unter die Rechtsprechung zu § 130 HGB zu subsumieren sind, liegt lediglich eine Änderung des Gesellschafter-Bestandes einer bereits bestehenden Gemeinschaftspraxis vor. In diesem Fall ebenso von einem Statuswechsel zu sprechen, erscheint wenig plausibel. Trotz der Tatsache, dass letztendlich beide Fallkonstellationen genehmigungspflichtig sind, unterscheiden sich beide Sachverhalte dem Grunde nach doch erheblich. Zudem ist die Begründung über den öffentlich-rechtlichen Charakter viel zu eng, da sie ausschließlich auf *vertragsärztliche* Gemeinschaftspraxen, die der Genehmigungspflicht nach § 33 Abs. 2 S. 2 Ärzte-ZV unterliegen, abzielt. Aber wie stellt sich die Haftungsfrage bei den übrigen, privatrechtlich tätig werdenden Ärzten dar? Sollen diese uneingeschränkt für alle bestehenden Verbindlichkeiten nach § 130 HGB analog einstehen? In einem Fall soll der Eintritt des neuen Gesellschafters eine Zäsur darstellen, die eine Sperrwirkung für alte Verbindlichkeiten nach sich zieht, und im anderen Fall soll der Eintritt ohne weiteres die strenge Haftungsverschärfung des § 130 HGB begründen. Darin liegt ein Wertungswiderspruch, zumal die Schutzbedürftigkeit eines privatärztlich tätigen Arztes nicht geringer ist als diejenige eines Vertragsarztes. Auch einem Privatarzt droht bei Eintritt in die Gemeinschaftspraxis ein erhebliches Risiko, noch für alte Verbindlichkeiten in Anspruch genommen zu werden. Fraglich ist auch die Haftungssituation bei Ärzten, die sowohl privatärztlich als auch vertragsärztlich tätig sind. Solche Konstellationen könnten zu erheblicher Rechtsunsicherheit führen, was die Haftungslage für Altverbindlichkeiten anbelangt.

Daher muss eine Lösung gefunden werden, die für **alle** Ärzte in Bezug auf Altverbindlichkeiten zufrieden stellend ist. Dafür kommt wohl nur folgender Lösungsansatz in Betracht: die einschränkende Auslegung der BGH-Rechtsprechung vom 7.4.2003, II ZR 56/02 zum § 130 HGB im Falle von ärztlichen Gemeinschaftspraxen (privat- und vertragsärztliche).

Die Lösung über die analoge Anwendung des § 8 Abs. 2 PartGG, die des Öfteren gefordert wird, hat der BGH in seinem Urteil zum § 130 HGB ausdrücklich offen gelassen. Dieser Lösungsweg würde bedeuten, dass zwar § 130 HGB grundsätzlich auch bei ärztlichen Gemeinschaftspraxen gilt, aber eben nur im Rahmen der Einschränkungen des § 8 Abs. 2 PartGG. Dieser Lösungsansatz ist in zweierlei Hinsicht schwer vertretbar. Zum einen fehlt es schon an der für eine Analogie erforderlichen Regelungslücke. Der Gesetzgeber hat ja gerade für Freiberufler die Rechtsform der Partnerschaft eingeführt, so dass denjenigen Ärzten, die in den Genuss des § 8 Abs. 2 PartGG kommen wollen, dieser Weg ohnehin eröffnet ist. Es besteht also kein dringendes Bedürfnis, diesen § 8 Abs. 2 PartGG analog auch i. R. d. Gemeinschaftspraxis als Gesellschaft bürgerlichen Rechts anzuwenden. Zum anderen würde auch die analoge Anwendung das existierende Problem der Haftung für Altverbindlichkeiten nur teilweise lösen, da die Haftungsbeschränkung nur einen Teil der Verbindlichkeiten ausschließt. Forderungen, wie z. B. Rückerstattungsansprüche oder Arzneimittelregresse, die außerhalb der zivilrechtlichen Haftungsfälle angesiedelt sind, sind eben gerade nicht von § 8 Abs. 2 PartGG erfasst. Daher würde also auch eine etwaige analoge Anwendung des § 8 Abs. 2 PartGG das Haftungsproblem nicht abschließend lösen und ist daher im Ergebnis abzulehnen.

Der zu favorisierende Lösungsweg über eine einschränkende Auslegung der BGH-Rechtsprechung zu § 130 HGB wäre nur dann nicht erforderlich, wenn Ärzte in zumutbarer Weise auf eine andere rechtliche Konstruktion verwiesen werden könnten, wenn mit gleichwertigen Alternativen das gleiche Haftungsergebnis erreicht würde. Eine Alternative zur Gründung einer Gemeinschaftspraxis in Form der Gesellschaft bürgerlichen Rechts wäre eine Partnerschaftsgesellschaft mit der Haftungsbeschränkung des § 8 Abs. 2 PartGG. Wie bereits festgestellt, umfasst § 8 Abs. 2 PartGG aber nicht alle Verbindlichkeiten. Die Vorschrift bezieht sich ausschließlich auf zivilrechtliche Haftungsforderungen, nicht jedoch auf Honorarrückforderungsverlangen oder Arzneimittelregresse. Besonders risikoträchtige Forderungen sind also gerade nicht erfasst. Schließlich ist eine Partnerschaft auch komplizierter zu gründen als eine Gesellschaft bürgerlichen Rechts. Bei der Gründung einer Gemeinschaftspraxis in Form der Gesellschaft bürgerlichen Rechts ist lediglich der Abschluss eines Gesellschaftsvertrages erforderlich. Einer Registereintragung oder einer Bilanz bedarf es nicht. Eine Partnerschaft hingegen muss in das Partnerschaftsregister eingetragen werden, was weniger Raum für flexible Regelungen lässt. Aus diesen Gründen ist die Partnerschaft keine wirklich gleichwertige Alternative zur Gemeinschaftspraxis. Die Verweisung der Ärzte auf die Rechtsformen der OHG oder KG geht ins Leere, da die Statthaftigkeit dieser Gesellschaftsformen bei ärztlichen Kooperationsformen nach wie vor umstritten ist und zudem die Haftungsverschärfung nach § 130 HGB in diesen Fällen unmittelbar anzuwenden wäre. Die Gründung einer GmbH ist ebenfalls keine realistische Alternative zur Gesellschaft bürgerlichen Rechts. Sie ist zwar nach

§ 23 a MBO 2004 grundsätzlich zulässig, die Vorschrift ist aber von den meisten Landesärztekammern noch nicht umgesetzt. Auch die Gründung einer völlig neuen Gesellschaft ist keine Lösung. Diese Konstruktion schließt zwar § 130 HGB aus, dafür ist aber § 28 HGB einschlägig. Schließlich scheidet auch die Gründung eines Medizinischen Versorgungszentrums in der Rechtsform der GmbH als Alternative aus, da diese wesentlich komplizierter ist als die Gründung einer Gesellschaft bürgerlichen Rechts und insbesondere die Voraussetzung ‚fachübergreifend' bei solchen Gemeinschaftspraxen, die eigentlich am bereits vorhandenen Leistungsangebot festhalten wollen, überwiegend nicht gegeben sein wird.

Folglich gibt es für Ärzte keine vergleichbare Rechtsform zur Gesellschaft bürgerlichen Rechts. Die Haftungsverschärfung über § 130 HGB, die durch das BGH-Urteil eingeführt wurde, bedeutet daher für die kooperationswilligen Ärzte einen erheblichen Eingriff in ihre Berufsausübungsfreiheit i. S. d. Art. 12 GG. Die Wahl der Rechtsform der Gesellschaft bürgerlichen Rechts wird dadurch faktisch obsolet gemacht. Da somit keine anderen gleichwertigen Rechtsformen in Betracht kommen, werden Kooperationsbestrebungen der Ärzte zunichte gemacht, was den allgemein vertretenen künftigen Zielsetzungen im Gesundheitswesen widerspricht.

Daher ist eine einschränkende Auslegung der BGH-Rechtsprechung dahin gehend angezeigt, dass zwar § 130 HGB grundsätzlich bei Gesellschaften bürgerlichen Rechts anwendbar ist, nicht aber im Rahmen von **ärztlichen** Gemeinschaftspraxen. Schon in der Vergangenheit hat der BGH Ausnahmen von dieser harten Haftungsregelung des § 130 HGB zugelassen,[109)] was zeigt, dass er durchaus die Besonderheiten der jeweiligen Gesellschaften berücksichtigt. Darin wurde eine Haftungsbeschränkung in den Fällen der geschlossenen Immobilienfonds und der Bauherrengemeinschaft mit der Begründung der Eigenart derartiger Gesellschaften bejaht.

Die Diskussion, ob § 8 Abs. 2 PartGG analog anwendbar sein soll oder nicht, geht ins Leere, da dadurch ohnehin nur ein kleiner Teil der Altverbindlichkeiten ausgeschlossen werden könnte. Da selbst eine analoge Anwendung keine tatsächliche Haftungsentschärfung bedeuten würde, ist dieser Lösungsansatz, wie bereits erläutert, nicht zielführend.

---

109) BGH, Urt. v. 21.1.2002, II ZR 2/00, BGHZ 150, 1 ff.

Nur der Lösungsansatz über die einschränkende Auslegung der BGH-Rechtsprechung und der daraus folgende Ausschluss des § 130 HGB bei ärztlichen Gemeinschaftspraxen stellt sicher, dass die Gemeinschaftspraxis auch in Zukunft eine zumutbare Form der ärztlichen Kooperationsbestrebungen darstellen kann.

Die daraus folgende Unterscheidung in der Rechtsprechung zwischen gewerblichen und freiberuflichen Ärzte-Gesellschaften bürgerlichen Rechts ist gerechtfertigt und nicht willkürlich. Einer gewerblichen Gesellschaft bürgerlichen Rechts stehen verschiedene Rechtsformen, wie z. B. die GmbH, unproblematisch zur Verfügung. Bei freiberuflichen Ärzte-Gesellschaften, deren Gesellschaftszweck ausschließlich in der gemeinsamen ärztlichen Dienstleistung liegt, ist die Freiheit der Rechtsformwahl hingegen durch das ärztliche Berufsrecht erheblich eingeschränkt.

Auch stehen keine Gläubigerinteressen entgegen. Jeder Arzt ist verpflichtet, eine entsprechende Haftpflichtversicherung abzuschließen. Es besteht also kein berechtigtes Interesse, über § 130 HGB einen zusätzlichen Schuldner zu konstruieren. Der Gläubiger ist auch nicht schutzwürdig, da er mangels Kenntnis zum Zeitpunkt der Behandlung überhaupt nicht mit dem Eintritt eines neuen Arztes und zusätzlichen Schuldners rechnen kann und muss. Vertrauensschutzgesichtspunkte stehen also nicht entgegen. Die Vertrauensstellung, die ein Patient zu seinem Arzt aufbaut, ist nicht mit derjenigen vergleichbar, die in einer gewerblichen Gesellschaft bürgerlichen Rechts zwischen einem Gläubiger und einem Schuldner, die sich womöglich überhaupt nicht persönlich kennen, entsteht.

Zudem kann sich der neu in eine gewerbliche Gesellschaft bürgerlichen Rechts eintretende Gesellschafter durch einen Blick in die Bilanz vor überraschenden Altverbindlichkeiten schützen. Sein Risiko wird dadurch kalkulierbar. Im Rahmen einer ärztlichen, also freiberuflichen Gesellschaft bürgerlichen Rechts gibt es aber keine Bilanz. In diesen Fällen ist der eintretende Arzt ausschließlich auf die Informationen der Gesellschafter der Gesellschaft bürgerlichen Rechts angewiesen. Sein Risiko, nicht vollumfänglich über sämtliche Altverbindlichkeiten aufgeklärt zu werden, ist also erheblich höher. Auch eine interne Regelung im Gesellschaftsvertrag ist kein ausreichender Schutz, da eine solche Vereinbarung ausschließlich im Innenverhältnis, nicht aber im Verhältnis zu Dritten gilt.

Es gibt also durchaus erhebliche strukturelle Unterschiede zwischen einer gewerblichen und einer ärztlichen Gesellschaft bürgerlichen Rechts, die eine unterschiedliche Behandlung rechtfertigen. Die Rechtsprechung zum § 130 HGB muss also im Falle der **ärztlichen** Gemeinschaftspraxen dahin gehend ausgelegt werden, dass sie in diesen Fällen nicht gilt. Der neu eintretende Arzt haftet daher erst für ab dem Eintritt in die Gesellschaft bürgerlichen Rechts entstehende Verbindlichkeiten, nicht aber für sämtliche bereits begründeten Altverbindlichkeiten.

Dieser Lösungsansatz ist auch schlüssig, da er die grundsätzliche Anwendbarkeit des § 130 HGB i. R. d. Gesellschaften bürgerlichen Rechts bejaht, also konform geht mit der konsequenten Fortentwicklung der Rechtsprechung auf diesem Gebiet. Er ermöglicht eben nur in speziellen Fällen eine Ausnahme, um den Besonderheiten des ärztlichen Gesellschafts- und Berufsrechts gerecht zu werden.

Zusammenfassend kann somit festgestellt werden, dass die zivilrechtliche Meinung die BGH-Rechtsprechung auf die ärztliche Gesellschaft bürgerlichen Rechts unterschiedslos überträgt. Die vertragsarztrechtliche Ansicht hingegen lehnt die analoge Anwendbarkeit des § 130 HGB im ärztlichen Bereich aus strukturellen Gründen ab.

*g) **Exkurs 2:** Analoge Anwendung des § 28 HGB?*

Zu den offenen und daher umstrittenen Fragen im Rahmen der ärztlichen Gemeinschaftspraxis gehört schließlich auch das Problem der analogen Anwendung des § 28 HGB. In diesem Fall tritt ein Arzt in eine freiberufliche Einzelpraxis ein und dadurch wird gleichzeitig eine Gemeinschaftspraxis in Form der Außengesellschaft bürgerlichen Rechts gegründet, § 28 Abs. 1 HGB. Somit würde der in eine Einzelpraxis Eintretende für die bereits bestehenden Altverbindlichkeiten haften. Nach den in den vergangenen Jahren zum Haftungsrecht der (Außen-)Gesellschaft bürgerlichen Rechts ergangenen höchstrichterlichen Urteilen, insbesondere demjenigen bezüglich der analogen Anwendung des § 130 HGB, die konsequent zu deren Angleichung an die Offene Handelsgesellschaft führen, drängt sich die Frage der analogen Anwendung des § 28 HGB geradezu auf.

Der IX. Zivilsenat des Bundesgerichtshofs scheint nun mit seinem Urteil vom 22.1.2004 einen (vorerst) endgültigen Schlussstrich unter diese Problematik gesetzt zu haben.[110] Darin lehnt er eine analoge Anwendung des § 28 HGB für den Fall der Haftung wegen Pflichtverletzung aus dem Mandatsverhältnis und damit die Mithaftung des eintretenden Rechtsanwalts für Altverbindlichkeiten des früheren Kanzleiinhabers erneut ab.[111] Dieses Urteil bezieht sich zwar unmittelbar auf die Haftung eines eintretenden Rechtsanwalts, kann aber auf die freiberufliche ärztliche Gemeinschaftspraxis übertragen werden. Beide Fallgestaltungen sind gleich gelagert und daher vergleichbar, da es sich in beiden Fällen um freiberufliche Tätigkeiten handelt. Der Senat begründet seine Entscheidung gegen die Analogie zum einen mit dem Wortlaut des § 28 HGB. Eine Haftung nach dieser Vorschrift setzt voraus, dass jemand in das Geschäft eines Einzelkaufmanns eintritt. Ein freiberuflicher Anwalt bzw. Arzt sei aber kein Kaufmann i. S. d. § 28 Abs. 1 S. 1 HGB, da er kein Handelsgewerbe betreibe, § 1 Abs. 2 BÄO.[112] Zudem sei das Rechtsverhältnis zwischen dem freiberuflichen Arzt und dem Patienten durch die persönliche und eigenverantwortliche Dienstleistung geprägt. Der Patient gehe davon aus, dass der Arzt den Behandlungsvertrag selbst erfüllt und die ärztliche Tätigkeit persönlich erbringt. Daher überzeuge nach Ansicht des Senats die Argumentation der Gegenmeinung, die bei Bejahung der analogen Anwendung des § 28 HGB wesentlich auf den Gedanken einer auf die Kontinuität eines Unternehmens gestützten Haftungserstreckung abstellt, nicht. In den Fällen, in denen die persönliche Dienstleistung durch einen freiwillig und bewusst ausgewählten Arzt im Vordergrund steht, kann das Argument der Haftungskontinuität nicht greifen. Dem Patienten gehe es in erster Linie darum, dass er auch tatsächlich von dem Arzt seines Vertrauens behandelt wird. Sein Interesse daran, im Haftungsfalle auf möglichst viele Schuldner zurückgreifen zu können, sei demgegenüber nachrangig. Bei der Beauftragung eines Einzelarztes stehe also nicht die Kontinuität des Unternehmens im Vordergrund, sondern der Grundsatz der persönlichen Erbringung der Dienstleistung. Des Weiteren spräche gegen eine analoge Anwendung die Tatsache, dass den Ärzten einer Gemeinschaftspraxis, anders als den Gesellschaftern einer OHG, mangels handelsrechtlicher Kaufmannseigenschaft die Möglichkeit einer abweichenden Vereinbarung i. S. d. § 28

---

110) BGH, Urt. v. 22.1.2004, IX ZR 65/01, NJW 2004, 836 ff.

111) Zu den früheren Urteilen: BGH, Urt. v. 7.1.1960, II ZR 228/59, BGHZ 31, 397 ff.; BGH, Urt. v. 18.1.2000, XI ZR 71/99, BGHZ 143, 314 ff.; OLG Düsseldorf, Urt. v. 20.12.2001, 23 U 49/01, ZIP 2002, 616 ff.

112) Bundesärzteordnung: BÄO.

Abs. 2 HGB nicht offen stünde. Nach dieser Vorschrift wird es Kaufleuten ermöglicht, durch Eintragung in das Handelsregister auch Dritten gegenüber abweichenden Haftungsvereinbarungen Außenwirkung zu verleihen. Diese Option stünde aber gerade Nicht-Kaufleuten nicht offen. Schließlich folge auch nicht zwangsläufig aus der grundsätzlichen Anerkennung der Analogie des § 130 HGB auch diejenige des § 28 HGB. In dem einen Fall existiert die Gesellschaft bürgerlichen Rechts bereits bei Eintritt des neuen Arztes, so dass es für den Patienten von vornherein klar ist, dass Vertrags- und Haftungsschuldner jeweils die Gesellschaft ist. In dem anderen Fall geht der Patient von Anfang an davon aus, nur *einen* Vertrags- und Haftungsschuldner zu haben. Die Schutzwürdigkeit des Patienten auf einen zusätzlich hinzugewonnenen Schuldner ist daher nicht so hoch, als dass sie eine durch § 28 HGB analog erzeugte Haftungsverschärfung des Neu-Eintretenden rechtfertigen würde.

Dieses ablehnende Urteil des BGH zur analogen Anwendung des § 28 HGB stößt in der Literatur auf zum Teil heftige Kritik.[113)] Die Entscheidung des BGH zum § 28 HGB sei im Hinblick auf die vorher in diesem Zusammenhang ergangenen Urteile inkonsequent und kontraproduktiv. Die Grundstrukturen des Gesellschaftsrechts hätten sich im Verlauf der letzten Jahre völlig verändert.[114)] Eingeleitet wurde diese neue Entwicklung durch die Anerkennung der Rechts- und Parteifähigkeit der Gesellschaft bürgerlichen Rechts[115)] Danach sollten künftig nicht mehr die einzelnen Ärzte-Gesellschafter Vertragspartner sein, sondern die Gemeinschaftspraxis in der Form der Außengesellschaft als solche. Dadurch sei die bis zu diesem Zeitpunkt vertretene zwingende Verknüpfung zwischen der Höchstpersönlichkeit der ärztlichen Dienstleistung und des selbständigen Vertragsabschlusses jedes Arztes mit dem Patienten überholt und aufgegeben worden. Der Grundsatz der Höchstpersönlichkeit führe demnach nicht mehr zwingend zu der Voraussetzung des eigenständigen Vertragsabschlusses zwischen dem behandelnden Arzt und dem Patienten. Die höchstrichterliche Anerkennung der Rechtsfähigkeit der (Außen-)Gesellschaft bürgerlichen Rechts zeige nach der Auffassung von Karsten Schmidt sehr deutlich auch im Bereich der Freiberuflertätig-

---

113) Siehe *Schmidt*, BB 2004, 785 ff; *Ulmer*, in: *MüKo*, Bürgerliches Gesetzbuch, Bd. 5, § 714 Rn. 75; *Schmidt*, Handelsrecht, § 8 III 1 b bb, S. 258 f., *ders.*, NJW 2003, 1897 ff.; *Bruns*, ZIP 2002, 1602 ff.; *Grunewald*, Anm. zu BGH, Urt. v. 22.1.2004, IX ZR 65/01, JZ 2004, 681 ff. (683 f.); ablehnend *Römermann*, Anm. zu BGH, Urt. v. 7.4.2003, II ZR 56/02, BB 2003, 1081 ff. (1084 ff.).

114) *Schmidt*, NJW 2005, 2801 ff.

115) BGH, Urt. v. 29.1.2001, II ZR 331/00, BGHZ 146, 341 ff.

keit die unternehmensbezogene Tendenz der Rechtsprechung. Untermauert würde dies durch die haftungsrechtliche Angleichung der freiberuflichen Außengesellschaft an die OHG, indem die Vorschriften der §§ 128 und 130 analog angewendet würden. Daher sei es logische Folgerung, die Vorschrift des § 28 HGB, die ja gerade Bestandteil des allgemeinen Unternehmensrechts ist, im Rahmen der ärztlichen Gesellschaft bürgerlichen Rechts analog anzuwenden. Bei der Vorschrift des § 28 HGB handele es sich nicht um eine spezielle kaufmännische Regelung, sondern um einen Ausdruck des Gedankens der Unternehmenskontinuität nach außen.[116)] Dahinter stehe das Prinzip, dass Unternehmensverbindlichkeiten stets den Träger des Unternehmens treffen sollten. Der Rechtsgedanke des § 28 HGB habe auch und gerade einen verallgemeinerungsfähigen Gehalt[117)] Schließlich stehe das Argument, die Anwendbarkeit des § 28 HGB würde schon wegen dessen Absatz 2 ausscheiden, nicht entgegen. Auf der Grundlage des § 28 Abs. 2 HGB können die Kaufleute i. S. d. § 28 Abs. 1 HGB grundsätzlich eine abweichende Haftungsregelung in das Handelsregister eintragen lassen. Wegen der nicht möglichen Eintragbarkeit einer Gemeinschaftspraxis in Form der Gesellschaft bürgerlichen Rechts mangels Kaufmannseigenschaft in das Handelsregister scheide nun nach Auffassung des BGH die Anwendbarkeit des § 28 HGB aus. Die Gegenmeinung vertritt aber den Standpunkt, dass auch freiberufliche Gesellschaften wie die ärztliche Gemeinschaftspraxis den Haftungsvermerk nach § 28 Abs. 2 HGB mit der Folge der Haftungsbeschränkung vornehmen lassen können. Dies folge aus der Vorschrift des § 105 Abs. 2 HGB, die nach Ansicht von Schmidt weit ausgelegt werden muss und daher sowohl gewerbliche als auch nicht-gewerbliche Gesellschaften umfasst.[118)] Nach dieser Auffassung könne jeder Unternehmensträger, nicht nur ein Kaufmann im engeren Sinne, Einzelkaufmann i. S. d. § 28 Abs. 1 HGB sein.[119)] Die analoge Anwendung des § 28 HGB sei daher nach dieser zum BGH gegenläufigen Meinung denknotwendig und unter dem Gesichtspunkt einer Harmonisierung der Haftungsregeln im Rahmen der Gesellschaft bürgerlichen Rechts zwingend erforderlich.

---

116) *Schmidt,* Handelsrecht, § 8 III 1a bb, S. 256 ff.

117) *Lieb,* in: *MüKo,* Handelsgesetzbuch, Bd. 1, § 28 Rn. 6, 8 ff.; *Schmidt,* Handelsrecht, § 8 III 1a bb, S. 257.

118) *Schmidt,* NJW 2005, 2801 ff.; *ders.,* in: *MüKo,* Handelsgesetzbuch, Bd. 2, § 105 Rn. 55 ff.

119) *Schmidt,* Handelsrecht, § 8 III 1a, S. 256; *Lieb,* in: *MüKo,* Handelsgesetzbuch, Bd. 1, § 28 Rn. 9 f.

Diese soeben beschriebene Gegenmeinung ist aber abzulehnen und vielmehr dem BGH-Urteil zu folgen. Die analoge Anwendung des § 28 HGB im Rahmen der freiberuflichen Gesellschaft bürgerlichen Rechts ist aus folgenden Gründen zu verneinen. Die Vorschrift des § 28 HGB setzt voraus, dass jemand als persönlich haftender Gesellschafter oder als Kommanditist in das Geschäft eines Einzelkaufmanns eintritt. Der bisherige Inhaber muss also ein Handelsgeschäft betrieben haben. Die Voraussetzung des Eintritts in ein kaufmännisches Handelsgeschäft bedeutet also, dass bereits vor Eintritt ein Handelsgeschäft bestanden haben muss. Der frühere Geschäftsinhaber muss demnach schon Kaufmann i. S. d. Handelsrechts gewesen sein.[120)] Die Frage, ob für den Fall, dass der bisherige Unternehmer kein Handelsgewerbe betrieb, die Vorschrift des § 28 HGB anwendbar sein soll, ist seit jeher ein vieldiskutiertes Problem. Der BGH lehnte deren Anwendung schon in der Vergangenheit stets ab.[121)] Er wiederholt nun seine Rechtsprechung zu diesem Thema in dem neuen Urteil vom 22.1.2004.[122)] In diesem Urteil lehnt er die Anwendung des § 28 HGB unter Verweis auf die Vorschrift des § 2 Abs. 2 BRAO[123)] ab. Demnach stehe die Freiberuflichkeit der Bejahung eines Handelsgewerbes entgegen. Diese Argumentation lässt sich schließlich auch auf einen gleich gelagerten Sachverhalt mit Ärzten entsprechend übertragen. Ein Einzelarzt betreibt daher unter Verweis auf die Vorschrift des § 1 Abs. 2 BÄO[124)] kein Handelsgewerbe. Ein Gewerbe i. S. d. HGB ist eine als erkennbar planmäßige, auf Dauer angelegte, selbständige, auf Gewinnerzielung ausgerichtete oder jedenfalls wirtschaftliche Tätigkeit am Markt unter Ausschluss freiberuflicher, wissenschaftlicher und künstlerischer Tätigkeit.[125)] Dass die freien Berufe seit jeher von dem Gewerbebegriff ausgenommen sind, folgt aus dem historisch gewachsenen Berufsbild und der Verkehrsanschauung.[126)] Dies bedeutet aber nicht, dass Freiberufler wie Ärzte grundsätzlich nie als Gewerbetreibende tätig werden können. Es sind nämlich durchaus Fälle denkbar, wo die geistige oder wissenschaftliche Tätigkeit eines Arztes derart in den Hin-

---

120) *Hopt*, in: *Baumbach/Hopt*, Handelsgesetzbuch, § 28 Rn. 2.

121) Zuletzt siehe BGH, Urt. v. 18.1.2000, XI ZR 71/99, BGHZ 143, 314 ff.; so auch das OLG Düsseldorf, Urt. v. 20.12.2001, 23 U 49/01, ZIP 2002, 616 ff.

122) BGH, Urt. v. 22.1.2004, IX ZR 65/01, NJW 2004,836 ff.

123) Bundesrechtsanwaltsordnung: BRAO.

124) … „Der ärztliche Beruf ist kein Gewerbe; er ist seiner Natur nach ein freier Beruf …"

125) *Hopt*, in: *Baumbach/Hopt*, Handelsgesetzbuch, § 1 Rn. 12 ff.; *Schmidt*, in: *MüKo*, Handelsgesetzbuch, Bd. 1, § 1 Rn. 26, 27 ff.

126) *Hopt*, in: *Baumbach/Hopt*, Handelsgesetzbuch, § 1 Rn. 19.

tergrund tritt, dass ein Ausschluss aus dem Begriff des Gewerbebetriebes nicht mehr gerechtfertigt wäre. Ein Arzt wird beispielsweise dann ausschließlich als Gewerbetreibender tätig, wenn er eine ärztliche Privatklinik oder ein Medizinisches Versorgungszentrum betreibt. Schließlich sind auch Mischformen denkbar. Ein Arzt kann teils freiberuflich, teils kommerziell-gewerblich tätig sein, z. B. ärztliche Praxis nebst Kurbetrieb oder nebst Verkauf von medizinischen Produkten. In solchen Fällen, wo sich die gewerbliche von der nicht gewerblichen Tätigkeit klar voneinander trennen lässt, könne die freiberufliche und gewerbliche selbständige Tätigkeit unproblematisch nebeneinander bestehen. In den Fällen aber, in denen eine klare Differenzierung nicht mehr möglich ist, entscheidet der Schwerpunkt der Tätigkeit darüber, ob *schon* eine gewerbliche oder *noch* eine freiberufliche Tätigkeit gegeben ist. Bei gemischten Betrieben entscheidet letztlich das Gesamtbild über die exakte Zuordnung. Die Herausnahme der Freiberuflichkeit aus dem Gewerbebegriff erfolgt daher nur für den *Kernbereich* des freien Berufs, ein Bereich, in dem die geistige oder wissenschaftliche Betätigung im Vordergrund steht.[127)] Es existiert auch kein zwingender Grund, die Freiberufler künftig grundsätzlich als Gewerbetreibende und damit als Kaufmänner anzusehen. Angehörigen freier Berufe stehen ausreichend alternative Rechtsformen zur Verfügung, die die Kaufmannseigenschaft nicht erfordern. Sie sind durch die Absprache der Kaufmannseigenschaft daher in keiner Weise gegenüber anderen Berufsgruppen ungerechtfertigt eingeschränkt oder benachteiligt. Ebenso zieht die mittlerweile anerkannte Analogie zu §§ 128 und 130 HGB nicht zwangsläufig aus vermeintlichen Gründen der Systematik auch die analoge Anwendung des § 28 HGB nach sich. Die Anwendung dieser Vorschrift würde bedeuten, dass alle Freiberufler von nun an Kaufmänner i. S. d. Handelsrechts sind mit allen daraus folgenden Rechten und Pflichten. Durch diese dann hervorgerufene Gleichsetzung des Handelsgewerbes mit der freiberuflichen Praxis würde das Institut der Freiberuflichkeit als solches und das Handelsrecht in seinen Grundzügen in Frage gestellt.[128)] Wäre eine solche weitreichende Umstrukturierung gewollt gewesen, hätte dieser angebliche Wille zumindest im Handelsrechtsreformgesetz durch entsprechende Gesetzesänderungen zum Ausdruck kommen müssen. Dies war aber bewusst nicht erfolgt. Auch und gerade die neue Musterberufsordnung der Ärzte aus dem Jahre 2004 bringt diesbezüglich keine Änderungen. Es wurde zwar die Ärztegesellschaft als juristische Person des Privatrechts neu eingeführt,

---

127) *Hopt*, in: *Baumbach/Hopt*, Handelsgesetzbuch, § 1 Rn. 19 f.; *Schmidt*, in: *MüKo*, Handelsgesetzbuch, Bd. 1, § 1 Rn. 32 ff.

128) *Römermann*, BB 2003, 1081 ff. (1084 ff.).

§ 23 a MBO 2004. Gesellschaftsformen aber, die die Kaufmannseigenschaft voraussetzen und nur von Vollkaufleuten betrieben werden können, stehen Ärztinnen und Ärzten nach wie vor nicht zur Verfügung.

Im Ergebnis steht daher fest, dass die auf den Kernbereich der ärztlichen Dienstleistung bezogene Behandlung des Patienten auch künftig nicht in gewerblicher Form und nicht von Gewerbetreibenden angeboten werden kann und darf. Dieses Ergebnis steht auch nicht im Widerspruch zu der in dieser Arbeit vertretenen Entwicklungstendenz des Einzelarztes hin zum Unternehmer. Die Ablehnung der Kaufmannseigenschaft des Arztes schließt nicht zwingend und per se auch die Unternehmereigenschaft aus. Unbestritten ist, dass jeder Kaufmann auch Unternehmer ist und jedes Handelsgewerbe auch ein Unternehmen ist. Jedoch darf der umgekehrte Schluss eben gerade nicht gezogen werden. Nicht jeder Unternehmer ist auch Kaufmann i. S. d. Handelsrechts. Der Unternehmerbegriff geht über den Kaufmannsbegriff weit darüber hinaus.[129)] Darunter müssen insbesondere auch freiberuflich Tätige fallen. Ein Arzt kann also durchaus unternehmerisch tätig sein; dies fördert sogar der Gesetzgeber u. a. durch Einführung der Medizinischen Versorgungszentren. Hierfür ist aber nicht zwingend die Anerkennung der Kaufmannseigenschaft erforderlich. Die analoge Anwendung der Vorschrift des § 28 HGB im ärztlichen Bereich ist folglich abzulehnen.

h) Zusammenfassung

Zusammenfassend lässt sich feststellen, dass die Grundsatzurteile der letzten Jahre wesentlich zur Klärung der Haftungssituation der Außengesellschaft bürgerlichen Rechts beigetragen haben. Dennoch bleiben einige Fragen offen, die in den nächsten Jahren Gegenstand höchstrichterlicher Entscheidungen sein werden.[130)] Dem neuerdings vereinzelt vorgebrachten Vorwurf, die Rechtsprechung des BGH zur akzessori-

---

129) *Hopt*, in: *Baumbach/Hopt*, Handelsgesetzbuch, Einl vor § 1 Rn. 33.

130) Klärungsbedürftig ist insbesondere noch, ob das Berufshaftungsprivileg des § 8 Abs. 2 PartGG auf die Freiberufler-GbR analoge Anwendung findet. Des Weiteren wird der genaue persönliche Anwendungsbereich des § 31 BGB analog künftig höchstrichterlich zu bestimmen sein. Schließlich ist noch klärungsbedürftig, ob ggf. § 28 HGB analog anwendbar sein könnte. Vgl. zum Ganzen *Schmidt,* NJW 2003, 1897 ff. (1899 f.); vgl. *Lange,* ZMGR 2003, 18 ff.; vgl. *Ulmer,* ZIP 2003, 1113 ff. (1116).

schen Haftung in der Gesellschaft bürgerlichen Rechts verstoße gegen Verfassungsrecht[131], tritt Altmeppen vehement entgegen.[132]

5. Sonderproblem: Kann die (Außen-)Gesellschaft bürgerlichen Rechts eine eigene Vertragsarztzulassung erhalten?

Die vertragsärztliche Versorgung erfolgt durch zugelassene Ärzte und Psychotherapeuten sowie durch zugelassene Medizinische Versorgungszentren, ferner durch ermächtigte Ärzte, ermächtigte ärztlich geleitete Einrichtungen, Polikliniken, psychiatrische Institutsambulanzen und sozialpädiatrische Zentren (§§ 95, 116-120 SGB V). An der vertragsärztlichen Versorgung nehmen also primär zugelassene Vertragsärzte und zugelassene Versorgungszentren teil. Die Zulassung berechtigt zur Teilnahme an der Behandlung aller Versicherten der gesetzlichen Krankenkassen. Nach § 72 Abs. 1 S. 1 SGB V wirken Krankenkassen sowie Ärzte, Zahnärzte, Psychotherapeuten und Medizinische Versorgungszentren zur Sicherstellung der vertragsärztlichen Versorgung der Versicherten zusammen. Nach § 3 Abs. 2 Ärzte-ZV kann die Vertragsarztzulassung grundsätzlich nur einem Arzt persönlich erteilt werden.

Durch die durch das GKV-Modernisierungsgesetz eingeführte Vorschrift des § 95 Abs. 1 S. 1 SGB V werden erstmals neben den niedergelassenen Ärzten auch Dritte im Status des Medizinischen Versorgungszentrums zur ambulanten ärztlichen Versorgung der Versicherten zugelassen. Die Träger eines Medizinischen Versorgungszentrums nehmen also gleichberechtigt mit den Vertragsärzten im öffentlich-rechtlichen Status der Zulassung an der vertragsärztlichen Versorgung teil, § 72 Abs. 1 S. 2 SGB V. Dadurch kann somit die vertragsärztliche Zulassung, die bislang ausschließlich einer einzelnen natürlichen Person verliehen werden konnte, nun auch einem Institut als solchem erteilt werden. Ein Medizinisches Versorgungszentrum kann sich nach § 95 Abs. 1 S. 3 SGB V aller zulässigen Rechtsformen bedienen. Es kann also unter anderem auch in der Rechtsform einer Gesellschaft bürgerlichen Rechts als Außengesellschaft organisiert werden.

---

131) Vgl. *Zöllner*, in: *Lange/Nörr/Westermann,* Festschrift für Gernhuber 1993, S. 563 ff. (573); vgl. *Zöllner*, in: *Hönn/Konzen/Kreutz,* Festschrift für Kraft 1998, S. 701 ff. (711 f.); vgl. *Canaris,* ZGR 2004, 69 ff. (116 ff.).

132) Vgl. *Altmeppen,* NJW 2004, 1563 ff.

Das bedeutet, dass ein *Medizinisches Versorgungszentrum* in der Rechtsform der Außengesellschaft eine eigene Vertragsarztzulassung erhält, wohingegen eine *Gemeinschaftspraxis* in der Organisation der Außengesellschaft eben gerade keine eigene Zulassung zur vertragsärztlichen Versorgung erhalten soll. Die Zulassung, die eine öffentlich-rechtliche Rechtsposition darstellt, kann demnach nur einem Medizinischen Versorgungszentrum, nicht aber – trotz Rechtsfähigkeit – einer Außengesellschaft bürgerlichen Rechts erteilt werden. Diese offensichtliche Ungleichbehandlung ist inkonsequent und nicht weiter nachvollziehbar. Konsequenterweise ist daher geboten, auch der Gemeinschaftspraxis als Außengesellschaft die Vertragsarztzulassung zu erteilen. Zwischen beiden Fallgestaltungen gibt es keine Unterschiede, die eine Ungleichbehandlung rechtfertigen würden.

Die (Außen-)Gesellschaft bürgerlichen Rechts hat durch die höchstrichterliche Rechtsprechung der vergangenen Jahre eine derart gefestigte Position als eigenständiges, mit Rechten und Pflichten ausgestattetes Rechtssubjekt erlangt, dass ihr die Zulassungsfähigkeit i. S. d. Vertragsarztrechts folgerichtig zuerkannt werden kann. Die Außengesellschaft bürgerlichen Rechts ist eine rechts- und parteifähige Personenverbindung.[133)] Sie ist somit eigenständiges Zuordnungssubjekt des Gesellschaftsvermögens und der Gesellschaftsverbindlichkeiten. Sie tritt nach außen im Rechtsverkehr auf und schließt den Behandlungsvertrag mit dem Patienten ab. Auch in haftungsrechtlicher Hinsicht ist die Gesellschaft bürgerlichen Rechts selbst die Haftungsschuldnerin. Die Gemeinschaftspraxis in der Form der Außengesellschaft ist als selbständige Rechtsträgerin Gläubigerin des Honoraranspruchs. Sie ist Adressatin der Honorarbescheide und Honorarberichtigungsbescheide, durch die Honorarrückzahlungsverpflichtungen begründet werden. Die Vermögensfähigkeit der Außengesellschaft ist mittlerweile ebenso höchstrichterlich anerkannt. Sie kann also Eigentum an beweglichen und unbeweglichen Sachen erwerben, Schuldverträge abschließen und hieraus folgend Gesamthandsforderungen begründen.[134)] Unmittelbar im Zusammenhang dazu steht die Grundbuchfähigkeit, die der Außengesellschaft ebenfalls zuerkannt werden muss.[135)] Diese wird zwar von einigen Stimmen in der

---

133) Siehe Grundsatzurteil des BGH vom 29.1.2001, II ZR 331/00, NJW 2001, 1056 ff.

134) Siehe *Ulmer*, in: *MüKo*, Bürgerliches Gesetzbuch, Bd. 5, § 705 Rn. 310 f.

135) *Ulmer*, in: *MüKo*, Bürgerliches Gesetzbuch, Bd. 5, § 705 Rn. 312 ff.; *Gummert*, in: *Gummert/Riegger/Weipert*, Münchener Handbuch des Gesellschaftsrechts, § 17 Rn. 33.

Literatur unter dem Hinweis auf die fehlende Publizität der Gesellschaft bürgerlichen Rechts in einem entsprechenden Register abgelehnt.[136] Jedoch verdient die Ansicht, welche die Grundbuchfähigkeit als logische Folge der Anerkennung der Rechtsfähigkeit betrachtet, den Vorzug.[137] Zum einen kann dadurch der Gleichklang von materiellem Recht und Verfahrensrecht bei der Grundbucheintragung hergestellt werden. Zudem ist seit jeher die Grundbuchfähigkeit einiger Personenvereinigungen, wie z. B. der Vor-GmbH oder der Vor-OHG, auch ohne Registerpublizität anerkannt.[138] Schließlich kann durch entsprechende formelle Anforderungen i. S. d. § 29 Abs. 1 S. 1 GBO bezüglich der einzelnen Gesellschafter und Vertretungsverhältnisse weitest mögliche Transparenz hergestellt werden.[139] Schließlich hat bereits der BGH festgestellt, dass die fehlende Registerpublizität grundsätzlich kein entscheidender Hinderungsgrund für eine Gesellschaft bürgerlichen Rechts sein könne.[140] Ebenso kann die Insolvenzfähigkeit der (Außen-)Gesellschaft bürgerlichen Rechts bejaht werden, was durch die Vorschrift des § 11 Abs. 2 Nr. 1 InsO belegt wird.[141] Fraglich war lange, ob denn die Außengesellschaft auch erbfähig ist. Die ablehnenden Meinungen erachteten die Vorschriften über die Erbengemeinschaft als mit der Teilrechtsfähigkeit der Außengesellschaft unvereinbar.[142] Mittlerweile wird aber auch die Erbfähigkeit anerkannt.[143] Sie stelle die logische Folge der Anerkennung der Rechtsfähigkeit dar und gehöre mit dieser zwangsläufig zusammen.[144]

---

136) *Schmidt,* NJW 2001, 993 ff.; *Heil,* NJW 2002, 2158 ff.

137) Dazu ausführlich *Demuth,* BB 2002, 1555 ff.; dazu ausführlich auch: *Gummert,* in: *Gummert/Riegger/Weipert,* Münchener Handbuch des Gesellschaftsrechts, § 17 Rn. 33 f.

138) *Ulmer/Steffek,* NJW 2002, 330 ff. (334).

139) *Ulmer,* in: *MüKo,* Bürgerliches Gesetzbuch, Bd. 5, § 705 Rn. 312 ff.; *Ulmer/ Steffek,* NJW 2002, 330 ff.; *Ott,* NJW 2003, 1223.

140) BGH, Beschl. vom 16.7.2001, II ZB 23/00, NJW 2001, 3121 ff.

141) *Ulmer,* in: *MüKo,* Bürgerliches Gesetzbuch, Bd. 5, § 705 Rn. 322; *Gummert,* in: *Gummert/Riegger/Weipert,* Münchener Handbuch des Gesellschaftsrechts, § 17 Rn. 41.

142) Siehe dazu: *Ulmer,* in: *MüKo,* Bürgerliches Gesetzbuch, Bd. 5, § 718 Rn. 22, Fn. 15.

143) *Ulmer,* in: *MüKo,* Bürgerliches Gesetzbuch, Bd. 5, § 718 Rn. 22; *Westermann,* in: *Erman,* Bürgerliches Gesetzbuch, Bd. 1, § 718 Rn. 6.

144) *Ulmer,* in: *MüKo,* Bürgerliches Gesetzbuch, Bd. 5, § 718 Rn. 22; *Gummert,* in: *Gummert/Riegger/Weipert,* Münchener Handbuch des Gesellschaftsrechts, § 17 Rn. 35.

Die Entwicklung in der Rechtsprechung zeigt also sehr deutlich, dass die Außengesellschaft bürgerlichen Rechts voll und ganz zum verselbständigten Rechtssubjekt mit eigenen Rechten und Pflichten geworden ist. Die Anerkennung der rechtlichen Selbständigkeit der Außengesellschaft bürgerlichen Rechts auch in vertragsrechtlicher Hinsicht kann daher als die konsequente Weiterentwicklung der höchstrichterlichen Rechtsprechung betrachtet werden. Diejenigen Rechte und Pflichten, die einer Gemeinschaftspraxis in der Form der Außengesellschaft bürgerlichen Rechts zukommen, sind dieselben wie jene eines Medizinischen Versorgungszentrums, wenn dieses als (Außen-)Gesellschaft bürgerlichen Rechts organisiert ist. Es ist daher nicht nachvollziehbar, warum in dem einen Fall die Gesellschaft bürgerlichen Rechts die Vertragsarztzulassung erhalten soll und in dem anderen Fall eben gerade nicht. Da der Verkehrswert einer Praxis, auch einer Gemeinschaftspraxis, wesentlich durch das Vorhandensein der einzelnen Vertragsarztzulassungen der Gesellschafter und die dadurch ermöglichte Behandlung gesetzlich Versicherter bestimmt wird, fällt das Interesse am dauerhaften Erhalt und Verbleib der Zulassungen innerhalb der Gesellschaft unter den Schutzbereich des Art. 14 GG. Die Versagung der eigenen Zulassungsfähigkeit bedeutet für die Außengesellschaft zudem einen Eingriff in Art. 12 Abs. 1 GG. Schließlich ist auch ein Eingriff in Art. 3 Abs. 1 GG zu bejahen, da die beiden Fallgestaltungen, Gemeinschaftspraxis und Medizinisches Versorgungszentrum, ohne sachlichen Grund unterschiedlich behandelt werden. Die Außengesellschaft kann sich auch auf diese Grundrechtsbeeinträchtigung berufen, da sie grundrechtsfähig ist. Dies wurde bereits mehrfach vom Bundesverfassungsgericht entschieden.[145)] Als Grundrechtsträger kommen nämlich nur solche Gesellschaften in Betracht, die auch Zuordnungssubjekt von Rechten und Pflichten sein können. Die Rechtsfähigkeit zieht insoweit auch die Grundrechtsfähigkeit zwangsläufig nach sich.[146)] Insoweit ist die Außengesellschaft gemäß Art. 19 Abs. 3 GG den natürlichen Personen gleichgestellt.[147)]

Schließlich würde auch die Anerkennung einer eigenständigen Vertragsarztzulassung erhebliche Rechtssicherheit im Bereich der Außengesellschaft bürgerlichen Rechts schaffen. In Gemeinschaftspraxisverträgen findet sich des Öfteren die verpflichtende Klausel, dass ein Vertragsarzt

---

145) BVerfG, Urt. v. 24.1.1962, 1 BvR 232/60, BVerfGE 13, 318 ff. (323); BVerfG, Beschl. v. 12.10.1976, 1 BvR 197/73, BVerfGE 42, 374 ff. (383 f.).

146) *Mangoldt/Klein/Starck*, Kommentar zum Grundgesetz, Band 1, Art. 19 Abs. 3 Rn. 247 f.

147) *Stürner*, Anm. zu BVerfG, Beschl. v. 2.9.2002, 1 BvR 1103/02, JZ 2003, 43 ff.

bei Ausscheiden aus der Gemeinschaftspraxis seine Vertragsarztzulassung und seinen damit verbundenen Vertragsarztsitz in der Praxis zurücklassen solle. In einem solchen Fall stehen sich zwei berechtigte Interessen gegenüber. Zum einen haben die in der Gesellschaft verbleibenden Gesellschafter ein Interesse daran, dass die Zulassung in der Gesellschaft verbleibt und somit einem Nachfolgergesellschafter erhalten bleibt. Andernfalls bestünde die Gefahr, dass der ausscheidende Gesellschafter seine Vertragsarztzulassung mitnimmt, um möglicherweise in unmittelbarer Nähe eine Konkurrenzpraxis zu eröffnen. Gerade in gesperrten Gebieten kann für die Gemeinschaftspraxis das Beantragen einer Neuzulassung für den Nachfolger des Ausscheidenden erhebliche Schwierigkeiten nach sich ziehen. Dies wiederum kann zu einer Störung des laufenden Praxisbetriebs und dadurch zu einer wirtschaftlichen Beeinträchtigung der Gemeinschaftspraxis führen, wenn eine durch den Austritt bedingte verringerte Anzahl von Vertragsärzten die Versorgung der gesetzlich versicherten Patienten im gleichen Umfang sicherstellen soll. Auf der anderen Seite stehen die Interessen des ausscheidenden Arztes am Erhalt seiner Zulassung und der Möglichkeit, diese mitzunehmen. Denn nur als *zugelassener* Arzt hat er auch nach dem Ausscheiden realistische Berufschancen. Diese widerstreitenden Interessen sind im Wege der praktischen Konkordanz in Einklang zu bringen. Diese in der Praxis regelmäßig verwendete Klausel soll die Gesellschaft bürgerlichen Rechts faktisch so stellen, wie wenn sie selbst Inhaberin einer Vertragsarztzulassung sein könnte. Die Rechtmäßigkeit solcher Klauseln ist aber nicht unproblematisch und bis dato nicht abschließend geklärt. Das BSG hat in seinem Urteil vom 10.5.2000[148)] die Zulassung zur vertragsärztlichen Versorgung und den damit zusammenhängenden Vertragsarztsitz als eine Rechtsposition beschrieben, die untrennbar mit der Person des Berechtigten verbunden und als solche unveräußerlich sei. Dennoch sind diese oben beschriebenen Klauseln in der Praxis weit verbreitet. Die Anwendung dieser Verpflichtungsklausel würde für den ausscheidenden Arzt bedeuten, dass er eine wesentliche Rechtsposition, die letztlich seine Existenz als niedergelassenen Mediziner betrifft, verlieren würde. In gesperrten Gebieten kann es nämlich schwierig bzw. unmöglich werden, eine nach dem Ausscheiden neu zu beantragende Vertragsarztzulassung zu erhalten. Dass für einen so weitreichenden Eingriff in die Berufsausübungsfreiheit i. S. d. Art. 12 GG lediglich der schuldrechtlich geschlossene Gesellschaftsvertrag zwischen den Parteien als Rechtsgrundlage ausreichen soll, erscheint äußerst zweifelhaft.

---

148) BSG, Urt. v. 10.5.2000, B 6 KA 67/98 R, BSGE 86, 121 ff.

Wie diese Konkurrenz zwischen der höchstrichterlichen BSG-Rechtsprechung einerseits und der zivilrechtlichen Gestaltungsfreiheit von Gesellschaftsverträgen andererseits zu lösen ist, ist unklar. Der BGH hat zwar in zwei Urteilen aus dem Jahre 2002 zu dieser Problematik Stellung genommen, die Grundsatzfrage der Rechtmäßigkeit solcher Klauseln aber erneut offen gelassen.[149)] Die Rechtslage bleibt also nach wie vor unsicher und unklar. Das OLG Stuttgart versucht, auf dem Wege der praktischen Konkordanz zu einer zufrieden stellenden Lösung zu kommen und verweist in diesem Zusammenhang auf die BGH-Rechtsprechung zu den nachvertraglichen Wettbewerbsverboten.[150)] Das bedeutet, dass eine solche Verzichtsklausel im Gesellschaftsvertrag dann wirksam sein würde, wenn dem ausscheidenden Gesellschafter eine angemessene Ausgleichsentschädigung gewährt würde. Auf diesem Wege könne auch die zivilrechtliche Dispositionsfreiheit des Arztes berücksichtigt werden.[151)] Im Ergebnis lässt sich daher feststellen, dass das Problem der Rechtmäßigkeit solcher Verzichtsklauseln nach wie vor nicht geklärt ist und zu erheblicher Rechtsunsicherheit beiträgt.

Diese unsichere Rechtslage könnte aber dadurch beseitigt werden, dass der Außengesellschaft als solcher die Zulassungsfähigkeit zuerkannt wird. In diesem Fall wäre die Gesellschaft bürgerlichen Rechts selbst Inhaberin einer eigenen Vertragsarztzulassung und wäre von den Einzelzulassungen der Vertragsärzte unabhängig. Ebenso wie die einzelnen Rechtsverhältnisse der Gesellschaft wäre auch die Vertragsarztzulassung von einem etwaigen Gesellschafterwechsel völlig unberührt. Auf diese Weise könnte dem mittlerweile anerkannten eigenständigen Rechtssubjektscharakter der Außengesellschaft hinreichend Rechnung getragen werden. Die gegenwärtig in der Praxis in rechtlicher Hinsicht komplizierte und unsichere Konstruktion über die Verzichtsklauseln könnte dadurch vermieden und somit Klarheit geschaffen werden. Zudem könnte dadurch ein Gleichlauf zu der Rechtslage bei den medizinischen Versorgungszentren geschaffen werden. Die in einem Medizinischen Versorgungszentrum tätig werdenden Vertragsärzte behielten zwar mangels Verzichts ihre Einzelzulassungen, diese würden aber während dieser Zeit von der eigenen Zulassung des Medizinischen Versorgungszentrums ‚überlagert'. Scheidet ein Vertragsarzt in einem Medizinischen Versorgungszentrum nun aus, würde seine Einzelzulassung

---

149) BGH, Urt. v. 22.7.2002, II ZR 90/01, BGHZ 151, 389 ff. und II ZR 265/00, NJW 2002, 3538 ff.
150) OLG Stuttgart, Urt. v. 21.2.2001, 20 U 57/00, MedR 2001, 519 ff.
151) Siehe *Wertenbruch*, NJW 2003, 1904 ff.

wieder aufleben. Eine entsprechende Handhabung bezüglich der Einzelzulassungen böte sich auch im Rahmen der Außengesellschaft bürgerlichen Rechts an. Wie bereits mehrfach erläutert, bestehen zwischen beiden Kooperationsformen keine so wesentlichen Unterschiede, dass eine unterschiedliche Behandlung gerechtfertigt wäre.

6. Neuerungen durch die Musterberufsordnung von 2004

a) Die überörtliche Gemeinschaftspraxis

Die neuen Vorschriften der §§ 17 Abs. 2, 18 Abs. 3 MBO 2004 eröffnen nun allen Arztgruppen die Möglichkeit, sich mit mehreren Kollegen zu einer überörtlichen Gemeinschaftspraxis zusammenzuschließen, sofern an dem jeweiligen Praxissitz verantwortlich mindestens ein Mitglied der Berufsausübungsgemeinschaft hauptberuflich tätig ist (§ 18 Abs. 3 S. 3 MBO 2004). Bislang war diese praxissitzübergreifende Kooperationsform auf diejenigen Arztgruppen beschränkt, die nicht direkt patientenbezogen tätig sind, wie dies bei Pathologen und Laborärzten der Fall ist.[152)]

Zwingende Voraussetzung für die überörtliche Gemeinschaftspraxis ist in Abgrenzung zum Praxisverbund die gemeinsame Berufsausübung mit gemeinsamer Patientenbehandlung auf der Grundlage eines Behandlungsvertrages zwischen Patient und Gemeinschaftspraxis. Insoweit bestehen in vertrags- und haftungsrechtlicher Hinsicht keine Unterschiede zu der ‚normalen' Gemeinschaftspraxis. Die zunächst nahe liegende Schlussfolgerung, dass durch die Einführung der überörtlichen Gemeinschaftspraxis tatsächlich, also auch über die Grenzen der Kassenärztlichen Vereinigung (KV) hinaus, eine für Vertragsärzte weitergehende Kooperationsform geschaffen werden soll, erscheint im Hinblick auf die Rechtsprechung des BSG äußerst fraglich.[153)] Demnach darf nämlich die überörtliche vertragsärztliche Tätigkeit die Grenzen eines KV-Bezirks nicht überschreiten. Inwieweit das BSG diese Rechtsprechung kurzfristig zu ändern bereit ist, dürfte eher zurückhaltend eingeschätzt werden.

---

152) *Koch,* GesR 6/2005, 241 ff. (242 f.).

153) BSG, Urt. v. 16.7.2003, B 6 KA 49/02 R, BSGE 91, 164 ff.; siehe auch dazu *Koch,* GesR 6/2005, 241 ff. (242 f.).

Folgende höchstrichterliche Gründe stehen einer derzeitigen Ausweitung der überörtlichen Gemeinschaftspraxis über die Grenzen der Kassenärztlichen Vereinigung hinaus entgegen:

- Gefährdung der Sicherstellung der Versorgung der Versicherten (§ 33 Abs. 2 S. 4 Ärzte-ZV)
- Vertragsärztliche Versorgung und Honorarverteilung sind regional ausgestaltet
- Rechtsbeziehungen nur konstruierbar zwischen regionaler KV und deren Mitgliedern
- KV hat hoheitliche Befugnisse und Disziplinargewalt nur gegenüber Mitgliedern
- KV kann gegenüber Krankenkassen nur für ihre Mitglieder die Gewähr für eine ordnungsgemäße vertragsärztliche Versorgung übernehmen.

Die Konsequenz für die praktische Umsetzung der neuen Vorschrift der Musterberufsordnung besteht darin, dass zum gegenwärtigen Zeitpunkt die KV-überschreitende Gemeinschaftspraxis nach wie vor aus vertragsarztrechtlichen Gründen nicht möglich sein wird. Die Berufsausübungsgemeinschaften bleiben auch nach Einführung der öffnend wirkenden Regelung auf den Bereich der jeweiligen Kassenärztlichen Vereinigungen beschränkt, so dass die Liberalisierungsbemühungen diesbezüglich nur scheinbar zum Tragen kommen. Inwieweit das geplante Vertragsarztrechtsänderungsgesetz ein anderes Ergebnis bringt, bleibt abzuwarten (siehe Kapitel 4).

b) Die Teilgemeinschaftspraxis

Durch § 18 Abs. 1 MBO 2004 wird nun ermöglicht, sog. Teilgemeinschaftspraxen zu gründen. Darunter versteht man eine Zusammenarbeit, die nicht das gesamte Leistungsspektrum umfasst. Die Kooperation bezieht sich also nur auf einen bestimmten Teil der ärztlichen Tätigkeit. Auch diese Art der Zusammenarbeit ist auf Dauer angelegt und systematisch organisiert. Außerhalb des kooperativen Teils der ärztlichen Zusammenarbeit bleibt jeder Arzt selbständig und eigenverantwortlich.[154)] In der Praxis bedeutet das, dass ein Einzelarzt grundsätzlich an seiner Einzelpraxis festhalten kann und zusätzlich für die Erbringung bestimmter Teilleistungen eine Kooperation mit einem Kollegen eingehen kann.[155)] Die vertrags- und haftungsrechtlichen Grundsätze, die im Rahmen der Gemeinschaftspraxis herausgearbeitet wurden, gelten bei der Teilgemeinschaftspraxis nur hinsichtlich desjenigen Bereichs, in dem die Ärzte gemeinschaftlich zusammenarbeiten. Diese Form der Kooperation schafft die Grundlage für vielseitige Gestaltungsmöglichkeiten. Jedoch muss auch bei dieser Vorschrift der Musterberufsordnung berücksichtigt werden, dass derzeit noch teilweise Vertragsarztrecht entgegensteht. Seitens der Kassenärztlichen Vereinigung und dem folgend auch der Zulassungsgremien besteht derzeit die Befürchtung, dass Leistungen doppelt zur Abrechnung gelangen, da die Teilgemeinschaftspraxis konsequenterweise einer eigenen Abrechnungsnummer bedarf und derzeit kein Programm vorhanden ist, derartige Überlappungen von Leistungen zu überprüfen.

c) Sonderproblem: Abgrenzung der Gemeinschaftspraxis von dem versteckten Anstellungsverhältnis

Im Zusammenhang mit den neuen Möglichkeiten der Teilberufsausübungsgemeinschaften i. S. d. § 18 Abs. 1 MBO 2004 in der Rechtsform der Gesellschaft bürgerlichen Rechts mit deren weitreichenden Folgen, insbesondere in haftungs- und vertragsrechtlicher Hinsicht, gewinnt die Abgrenzungsproblematik einer Berufsausübungsgemeinschaft zum verdeckten Anstellungsverhältnis immer mehr an Bedeutung. Gerade im Rahmen der Teilgemeinschaftspraxis ist die Gefahr der Verwischung vom Gesellschafter zum Angestellten groß, da die Ärzte neben der Teilgemeinschaftspraxis auch noch in einer Einzelpraxis angestellt sein oder diese jeweils freiberuflich betreiben können, also jeweils in unterschiedlichen rechtlichen Positionen auftreten können. Ein Arzt kann nun bezüglich einzelner konkreter Leistungen Gesellschafter einer Teilgemeinschaft sein, im Übrigen aber Angestellter. Dadurch droht eine Vermischung der jeweils innehabenden Positionen. Die grundlegenden strukturellen Änderungen im Rahmen der Gesellschaft bürgerlichen Rechts,

---

154) Näher zur Gemeinschaftspraxis siehe *Koch*, GesR 6/2005, 241 ff. (243 f.).
155) *Koch,* GesR 6/2005, 241 ff. (243 f.).

wie z. B. die Tatsache, dass nun die Außengesellschaft als solche Vertragspartnerin des Behandlungsvertrages wird, und die unmittelbare und persönliche Haftung der einzelnen Gesellschafter, erfordern eine klare und nachvollziehbare Definition eines Gesellschafters in Abgrenzung zum Angestellten. Eine unklare Grenzziehung der einzelnen, in der jeweiligen Praxis innehabenden Funktionen der Ärzte kann zu weitreichenden Haftungsfolgen aus Rechtsscheingesichtspunkten führen.

Eine weitere Konstellation, in der die Abgrenzung vom Gesellschafter zum Angestellten bedeutsam wird, entsteht dann, wenn ein Arzt durch Aufnahme eines weiteren Kollegen eine Gemeinschaftspraxis gründet oder eine bereits bestehende erweitern will. Dem in der Regel jüngeren Kollegen wird jedoch in den seltensten Fällen tatsächlich die Stellung eines gleichberechtigten Partners eingeräumt. In Wahrheit nimmt der jüngere Kollege allenfalls die Rechtsstellung eines angestellten Arztes ein. Überwiegend liegt diese Vertragsgestaltung im beiderseitigen Interesse der Ärzte. Der Seniorpartner kommt durch die Aufnahme eines Gesellschafters in Verbindung mit der dadurch erfolgenden Erlangung eines weiteren Vertragsarztsitzes in den Genuss abrechnungstechnischer Vorteile, insbesondere Erhöhung von Budgets. Der eintretende Gesellschafter hat ebenfalls kein besonderes Interesse daran, gleich von Beginn seiner ärztlichen freiberuflichen Tätigkeit an die volle vermögensrechtliche Verantwortung durch entsprechende Beteiligung an materiellem und immateriellem Vermögen zu übernehmen. Ähnlich wie im Fall der Teilgemeinschaftspraxis ist auch in dieser Konstellation der Übergang von der Gemeinschaftspraxis zum verdeckten Anstellungsverhältnis fließend. Die Folgen einer solchen grenzwertigen Vertragsgestaltung können aber gravierend sein. Sie reichen von der Verpflichtung zur Nachentrichtung von Sozialversicherungsbeiträgen, Honorarrückforderungen der Kassenärztlichen Vereinigung, Disziplinarverfahren bis hin zum Zulassungsentziehungsverfahren oder sogar zum Verlust der Approbation infolge strafrechtlicher Verurteilung wegen Betrugs.

Insbesondere seit den Beschlüssen des OLG Koblenz[156)] wird die Problematik der Abgrenzung zwischen (vertrags-)ärztlicher Berufsausübungsgemeinschaft und der Beschäftigung von Scheingesellschaftern (verdeckt angestellten Gemeinschaftspraxispartnern) intensivst diskutiert.[157)]

---

156) OLG Koblenz, Beschl. vom 2.3.2000, 2 Ws 92-94/00, MedR 2001, 144 ff. und vom 20.12.2000, 2 Ws 747/00 (unveröffentlicht).

157) Als Scheingesellschafter in diesem Sinne wird derjenige bezeichnet, der im Außenverhältnis, insbesondere gegenüber Patienten und der Kassenärztlichen

Diese Abgrenzungsproblematik verbirgt sich hinter dem Begriff der **,Nullbeteiligungsgesellschaft'** als eine besondere Ausgestaltung des Innenverhältnisses einer Gemeinschaftspraxis, die in erster Linie auf die einseitige Beteiligung eines oder mehrerer Gesellschafter am Sachvermögen abzielt.[158)] Von einer echten Berufsausübungsgemeinschaft in Form der Gemeinschaftspraxis als Gesellschaft bürgerlichen Rechts kann also nur dann gesprochen werden, wenn mindestens zwei gleichberechtigte Partner bei der ärztlichen Tätigkeit zusammenwirken. Die in letzter Zeit immer vielfältiger werdenden Kooperationsmöglichkeiten und daraus folgenden Abgrenzungsschwierigkeiten werfen die Frage nach den charakteristischen Merkmalen eines Gesellschafters einer Gemeinschaftspraxis auf. Mit der Frage nach der Definition der Gesellschafterstellung ist somit auch automatisch der grundlegende Begriff der Berufsausübungsgemeinschaft näher definiert.

Im Folgenden gilt es daher herauszuarbeiten, wie die Rechte und Pflichten eines Gesellschafters ausgestaltet sein müssen, damit noch von einem Gesellschafter und nicht von einem Angestellten gesprochen werden kann. Die Festlegung der Voraussetzungen für die Gründung einer Gesellschaft bürgerlichen Rechts und die Anforderungen an die Gesellschafterstellung sind zunächst Fragen des Gesellschaftsrechts. Die Diskussion um die Nullbeteiligungsgesellschaft wird geradezu einhellig auf die angeblich einzig entscheidende Frage, ob ein Gesellschafter am materiellen und/oder am immateriellen Vermögen der Gesellschaft beteiligt sein muss oder nicht, beschränkt. Dabei wird schon im Ansatzpunkt übersehen, dass es bei dieser Diskussion zwei Prüfungsebenen zu unterscheiden gilt.

In einem ersten Schritt stellt sich die Frage, unter welchen Voraussetzungen eine Gesellschaft bürgerlichen Rechts gegründet wird. Diese Frage beantwortet ausschließlich das Gesellschaftsrecht. Erst in einem weiteren Schritt muss geprüft werden, ob die in zivilrechtlicher Hinsicht wirksam gegründete Gesellschaft auch unter vertragsarztrechtlichen Gesichtspunkten als Berufsausübungsgemeinschaft genehmigungsfähig ist. Nur dann, wenn die verschiedenen rechtlichen Ebenen eingehalten wer-

---

Vereinigung, mit seinem Partner gemeinsam auftritt, ohne dass im Innenverhältnis zwischen den Vertragspartnern jedoch ein Gesellschaftsverhältnis wirksam vereinbart wurde.

158) *Cramer,* MedR 1994, 237 ff.; *Möller*, MedR 1999, 493 ff.; näher zum Ganzen auch *Rieger,* in: *Rieger,* Lexikon des Arztrechts, Nr. 2050 Rn. 35 ff.

den, kann das Problem der Nullbeteiligungsgesellschaft in strukturierter und nachvollziehbarer Weise geführt werden.

Die erste, rein gesellschaftsrechtliche, Stufe betrifft die Frage, unter welchen Voraussetzungen eine Gesellschaft bürgerlichen Rechts entsteht und wie sich das Verhältnis der Gesellschafter untereinander von einem Angestelltenverhältnis unterscheidet. Eine Gesellschaft i. S. d. § 705 BGB setzt voraus, dass sich mehrere Personen durch einen Vertrag, der einen gemeinsam zu fördernden Zweck festlegt, zusammenschließen.[159)] Dieser gemeinsame Zweck stellt im Falle einer Berufsausübungsgemeinschaft die gemeinsame Berufsausübung dar. Gesellschaftszweck ist das Zusammenwirken von zwei Ärzten unter Nutzung von Synergien als Folge der Tätigkeit in gemeinsam genutzten Räumen mit gemeinsamem Personal.[160)] Die vertraglich festgelegte Förderpflicht liegt in diesem Fall in der Zurverfügungstellung der Arbeitskraft eines **jeden** Arztes für die Gemeinschaft.[161)] Die Vertragsschließenden verpflichten sich also im Gesellschaftsvertrag gegenseitig zur Erreichung des gemeinsamen Zwecks. Diese Gegenseitigkeit ist gerade der Unterschied zum Angestelltenverhältnis. In einer Gesellschaft bürgerlichen Rechts kann jeder Gesellschafter von jedem Partner die vereinbarte Förderpflicht, notfalls klageweise, verlangen. Gesellschaftsrechtlich gesehen verlangt die Vorschrift des § 705 BGB, der die Gründung einer Gesellschaft bürgerlichen Rechts regelt, grundsätzlich keine weiteren konstituierenden Voraussetzungen. Es stellt sich nun die Frage, ob nicht ausnahmsweise im Falle der ärztlichen Gesellschaft bürgerlichen Rechts zusätzlich die Voraussetzung der Beteiligung am Gesellschaftsvermögen (materiell und/oder immateriell) gegeben sein muss, wenn ein Arzt Gesellschafter, also Partner der Gemeinschaftspraxis sein will und nicht deren Angestellter. Diese Fragestellung, die das Kernproblem der Diskussion der Nullbeteiligungsgesellschaft darstellt, gilt es nun zu untersuchen. In gesellschaftsrechtlicher Hinsicht scheint zumindest bei der Frage der Beteiligung am materiellen Vermögen Klarheit zu herrschen. Nach § 718 BGB, der den Grundsatz des gesamthänderisch gebundenen Gesellschaftsvermögens enthält, ist das Vorhandensein von Gesellschaftsvermögen nicht gefordert.[162)] Die Vorschrift regelt lediglich, wie Gesellschaftsvermögen ent-

---

159) *Sprau,* in: *Palandt*, Bürgerliches Gesetzbuch, § 705 Rn. 10 ff., 20 ff.
160) *Butzer,* MedR 2001, 604 ff. (606).
161) BGH, Urt. v. 6.4.1987, II ZR 101/86, NJW 1987, 3124 ff.; *Goette*, MedR 2002, 1 ff. (2); *Preißler/Rehborn,* Ärztliche Gemeinschaftspraxis versus Scheingesellschaft, S. 14 ff.
162) *Sprau,* in: *Palandt*, Bürgerliches Gesetzbuch, § 718 Rn. 1.

steht, setzt es aber für eine Gesellschaft bürgerlichen Rechts nicht zwingend voraus. Zudem ist § 718 BGB dispositiv. Auch die Vorschrift des § 722 BGB, welche die Gewinn- und Verlustbeteiligung regelt, ändert daran nichts. Weil diese Vorschrift ebenfalls dispositiv ist, kann der Gesellschaftsvertrag folglich nicht nur ungleichmäßige Beteiligungen beinhalten, sondern auch vorsehen, dass einem bestimmten Gesellschafter überhaupt keine Gewinn- und Verlustbeteiligung bzw. ein Kapitalanteil zustehen soll. Schließlich ergibt sich auch aus § 734 BGB keine zwingende Beteiligungspflicht am materiellen Vermögen. Auch diese Vorschrift, welche die Überschussverteilung im Rahmen der Auseinandersetzung der Gesellschaft regelt, ist dispositiv. Mit Urteil vom 6.4.1987[163)] hat der Bundesgerichtshof ausdrücklich betont, dass die Vermögensbeteiligung keine Voraussetzung für die Gesellschafterstellung ist. Gesellschaftsrechtlich ist es also nicht notwendig, dass ein Gesellschafter am Gesellschaftsvermögen beteiligt ist.[164)] In Bezug auf das materielle Gesellschaftsvermögen ist dies mittlerweile weitgehend anerkannt.

Uneinheitlich sind die Meinungen aber noch im Hinblick auf die Vermögensbeteiligung am **immateriellen** Gesellschaftsvermögen, dem sog. Goodwill. Der Goodwill einer Arztpraxis ist zu definieren als die Chance, aufbauend auf die bisher an die Praxis gebundenen Patienten für die Zukunft einen eigenen Patientenstamm als Grundlage für die ärztliche Arbeit zu bilden.[165)] Der Goodwill einer freiberuflichen Praxis spiegelt insbesondere ein personenbezogenes Wertpotenzial wider, das sich auf die Vertrauensbeziehung zwischen dem bisherigen Praxisinhaber und seinen Patienten gründet. Der Erfolg einer freiberuflichen Praxis beruht vor allem auf personenbezogenen Faktoren.[166)] Anders als die Frage der Beteiligung am materiellen Gesellschaftsvermögen wird die Problematik der immateriellen Vermögensbeteiligung erst zum Zeitpunkt des Ausscheidens eines Gesellschafters relevant. Die Vorschrift des § 738 Abs. 1 BGB beschreibt zwar die Auszahlung einer Abfindung bei Ausscheiden eines Gesellschafters als den Grundfall, jedoch ist auch diese Vorschrift dispositiv. Der BGH sieht es in ständiger Rechtsprechung als angemessene Art der Auseinandersetzung und Abfindung an, wenn nur die Praxiseinrichtung nach dem Sachwertverfahren bewertet und in Geld abge-

---

163) BGH, Urt. v. 6.4.1987, II ZR 101/86, NJW 1987, 3124 ff.

164) Siehe auch *Möller*, MedR 1999, 493 ff. (494 f.); *Goette*, MedR 2002, 1 ff.

165) *Preißler/Rehborn,* Ärztliche Gemeinschaftspraxis versus Scheingesellschaft, S. 32.

166) *Preißler/Rehborn,* Ärztliche Gemeinschaftspraxis versus Scheingesellschaft, S. 33.

funden wird und anstelle einer Abfindung für den anteiligen Praxiswert die unbeschränkte Mitnahme des eigenen Patientenstammes durch den Ausscheidenden zugelassen wird.[167] Auch im Falle einer prozentualen Beteiligung der Gesellschafter am immateriellen Gesellschaftsvermögen obliegt es den Parteien, in welcher Höhe die jeweiligen Beteiligungen erfolgen sollen. Letztlich bestimmen die Gesellschafter allein die Art und Höhe der jeweiligen Beteiligungen am immateriellen Vermögen. Da die Frage der Beteiligung logischerweise erst zum Zeitpunkt des Ausscheidens des Gesellschafters relevant werden kann und zudem aufgrund der Möglichkeit der Abbedingung der Vorschrift des § 738 BGB auf verschiedenste Art und Weise gestaltet werden kann, ist dieses Kriterium der immateriellen Vermögensbeteiligung nicht geeignet, als zwingende Voraussetzung für die Gründung einer Gesellschaft bürgerlichen Rechts angesehen zu werden. Die gestalterische Vielfalt der einzelnen Beteiligungsmöglichkeiten eignet sich daher nicht für eine zwingend einzuhaltende Voraussetzung. Weil es keine gesetzlichen Vorgaben an die genaue Ausgestaltung einer solchen Beteiligung gibt, würde eine derartige Gründungsvoraussetzung für eine Gesellschaft bürgerlichen Rechts zu erheblicher Rechtsunsicherheit beitragen. Sinnvoller ist es daher, eine Beteiligung am immateriellen Gesellschaftsvermögen nicht als **zwingende** Gründungsvoraussetzung, sondern lediglich als eine unter mehreren im Gesellschaftsvertrag zu prüfenden Klauseln zu betrachten. Es muss daher jeweils *im Einzelfall* geprüft werden, ob die Regelung im Gesellschaftsvertrag im Hinblick auf die Abfindung und das nachvertragliche Wettbewerbsverbot wirksam ist oder nicht. Nur dann, wenn sich im konkreten Einzelfall herausstellt, dass eine derartige Klausel zu einer nicht zumutbaren Folge des Ausscheidenden führen würde, ist die einzelne Klausel im Wege der ergänzenden Vertragsauslegung entsprechend zu korrigieren. Die Wirksamkeit des Gesellschaftsvertrages im Übrigen sowie der Bestand der Gesellschaft bürgerlichen Rechts als solcher bleiben hiervon unberührt. Bei der Frage nach der gesellschaftsrechtlichen Zulässigkeit von Nullbeteiligungsgesellschaften geht es dabei einzig und allein um die Frage nach den zulässigen Inhalten des Vertrages, um die Grenzen der Vertragsgestaltung.[168] Die schon zum Zeitpunkt der Gründung einer Gesellschaft bürgerlichen Rechts vertraglich vereinbarte materielle und immaterielle Nullbeteiligung eines Gesellschafters ist daher

---

167) *Goette,* Anm. zu BGH, Urt. v. 6.12.1993, II ZR 242/92, DStR 1994, 401 ff. (401); *Goette,* Anm. zu BGH, Urt. v. 6.3.1995, II ZR 97/94, DStR, 1995, 856 f.; zustimmend auch *Butzer,* MedR 2001, 604 ff. (612).

168) *Butzer,* MedR 2001, 604 ff. (606); so auch *Preißler/Rehborn,* Ärztliche Gemeinschaftspraxis versus Scheingesellschaft, S. 24, 35 ff.

aus **gesellschaftsrechtlicher** Sicht unbeachtlich und steht der Wirksamkeit des Gesellschaftsvertrages an sich nicht entgegen. Sie kann allenfalls zu einer teilweisen Unwirksamkeit einzelner Klauseln des Vertrages führen, die aber korrigiert werden kann und muss.

Die Frage der Nullbeteiligung kann also für die Abgrenzungsproblematik einer Gesellschaft bürgerlichen Rechts zum Angestelltenverhältnis aus gesellschaftsrechtlicher Sicht nicht herangezogen werden. Einzig und allein die Vereinbarung eines gemeinsamen Zwecks und dessen Förderung kann für das Entstehen einer Gesellschaft bürgerlichen Rechts entscheidend sein.[169)] Eine solche Gesellschaft kann also auch dann ent- und bestehen, wenn ein null-vermögensbeteiligter Gesellschafter daran beteiligt ist. Die Frage der Nullbeteiligung hat somit keinen unmittelbaren Einfluss auf den Status eines Gesellschafters, da dessen Beteiligung am Gesellschaftsvermögen kein für die Gründung einer Gesellschaft bürgerlichen Rechts konstitutives Element ist.[170)] Es ergibt sich auch aus dem Berufs- und Vertragsarztrecht kein anderes Ergebnis. Auch hier existieren keine zwingenden Vorschriften, die geeignet wären, die gesellschaftsrechtlichen Vorgaben abzuändern und eine zwingend zu fordernde immaterielle Vermögensbeteiligung zu begründen. Aus den Vorschriften, die die gemeinsame Berufsausübung (§ 18 MBO 2004) oder den Typusbegriff des Arztes als solchen (§ 1 Abs. 1 MBO 2004) betreffen, lassen sich ebenfalls keine Verbotsgesetze ableiten, die die gesellschaftsrechtlichen Vorgaben zwingend abändern könnten. Gerade im Hinblick auf § 1 Abs. 1 MBO 2004 ist anerkannt, dass diese Vorschrift lediglich als Programmsatz ohne eigenen Regelungsgehalt zu verstehen ist. Sie weist keinesfalls einen normativen Charakter auf.[171)]

Schließlich gilt es noch, die zweite Stufe, die die Genehmigungsfähigkeit einer Berufsausübungsgemeinschaft betrifft, näher zu untersuchen. Nochmals sei darauf hingewiesen, dass zwischen der gesellschaftsrechtlichen und der vertragsarztrechtlichen Stufe unterschieden werden muss. Die erste bereits erläuterte Schiene betraf ausschließlich die Fra-

---

169) *Möller*, MedR 1999, 493 ff.

170) So auch *Möller*, MedR 1999, 493 ff. (497); *Halbe/Rothfuß*, in: *Halbe/Schirmer,* Handbuch Kooperationen im Gesundheitswesen, A 1100 Rn. 67, wonach auch die dauerhafte Nullbeteiligung eines Gesellschafters am ideellen Gesellschaftsvermögen zulässig sein soll.

171) *Möller*, MedR 1999, 493 ff. (496 f.); *Preißler/Rehborn,* Ärztliche Gemeinschaftspraxis versus Scheingesellschaft, S. 51 ff.; *Gummert,* in: *Gummert/ Riegger/ Weipert,* Münchener Handbuch des Gesellschaftsrechts, § 25 Rn. 41 ff.

ge der gesellschaftsrechtlichen Gründungsvoraussetzungen einer Gesellschaft bürgerlichen Rechts. Die zweite, im Folgenden zu untersuchende Stufe betrifft hingegen die Frage der Genehmigungsfähigkeit dieser bereits wirksam gegründeten Gesellschaft i. S. d. § 33 Abs. 2 Ärzte-ZV. Damit eine Gesellschaft bürgerlichen Rechts auch eine ärztliche Berufsausübungsgemeinschaft wird, muss diese durch eine öffentlich-rechtliche Konzession i. S. d. § 33 Abs. 2 Ärzte-ZV zugelassen bzw. genehmigt werden. Dieses öffentlich-rechtliche Verhältnis zwischen den die Genehmigung erteilenden Zulassungsausschüssen und den Vertragsärzten bestimmt sich ausschließlich nach Vertragsarztrecht. Gesellschaftsrecht und Vertragsarztrecht stehen insoweit unabhängig nebeneinander.[172] Im Rahmen des Genehmigungsverfahrens i. S. d. § 33 Abs. 2 Ärzte-ZV wird also geprüft, ob die im Sinne des Gesellschaftsrechts wirksam gegründete Gesellschaft ihrem konkreten Inhalt nach auch als Berufsausübungsgemeinschaft genehmigt werden kann. Werden also von den jeweiligen Zulassungsausschüssen Mängel bzgl. des konkreten Vertragsinhalts festgestellt, betreffen diese ausschließlich den Inhalt des Gesellschaftsvertrages, also die konkrete Ausgestaltung, nicht aber den Status der Gesellschaft bürgerlichen Rechts oder der einzelnen Gesellschafter. Ein unter dem Blickwinkel des Vertragsarztrechts unzureichender Gesellschaftsvertrag mutiert aber ein Gesellschaftsverhältnis nicht zum Angestelltenverhältnis. Diesbezügliche Mängel betreffen allenfalls einzelne Klauseln, die auf Initiative des Zulassungsausschusses hin entsprechend korrigiert oder ergänzt werden können. Gegebenenfalls kann auch die Genehmigung nur unter der Auflage der noch vorzunehmenden Abänderung des Gesellschaftsvertrages erteilt werden.

Nach welchen Kriterien nun eine Gesellschaft bürgerlichen Rechts zur Berufsausübungsgemeinschaft i. S. d. § 33 Abs. 2 Ärzte-ZV wird, kann nicht einheitlich beantwortet werden. Insbesondere im Hinblick auf die Voraussetzung der Vermögensbeteiligung des Gesellschafters am immateriellen Gesellschaftsvermögen gehen die Meinungen auseinander. Diese Meinungen betreffen ausschließlich die konkreten Kriterien im Hinblick auf die Genehmigungsfähigkeit, ändern aber nichts mehr am bereits wirksam gegründeten Gesellschafts- und Gesellschafterstatus. Auf dieser vertragsarztrechtlichen Stufe geht es ausschließlich um die konkrete Berufsausübungsgemeinschaft und deren Anforderungen an die Genehmigung. Gegebenenfalls müssen einzelne unangemessene

---

172) *Preißler/Rehborn,* Ärztliche Gemeinschaftspraxis versus Scheingesellschaft, S. 63 f.; BSG, Urt. v. 25.11.1998, B 6 KA 70/97 R, MedR 1999, 382 ff.

Klauseln nachträglich entsprechend abgeändert werden. Das Problem der Nullbeteiligung ist daher streng genommen eine Frage dieser zweiten Stufe, da das Gesellschaftsrecht diese Voraussetzung nicht zwingend verlangt.[173)] Bei der Frage der Genehmigungsfähigkeit werden bezüglich der Anforderungen an eine etwaige Vermögensbeteiligung verschiedene Meinungen vertreten.

Ein namhafter Sozialrechtler vertritt die Ansicht, dass im Gründungsstadium einer ärztlichen Gesellschaft bürgerlichen Rechts zunächst auf eine Beteiligung des neu aufzunehmenden Arztes verzichtet werden kann. Dieser Zustand soll zumindest für eine Übergangszeit gelten. Eine auf Dauer angelegte Nullbeteiligung am materiellen Wert der Praxis sei aber unter vertragsarztrechtlichen Gesichtspunkten nicht hinnehmbar. Insbesondere beim Ausscheiden eines Gesellschafters müsse im Rahmen des Nachbesetzungsverfahrens i. S. d. § 103 Abs. 6 i. V. m. Abs. 4 SGB V ein Praxissubstrat vorhanden sein, in das eine Nachbesetzung überhaupt erfolgen kann. Ohne Praxissubstrat könne auch kein Vertragsarztsitz übertragen werden, da ein bloß virtueller Vertragsarztsitz nicht ausgeschrieben werden kann. Vertragsarztsitze sollen schließlich nicht zum reinen Handelsobjekt werden. Nach dieser Ansicht soll daher der eintretende Arzt nach Ablauf einer zeitlich befristeten Nullbeteiligungs-Anlaufphase von max. 3 Jahren in die Beteiligung am materiellen Wert der Praxis hineinwachsen.[174)] Die in diesem Punkt sehr intensiv geführte Diskussion im Schrifttum[175)] hat im Ergebnis dazu geführt, dass mittlerweile auch die Kassenärztliche Bundesvereinigung ihre ursprüngliche Auffassung revidierte und jedenfalls von dem Erfordernis materieller

---

173) Siehe dazu *Haack*, der in seinem Beitrag in MedR 2005, 631 ff. die ‚Nullbeteiligungsgesellschaft' als solche ablehnt und einen eigenen Ansatz entwickelt: Danach soll der neu eintretende Arzt zunächst einen Gesellschaftsanteil in Höhe der zu vereinbarenden Beteiligungsquote erwerben. Der für den Erwerb des Gesellschaftsanteils zu zahlende Eintrittspreis soll aber von vornherein für einen bestimmten vertraglich festgelegten Zeitraum gestundet sein.

174) *Engelmann*, ZMGR 2004, 3 ff. (10 ff.). Dagegen *Haack* in MedR 2005, 631 ff., der diese gewählte Zeitspanne als willkürlich betrachtet und daher die Rechtssicherheit als erheblich gefährdet sieht. Ablehnend auch *Gummert*, in: *Gummert/Riegger/Weipert*, Münchener Handbuch des Gesellschaftsrechts, § 25 Rn. 44 a, der diese Lösung aus systematischen Gründen für nicht haltbar erachtet. Die Anknüpfung des Vertragsarztsitzes an materielles Vermögen i. S. einer Beteiligung des Vertragsarztes an einer Infrastruktur sei im Zeitalter von Leasing und Sicherungsübereignung zudem nicht mehr zeitgemäß.

175) *Möller*, MedR 1999, 493 ff.; *Butzer*, MedR 2001, 604 ff.

Vermögensbeteiligung klar abrückte.[176] Die Praxis der Zulassungsausschüsse ist dem ganz überwiegend gefolgt.

In Bezug auf die dauerhafte Nullbeteiligung am **immateriellen** Vermögen fehlt gegenwärtig noch eine abschließende verbindliche Stellungnahme. Es lässt sich aber eine eindeutige Tendenz dahingehend feststellen, dass die Beteiligung am immateriellen Praxiswert zwar nicht verbindlich und von vornherein unter den Gesellschaftern vereinbart werden *muss*, eine diesbezügliche Regelung aber dennoch für den positiven Ausgang des Genehmigungsverfahrens bei den Zulassungsausschüssen sinnvoll ist.[177] Insbesondere bei Berufsausübungsgemeinschaften wie der ärztlichen Gemeinschaftspraxis steht infolge des Grundsatzes der persönlichen Leistungserbringung das persönliche Vertrauensverhältnis zwischen dem behandelnden Arzt und dem Patienten derart im Vordergrund, dass eine Klausel bezüglich des Goodwill am Praxiswert eigentlich nahe liegt und daher im Genehmigungsverfahren an Bedeutung gewinnt. Diese zweite Phase vor den Zulassungsausschüssen soll ja gerade die Besonderheiten einer ärztlichen Gemeinschaftspraxis bei der Entscheidung über deren Genehmigung berücksichtigen.

Die Bundesärztekammer versucht in ihrer aktuellen Stellungnahme vom 17.2.2006[178] Kriterien für den Begriff der Berufsausübungsgemeinschaft festzulegen, da diese in der Berufsordnung nicht näher definiert sind und sich in letzter Zeit immer häufiger unter dem Gesichtspunkt des Haftungsrechts die Frage stellt, wann im berufsrechtlichen Sinne von einer gemeinsamen Berufsausübung gesprochen werden kann. Diese nun im Folgenden aufzuführenden Kriterien sollen nach Auffassung der Bundesärztekammer den Besonderheiten einer ärztlichen Gemeinschaftspraxis gerecht werden und zur Rechtssicherheit bei der Durchführung der Genehmigungsverfahren beitragen. Für die gemeinsame ärztliche Berufsausübung ist zunächst der Wille der einzelnen Gesellschafter zur gemeinsamen Berufsausübung erforderlich. Diese müssen den Willen zu

---

176) Vgl. Arbeitspapier der *Kassenärztlichen Bundesvereinigung* vom 15.1.2003 „Gemeinsame und arbeitsteilige Berufsausübung in der vertragsärztlichen Versorgung".

177) So auch *Möller*, MedR 1999, 493 ff.; *Butzer*, MedR 2001, 604 ff. (612); *Halbe/Rothfuß*, in: *Halbe/Schirmer*, Handbuch Kooperationen im Gesundheitswesen, A 1100 Rn. 68.

178) Stellungnahme der *Bundesärztekammer* vom 17.2.2006: „Niederlassung und berufliche Kooperation, Neue Möglichkeiten, Hinweise und Erläuterungen zu §§ 17-19 und 23 a-d (Muster-)Berufsordnung (MBO), S. 7 ff.

einer auf Dauer angelegten systematischen Kooperation haben. Des Weiteren ist ein schriftlicher Gesellschaftsvertrag, der die Rechte und Pflichten der Gesellschafter festlegen soll, notwendiges Kriterium. Bei Zweifel darüber, ob auch tatsächlich der Wille der Partner zur gemeinsamen Berufsausübung gegeben ist oder nicht, ist weniger der Inhalt des Gesellschaftsvertrags entscheidend als vielmehr die tatsächlichen Gegebenheiten. Nur dann, wenn die Gesellschaft wie eine Berufsausübungsgemeinschaft „gelebt" wird, ist dieses Kriterium erfüllt.[179)] Ferner soll nach Auffassung der Bundesärztekammer die Außenankündigung der Gesellschaft i. S. d. § 18 a Abs. 1 MBO 2004 verpflichtend sein. Weiteres Kriterium ist die Verpflichtung der Gemeinschaft zum selbständigen Abschluss des Behandlungsvertrages mit dem Patienten. Allein die Gemeinschaft als solche ist Vertragspartnerin und Haftungsschuldnerin. Überdies muss die Gemeinschaft über einen gemeinsamen Patientenstamm verfügen, d. h. jeder Partner muss Zugriff auf die Patientenkartei haben. Schließlich müssen die Gesellschafter mehr oder minder gleiche Rechte und Pflichten haben. Jeder Gesellschafter soll an unternehmerischen Chancen und Risiken beteiligt sein, was sich in einer prozentualen Gewinn- und Verlustbeteiligung, in einer Mitwirkung an Investitions- und Personalentscheidungen, aber auch dadurch ausdrückt, dass strategische Unternehmensentscheidungen gemeinschaftlich getroffen werden. Maßgeblich soll vor allem auch eine Beteiligung am immateriellen Wert der Praxis sein. Die von der Bundesärztekammer aufgestellten Kriterien sind zwar nicht verbindlich, werden aber dennoch bei den Entscheidungen der Zulassungsausschüsse an Bedeutung gewinnen. Solange keine höchstrichterliche Rechtsprechung vorliegt, die das Problem der immateriellen Vermögensbeteiligung verbindlich regelt, sind die einzelnen Zulassungsausschüsse in ihrer Entscheidung weitgehend frei. Dennoch lässt sich im Ergebnis feststellen, dass die Beteiligung am immateriellen Vermögen bei der Genehmigung i. S. d. § 33 Abs. 2 S. 2 Ärzte-ZV eine wichtige Rolle spielen wird.[180)] Es ist zu erwarten, dass ein Gesellschaftsvertrag, der auf irgendeine Art und Weise die immaterielle Beteiligung der Gesellschafter zum Ausdruck bringt, im Rahmen des Genehmigungsverfahrens die größten Erfolgsaussichten haben wird.

---

179) BSG, Urt. v. 16.7.2003, B 6 KA 49/02 R, BSGE 91, 164 ff.; BFH, Urt. v. 14.4.2005, XI R 82/03, BB 2005, 2112 f.

180) Siehe auch *Möller*, in: *Geschäftsführender Ausschuss der AG Medizinrecht im DAV*, Psychotherapeutengesetz - Ärztliche Kooperationsformen, S. 53 f.; so im Ergebnis auch *Ratzel*, in: *Ratzel/Lippert*, Kommentar zur MBO, § 18/18 a Rn. 6.

Jedenfalls muss im Ergebnis festgestellt werden, dass das Problem der Nullbeteiligungsgesellschaft erst auf der Ebene der Genehmigung einer Berufsausübungsgemeinschaft relevant wird. Es ist aber keinesfalls geeignet, das Abgrenzungskriterium zwischen einem Gesellschafter- und einem Angestelltenstatus darzustellen. Ob der Gesellschafter-Status gegeben ist oder nicht, bestimmt sich, wie festgestellt, ausschließlich nach Gesellschaftsrecht. Die Kriterien, die die Bundesärztekammer an das Vorliegen einer Berufsausübungsgemeinschaft stellt, betreffen einzig und allein deren Genehmigungsfähigkeit, sagen aber nichts über die Gesellschaftereigenschaft als solche aus. Der Gesellschafterstatus ist zu Beginn des Genehmigungsverfahrens ja schon begründet, da die Gesellschaft durch den Abschluss des Gesellschaftsvertrages bereits entstanden ist. Ob diese Gesellschaft bürgerlichen Rechts auch genehmigt wird, entscheidet sich erst in einem zweiten Schritt. Dies verdeutlicht auch die Tatsache, dass nicht jede Gemeinschaftspraxis ein Genehmigungsverfahren durchführen muss. Das Verfahren nach § 33 Abs. 2 S. 2 Ärzte-ZV betrifft ausschließlich Gemeinschaftspraxen, die zur ***vertragsärztlichen*** Versorgung von Patienten zugelassen werden möchten. Darüber hinaus gibt es aber auch Gemeinschaftspraxen, die ausschließlich privatärztlich tätig sein wollen. Bei solchen Praxen, die ja gerade keine öffentlich-rechtliche Genehmigung benötigen, bestimmt sich der Gesellschafterstatus von vornherein einzig und allein nach Gesellschaftsrecht. Es erscheint nicht nachvollziehbar, bei reinen Privatarztpraxen einerseits und Vertragsarztpraxen andererseits unterschiedliche Kriterien bezüglich der Abgrenzung zwischen einem Gesellschafter und einem Angestellten aufzustellen. Aus Gründen der Rechtssicherheit ist es daher angezeigt, diese Abgrenzungsproblematik ausschließlich nach Gesellschaftsrecht vorzunehmen. Das Problem der Nullbeteiligungsgesellschaft entscheidet also nicht die Abgrenzungsproblematik *Gesellschafter – Angestellter*, sondern betrifft die Anforderungen an die Genehmigung i. S. d. § 33 Abs. 2 S. 2 Ärzte-ZV.

Die konstitutiven Mindestanforderungen an die Gesellschafterstellung in der ärztlichen BGB-Gesellschaft sind folglich die Vereinbarung gemeinsamer Zweckerreichung und die Übernahme der auf Dauer angelegten Pflicht, diesen Zweck zu fördern. Im Übrigen steht das gesetzliche Regelungsmodell grundsätzlich zur Disposition der Gesellschafter. Nur auf der Grundlage dieser essentialia negotii einer Gesellschaft bürgerlichen Rechts lässt sich die Abgrenzung zum Angestelltenverhältnis vornehmen.

III. Praxisgemeinschaft

1. Allgemeines

Die loseste Form der Kooperation unter Ärzten ist der Zusammenschluss in einer Praxisgemeinschaft. Eine Praxisgemeinschaft ist der Zusammenschluss zweier oder mehrerer Ärzte gleicher und/oder verschiedener Fachrichtung zwecks gemeinsamer Nutzung von Praxisräumen und/oder Praxiseinrichtungen und/oder gemeinsamer Inanspruchnahme von Praxispersonal bei selbständiger Praxisführung.[181)] Im Gegensatz zur Gemeinschaftspraxis ist die Zusammenarbeit im Rahmen der Praxisgemeinschaft auf die sachlichen und persönlichen Mittel der Praxis beschränkt. In Bezug auf die ärztliche Tätigkeit bleiben die Ärzte völlig selbständig. Bei der Erfüllung des ärztlichen Heilauftrags handeln sie in Erfüllung eigener Pflichten. Im Hinblick darauf betreibt jeder seine eigene Praxis. Die Praxisgemeinschaft als solche stellt keine Praxis dar.[182)] Der Begriff „Praxisgemeinschaft" fand sich ausdrücklich in § 22 MBO 2000 und zwar als Beispielsfall des Oberbegriffs „Organisationsgemeinschaften". Der 107. Deutsche Ärztetag 2004 hat die Vorschrift aufgehoben und die Organisationsgemeinschaften nun in einer neuen Vorschrift (§ 18 Abs. 1) geregelt, ohne die Praxisgemeinschaft beispielhaft noch gesondert zu nennen (§ 18 Abs. 1 MBO 2004 beschränkt sich auf die Nennung der Organisationsgemeinschaften als Oberbegriff). Allerdings kann § 33 Abs. 1 S. 1 Ärzte-ZV als Beschreibung der Praxisgemeinschaft im engeren Sinne verstanden werden. Trotz weitgehender Selbständigkeit ist diese Art der Kooperation für die einzelnen Ärzte vorteilhaft. Räumlichkeiten können dadurch effektiver ausgenutzt werden, kostenintensive Geräte können durch die höhere Kapitalbeteiligung leichter finanziert werden.

---

181) Vgl. *Uhlenbruck/Schlund*, in: *Laufs/Uhlenbruck*, Handbuch des Arztrechts, § 18 Rn. 9; vgl. *Gehrlein*, Leitfaden zur Arzthaftpflicht, S. 7 f.; vgl. *Ehmann*, MedR 1994, 141 ff. (144); vgl. *Rieger*, Verträge zwischen Ärzten in freier Praxis, S. 56. Zur Abgrenzung zwischen Praxisgemeinschaft und Gemeinschaftspraxis BGH, Urt. v. 25.3.1986, VI ZR 90/85, BGHZ 97, 273 ff. (277); vgl. *Geiß/Greiner*, Arzthaftpflichtrecht, A I Rn. 15; *Gummert*, in: *Gummert/Riegger/Weipert*, Münchener Handbuch des Gesellschaftsrechts, § 25 Rn. 5.

182) Vgl. *Ehmann*, MedR 1994, 141 ff. (144); vgl. *Ahrens*, MedR 1992, 141 ff. (142); vgl. *Schnapp*, Rechtsfragen der gemeinschaftlichen Berufsausübung von Vertragsärzten, S. 23.

Ebenso wie die Gemeinschaftspraxis muss auch die Praxisgemeinschaft der zuständigen Ärztekammer angezeigt werden, § 18 Abs. 6 MBO 2004. Die Ankündigung i. S. d. § 18 a MBO 2004 ist im Rahmen der Praxisgemeinschaft nur freiwillig („dürfen"), § 18 a Abs. 3 S. 1 MBO 2004. Schließlich sind die entsprechenden Kassenärztlichen Vereinigungen von der Gründung einer Praxisgemeinschaft zu unterrichten, § 33 Abs. 1 S. 2 Ärzte-ZV. Durch die Möglichkeit der Ankündigung nach § 18 a Abs. 3 MBO 2004 entstehen neue Haftungsgefahren. Soweit eine Praxisgemeinschaft nach außen wie eine Gemeinschaftspraxis auftritt, können die Gesellschafter dieser Organisationsgemeinschaft wegen des damit verbundenen Rechtsscheins möglicherweise wie Gesellschafter einer Berufsausübungsgemeinschaft haften.

2. Rechtsform

Wie bei der Gemeinschaftspraxis handelt es sich auch bei der Praxisgemeinschaft in der Regel um eine Gesellschaft bürgerlichen Rechts, §§ 705 ff. BGB. Anders als die Gemeinschaftspraxis, die eine Außengesellschaft bürgerlichen Rechts darstellt, ist die Praxisgemeinschaft infolge der fehlenden Außenrechtsbeziehungen zur Kassenärztlichen Vereinigung bzw. zum Patienten in Bezug auf die ärztliche Tätigkeit eine Innengesellschaft.[183] Charakteristisch für eine solche Innengesellschaft ist die Nichtteilnahme der Gesellschaft am Rechtsverkehr **und** der Verzicht auf die Bildung von Gesamthandsvermögen.[184] Der Gesellschaftszweck i. S. d. § 705 BGB dieser Praxisgemeinschaft besteht in der gemeinsamen Nutzung von Personal, Praxisräumen und Praxisgegenständen. Nur hinsichtlich dieses Zwecks tritt die Praxisgemeinschaft Dritten gegenüber als rechts- und parteifähige (Außen-)Gesellschaft bürgerlichen Rechts in Erscheinung.[185] Bezüglich der ärztlichen Heilbehandlung besteht eben

---

183) Zur Gestaltung eines Gesellschaftsvertrages siehe *Rieger*, Verträge zwischen Ärzten in freier Praxis, S. 48 ff.; vgl. *Uhlenbruck/Schlund*, in: *Laufs/Uhlenbruck*, Handbuch des Arztrechts, § 18 Rn. 10; vgl. *Rieger,* MedR 1998, 75 ff. (77).

184) Vgl. *Ulmer*, in: *MüKo*, Bürgerliches Gesetzbuch, Bd. 5, § 705 Rn. 275 ff.; vgl. *Sprau,* in: *Palandt,* Bürgerliches Gesetzbuch, § 705 Rn. 33 ff.; vgl. *Timm/Schöne*, in: *Bamberger/Roth*, Bürgerliches Gesetzbuch, Bd. 2, § 705 Rn. 149 ff.; *Schücking*, in: *Gummert/Riegger/Weipert*, Münchener Handbuch des Gesellschaftsrechts, § 3 Rn. 44 ff.

185) Vgl. *Hohmann*, Der Gemeinschaftspraxisvertrag für Ärzte, Teil 1, S. 11 und Teil 2, S. 10; vgl. *Uhlenbruck/Schlund*, in: *Laufs/Uhlenbruck*, Handbuch des Arztrechts, § 18 Rn. 10; *Schäfer-Gölz,* in: *Halbe/Schirmer,* Handbuch Kooperatio-

gerade kein gemeinsamer Gesellschaftszweck. Bei einer Gemeinschaftspraxis hingegen ist der gemeinsame Zweck i. S. d. § 705 BGB die gemeinsame austauschbare ärztliche Tätigkeit.

Schließlich kommen als Rechtsformen für die Praxisgemeinschaft auch der rechtsfähige Verein, die eingetragene Genossenschaft, die Gesellschaft mit beschränkter Haftung sowie die Aktiengesellschaft in Betracht. Weder Berufsordnungsrecht noch Vertragsarztrecht verbieten die Organisation von Praxisgemeinschaften als juristische Personen des Privatrechts.

3. Vertragsverhältnisse

Da jeder Arzt seine eigene Praxis führt, mit eigenem Patientenstamm und eigener Buchführung, schließt der Patient den ärztlichen Behandlungsvertrag immer nur mit dem jeweiligen Arzt ab.[186] Es liegen also rechtlich gesehen selbständige Arztpraxen vor. Zu dieser (Innen-)Gesellschaft bürgerlichen Rechts als solcher bestehen im Rahmen der gemeinsamen ärztlichen Tätigkeit keinerlei rechtliche Beziehungen. Anders stellt sich die Rechtslage bei Rechtsgeschäften dar, die im Rahmen des Gesellschaftszwecks abgeschlossen werden. In diesem Fall ist die Praxisgemeinschaft als solche Außengesellschaft und daher diesbezüglich Vertragspartnerin.

4. Haftung

Bei Fehlern im Rahmen der ärztlichen Behandlung haftet jeder Arzt, vertraglich und deliktisch, entsprechend der Haftungslage in einer Einzelpraxis allein.[187] Lediglich bei Haftungstatbeständen, die im Zusammenhang mit dem gemeinsamen Gesellschaftszweck stehen, haftet die Praxisgemeinschaft als Außengesellschaft bürgerlichen Rechts. In diesem

---

nen im Gesundheitswesen, A 1200 Rn. 67 f.

186) Vgl. *Uhlenbruck/Schlund*, in: *Laufs/Uhlenbruck*, Handbuch des Arztrechts, § 18 Rn. 9 f.; vgl. *Ehmann,* MedR 1994, 141 ff. (144); vgl. *Uhlenbruck/Laufs*, in: *Laufs/Uhlenbruck*, Handbuch des Arztrechts, § 40 Rn. 4; vgl. *Laufs*, in: *Laufs/Uhlenbruck*, Handbuch des Arztrechts, § 98 Rn. 3.

187) Vgl. *Schlund*, in: *Laufs/Uhlenbruck*, Handbuch des Arztrechts, § 115 Rn. 12; vgl. *Gehrlein*, Leitfaden zur Arzthaftpflicht, S. 8.

Fall gelten dieselben Haftungsgrundsätze wie im Rahmen einer Gemeinschaftspraxis.[188)]

5. Abgrenzung Praxisgemeinschaft – ungenehmigte Gemeinschaftspraxis

Eine Praxisgemeinschaft **muss** bei der zuständigen Ärztekammer nur angezeigt werden, § 18 Abs. 6 MBO 2004 und **kann** nach § 18 a Abs. 3 S. 1 MBO 2004 angekündigt werden. Auch die jeweilige Kassenärztliche Vereinigung muss nach § 33 Abs. 1 S. 2 Ärzte-ZV lediglich unterrichtet werden. Die gemeinsame Nutzung von Praxisräumen und -einrichtungen ist also ohne weitere Voraussetzungen zulässig, § 33 Abs. 1 S. 1 Ärzte-ZV. Die Abrechnung erfolgt bei der Praxisgemeinschaft in privat- und vertragsärztlicher Sicht jeweils selbständig.[189)] Jeder an der Innengesellschaft teilnehmende Arzt liquidiert in eigenem Namen. Die Praxisgemeinschaft wird abrechnungstechnisch nicht als Einheit betrachtet. Gegenüber der Kassenärztlichen Vereinigung erfolgt eine getrennte Abrechnung.[190)] Im Falle einer Zusammenarbeit in Form einer Gemeinschaftspraxis hingegen ist im vertragsärztlichen Bereich die vorherige Genehmigung der Kassenärztlichen Vereinigung notwendig, § 33 Abs. 2 S. 2 Ärzte-ZV. Im Rahmen einer Praxisgemeinschaft löst die wiederholte Behandlung eines Patienten durch mehrere Ärzte jeweils einen Behandlungsfall mit jeweils eigenen Gebühren aus. Bei der Gemeinschaftspraxis liegt in einem solchen Fall nur ein einheitlicher Behandlungsfall vor. Es bestehen also durchaus erhebliche Unterschiede in abrechnungstechnischer Hinsicht. Infolgedessen ist in der letzten Zeit vermehrt die Problematik des Gestaltungsmissbrauchs im Rahmen der Praxisgemeinschaft aufgetreten.[191)] Eine ungenehmigte Gemeinschaftspraxis nach

---

188) Verweis auf Haftungsgrundsätze bei der Gemeinschaftspraxis. Siehe S. 52 ff. dieser Arbeit.

189) Vgl. *Quaas/Zuck*, Medizinrecht, § 14 Rn. 14 ff.; vgl. *Uhlenbruck/Schlund*, in: *Laufs/Uhlenbruck*, Handbuch des Arztrechts, § 18 Rn. 9 ff.; vgl. *Rieger*, Verträge zwischen Ärzten in freier Praxis, S. 56.

190) Vgl. *Luxenburger*, in: *Geschäftsführender Ausschuss der AG Medizinrecht im DAV*, Psychotherapeutengesetz - Ärztliche Kooperationsformen, S. 69; vgl. *Ehmann*, MedR 1994, 141 ff. (141); vgl. *Quaas/Zuck*, Medizinrecht, § 14 Rn. 14 ff.

191) Vgl. *Krafczyk*, MedR 2003, 313 ff.; vgl. LSG Nieders.-Bremen, Beschl. v. 10.2.2003, L 3 KA 434/02, MedR 2003, 429 ff.; vgl. *Hartmann*, MedR 2003, 623 ff.; vgl. *Andreas/Debong/Bruns*, Handbuch Arztrecht in der Praxis, Rn. 476 ff.

§ 33 Abs. 2 Ärzte-ZV liegt insbesondere dann vor, wenn eine Praxisgemeinschaft im Rechtsverkehr gemeinsam angekündigt wird (§ 18 a Abs. 3 S. 1 MBO 2004), eine gemeinsame Karteiführung, fachgleiche Überweisungen und ein sog. Gewinnpooling erfolgt.[192] In einem solchen Fall treten die Ärzte nach außen als Praxisgemeinschaft auf, obwohl sie tatsächlich eine Gemeinschaftspraxis darstellen.

Entscheidend für die Abgrenzung zwischen der Praxisgemeinschaft und der ungenehmigten Gemeinschaftspraxis ist der Gesellschaftsvertrag, worin der Gesellschaftszweck festgelegt ist. Im Rahmen der Praxisgemeinschaft handelt jeder Arzt aus eigenem, bei der Gemeinschaftspraxis hingegen aus gemeinsamem wirtschaftlichen Interesse. Diesen unterschiedlichen Interessen versucht § 33 Ärzte-ZV durch die entsprechenden Anforderungen jeweils gerecht zu werden.[193]

IV. Ärztepartnerschaft

1. Allgemeines

Mit dem am 1. Juli 1995 in Kraft getretenen Partnerschaftsgesellschaftsgesetz (PartGG) ist eine neue, registerfähige personengesellschaftsrechtliche Rechtsform für die gemeinsame Berufsausübung von Angehörigen der freien Berufe geschaffen worden. Dadurch sollte die Lücke zwischen der Gesellschaft bürgerlichen Rechts und den Kapitalgesellschaften geschlossen werden.[194]

Eine Ärztepartnerschaft ist eine Gesellschaft, in der sich mindestens zwei Ärzte als Angehöriger freier Berufe im Sinne des PartGG (§ 1 Abs. 2 PartGG) zur Ausübung ihres Berufs zusammenschließen. Die

---

192) Umstritten ist, ob allein schon das ‚Gewinnpooling' aus einer Praxisgemeinschaft eine ungenehmigte Gemeinschaftspraxis macht. Bejahend das LSG Nieders.-Bremen, Beschl. v. 10.2.2003, L 3 KA 434/02, MedR 2003, 429 ff. Andere Auffassung bzgl. Gewinnpooling unter Verweis auf die Gestaltungsfreiheit im Innenverhältnis vgl. *Krafczyk,* MedR 2003, 313 ff. (314). Dieser vertritt die Ansicht, dass Gewinnpooling allein noch keine Falschabrechnung indiziere. Zu den straf-, berufs- und vertragsarztrechtlichen Folgen siehe *Ulsenheimer,* in: *Laufs/Uhlenbruck*, Handbuch des Arztrechts, § 151 Rn. 26 ff.

193) Zur Auslegung des § 33 Ärzte-ZV siehe: *Hartmann,* MedR 2003, 623 ff.

194) BGBl. 1994 I, 1744 ff.; BR-Drucks. 505/94; BT-Drucks. 12/6152; BR-Drucks. 516/93.

Partnerschaft ist eine Berufsausübungsgesellschaft, da deren Gesellschaftszweck wie bei der Gemeinschaftspraxis auf der Ebene der Berufsausübung liegt.[195] Gegenstand der Ärztepartnerschaft darf nur die Ausübung der Heilkunde sein. Die einer Partnerschaft angehörenden Ärzte müssen nicht zwingend demselben Fachgebiet angehören. Auch eine fachübergreifende Ärztepartnerschaft ist zulässig.[196] Nach § 1 Abs. 1 PartGG können sich ausschließlich Angehörige freier Berufe zu Partnern zusammenschließen, nicht hingegen juristische Personen. Eine Ärztepartnerschaft entsteht durch den Abschluss eines Partnerschaftsvertrages nach § 3 PartGG und der Eintragung in das Partnerschaftsregister nach §§ 4 ff. PartGG. Erst mit dieser Eintragung wird die Partnerschaft im Außenverhältnis wirksam, § 7 Abs. 1 PartGG.

Die berufsrechtliche Zulässigkeit ergab sich nach der ursprünglichen Fassung der Musterberufsordnung aus § 22. Die Vorschrift sah als mögliche Berufsausübungsgemeinschaften die Gemeinschaftspraxis und die Ärztepartnerschaft vor. Im Zuge der grundlegenden Novellierung der Musterberufsordnung im Jahre 2004 wurde die Unterscheidung zwischen der Gemeinschaftspraxis und der Ärztepartnerschaft als Erscheinungsformen der Berufsausübungsgemeinschaften aufgegeben, § 18 Abs. 1 MBO 2004. Auch wenn der Begriff der Ärztepartnerschaft in der MBO 2004 nicht mehr ausdrücklich in Erscheinung tritt, wird die Partnerschaft dennoch als zulässige Rechtsform für eine Berufsausübungsgemeinschaft neben der Gesellschaft bürgerlichen Rechts als selbstverständlich vorausgesetzt. Dies ergibt sich aus § 18 Abs. 5 und § 18 a Abs. 1 MBO 2004.

2. Vertragliche Beziehungen

a) Patient – Ärzte

Gemäß § 7 Abs. 2 PartGG i. V. m. § 124 HGB kommen die Behandlungsverträge zwischen dem Patienten und der Ärztepartnerschaft zusammen.[197] Infolge der Verweisung in § 7 PartGG auf die §§ 124, 125

---

195) Bei der Praxisgemeinschaft hingegen liegt der Gesellschaftszweck im organisatorischen Bereich.

196) *Vgl. Quaas/Zuck*, Medizinrecht, § 14 Rn. 30-34; vgl. *Eisenberg*, Ärztliche Kooperations- und Organisationsformen, S. 147.

197) Vgl. *Meilicke*, in: *Meilicke/Graf v. Westphalen/Hoffmann/Lenz/Wolff*, Partner-

HGB bzgl. der rechtlichen Selbständigkeit und Vertretungsbefugnis gleicht die Partnerschaft von der Organisationsstruktur her der Offenen Handelsgesellschaft als rechtsfähige, personengebundene Gesamthand.[198] Die Partnerschaft als solche schuldet also die Erfüllung der vertraglichen Pflichten aus dem Behandlungsvertrag.[199] Aufgrund der ihr verliehenen Rechtsfähigkeit ist also die Partnerschaftsgesellschaft selbst Partnerin aller Verträge, die zwischen ihr und Dritten, den Patienten, geschlossen werden.

b) Ärzte untereinander

Das Rechtsverhältnis der Partner untereinander richtet sich nach dem Partnerschaftsvertrag, § 6 Abs. 3 S. 1 PartGG. In Ergänzung dazu sind die Vorschriften über die OHG anwendbar, § 6 Abs. 3 S. 2 PartGG. Gemäß dem Grundsatz der Vertragsfreiheit bleibt es den Partnern aber unbenommen, ihre rechtlichen Beziehungen auch abweichend vom OHG-Recht auszugestalten. Die Vorschriften, die die OHG betreffen, sind weitgehend dispositiv. Nach § 6 Abs. 3 S. 2 PartGG i. V. m. §§ 114 Abs. 1 und 116 HGB ist grundsätzlich jeder Partner allein zur Führung sämtlicher gewöhnlicher Geschäfte berechtigt.[200] Die Vertretungsregeln der OHG sind auf die Partnerschaft ebenfalls entsprechend anwendbar, § 7 Abs. 3 PartGG i. V. m. §§ 125, 126 und 127 HGB. Das bedeutet, dass alle Partner nach § 125 Abs. 1 HGB Alleinvertretungsmacht besitzen.

3. Haftungsverhältnisse

Eines der wesentlichen Motive für die Schaffung dieser neuen Gesellschaftsform war die Verbesserung der Haftungssituation der Freiberufler.[201]

---

schaftsgesellschaftsgesetz, § 7 Rn. 14; vgl. *Ulmer,* in: *MüKo*, Bürgerliches Gesetzbuch, Bd. 5, § 7 Rn. 10 PartGG.

198) Vgl. *Schmidt,* ZIP 1993, 633 ff. (635).

199) Vgl. *Meilicke,* in: *Meilicke/Graf v. Westphalen/Hoffmann/Lenz/Wolff,* Partnerschaftsgesellschaftsgesetz, § 7 Rn. 14.

200) Gewöhnliche Geschäftsführungsaufgaben i. S. d. § 116 I HGB sind alle Handlungen, die nach der Verkehrsanschauung der gewöhnliche Betrieb gerade dieser Gesellschaft mit sich bringt.

201) Vgl. Begründung RegE PartGG, BT-Drucks. 12/6152, S. 7; *Meilicke,* in: *Meilicke/Graf v. Westphalen/Hoffmann/Lenz/Wolff,* Partnerschaftsgesellschaftsge-

a) Haftung der Partnerschaft

Nach §§ 7 Abs. 2 PartGG i. V. m. 124 HGB haftet die rechtlich verselbständigte Partnerschaft mit ihrem gesamthänderisch gebundenen Vermögen für alle schuldhaften vertraglichen Pflichtverletzungen der Partner.[202] § 8 Abs. 1 PartGG ist an § 128 HGB angelehnt und geht somit grundsätzlich von einer akzessorischen und gesamtschuldnerischen Haftung aller Partner für Verbindlichkeiten der Partnerschaft aus.[203] Neben dem Vermögen der Partnerschaftsgesellschaft haften also die einzelnen Partner mit ihrem Privatvermögen. Da die Partnerschaftsgesellschaft die Vertragspartnerin des Patienten ist, haftet zunächst immer diese. Die persönliche Haftung der Partner tritt analog § 128 HGB akzessorisch daneben. Von § 8 Abs. 1 PartGG sind alle Arten von Verbindlichkeiten erfasst.[204] Der Partnerschaft wird über § 31 BGB analog auch das vertragliche Fehlverhalten ihrer Gesellschafter zugerechnet.[205] Eine entsprechende Anwendung des § 278 BGB in Bezug auf die Ärzte-Partner wird für die OHG und damit folglich auch für die Partnerschaft weitgehend abgelehnt.[206] Das Verschulden der nicht-ärztlichen Mitarbeiter hingegen wird der Partnerschaft nach § 278 BGB zugerechnet.[207]

Wie im Rahmen der OHG bereits gewohnheitsrechtlich anerkannt,[208] haftet auch die Partnerschaft nach § 31 BGB analog für deliktische Handlungen, die ein Partner in Ausführung einer ihm zustehenden Ver-

---

setz, § 1 Rn. 4 ff.; zum Vergleich der Partnerschaft gegenüber anderen Rechtsformen: *Ulmer*, in: *MüKo*, Bürgerliches Gesetzbuch, Bd. 5, Vor § 1 PartGG Rn. 11 ff., § 8 PartGG Rn. 1 ff.; *Quaas/Zuck*, Medizinrecht, § 14 Rn. 30-34; zur Haftung allgemein: *Salger*, in: *Gummert/Riegger/Weipert*, Münchener Handbuch des Gesellschaftsrechts, § 43 Rn. 1 ff.

202) Vgl. *Meilicke*, in: *Meilicke/Graf v. Westphalen/Hoffmann/Lenz/Wolff*, Partnerschaftsgesellschaftsgesetz, § 7 Rn. 13 ff.

203) Vgl. *Graf v. Westphalen*, in: *Meilicke/Graf v. Westphalen/Hoffmann/Lenz/Wolff*, Partnerschaftsgesellschaftsgesetz, § 8 Rn. 7 ff.; vgl. *Ulmer*, in: *MüKo*, Bürgerliches Gesetzbuch, Bd. 5, § 8 Rn. 5 ff. PartGG.

204) Vgl. *Ulmer*, in: *MüKo*, Bürgerliches Gesetzbuch, Bd. 5, § 8 Rn. 6 PartGG.

205) Auch im Rahmen einer OHG ist nach ganz h. M. § 31 BGB analog anwendbar. Vgl. *Reuter*, in: *MüKo* Bürgerliches Gesetzbuch, Bd. 1, § 31 Rn. 14; vgl. *Heinrichs*, in: *Palandt*, Bürgerliches Gesetzbuch, § 278 Rn. 6; *Heinrichs*, in: *Palandt*, Bürgerliches Gesetzbuch, § 31 Rn. 3; *Meilicke*, in: *Meilicke/Graf v. Westphalen/Hoffmann/Lenz/Wolff*, Partnerschaftsgesellschaftsgesetz, § 7 Rn. 18.

206) Vgl. *Grundmann*, in: *MüKo*, Bürgerliches Gesetzbuch, Bd. 2 a, § 278 Rn. 10.

207) Begründung RegE PartGG, BT-Drucks. 12/6152, 17.

208) BGH, Urt. v. 8.7.1986, VI ZR 47/85, BGHZ 98, 148 ff. (151).

richtung begangen hat.[209] Ein durch einen Partner begangener Behandlungsfehler stellt in der Regel eine Rechtsgutverletzung i. S. d. § 823 Abs. 1 BGB dar. Folglich greift die deliktische Haftung der Partnerschaft bei nahezu jedem Behandlungsfehler der Partner ein.

Eine Beschränkung der Haftung im Rahmen der Partnerschaftsgesellschaft ist in §§ 8 Abs. 2 und 3 PartGG grundsätzlich vorgesehen. Jedoch beziehen sich diese Vorschriften unmittelbar nur auf die Haftung der Partner für Ansprüche aus Schäden wegen fehlerhafter Berufsausübung. Die Haftung der Partnerschaft hingegen mit ihrem gesamtschuldnerisch gebundenen Vermögen bleibt davon unberührt.[210] Eine diesbezügliche Haftungsbeschränkung muss aber dennoch möglich sein, zumal dies im Rahmen einer OHG auch regelbar ist (§ 128 S. 2 HGB) und die neue Gesellschaftsform der Partnerschaftsgesellschaft gerade eine haftungsrechtliche Besserstellung der Freiberufler anstrebt. Wird die Haftungsbeschränkung in Allgemeinen Geschäftsbedingungen geregelt, müssen die §§ 308-311 BGB beachtet werden. Im Falle einer individualrechtlichen Haftungsbeschränkungsvereinbarung dürfen die Vertragspartner den Regelungszweck der §§ 8 Abs. 2 und 3 PartGG nicht unterlaufen. Eine solche Vereinbarung muss den Anforderungen des § 128 S. 2 HGB genügen.[211]

b) *Haftung der Partner*

Wie bereits dargelegt, haften für die Verbindlichkeiten der Partnerschaft neben dem Vermögen der Partnerschaft auch die Partner mit ihrem Privatvermögen als Gesamtschuldner. Diese Haftung umfasst vertraglich und gesetzlich begründete Ansprüche.[212] Im Verhältnis zur Verbindlichkeit der Gesellschaft ist die Verbindlichkeit der Gesellschafter, genauer

---

209) Vgl. *Graf v. Westphalen,* in: *Meilicke/Graf v. Westphalen/Hoffmann/Lenz/Wolff,* Partnerschaftsgesellschaftsgesetz, § 8 Rn. 7 f.

210) Vgl. *Graf v. Westphalen,* in: *Meilicke/Graf v. Westphalen/Hoffmann/Lenz/Wolff,* Partnerschaftsgesellschaftsgesetz, § 8 Rn. 41 ff.; vgl. *Ulmer,* in: *MüKo,* Bürgerliches Gesetzbuch, Bd. 5, § 8 Rn. 14 ff., 21, 23 PartGG.

211) Vgl. *Ulmer,* in: *MüKo,* Bürgerliches Gesetzbuch, Bd. 5, § 8 Rn. 7 PartGG; so auch *Graf v. Westphalen,* in: *Meilicke/Graf v. Westphalen/Hoffmann/Lenz/Wolff,* Partnerschaftsgesellschaftsgesetz, § 8 Rn. 11.

212) Vgl. *Graf v. Westphalen,* in: *Meilicke/Graf v. Westphalen/Hoffmann/Lenz/Wolff,* Partnerschaftsgesellschaftsgesetz, §, § 8 Rn. 44 ff.

gesagt der Partner, eine akzessorische Schuld.[213] Diese enge Verknüpfung zwischen Gesellschaftsschuld und Gesellschafterschuld wird nicht nur durch § 128 HGB deutlich, sondern auch und insbesondere durch §§ 129 und 130 HGB (Verweis in § 8 Abs. 1 S. 2 PartGG).

Durch die Einführung des PartGG sollte die grundsätzlich unbeschränkte persönliche Haftung aller Gesellschafter für Ansprüche aus fehlerhafter Berufsausübung maßvoll eingedämmt werden.[214] Zur Umsetzung dieses Ziels wurde § 8 Abs. 2 PartGG eingeführt. Diese Vorschrift begründet eine gesetzliche Handelndenhaftung.[215] Danach soll nur noch derjenige Partner persönlich haften müssen, der die fehlerhafte Leistung auch tatsächlich erbracht hat. Die Haftung der übrigen Partner wird dadurch gleichzeitig ausgeschlossen. Die Haftung der Partnerschaft hingegen bleibt daneben bestehen. Dies ergibt sich aus dem Wortlaut des § 8 Abs. 2 PartGG („neben der Partnerschaft"). Die Haftungskonzentration auf den allein handelnden und verantwortlichen Arzt erstreckt sich sowohl auf die vertraglichen als auch auf die deliktischen Ansprüche.[216]

Die Haftungsbegrenzung bezieht sich ausschließlich auf die fehlerhafte Berufsausübung, also auf Schäden aus Behandlungsfehlern. Die Primärverbindlichkeit der übrigen Partner auf Erfüllung des Behandlungsvertrages hingegen bleibt von § 8 Abs. 2 PartGG unberührt.[217] Begeht der jeweilige Partner den Behandlungsfehler nicht selbst, sondern ein Angestellter der Partnerschaft, so greift die vertragliche Haftung des allein verantwortlichen Partners nach §§ 611, 278 BGB bzw. die deliktische Haftung für Verrichtungsgehilfen nach § 831 BGB ein. Durch die Haftungskonzentration wird der Patient auch nicht schlechter gestellt, da er im Falle einer Einzelpraxis auch nur einen Haftungsschuldner hätte.

---

213) Vgl. *Graf v. Westphalen*, in: *Meilicke/Graf v. Westphalen/Hoffmann/Lenz/Wolff*, Partnerschaftsgesellschaftsgesetz, § 8 Rn. 45, 7 f., 9.

214) Vgl. *Graf v. Westphalen*, in: *Meilicke/Graf v. Westphalen/Hoffmann/Lenz/Wolff*, Partnerschaftsgesellschaftsgesetz, § 8 Rn. 42.

215) Die ursprüngliche Fassung des § 8 Abs. 2 PartGG ermöglichte die Haftungskonzentration nur unter Verwendung vorformulierter Vertragsbedingungen. Mit der Einführung der jetzt gültigen Fassung am 1.8.1998 wurde die vertraglich zu vereinbarende durch eine gesetzliche Handelndenhaftung ersetzt.

216) Vgl. *Ulmer*, in: *MüKo*, Bürgerliches Gesetzbuch, Bd. 5, § 8 Rn. 15 PartGG.

217) Auch sonstige vermögensrechtliche Aktivitäten der Partnerschaft bleiben von § 8 Abs. 2 PartGG unberührt.

V. Juristische Personen des Privatrechts

1. Allgemeines

Es herrschte ein jahrelanger Streit darüber, ob die juristischen Personen des Privatrechts, insbesondere die Gesellschaft mit beschränkter Haftung (GmbH), als geeignete Rechtsformen für die Kooperationen auf dem ambulanten Sektor in Frage kommen.[218] Mit der Novellierung der Musterberufsordnung im Jahre 2004 wurde nun die Vorschrift des § 23 a geschaffen.[219] Darin ist ausdrücklich geregelt, dass sich auch auf dem ambulanten Sektor die Ärzte in Form einer Ärztegesellschaft zusammenschließen können.[220]

Auslöser dieser nun neu geschaffenen Ärztegesellschaft war die Einführung des ‚Medizinischen Versorgungszentrums' nach § 95 SGB V. Dieser neue Versorgertyp wurde durch das GKV-Modernisierungsgesetz eingeführt und kann in allen zulässigen Organisations- und Gesellschaftsformen gegründet werden, also auch als Kapitalgesellschaft.[221] Somit sind einem Medizinischen Versorgungszentrum, das gerade auch die Krankenhäuser mit einbezieht, andere gesellschaftsrechtliche Konstruktionsmöglichkeiten eröffnet als den niedergelassenen und ambulant kooperierenden Ärzten.

Der 107. Deutsche Ärztetag sollte also insbesondere die Berufsordnung auf Grund der neuen Versorgungsstrukturen den Erfordernissen einer freien und wirtschaftlich sinnvollen Niederlassung in einer Einzelpraxis angleichen. Die Chancengleichheit zwischen den Versorgungszentren

---

218) Zur allgemeinen Diskussion siehe *Katzenmeier,* MedR 1998, 113 ff.; vgl. *Laufs,* MedR 1995, 11 ff.; vgl. *Rieger,* MedR 1995, 87 ff.; vgl. *Taupitz,* NJW 1992, 2317 ff.; vgl. *Taupitz,* NJW 1996, 3033 ff.; vgl. *Weber/Vogt-Weber,* Arztrecht 7/1997, 179 ff.; vgl. *Taupitz,* JZ 1994, 1100 ff.

219) Siehe auch ZMGR 03/2004, 115 ff. Der Volltext der neuen Musterberufsordnung ist unter www.bundesaerztekammer.de abrufbar; vgl. *Ratzel/Lippert,* MedR 2004, 525 ff. (530 f.); *Koch,* GesR 6/2005, 241 ff. (244).

220) Zur Klarstellung sei noch mal darauf hingewiesen, dass sich die Diskussion lediglich auf den **ambulanten** Bereich bezog. Auf dem stationären Sektor ist natürlich seit jeher die Rechtsform der juristischen Person des Privat- und des Öffentlichen Rechts möglich.

221) Medizinische Versorgungszentren sind fachübergreifend ärztlich geleitete Einrichtungen, in denen Ärzte, die in das Arztregister nach Abs. 2 S. 3 Nr. 1 eingetragen sind, als Angestellte oder Vertragsärzte tätig sind, § 95 I 2 SGB V. Näher dazu auch *Quaas/Zuck,* Medizinrecht, § 47 Rn. 1 ff.

und den niedergelassenen Ärzten sollte wieder hergestellt werden.[222] Der Vorstand der Bundesärztekammer vertrat hierbei die Auffassung, dass die durch die Einführung des § 23 a MBO 2004 verbesserte Kooperation von Ärzten nicht nur gleiche Wettbewerbschancen mit anderen Versorgertypen schafft, sondern auch zu einer Verbesserung der Patientenversorgung durch höhere Erreichbarkeit und Nutzung von Synergieeffekten führt.[223] Durch die neu eingeführte Möglichkeit der Gründung einer Ärztegesellschaft würde auch nicht die Freiberuflichkeit der niedergelassenen Ärzte aufgegeben. Das tradierte Berufsbild des in der Einzelpraxis tätigen Arztes wird zwar aufgeweicht, aber die verantwortliche Leitung der Praxis verbleibe nach wie vor bei den niedergelassenen Ärzten. Der neue § 18 Abs. 2 MBO 2004 verzichtet nun erstmals darauf, den kooperierenden Ärzten die Rechtsform ihrer Zusammenarbeit vorzuschreiben.

Durch die Einführung des § 23 a und der Anerkennung der juristischen Personen des Privatrechts als statthafte Rechtsformen im Rahmen der ärztlichen Berufsausübung wird ein langwährender Streit nun endgültig beigelegt. Die sog. Heilkunde-GmbH fand in der Ärzteschaft bisher wenig Zuspruch. Zum einen widerspreche sie der Freiberuflichkeit, der Patientenschutz sei nicht hinreichend gewährt und auch die GOÄ finde keine Anwendung. Die Heilberufsgesetze der Länder haben auf die Einführung des § 23 a MBO 2004 sehr unterschiedlich reagiert, vom absoluten Verbot der GmbH bis zum völligen Ignorieren des Problems.[224] Erst als Reaktion auf die Einführung der Medizinischen Versorgungszentren hat sich die Bundesärztekammer dazu entschlossen, die Regelung zur Gründung einer Ärztegesellschaft in die neue Berufsordnung aufzunehmen. Dafür, dass die neue Vorschrift in der Praxis umgesetzt wird, müssen noch die Bestimmungen in den Heilberufsgesetzen der Länder geändert werden. Die neue Musterberufsordnung kann erst dann von den einzelnen Kammern übernommen werden, wenn eine ausreichende ge-

---

222) Vgl. *Lennartz*, DFZ 7-8/2004, 24 f.

223) Siehe zu den Argumenten und Erläuterungen der neuen Vorschriften: *Flenker,* Referat S. 1 ff.; *Ratzel*, ZMGR 05/2005, 143 ff.; *Koch*, GesR 6/2005, 241 ff.

224) Zum Streit bzgl. der Heilkunde-GmbH: *Deutsch/Spickhoff*, Medizinrecht, Rn. 108; *Taupitz,* NJW 1996, 3033 ff.; vgl. *Weber/Vogt-Weber*, ArztRecht 7/1997, 179 ff.; *vgl. Laufs,* MedR 1995, 11 ff.; *Rieger,* MedR 1995, 87 ff.; vgl. *Taupitz,* Anm. zu BGH, Urt. v. 25.11.1993, I ZR 281/91, MedR 1994, 152 ff.; vgl. *Elbing*, Anm. zu LG München I, Beschl. v. 22.6.1995, 17 HKT 7611/95, MedR 1996, 518 ff.; vgl. *Taupitz,* NJW 1992, 2317 ff.; vgl. *Taupitz,* JZ 1994, 1100 ff.

setzliche Grundlage in den jeweiligen Heilberufe-Kammergesetzen hierfür geschaffen worden ist. Die Neuregelungen selbst entfalten keine Wirksamkeit und können gegenwärtig auch noch nicht in die Praxis umgesetzt werden. Zahlreiche sozialrechtliche und auch andere Regelungen sind derzeit nicht kompatibel zu den soeben beschlossenen Musterberufsordnungsänderungen.[225)] Die neue Musterberufsordnung entfaltet erst dann Rechtswirkung, wenn sie durch die Kammerversammlungen der Ärztekammern als Satzung beschlossen und von den Aufsichtsbehörden genehmigt wurde. Die Beschlüsse des 107. Deutschen Ärztetages sind ohne Rechtsnormcharakter und damit nicht per se rechtsverbindlich. Sie werden erst durch die Umsetzung in das Berufsrecht der jeweiligen Landesärztekammern wirksam. Bis zu einer Umsetzung der novellierten Vorschriften der Musterberufsordnung durch die einzelnen Länderkammern gelten die noch bestehenden Regelungen. Die neue Musterberufsordnung wurde in den einzelnen Bundesländern bis dato bereits weitgehend umgesetzt. Den Regelungen der §§ 23 a und 19 Abs. 2 MBO werden hingegen die größten Bedenken entgegengebracht, so dass diese erst in wenigen Satzungen der Landesärztekammern Nie-

225) Das ärztliche Berufsrecht ist die Summe der Rechtsnormen, unter denen der Arzt und seine Berufstätigkeit stehen. Das Standesrecht ist reines Binnenrecht. Es darf nicht das Verhalten von Patienten und Dritten regeln. Inhaltlich orientieren sich die Berufsordnungen der 17 Landesärztekammern eng an der Musterberufsordnung für die deutschen Ärztinnen und Ärzte (MBO), die vom Deutschen Ärztetag als dem obersten beschlussfassenden Gremium der Bundesärztekammern erlassen wird. Die Musterberufsordnung hat im Sinne einer bundesweiten Rechtseinheit bloße Vorschlagsqualität und entfaltet keinerlei rechtliche Bindungswirkung für die einzelnen Landesärztekammern und deren Mitglieder. Die Bundesärztekammer (BÄK) als Arbeitsgemeinschaft der deutschen Ärztekammern ist ein freiwilliger privatrechtlicher Zusammenschluss der Landesärztekammern Deutschlands in der Rechtsform eines nicht rechtsfähigen Vereins. Der Deutsche Ärztetag als Hauptversammlung und oberstes beschlussfassendes Gremium der BÄK tagt in diesem Rahmen einmal jährlich. Die Beschlüsse des Deutschen Ärztetages binden weder die einzelnen Landesärztekammern noch deren Mitglieder rechtlich. Es handelt sich vielmehr um Empfehlungen, über deren Annahme die Vertreterversammlungen der Landesärztekammern autonom entscheiden. Mit seinen empfehlenden Beschlüssen trägt der Deutsche Ärztetag wesentlich zur Rechtseinheit, insbesondere auf dem Gebiet der Berufsordnung, bei. Näher dazu: *Laufs*, in: *Laufs/Uhlenbruck*, Handbuch des Arztrechts, § 13 Rn. 13 ff.; vgl. *Deutsch/Spickhoff*, Medizinrecht, Rn. 9 ff.; 34 ff.; *Taupitz,* NJW 1986, 2851 ff. Näher zum Berufsrecht auch *Quaas/Zuck,* Medizinrecht, § 12 Rn. 1 ff.; *Lippert,* in: *Ratzel/Lippert,* Kommentar zur MBO, Einl. v. § 1 ff. MBO.

derschlag gefunden haben.[226] In einigen Ärztekammern, wie z. B. Niedersachsen und Nordrhein, ist die Ärztegesellschaft i. S. d. § 23 a bewusst nicht in das jeweilige Berufsrecht der Länder umgesetzt worden. In mehreren anderen Bundesländern steht noch die zunächst erforderliche Anpassung und Überarbeitung der Heilberufe- und Kammergesetze der Länder aus. Einige Kammerbezirke, wie Westfalen-Lippe, Mecklenburg Vorpommern oder Hamburg, haben die Vorschrift des § 23 a MBO 2004 bereits vollständig umgesetzt. Wann dieser rechtliche Schwebezustand zwischen den einzelnen Ärztekammern abgeschlossen sein wird und wann es bundesweit einheitlich die Möglichkeit der Gründung einer Ärztegesellschaft i. S. d. § 23 a geben wird, ist gegenwärtig nicht abschätzbar.

2. Voraussetzungen des § 23 a MBO 2004

Die bisher bestehenden berufsrechtlichen Bedenken bei der Gründung einer ärztlichen Berufsausübungsgemeinschaft in Form einer juristischen Person des Privatrechts fallen nun aufgrund des neu eingeführten § 23 a MBO 2004 weg. Die Ärztegesellschaft i. S. d. § 23 a MBO 2004 steht als Berufsausübungsgemeinschaft i. S. d. § 18 Abs. 1 MBO 2004 nun gleichberechtigt neben den bereits bisher zulässigen Kooperationsformen der Gesellschaft bürgerlichen Rechts und der Partnerschaftsgesellschaft.

Die Gründung einer Ärztegesellschaft in der Rechtsform der juristischen Person des Privatrechts ist nun bei Vorliegen der Voraussetzungen des § 23 a MBO 2004 als Rechtsform für die ärztliche Betätigung ausdrücklich zugelassen.[227] Diese Voraussetzungen müssen aber zwingend eingehalten werden, damit auch bei der Ausübung der ambulanten Heilkunde durch eine juristische Person des Privatrechts die den freien Arztberuf prägenden Merkmale eingehalten werden können. Nach Abs. 1 dieser Vorschrift können Gesellschafter einer Ärztegesellschaft nur Ärztinnen und Ärzte der in § 23 b MBO 2004 genannten Berufe sein. Diese müssen in der Gesellschaft beruflich tätig sein. Der Kreis zulässiger Ge-

---

226) Zum Stand der Umsetzung in den einzelnen Bundesländern siehe *Ratzel*, ZMGR 05/2005, 143 ff. (148 f.).

227) Die Ärztegesellschaft i. S. d. § 23 a MBO 2004 steht als Berufausübungsgemeinschaft (§ 18 Abs. 1 MBO 2004) gleichberechtigt neben den Kooperationsformen der GbR und der Partnerschaftsgesellschaft.

sellschafter ist damit deutlich eingeschränkt. Außerdem muss gewährleistet sein, dass die Gesellschaft verantwortlich von einer Ärztin oder einem Arzt geführt wird (Satz 4 a). Des Weiteren muss die Mehrheit der Gesellschaftsanteile und der Stimmrechte Ärztinnen und Ärzten zustehen (Satz 4 b). Dritte dürfen nicht am Gewinn der Gesellschaft beteiligt sein (Satz 4 c) und es muss eine ausreichende Berufshaftpflichtversicherung für jede/jeden in der Gesellschaft tätige Ärztin/tätigen Arzt bestehen (Satz 4 d).[228] Werden diese Voraussetzungen gewahrt, ist es vertretbar, dass die Heilkunde auch durch eine juristische Person des Privatrechts ausgeübt werden kann. Dadurch wird sichergestellt, dass all die Bedenken, die gegen die Heilkunde-GmbH erhoben werden, ausgeräumt werden können.[229]

VI. Sonderproblem: Handelsgesellschaften

Die Frage, ob Personenhandelsgesellschaften wie die Offene Handelsgesellschaft, die Kommanditgesellschaft oder die GmbH & Co. KG als Rechtsformen für die ärztlichen Kooperationen statthaft sind, ist auch nach der Änderung der Musterberufsordnung nach wie vor umstritten. Die wohl immer noch überwiegend vertretene Ansicht geht davon aus, dass diese genannten Gesellschaftsformen im Rahmen der ärztlichen Kooperationsformen gerade nicht in Frage kommen. Der Grund für die ablehnende Haltung folgt aus § 1 Abs. 2 HGB i. V. m. § 1 Abs. 2 BÄO. Im Rahmen der OHG muss der gemeinsame Zweck auf den Betrieb eines Handelsgewerbes gerichtet sein. Das von der Gesellschaft betriebene Unternehmen muss ein kaufmännisches Handelsgewerbe i. S. d. § 1 HGB sein. Die von der OHG vorgenommenen Rechtsgeschäfte sind Handelsgeschäfte i. S. d. HGB. Die Vorschrift des § 1 Abs. 2 BÄO bringt zum Ausdruck, dass der ärztliche Beruf kein Gewerbe, sondern seiner Natur nach ein freier Beruf ist. Jedoch muss berücksichtigt werden, dass sich die Ablehnung der Handelsgesellschaften i. R. d. freiberuflichen ambulanten Praxis nicht allein auf die berufsrechtliche Vorschrift des § 1 Abs. 2 BÄO stützen kann. Nach der Rechtsprechung des BGH ist diese

---

228) Näher zu den gesellschaftsrechtlichen Besonderheiten: *Häußermann/Dollmann,* MedR 2005, 255 ff. (259 ff.); *Ratzel,* in: *Ratzel/Lippert,* Kommentar zur MBO, § 23 a-d Rn. 1 ff.

229) Dadurch soll vermieden werden, dass sich Finanzinvestoren über den Weg der Ärzte-GmbH wirtschaftlichen Einfluss auf die ärztliche Tätigkeit verschaffen. Siehe dazu: *Häußermann/Dollmann,* MedR 2005, 255 ff. (259 f.).

Regelung lediglich deklaratorischen Inhalts. Sie soll nämlich zum Ausdruck bringen, dass der Arzt im Rahmen seiner originären Heilbehandlungstätigkeit unabhängig und weisungsfrei tätig zu werden hat und zwar unabhängig davon, in welcher Rechtsform er den Arztberuf ausübt.[230) Die Vorschrift des § 1 Abs. 2 BÄO hingegen beschreibt das innere Wesen des Berufsbildes, hat also gerade keine normative Wirkung. Sie ist lediglich als Programmsatz zu verstehen, dem ein Regelungsgehalt nicht zukommt. Die Handelsgesellschaften scheiden einzig und allein deswegen als statthafte Rechtsformen aus, weil die freiberuflich tätig werdenden Ärzte bei der Ausübung der Heilkunde als Kernbereich der ärztlichen Tätigkeit keine gewerblichen Zwecke erfüllen. Sie betreiben mangels Kaufmannseigenschaft kein Handelsgewerbe i. S. d. § 1 Abs. 2 HGB.[231) Die Ausübung freiberuflicher ärztlicher Tätigkeit kann grundsätzlich nicht Gegenstand des Betriebs einer OHG sein. Die Freiberuflersozietät wird auch nicht dadurch zur OHG, dass sie sich gem. § 105 Abs. 2 S. 1 HGB eintragen lässt. Voraussetzung wäre eben, dass ein Handelsgewerbe betrieben würde. Der handelsrechtliche Gewerbebegriff schließt die freien Berufe ausdrücklich aus.[232) Eine analoge Anwendung von § 105 Abs. 2 S. 1 Alt. 2 HGB auf Freiberuflergesellschaften ist vom Gesetz ebenfalls nicht vorgesehen. Eine Ausdehnung der Rechtsform der OHG auf die freien Berufe wurde durch das Handelsrechtsreformgesetz bewusst nicht vorgenommen. Begründet wurde dies damit, dass mit dem Institut der Partnerschaftsgesellschaft speziell für Freiberufler eine adäquate Gesellschaftsform geschaffen wurde, weswegen für eine etwaige Ausdehnung der OHG kein Bedürfnis bestehe.[233) Die Ausdehnung des § 105 Abs. 2 S. 1 Alt. 2 HGB auch auf jede nicht-gewerbliche Betätigung ist zwar strittig, insbesondere i. R. d. Freiberuflergesellschaft, ist vom Gesetz aber nach wie vor klar nicht vorgesehen.[234) Dieses Ergebnis hat auch den Vorteil, dass die Einkünfte aus ärztlicher Tätigkeit nicht der Gewerbesteuer und nur begrenzt der Umsatzsteuer unterliegen.

Auch die Rechtsprechung unterscheidet nach wie vor streng zwischen dem rein ärztlichen Kernbereich der Berufsausübung und einer gewerblichen (Neben-)Tätigkeit. In mehreren Urteilen wird stets deutlich, dass das Hauptbetätigungsfeld einer Arztpraxis die ärztliche Behandlung als solche sein soll. Nicht unmittelbar dazu im Zusammenhang stehende

---

230) BGH, Urt. v. 30.11.1977, IV ZR 69/76, NJW 1978, 589 ff. (591).
231) *Hopt,* in: *Baumbach/Hopt,* Handelsgesetzbuch § 105 Rn. 3.
232) *Hopt,* in: *Baumbach/Hopt,* Handelsgesetzbuch § 1 Rn. 12 ff.
233) *Hopt,* in: *Baumbach/Hopt,* Handelsgesetzbuch § 105 Rn. 12 f.
234) a. A. *Schmidt,* NJW 1998, 2161 ff.

gewerbliche Betätigungen sollen daher nur in räumlicher Trennung zur ärztlichen Tätigkeit erfolgen dürfen. In den Begründungen der Urteile wird deutlich,[235] dass die ärztliche Tätigkeit als solche nicht als gewerbliche Betätigung angesehen wird. Eine Gemeinschaftspraxis, deren gemeinsamer Zweck einzig und allein in der gemeinsamen Berufsausübung liegt, kann nicht als Gewerbebetrieb bezeichnet werden.[236]

Dieses Ergebnis steht auch nicht im Widerspruch zu der neu eingeführten Ärztegesellschaft i. S. d. § 23 a MBO 2004, die beispielsweise in der Rechtsform der GmbH geführt werden kann und somit als Formkaufmann gilt, §§ 13 Abs. 3 GmbHG, 6 Abs. 1 und 2 HGB. Daraus kann eben nicht der Schluss gezogen werden, dass eine solche Ärztegesellschaft ein Gewerbebetrieb sei. Denn die GmbH braucht als sog. Formkaufmann kraft ihrer Rechtsform überhaupt kein Gewerbe zu betreiben. Sie unterliegt in jedem Fall den handelsrechtlichen Vorschriften für Kaufleute.[237] Die GmbH ist nämlich nur dann Gewerbetreibende i. S. d. GewO, wenn sie tatsächlich ein entsprechendes Gewerbe betreibt.[238] Aus der Anerkennung der Ärztegesellschaft als statthafte Rechtsform für Berufsausübungsgemeinschaften kann daher nicht die Schlussfolgerung gezogen werden, dass nun auch jede Gemeinschaftspraxis als Gewerbebetrieb angesehen und folglich in Form einer Handelsgesellschaft betrieben werden könne.

Zusammenfassend lässt sich folgern, dass zumindest bei solchen Gemeinschaftspraxen, deren Gesellschaftszweck sich ausschließlich auf die ärztliche Berufsausübung der Gesellschafter, also auf den Kernbereich, beschränkt, die Gründung einer OHG mangels gewerblicher Zwecksetzung ausscheiden muss. Der Ausschluss der Handelsgesellschaften als statthafte Rechtsformen für eine Gemeinschaftspraxis stellt keinen Eingriff in die fortschreitende Entwicklung des Einzelarztes hin zum Unternehmensnetzwerk dar. Ein Freiberufler, der nicht Kaufmann

---

235) „... Ein Arzt darf einer gewerblichen Tätigkeit nicht im Zusammenhang mit der Ausübung seiner ärztlichen Tätigkeit nachgehen ...“ ... oder ... „Ein Zusammenhang ist auch gegeben, wenn zwischen der gewerblichen und der ärztlichen Tätigkeit konkrete Berührungspunkte vorliegen ...“.

236) BGH, Urt. v. 2.6.2005, I ZR 215/02, MedR 2005, 717 ff.; OLG Frankfurt/M., Urt. v. 14.4.2005, 6 U 111/04, MedR 2005, 661 ff.; OLG Düsseldorf, Urt. v. 8.3.2005, I-20 U 96/04, MedR 2005, 528 ff.; BerufsG für Heilberufe beim VG Köln, Urt. v. 21.2.2005, 32 K 4638/99 T, MedR 2005, 490 f.

237) *Altmeppen*, in: *Roth/Altmeppen*, GmbH-Kommentar, § 13 Rn. 12.

238) *Hueck/Fastrich*, in: *Baumbach/Hueck*, GmbH-Gesetz, § 13 Rn. 46.

i. S. d. Handelsrechts ist, kann gleichwohl Unternehmer sein. Auch nach der Novellierung der Musterberufsordnung sind daher Gesellschaftsformen, die die Kaufmannseigenschaft voraussetzen, im Rahmen der ärztlichen Praxis unzulässig.

VII. Praxisverbund

Als weitere Form der Kooperation des ärztlichen Handelns auf dem Gebiet der ambulanten Heilkunde kommt der Praxisverbund, § 23 d MBO 2004, in Frage. Diese seit 1997 bestehende Kooperationsform ermöglicht den Zusammenschluss von selbständigen Einzelpraxen innerhalb eines räumlich begrenzten Versorgungsgebietes. Deren primäre Träger sind niedergelassene Hausärzte und Fachärzte, die sich zur Verbesserung der interkollegialen Zusammenarbeit zusammengeschlossen haben.[239)] Die näheren Voraussetzungen und rechtlichen Gestaltungsmöglichkeiten werden in einem gesonderten Kapitel ausführlich dargestellt.[240)]

VIII. Jobsharing-Gemeinschaftspraxis

1. Allgemeines

Eine Sonderform der gemeinschaftlichen Berufsausübung in der Gestalt einer Gemeinschaftspraxis stellt die 'Jobsharing-Gemeinschaftspraxis' dar. Der Gesetzgeber schuf mit dem am 1.7.1997 in Kraft getretenen 2. GKV-Neuordnungsgesetz für einen Arzt die Möglichkeit, sich in einem gesperrten Planungsbereich mit einem bereits zugelassenen Arzt den Arbeitsplatz zu teilen (Jobsharing).[241)] Hiermit wurde für das System der vertragsärztlichen Versorgung ein neuer Teilnahmestatus eingeführt. Durch das Jobsharing sollen zusätzliche Beschäftigungsmöglichkeiten für junge Ärzte geschaffen werden, ohne das Leistungsangebot zu erweitern. Der Aspekt der Teilzeit wurde so in das System der vertragsärztlichen Versorgung eingeführt. Zudem wird dadurch die Bedarfsplanung flexibler und die Ziele der Zulassungsbeschränkung wegen Über-

---

239) Vgl. *Quaas/Zuck*, Medizinrecht, § 14 Rn. 22 f.
240) Verweis auf Kapitel 1, C.
241) Vgl. 2. GKV-Neuordnungsgesetz (2. GKV-NOG), BGBl. 1997 I, 1520 ff.

versorgung werden ebenfalls nicht beeinträchtigt.[242] Gemäß § 101 Abs. 3 SGB V wird der neu hinzutretende Arzt bei der Ermittlung des Versorgungsgrades solange nicht mitgerechnet, wie seine Zulassung nach Abs. 3 beschränkt ist.

Trotz der infolge der Arbeitsteilung zwingend eintretenden Leistungsbeschränkung des bereits zugelassenen Senior-Partners ist die Regelung aus dessen Sicht dennoch reizvoll. Er kann seine Arbeitszeit, insbesondere für Leistungen im Rahmen der gesetzlichen Krankenversicherung, reduzieren und gleichzeitig den Wert seiner Praxis stabilisieren.[243] Mit § 101 SGB V i. V. m. der Bedarfsplanungs-Richtlinie der Ärzte wurde eine Ausnahmeregelung geschaffen, die die Zulassung von Ärzten in einem Planungsbereich, für den Zulassungsbeschränkungen angeordnet sind, ermöglicht.

2. Rechtsform

Der bereits niedergelassene Vertragsarzt kann in einem gesperrten Versorgungsbereich einen jungen Kollegen entweder als Job-Sharer anstellen oder zusammen mit ihm eine Gemeinschaftspraxis gründen. Die gesetzliche Grundlage für diese Art der Zusammenarbeit befindet sich in § 101 Abs. 1 S. 1 Nr. 5 SGB V (als Angestelltenverhältnis) bzw. in § 101 Abs. 1 S. 1 Nr. 4 SGB V (in Form einer Gemeinschaftspraxis). Die im Folgenden näher zu untersuchende Jobsharing-Gemeinschaftspraxis stellt eine Gesellschaft bürgerlichen Rechts i. S. d. §§ 705 ff. BGB dar.

3. Voraussetzungen

Die einzelnen Voraussetzungen einer Jobsharing-Gemeinschaftspraxis ergeben sich aus § 101 Abs. 1 S. 1 Nr. 4 SGB V und den Bedarfsplanungs-Richtlinien für Ärzte (BPL-RL-Ä).[244]

---

242) Gesetzesbegründung BT-Drucks. 13/6087, 13/6362 und 13/7264; vgl. *Francke*, in: *Wannagat*, Sozialgesetzbuch, § 101 SGB V Rn. 20.

243) Vgl. *Halbe/Rothfuß*, in: *Halbe/Schirmer*, Handbuch Kooperationen im Gesundheitswesen, A 1100 Rn. 25 ff.

244) Die in § 92 Abs. 8 SGB V genannten Richtlinien sind Bestandteil der Bundesmantelverträge und nach § 81 Abs. 3 Nr. 2 SGB V für die Kassenärztliche Vereinigung und die Vertragsärzte als deren Mitglieder verbindlich. Kritisch bzgl.

a) *Ärzte desselben Fachgebiets*

Der neu eintretende Arzt muss nach § 101 Abs. 1 S. 1 Nr. 4 SGB V i. V. m. Nr. 23 a der Bedarfsplanungs-Richtlinie demselben Fachgebiet angehören wie der bereits zugelassene Vertragsarzt.[245)] Eine Fachgebietsidentität liegt dann vor, wenn der die eingeschränkte Zulassung beantragende Arzt dieselbe Facharztbezeichnung führt wie der bereits zugelassene Vertragsarzt. Bei mehreren Facharztbezeichnungen des Vertragsarztes genügt die Übereinstimmung mit einer Facharztbezeichnung des Zulassungsbewerbers.[246)]

b) *Zulassungsvoraussetzungen in der jeweiligen Person des Jobsharing-Partners*

Des Weiteren muss der neu eintretende Arzt auch in seiner Person die Zulassungsvoraussetzungen nach der Zulassungsverordnung (Nr. 23 a Ziff. 1 BPL-RL-Ä) erfüllen. Er muss in das Arztregister eingetragen sein, es darf kein anderweitiges Anstellungs- oder Beschäftigungsverhältnis vorliegen und schließlich darf er die Altersgrenze nicht überschreiten.[247)]

---

der Wirksamkeit und der Auslegung dieser Richtlinien siehe *Gleichner,* MedR 2000, 399 ff. und vgl. auch *Kamps,* MedR 1998, 103 ff. Die entsprechenden Bedarfsplanungs-Richtlinien vom 1.10.1997 sind im Bundesanzeiger Nr. 9 vom 15.1.1998 abgedruckt und am 16.1.1998 in Kraft getreten. Auf die geäußerte Kritik in der Literatur hin reagierte der Bundesausschuss mit der Neufassung der Richtlinien. Seit dem 16.5.1999 (BAnz. Nr. 89 vom 15.5.1999) existiert nun die Bedarfsplanungs-Richtlinie in der geänderten Form. Näher zu den praktischen Auswirkungen der Änderungen siehe *Gleichner,* MedR 2000, 399 ff. (402 ff.). Zu den Voraussetzungen im Einzelnen siehe auch *Reiling*, in: *Geschäftsführender Ausschuss der Arbeitsgemeinschaft im DAV,* Psychotherapeutengesetz – Ärztliche Kooperationsformen, S. 83 ff.; *Reiling,* in: *Rieger,* Lexikon des Arztrechts, Nr. 2730 Rn. 4 ff.

245) Vgl. *Hess,* in: *KassKomm*, Sozialversicherungsrecht, Bd. 1, § 101 SGB V Rn. 18; vgl. *Kamps,* MedR 1998, 103 ff. (103 f.); vgl. *Uhlenbruck/Schlund*, in: *Laufs/Uhlenbruck*, Handbuch des Arztrechts, § 18 Rn. 7 b; BSG, SozR 3-5520 § 32 b Nr. 2 Ärzte-ZV, BSG, Urt. v. 19.6.1996, 6 RKa 84/95; vgl. *Francke,* in: *Wannagat,* Sozialgesetzbuch, § 101 SGB V Rn. 20.

246) Vgl. *Uhlenbruck/Schlund*, in: *Laufs/Uhlenbruck*, Handbuch des Arztrechts, § 18 Rn. 7 b; vgl. *Hess,* in: *KassKomm*, Sozialversicherungsrecht, Bd. 1, § 101 SGB V Rn. 18; vgl. *Kamps,* MedR 1998, 103 ff. (104 ff.).

247) Zu den Zulassungsvoraussetzungen siehe §§ 18, 20 I, 21 Ärzte-ZV.

c) Genehmigungsbedürftigkeit

Voraussetzung für die gemeinsame Ausübung vertragsärztlicher Tätigkeit ist die vorherige Genehmigung durch den Zulassungsausschuss (§§ 33 Abs. 2 S. 2 Ärzte-ZV i. V. m. Nr. 23 a Ziff. 2 BPL-RL-Ä). Die danach genehmigte Jobsharing-Gemeinschaftspraxis nimmt mit gleichen Rechten und Pflichten wie andere Gemeinschaftspraxen an der vertragsärztlichen Versorgung teil.[248)]

d) Keine wesentliche Überschreitung des bisherigen Praxisumfangs

Schließlich müssen sich beide Partner schriftlich bereit erklären, den zum Zeitpunkt der Antragstellung bestehenden Praxisumfang während des Bestands der Gemeinschaftspraxis nicht wesentlich zu überschreiten (§ 101 Abs. 1 S. 1 Nr. 4 SGB V).[249)] Diese Erklärung zur Leistungsbegrenzung müssen sowohl der Bewerber als auch der bisherige Praxisinhaber gegenüber dem Zulassungsausschuss abgeben. Hierbei handelt es sich um eine öffentlich-rechtliche Verpflichtungserklärung.[250)] Der Bundesausschuss, bestehend aus den Krankenkassen und den Ärzten, hat den Umfang zulässiger Überschreitung des Praxisumfangs auf höchstens drei Prozent des Umsatzes festgelegt.[251)] Die genaue Berechnung ist in Nr. 23 a der Bedarfsplanungs-Richtlinien dargestellt.[252)]

---

248) Vgl. *Hess,* in: *KassKomm*, Sozialversicherungsrecht, Bd. 1, § 101 SGB V Rn. 18.

249) Vgl. BT-Drucks. 13/6087; vgl. *Francke,* in: *Wannagat,* Sozialgesetzbuch, § 101 SGB V Rn. 20; vgl. *Kamps,* MedR 1998, 103 ff. (104 ff.).

250) Kritisch in Bezug auf die Wirksamkeit dieser Verpflichtungserklärung (nach alter und neuer Fassung der Bedarfsplanungs-Richtlinie) vgl. *Kamps,* MedR 1998, 103 ff. (104 ff.).

251) Vgl. *Uhlenbruck/Schlund*, in: *Laufs/Uhlenbruck*, Handbuch des Arztrechts, § 18 Rn. 7 b; DÄBl. 1997, A 3484; vgl. *Bohle,* das Krankenhaus 2003, 621 ff. (623).

252) Kritisch hierzu wiederum vgl. *Kamps,* MedR 1998, 103 ff. Dieser vertritt die Auffassung, dass eine wesentliche Überschreitung erst bei mind. 10 % anzunehmen sein soll.

4. Rechtsfolge

Die Rechtsfolgen sind in § 101 Abs. 3 S. 1 SGB V geregelt. Der Jobsharing-Partner erhält eine auf die Dauer der gemeinsamen vertragsärztlichen Tätigkeit beschränkte Zulassung. Diese ist an die Zulassung des bereits zugelassenen Partners gebunden, also akzessorisch. Lediglich der Teilnahmestatus des neu eintretenden Arztes ist beschränkt. Bei den bereits zugelassenen Ärzten bleibt es bei der Regelzulassung nach §§ 95 Abs. 2 und 3 SGB V. Nach 10-jährigem Bestand der gemeinsamen vertragsärztlichen Tätigkeit wandelt sich die beschränkte Zulassung gemäß § 101 Abs. 4 S. 2 HS 2 SGB V automatisch in eine Vollzulassung um.[253] Mit Ablauf der 10-jährigen Zusammenarbeit endet die Akzessorietät zur Zulassung des ‚Senior-Partners'. Auch die Beschränkung des Leistungsumfangs fällt mit der Erstarkung zur Vollzulassung weg.

5. Haftung

Die Jobsharing-Gemeinschaftspraxis stellt eine Sonderform der Gemeinschaftspraxis dar, also in der Regel eine Gesellschaft bürgerlichen Rechts, §§ 705 ff. BGB. Sie wird daher in gesellschaftsrechtlicher Hinsicht wie jede andere Gemeinschaftspraxis auch behandelt. Bezüglich der Haftungssituation kann somit auf die Ausführungen zur Gemeinschaftspraxis verwiesen werden.[254]

6. Zusammenfassung

Insgesamt gesehen ist das Jobsharing eine gute Chance für den neu eintretenden ebenso wie für den bereits zugelassenen Arzt, seine Arbeitszeit flexibler zu gestalten. Es werden dadurch Kooperationen in Ge-

---

253) Vgl. *Hess,* in: *KassKomm*, Sozialversicherungsrecht, Bd. 1, § 101 SGB V Rn. 19; vgl. *Francke,* in: *Wannagat,* Sozialgesetzbuch, § 101 SGB V Rn. 21; vgl. *Kamps,* MedR 1998, 103 ff. (106).

254) Verweis auf Haftungssituation in der Gemeinschaftspraxis, S. 52 ff. dieser Arbeit. Bezüglich der inhaltlich zu berücksichtigenden Besonderheiten bei der Gestaltung eines ‚Job-Sharing-Gemeinschaftsvertrages' siehe *Reiling,* in: *Geschäftsführender Ausschuss der Arbeitsgemeinschaft Medizinrecht im DAV* (Hrsg.), Psychotherapeutengesetz – Ärztliche Kooperationsformen, S. 83 ff. (95 ff.).

bieten gefördert, in denen Zulassungsbeschränkungen angeordnet sind. Für den i. d. R. jungen Arzt eröffnet sich durch die partnerschaftliche Zusammenarbeit mit einem erfahrenen Arzt die Möglichkeit, einerseits von der Berufserfahrung des ‚Senior-Partners' zu profitieren, andererseits aber aufgrund der partnerschaftlichen Stellung auch völlig selbständig und weisungsfrei zu entscheiden. Der Senior-Partner kann sein Arbeitspensum nachhaltig reduzieren und sich somit schrittweise aus dem aktiven Arbeitsleben zurückziehen, ohne seine berufs- oder gesellschaftsrechtliche Stellung in irgendeiner Weise einbüßen zu müssen.

IX. Zusammenarbeit mit Hilfe der Telemedizin

Eine neue Form der ärztlichen Zusammenarbeit stellt auch die Behandlung durch die Telemedizin dar. Bedingt durch den technischen Fortschritt gewinnt die gemeinsame Anwendung von Telekommunikation und Informatik im Gesundheitswesen immer mehr an Bedeutung. Daher wird diese Kooperationsform noch gesondert (Kapitel 1, D.) behandelt.

X. Kooperation im Rahmen eines Medizinischen Versorgungszentrums

Schließlich können niedergelassene Vertragsärzte auf dem Gebiet der ambulanten Behandlung auch in der Form der neu eingeführten Medizinischen Versorgungszentren kooperieren.

B. Medizinisches Versorgungszentrum

I. Allgemeines

Seit dem Inkrafttreten des Gesetzes der gesetzlichen Krankenversicherung am 1.1.2004 (GKV-Modernisierungsgesetz – GMG) ist die Gründung eines Medizinischen Versorgungszentrums[255)] möglich, das gleich-

---

255) Im Folgenden wird das Medizinische Versorgungszentrum mit **MVZ** abgekürzt. Das Gesetz zur Modernisierung der gesetzlichen Krankenversicherung (GKV-Modernisierungsgesetz – GMG) vom 14.11.2003 ist veröffentlicht in BGBl. 2003 I, 2190 ff.

berechtigt neben den übrigen Leistungserbringern an der vertragsärztlichen Versorgung teilnehmen kann.[256] Nach dem Willen des Gesetzgebers soll durch die Einführung des Medizinischen Versorgungszentrums zukünftig in der ambulanten Versorgung ein „Wettbewerb zwischen verschiedenen Versorgungsformen ermöglicht werden mit dem Ziel, dass Patienten jeweils in der ihren Erfordernissen am besten entsprechenden Versorgungsform versorgt werden können."[257] Der Gesetzgeber wollte mit dem Medizinischen Versorgungszentrum einen neuen Leistungserbringertypus in der gesetzlichen Krankenversicherung schaffen. Vorbild hierbei waren die in §§ 311 Abs. 2 S. 1 SGB V a. F. geregelten Polikliniken in den neuen Bundesländern.[258]

Das GMG ändert § 95 Abs. 1 S. 1 SGB V dahingehend ab, dass zur vertragsärztlichen Versorgung nun auch Medizinische Versorgungszentren zugelassen sind. Deren Einführung stellt eine Abkehr von dem bisher im Vertragsarztrecht geltenden Grundsatz dar, dass die ambulante Versorgung der Versicherten ausschließlich durch freiberuflich tätige Ärzte, Zahnärzte und Psychotherapeuten sichergestellt wird. Die Vorschrift des § 95 Abs. 1 S. 1 SGB V bestimmt die Voraussetzungen für die Teilnahme des Medizinischen Versorgungszentrums näher. Infolge deren Einbindung in die vertragsärztliche Versorgung wurde zwangsläufig auch § 72 Abs. 1 S. 2 SGB V überarbeitet. Danach gelten alle Vorschriften des Vierten Kapitels, die sich auf Vertragsärzte beziehen, entsprechend für das MVZ, sofern nichts Abweichendes bestimmt ist. Der neue § 95 Abs. 1 SGB V eröffnet also den Medizinischen Versorgungszentren die Möglichkeit, gleichberechtigt neben den übrigen Leistungserbringern an der vertragsärztlichen Versorgung teilzunehmen. Insofern treten die Medizinischen Versorgungszentren in Konkurrenz zu niedergelassenen Vertragsärzten.[259]

---

256) Bislang konnten neben den zugelassenen Vertragsärzten nur ermächtigte Ärzte und ermächtigte ärztlich geleitete Einrichtungen an der vertragsärztlichen Versorgung teilnehmen. Näher zur Rechtsstellung des Vertragsarztes und den Rechtsbeziehungen zwischen den Partnern des Vertragsarztrechts siehe *Krauskopf*, in: *Laufs/Uhlenbruck*, Handbuch des Arztrechts, § 24 und § 25.

257) Begründung zum Gesetzentwurf vom 8.9.2003, BT-Drucks. 15/1525, 74; *Theilmann*, f&w 6/2003, 526 ff.

258) Vgl. *Zwingel/Preißler*, Das Medizinische Versorgungszentrum, S. 26 f.; vgl. *Behnsen*, das Krankenhaus 8/2004, 602 ff.; vgl. *Quaas/Zuck*, Medizinrecht, § 47 Rn. 1 ff.

259) Ärzte, Zahnärzte, Krankenhäuser und Apotheken, aber auch eine Vielzahl anderer Anbieter von Gesundheitsleistungen wie Ergotherapeuten oder Hebam-

Die Zulassung eines Medizinischen Versorgungszentrums stellt die Erlaubnis zur Teilnahme an der vertragsärztlichen Versorgung als solche dar. Ein MVZ ist also kein Rechtssubjekt, sondern die Zulassung eines Medizinischen Versorgungszentrums ist ein Teilnahmestatus.[260)] Nach § 72 Abs. 1 S. 1 SGB V können nun also auch Medizinische Versorgungszentren mit den Vertragsärzten gleichberechtigt als zugelassene Leistungserbringer an der vertragsärztlichen Versorgung teilnehmen. Das MVZ erweitert somit den Kreis der Teilnehmer an der vertragsärztlichen Versorgung und ist deshalb in vollem Umfang der ambulanten Versorgung und dem Zulassungsrecht ihrer Leistungserbringer, insbesondere also der Ärzte-ZV, unterworfen. Im Übrigen gelten auch für das MVZ die bundesmantelvertraglichen Regelungen, wie sie auch für Vertragsärzte vorgesehen sind, entsprechend. Bei den Medizinischen Versorgungszentren i. S. d. § 95 Abs. 1 SGB V handelt es sich um fachübergreifende ärztlich geleitete Einrichtungen, in denen Ärzte, die in das Arztregister eingetragen sind, als Angestellte oder Vertragsärzte tätig sind. Der Vorteil dieser neuen Versorgungsform liegt insbesondere in der wesentlich flexibler gestaltbaren und erleichterten Möglichkeit der engen Kooperation unterschiedlicher ärztlicher Fachgebiete untereinander und auch mit nichtärztlichen Leistungserbringern sowie im größeren gesellschaftsrechtlichen Gestaltungsrahmen.[261)]

Die ambulante ärztliche Versorgung wird also nunmehr nicht ausschließlich durch freiberuflich tätige Vertragsärzte, Vertragszahnärzte und Vertragspsychotherapeuten sichergestellt, sondern auch durch die innerhalb eines Medizinischen Versorgungszentrums tätigen Ärzte. Die Anstellung von Ärzten in der vertragsärztlichen Versorgung war bisher gemäß § 98 Abs. 2 Nr. 13 SGB V i. V. m. § 32 b Abs. 1 Ärzte-ZV nur bei einem Vertragsarzt in seiner Arztpraxis möglich. Die Ausübung ambulanter Heilbe-

---

men stellen im Rahmen der gesetzlichen Krankenversicherung Leistungen bereit und werden unter dem Begriff Leistungserbringer zusammengefasst. Leistungserbringer sind in der Regel in Verbänden auf Bundes- oder Landesebene organisiert, die die Interessen ihrer Mitglieder als Vertragspartner der Krankenkassen vertreten. Im vertragsärztlichen Bereich z. B. nehmen diese Interessen die kassenärztlichen bzw. kassenzahnärztlichen Vereinigungen war. Durch die gesetzlichen Neuerungen, wie z. B. die Medizinischen Versorgungszentren oder die Integrierte Versorgung, soll die Zusammenarbeit zwischen Ärzten, Krankenhäusern und anderen Leistungserbringern gestärkt werden. Denn die unzureichende Zusammenarbeit zwischen den einzelnen Sektoren stellt eines der größten Probleme des deutschen Gesundheitswesens dar.

260) Vgl. *Zwingel/Preißler*, Das Medizinische Versorgungszentrum, S. 35.

261) Besondere Gesetzesbegründung zu § 95 SGB V, BT-Drucks. 15/1525, 107.

handlung in der Rechtsform einer juristischen Person des Privatrechts mit ausschließlich angestellten Ärzten war deshalb bisher grundsätzlich rechtlich nicht zulässig.

Da auch und gerade Krankenhäuser als mögliche Gründer für ein Medizinisches Versorgungszentrum in Frage kommen, soll eine Verbesserung der Kooperation stationär/ambulant angestrebt werden. Den Kliniken wird dadurch ermöglicht, verstärkt auf dem ambulanten Sektor tätig zu werden. Zunehmend entwickelt sich somit eine Vermischung der einstmals streng befolgten Einhaltung der sektoralen Grenzen (ambulant und stationär). Nach der Gesetzesbegründung soll dem Patienten ‚eine Versorgung aus einer Hand' angeboten werden. Die Einführung der Medizinischen Versorgungszentren soll zur Überwindung sektoraler Grenzen bei der medizinischen Versorgung beitragen.[262)] Trotz aller Bemühungen, die ambulante und die stationäre Versorgung zu vernetzen, muss berücksichtigt werden, dass die Medizinischen Versorgungszentren ausschließlich **ambulant** tätig werden. Die stationäre ärztliche Versorgung bleibt nach wie vor den Krankenhäusern vorbehalten. Auch wenn als Träger eines Medizinischen Versorgungszentrums ein Krankenhaus in Frage kommt, kann dieses ausschließlich ambulante medizinische Leistungen anbieten. Das Gesetz sieht das Nebeneinander von ambulanter und stationärer Versorgung in einem Versorgungszentrum nicht vor.[263)] Die Zulassung des Medizinischen Versorgungszentrums erfolgt gemäß §§ 71, 95 SGB V ausschließlich zur vertragsärztlichen, d. h. ambulanten Versorgung der Versicherten. Selbst in dem Fall, dass ein Krankenhaus Träger des MVZ ist, darf es im Rahmen dieser neu geschaffenen Einrichtung keine stationären Leistungen nach § 39 SGB V erbringen. Eine Verzahnung zwischen den beiden Sektoren ist lediglich darin zu sehen, dass nun auch Krankenhäuser Träger eines ambulanten Medizinischen Versorgungszentrums sein können und diese dadurch auf diese Art und Weise Einfluss auf den ambulanten Sektor nehmen können. Stationäre Leistungserbringer können nur aus eigener Kompetenz ambulante Leistungen anbieten und diese eng mit ihrem stationären Versorgungsangebot verzahnen.

In Abgrenzung zur Integrationsversorgung i. S. d. § 140 a Abs. 1 SGB V muss berücksichtigt werden, dass Voraussetzung eines Medizinischen

---

262) Allgemeine Gesetzesbegründung, BT-Drucks. 15/1525, 74; Besondere Gesetzesbegründung zu § 95 SGB V, BT-Drucks. 15/1525, 107.

263) *Quaas/Zuck*, Medizinrecht, § 47 Rn. 12; *Wigge*, in: *Schnapp/Wigge*, Handbuch des Vertragsarztrechts, § 6 Rn. 69.

Versorgungszentrums ausschließlich ein fachübergreifendes Leistungsspektrum ist. Die Kombination zwischen der ambulanten und der stationären Versorgung innerhalb nur eines Fachgebietes ist hingegen nicht ausreichend. Auch im Rahmen eines MVZ ist ein bereichsüberschreitendes Leistungsspektrum zwischen ambulant und stationär möglich, sofern es eben gerade fachübergreifend ist. Zwar nehmen die Medizinischen Versorgungszentren vordergründig an der ambulanten vertragsärztlichen Versorgung teil, können aber auch andere Leistungen wie z. B. privatärztliche Leistungen, erbringen. Die Integrationsversorgung i. S. d. §§ 140 a ff. SGB V hingegen kann leistungssektoren- oder fachübergreifend erfolgen. Medizinische Versorgungszentren arbeiten also fachübergreifend; integrierte Versorgungszentren sektorenübergreifend. Integrierte Versorgung nach §§ 140 a ff. SGB V n. F. setzt nicht die Zusammenarbeit mit Medizinischen Versorgungszentren voraus; integrierte Versorgung ist, wenn sie sektorenübergreifend erfolgt, auch mit einzelnen Ärzten, mit Ärztekooperationen und Praxisverbünden möglich.[264)]

Aus dem Begriff des Medizinischen Versorgungs**zentrums** ergibt sich, dass das Versorgungszentrum einen einheitlichen Standort für alle im Versorgungszentrum tätigen Leistungserbringer schaffen muss. Es muss ein Zentrum sein mit einem Standort, nicht mit mehreren Abteilungen an verschiedenen Orten oder ein Zusammenschluss von Praxen an verschiedenen Praxissitzen. Unter Standort im Rahmen des Medizinischen Versorgungszentrums wird die Betriebsstätte des Versorgungszentrums verstanden.

II. Gründungsvoraussetzungen

1. Leistungserbringer

Nach § 95 Abs. 1 S. 3 HS 2 SGB V dürfen Medizinische Versorgungszentren nur von Leistungserbringern gegründet werden, die an der **medizinischen** Versorgung der gesetzlich Versicherten teilnehmen. Diese Gründer sind die Gesellschafter der das MVZ tragenden Gesellschaft. Nach dem Wortlaut des § 95 Abs. 1 S. 3 HS 2 SGB V handelt es sich nicht um die Teilnahme an der vertragsärztlichen Versorgung, sondern

264) Vgl. *Kuhlmann*, das Krankenhaus 1/2004, 13 ff.

um die Teilnahme an der medizinischen Versorgung. Der Gesetzgeber orientiert sich also insoweit am Begriff der vertragsärztlichen Versorgung im weiteren Sinne und lässt als Gründungsmitglied jeden Leistungserbringer zu, der die formellen Voraussetzungen für die Teilnahme an der medizinischen Versorgung (Zulassung/Ermächtigung/Vertrag) erfüllt.[265] Durch diese Beschränkung auf einen privilegierten Kreis von Leistungserbringern[266] wollte der Gesetzgeber den Gründungszweck des Medizinischen Versorgungszentrums gewährleisten.[267] Zudem soll dadurch eine Beteiligung durch andere überwiegend gewinnorientierte Leistungserbringer vermieden werden.[268] Die medizinischen Gesichtspunkte sollen durch ökonomische Motive Dritter nicht überlagert werden. Gegebenenfalls droht die Entziehung der Zulassung des Medizinischen Versorgungszentrums, § 95 Abs. 6 S. 2 SGB V. Ohne Einfluss auf den Fortbestand des MVZ ist hingegen, wenn ein ehemals gründungsberechtigter Gesellschafter seinen Gesellschaftsanteil an einen ebenfalls gründungsberechtigten Dritten übertragen hat.

Im Rahmen dieser Voraussetzung muss schließlich auch berücksichtigt werden, dass die Gründungsebene grundsätzlich von der Leistungserbringerebene zu unterscheiden ist. Die Gründer sind die Träger bzw. die Gesellschafter des Versorgungszentrums. Diese müssen aber nicht

---

265) Zur vertragsärztlichen Versorgung siehe bereits Fußnote 256. Näheres zur Teilnahme von Ärzten an der vertragsärztlichen Versorgung: vgl. *Krauskopf*, in: *Laufs/Uhlenbruck*, Handbuch des Arztrechts, § 27 Rn. 1 ff.; vgl. *Theilmann*, f&w 6/2003, 526 ff. (527); *Schnath*, in: *Schnapp/Wigge*, Handbuch des Vertragsarztrechts, § 5 Rn. 6 ff.; *Quaas/Zuck*, Medizinrecht, § 16 Rn. 1 ff.

266) Als potentielle Gründer kommen Folgende in Frage: Vertragsärzte, Vertragspsychotherapeuten, ermächtigte Krankenhausärzte, ermächtigte andere Ärzte und Psychotherapeuten, ermächtigte Ärzte und andere Einrichtungen auf der Grundlage des BMV-Ä, Träger von Einrichtungen nach § 311 SGB V, ermächtigte Träger von Einrichtungen nach §§ 117 und 119 a SGB V, Krankenhausträger nach § 108 SGB V, Vorsorge- und Rehabilitationseinrichtungen nach § 111 SGB V oder § 111 a SGB V, Leistungserbringer von Heilmitteln nach § 124 SGB V, Leistungserbringer von Hilfsmitteln nach § 126 SGB V, Apotheken nach § 129 SGB V, Leistungserbringer nach §§ 132 a Abs. 2, 132 b und 132 c Abs. 1 SGB V, Vertragszahnärzte und ermächtigte Zahnärzte. Siehe dazu *Quaas/Zuck*, Medizinrecht, § 47 Rn. 16 ff.

267) Der Gründungszweck eines Medizinischen Versorgungszentrums ist die Sicherstellung der ambulanten vertragsärztlichen bzw. vertragspsychotherapeutischen Versorgung.

268) Vgl. *Ratzel*, ZMGR 02/2004, 63 ff. (64).

zwingend selbst die Leistungen am Patienten erbringen.[269] Die Gesellschafter müssen aber aktive Leistungserbringer im Bereich der Gesetzlichen Krankenversicherung sein. Gemäß § 95 Abs. 1 S. 3 HS 2 SGB V muss der Gründer über einen eigenen Teilnahmestatus verfügen. Der Gesellschaftsvertrag sollte daher Vorkehrungen treffen, dass Gesellschafter nach Beendigung der aktiven Tätigkeit aus der Gesellschaft ausscheiden, damit nicht das MVZ seine Zulassung verliert. Keine gründungsberechtigten Leistungserbringer sind beispielsweise Pharmaunternehmen, Managementgesellschaften und Privatärzte.[270]

2. Fachübergreifende Kooperation

Des Weiteren muss das Medizinische Versorgungszentrum eine fachübergreifende Kooperation beinhalten. Aus dem Begriff „fachübergreifend" folgt, dass mindestens zwei Ärzte verschiedener Fachgebiete beteiligt sein müssen.[271] Der Hintergrund dieser Voraussetzung ist das gesetzgeberische Ziel der Medizinischen Versorgungszentren, nämlich die Versorgung aus einer Hand und unter einem Dach zu sichern. Angestrebt wird die Vernetzung verschiedener ärztlicher Fachrichtungen, um eine optimale Abstimmung zwischen den diagnostischen und den therapeutischen Maßnahmen durch diese neu geschaffene Institution zu schaffen. Die medizinische Versorgung des Patienten soll dadurch effektiver und qualitativ besser werden. Die Voraussetzung der „fachübergreifenden" Einrichtung soll den angestrebten „interdisziplinären Charakter des Angebots von Gesundheitsleistungen in einheitlicher Trägerschaft" verdeutlichen.[272]

---

269) Vgl. *Altendorfer/Merk/Jensch,* Das Medizinische Versorgungszentrum, S. 20; vgl. *Deutsche Krankenhausgesellschaft*, Hinweise zur Gründung Medizinischer Versorgungszentren nach § 95 SGB V, S. 15 f.

270) Vgl. *Behnsen,* das Krankenhaus 8/2004, 602 ff (605).

271) Vgl. *Deutsche Krankenhausgesellschaft*, Hinweise zur Gründung Medizinischer Versorgungszentren nach § 95 SGB V, S. 21 f.; vgl. *Ratzel*, ZMGR 02/2004, 63 ff. (65); vgl. *Wigge*, MedR 2004, 123 ff. (125 f.); vgl. *Behnsen,* das Krankenhaus 8/2004, 602 ff. (605 f.); vgl. *Zwingel/Preißler*, Das Medizinische Versorgungszentrum, S. 43 ff.; vgl. *Klose*, BB 2003, 2702 ff. (2703); *Orlowski/Schirmer/Halbe,* in: *Halbe/Schirmer,* Handbuch Kooperationen im Gesundheitswesen, B 1400 Rn. 39 ff.

272) *Rau,* MedR 2004, 667 ff. (671), so auch *Peikert*, ZMGR 06/2004, 211 ff. (212 f.); *Dahm,* in: *Dahm/Möller/Ratzel,* Rechtshandbuch Medizinische Versorgungszentren, S. 36 ff.

Eine fachübergreifende Zusammenarbeit zwischen Vertragsärzten ist bereits heute in sog. fachübergreifenden Gemeinschaftspraxen möglich. Voraussetzung hierbei ist aber, dass es sich zumindest um verwandte Facharztgruppen handeln muss.[273)] Die Genehmigung zur gemeinschaftlichen Praxisführung nach § 33 Abs. 2 Ärzte-ZV wird in diesen Fällen mit der Einschränkung erteilt, dass jeder beteiligte Arzt seine Fachgebietsgrenzen einhält und dem Patienten das Recht auf freie Arztwahl gewährleistet bleibt.[274)]

Auch eine interdisziplinäre Zusammenarbeit zwischen Ärzten und anderen Gesundheitsberufen ist berufsrechtlich schon länger möglich. Nach § 23 b MBO 2004 wird aber auch bei diesen Medizinischen Kooperationsgemeinschaften ein „gleichgerichteter oder integrierender diagnostischer oder therapeutischer Zweck" bei der Heilbehandlung vorausgesetzt.[275)]

Im Falle des Medizinischen Versorgungszentrums bestehen nun derartige berufsrechtlichen Einschränkungen wohl nicht. Es handelt sich hierbei um eine in der gesetzlichen Krankenversicherung neue Kooperationsform auf dem Gebiet der ambulanten ärztlichen Tätigkeit, die bisher in den Berufsordnungen der einzelnen Landesärztekammern nicht geregelt ist. Die Leistungen innerhalb eines Medizinischen Versorgungszentrums müssen also unterschiedlichen ärztlichen Spezialgebieten zugeordnet werden können.[276)]

3. Ärztliche Leitung

Gemäß § 95 Abs. 1 S. 2 SGB V stehen Medizinische Versorgungszentren unter ärztlicher Leitung. Diese Voraussetzung wird vom Gesetzgeber immer dann verlangt, wenn das Gesetz nicht nur Ärzte in eigener Praxis, sondern auch juristische Personen als Leistungserbringer zulässt.[277)]

---

273) Vgl. BSG, Urt. v. 22.4.1983, 6 RKa 7/81, BSGE 55, 97 ff.; vgl. *Ehmann,* MedR 1994, 141 ff. (145 ff.).

274) *Wigge,* in: *Schnapp/Wigge,* Handbuch des Vertragsarztrechts, § 6 Rn. 66.

275) *Wigge,* in: *Schnapp/Wigge,* Handbuch des Vertragsarztrechts, § 6 Rn. 68.

276) Näher zu den verschiedenen Auslegungsmöglichkeiten des Begriffs „fachübergreifend" siehe: *Dahm,* in: *Dahm/Möller/Ratzel,* Rechtshandbuch Medizinische Versorgungszentren, S. 36 ff.; *Peikert,* ZMGR 06/2004, 211 ff. (212 f.).

277) Durch diese Anforderung soll institutionell gewährleistet sein, dass der in einem MVZ tätige Arzt seine ärztliche Tätigkeit unter Einhaltung seiner Berufspflicht

Sämtliche medizinischen Entscheidungsbefugnisse müssen in der Hand eines oder mehrerer Ärzte verbleiben.[278)] Auch in einem Medizinischen Versorgungszentrum soll der medizinische vertragsärztliche Versorgungsauftrag im Vordergrund stehen und nicht die wirtschaftlichen, gewinnorientierten Zielsetzungen.

Der ärztliche Leiter in einem Medizinischen Versorgungszentrum ist vergleichbar mit dem ärztlichen Dienst im Krankenhaus, weswegen dessen Grundsätze auf das MVZ übertragen werden können. Ein ärztlicher Leiter ist neben der ärztlichen Tätigkeit in seinem Fachgebiet für die Organisation der ärztlichen Versorgung verantwortlich. Bei der ärztlichen Behandlung im Einzelfall durch die im MVZ tätigen Ärzte steht dem ärztlichen Leiter aber aufgrund mangelnder Fachgebietsidentität kein fachspezifisches Weisungsrecht zu.[279)] Dieser ärztliche Leiter ist im Hinblick auf die medizinischen Entscheidungen vom Träger des MVZ weisungsunabhängig.[280)] Er trägt die Gesamtverantwortung für die von den angestellten Ärzten erbrachten ärztlichen Leistungen.[281)] Außerhalb der medizinischen Kompetenz unterliegt der leitende Arzt, wie alle übrigen Bediensteten des Krankenhauses auch, den Weisungen des Krankenhausträgers. Durch den ärztlichen Leiter wird die Einhaltung und Wahrung der vertragsärztlichen Pflichten gewährleistet. Der Inhalt des Aufgabenbereichs ist gesetzlich nicht genau festgelegt. Jedenfalls umfasst er aber

---

ausüben kann. Nach § 2 Abs. 4 MBO 2004 muss ein Arzt hinsichtlich seiner ärztlichen Entscheidung keine Weisungen von Nichtärzten entgegennehmen. Näher zur ärztlichen Leitung auch: *Zwingel/Preißler,* Das Medizinische Versorgungszentrum, S. 50 ff.; *Peikert*, ZMGR 06/2004, 211 ff. (214); *Orlowski/Schirmer/Halbe*, in: *Halbe/Schirmer,* Handbuch Kooperationen im Gesundheitswesen, B 1400 Rn. 37 f.

278) Vgl. *Klose*, BB 2003, 2702 ff. (2703); vgl. *Quaas/Zuck,* Medizinrecht, § 47 Rn. 5 ff.

279) Zum Teil wird die Ansicht vertreten, dass grundsätzlich für jeden Einzelnen nach dem Weiterbildungsrecht entsprechend den ärztlichen Fachgebieten bestimmten Funktionsbereich ein oder mehrere leitende Ärzte bestellt werden. Der jeweilige ärztliche Leiter soll also im entsprechenden Gebiet der fachliche Vorgesetzte der weiteren Ärzte und Nichtärzte sein. *Kroel,* in: *Isringhaus/Kroel/Wendland,* MVZ-Beratungshandbuch, S. 21 f.

280) *Dahm,* in: *Dahm/Möller/Ratzel,* Rechtshandbuch Medizinische Versorgungszentren, S, 44.

281) Der ärztliche Leiter in einem MVZ ist vergleichbar mit dem ärztlichen Direktor im Krankenhaus. Vgl. *Laufs*, in: *Laufs/Uhlenbruck*, Handbuch des Arztrechts, § 12 Rn. 6 ff.; vgl. *Ratzel*, ZMGR 02/2004, 63 ff. (65); vgl. *Wigge*, MedR 2004, 123 ff. (126); *Wigge,* in: *Schnapp/Wigge,* Handbuch des Vertragsarztrechts, § 6 Rn. 71 f.

die medizinische Organisation und die ärztliche Aufsicht.[282] Dieses gesetzgeberische Erfordernis zeigt deutlich, dass auch und gerade in einem Medizinischen Versorgungszentrum die Ärzte die Rolle der Entscheidungsträger einnehmen sollen. Die Führung solcher Zentren soll nach medizinischen Vorgaben gewährleistet werden.

4. Unternehmerische Führung

Schließlich müssen Medizinische Versorgungszentren unternehmerisch geführt werden.[283] Der Verweis auf die unternehmerische Führung muss weit ausgelegt werden. Im Bereich des Marketings, der Investitionen und des Managements sollen die unternehmerisch geführten MVZ weitgehend frei entscheiden können. Diese neuen Einrichtungen werden verstärkt als Institutionen der freien Wirtschaft auf dem Gesundheitsmarkt auftreten.

III. Zulassung

Das Medizinische Versorgungszentrum kann nur dann an der vertragsärztlichen Versorgung teilnehmen, wenn es hierfür zugelassen ist.[284] Die Zulassung des MVZ erfolgt gem. §§ 71, 95 SGB V ausschließlich zur vertragsärztlichen, d. h. ambulanten Versorgung des Versicherten. Aus dem Wortlaut des § 95 Abs. 2 S. 5 SGB V (... „kann sich ein medizinisches Versorgungszentrum" ...) folgt, dass spätestens zum Zeitpunkt der Bewerbung um die Zulassung, d. h. der Antragstellung, ein „medizinisches Versorgungszentrum" i. S. d. § 95 Abs. 1 S. 2 SGB V vorhanden

---

282) Zum Inhalt der Leistungsbefugnis, siehe *Dahm*, in: *Dahm/Möller/Ratzel*, Rechtshandbuch Medizinische Versorgungszentren, S. 45; *Wigge*, MedR 2004, 123 ff. (126); *Klose*, BB 2003, 2702 ff. (2703); *Peikert*, ZMGR 06/2004, 211 ff. (214); *Rau*, DStR 2004, 640 ff. (641); *Wigge*, in: *Schnapp/Wigge*, Handbuch des Vertragsarztrechts, § 6 Rn. 70 ff.

283) Dieses Erfordernis findet sich aber lediglich in der Gesetzesbegründung und nicht im Gesetzestext. Daraus folgt, dass diese Voraussetzung keinen unmittelbaren Einfluss auf die Zulässigkeit des MVZ hat. Sie wird also nicht im Genehmigungsverfahren durch den Zulassungsausschuss geprüft. Vgl. Gesetzesbegründung, BT-Drucks. 15/1525, 206.

284) Vgl. *Wigge*, MedR 2004, 123 ff. (128 f.); vgl. *Quaas/Zuck*, Medizinrecht, § 48 Rn. 1 ff.

sein muss, zumindest aber die Voraussetzungen erfüllt sind oder alsbald erfüllt werden können. Dass zum Zeitpunkt der Antragstellung und Entscheidung des Zulassungsausschusses keine weitergehenden Erfordernisse verlangt werden können, ergibt sich aus § 19 Abs. 3 Ärzte-ZV. Die Vorlage und der Nachweis der Gründungsvoraussetzungen versetzt den Zulassungsausschuss in die Lage, zu entscheiden, ob das geplante Vorhaben den Anforderungen der vertragsärztlichen Tätigkeit gerecht wird oder nicht.[285)] Gemäß § 18 Abs. 1 Ärzte-ZV muss der Antrag auf Zulassung eines Versorgungszentrums schriftlich gestellt werden. Über diesen Antrag befindet der Zulassungsausschuss gemäß § 19 Abs. 1 Ärzte-ZV durch Beschluss. Das Zulassungsverfahren ist, wie für Vertragsärzte auch, in der Zulassungsverordnung für Vertragsärzte (Ärzte-ZV) geregelt. Allerdings hat es der Gesetzgeber bislang versäumt, die Vorschriften der Ärzte-ZV auch im Detail den Besonderheiten der MVZ anzupassen. Um die Zulassung nach § 95 SGB V kann sich ein MVZ bewerben, dessen Ärzte in das Arztregister nach § 1 Ärzte-ZV eingetragen sind. Die Anstellung eines Arztes in einem zugelassenen MVZ bedarf der Genehmigung des Zulassungsausschusses. Der Zulassungsausschuss hat also zwei Zulassungstatbestände zu prüfen (Zulassung des MVZ **und** Genehmigung der Anstellung).

Die Zulassung zur vertragsärztlichen Versorgung erfolgt nicht für den einzelnen Arzt, sondern für das gesamte Zentrum als solches. Es handelt sich also um eine institutionelle Zulassung. Liegen die Zulassungsvoraussetzungen vor, hat das MVZ einen Rechtsanspruch auf die Zulassung. Dies ergibt sich aus § 95 SGB V i. V. m. Art. 12 GG.[286)] Die Zulassung durch den Zulassungsausschuss erfolgt gemäß § 95 Abs. 1 S. 4 SGB V für den Ort der Niederlassung (Vertragsarztsitz) und nicht für den Ort des Sitzes des Trägers des Medizinischen Versorgungszentrums.[287)] Unter Vertragsarztsitz in diesem Sinne wird nicht der Planungsbereich oder die politische Gemeinde verstanden, sondern eine konkrete Adresse, § 24 Ärzte-ZV.[288)] Das hat zur Folge, dass solche Ärzte, die ihre Tätigkeit nicht am Ort des Medizinischen Versorgungszentrums ausüben,

---

285) Näher zum Zulassungsverfahren: *Dahm,* in: *Dahm/Möller/Ratzel,* Rechtshandbuch Medizinische Versorgungszentren, S. 103 ff.

286) Vgl. *Kuhlmann,* das Krankenhaus 1/2004, 13 ff. (13); vgl. *Ratzel,* ZMGR 02/2004, 63 ff. (67).

287) Vgl. BT-Drucks. 15/1525; *Altendorfer/Merk/Jensch,* Das Medizinische Versorgungszentrum, S. 23 f.; *Dahm,* in: *Dahm/Möller/Ratzel,* Rechtshandbuch Medizinische Versorgungszentren, S. 121 ff.

288) BSG, Urt. v. 20.12.1995, 6 R KA 55/94, BSGE 77, 188 ff.

nicht als dessen Ärzte angesehen werden können. Diese Ärzte können lediglich mit einem MVZ kooperieren, bleiben aber selbständige Berufsausübungseinheiten. Das Medizinische Versorgungszentrum ist vom Status her gesehen in vertragsärztlicher Hinsicht einem Vertragsarzt gleichgestellt.

Das Medizinische Versorgungszentrum ist also als **Einrichtung** zugelassen und tritt als solche als Leistungserbringer der vertragsärztlichen Versorgung auf. Der Zulassungsausschuss muss dem Vertragsarzt von Amts wegen die Zulassung entziehen, wenn ihre Voraussetzungen nicht oder nicht mehr vorliegen, der Vertragsarzt die vertragsärztliche Tätigkeit nicht aufnimmt oder nicht mehr ausübt oder seine vertragsärztlichen Pflichten gröblich verletzt (§ 95 Abs. 6 S. 1 SGB V i. V. m. § 27 Ärzte-ZV).

1. Die originäre Zulassung

Zum einen besteht für das Medizinische Versorgungszentrum die Möglichkeit, bei dem zuständigen Zulassungsausschuss eine Zulassung zu beantragen.[289)] Nach dem Wortlaut des § 95 Abs. 2 S. 7, 8 SGB V hat der Zulassungsausschuss die Zulassung eines Medizinischen Versorgungszentrums zu versagen, wenn bei Antragstellung Zulassungsbeschränkungen angeordnet sind. Diese Gesetzesaussage ist aber formal inkonsequent. Der Zulassungsausschuss wird erst im Rahmen des Anstellungsgenehmigungsverfahrens das Vorliegen von Zulassungsbeschränkungen zu prüfen haben. Soweit der Planungsbereich für ein Fachgebiet gesperrt ist, ist aus diesem Grund die Anstellungsgenehmigung zu versagen. Dies **kann** die Versagung der Zulassung des Medizinischen Versorgungszentrums zur Folge haben, jedoch nur dann, wenn aufgrund der Anordnung von Zulassungsbeschränkungen und der dadurch mangelnden Genehmigung eines zweiten Fachgebiets das geplante MVZ die Voraussetzung ‚fachübergreifend' nicht mehr erfüllen

---

289) Vgl. *Deutsche Krankenhausgesellschaft*, Hinweise zur Gründung Medizinischer Versorgungszentren nach § 95 SGB V, S. 18. Die Zulassungsausschüsse sind mit Vertretern der Kassenärztlichen Vereinigung und der Krankenkassen paritätisch besetzt und bei den Kassenärztlichen Vereinigungen angesiedelt. Näher zum Zulassungsverfahren: *Wigge*, in: *Schnapp/Wigge*, Handbuch des Vertragsarztrechts, § 6 Rn. 87 ff.; *Orlowski/ Schirmer/Halbe*, in: *Halbe/Schirmer*, Handbuch Kooperationen im Gesundheitswesen, B 1400 Rn. 79 ff.

kann. Wenn das MVZ ohnehin schon die Tatbestandsvoraussetzungen erfüllt, hat das Verweigern einer weiteren Anstellungsgenehmigung auf die Zulassung als solche keine Auswirkung. Fragen der Bedarfsplanung wirken sich daher auf die Zulassung des MVZ selbst somit erst dann aus, wenn deswegen Anstellungsgenehmigungen nicht erteilt werden können, die für die Zulassung des MVZ existenziell sind.

Mit der Zulassung des MVZ werden die dort zulässigerweise angestellten Ärzte Mitglieder der Kassenärztlichen Vereinigung. Die Mitgliedschaft bleibt für die Dauer der Anstellung bestehen. Das zugelassene MVZ hat einen „Vertragsarztsitz" am Ort seiner Niederlassung (§ 95 Abs. 1 S. 4 SGB V).

2. Die übertragene Zulassung

Schließlich kann das Medizinische Versorgungszentrum seine Zulassung auch durch Verzicht eines Vertragsarztes auf seine bereits bestehende Zulassung erlangen.[290] Diese Art des Erwerbs der Zulassung ist in § 103 Abs. 4 a S. 1 SGB V nun vom Gesetzgeber vorgesehen. Mit der Verzichtserklärung geht zunächst der Vertragsarztsitz des Verzichtenden unter. Mit dem Eintritt in das Medizinische Versorgungszentrum ‚überträgt' der betreffende Vertragsarzt seine Zulassung auf das MVZ und erhält eine Anstellung. Im Falle seines Ausscheidens aus dem MVZ hat dies zur Folge, dass er seine Zulassung nicht ‚mitnehmen' und gemäß § 24 Abs. 4 Ärzte-ZV an einen anderen Standort verlegen kann. Das Ausscheiden eines angestellten Arztes aus einem MVZ hat folglich zwingend die Beendigung der Teilnahme an der vertragsärztlichen Tätigkeit zur Folge. Eine Ausnahme besteht gemäß § 103 Abs. 4 a S. 4 SGB V ausschließlich nach einer Tätigkeit von mindestens 5 Jahren im MVZ.[291] Danach kann insbesondere in gesperrten Gebieten ein bereits zugelassener Vertragsarzt zugunsten des MVZ auf seine eigene Zulassung verzichten, um später als angestellter Arzt im MVZ tätig zu werden. In diesem Fall hat der Zulassungsausschuss die Anstellung zu genehmigen. Eine gleichzeitige Fortführung der Einzelpraxis des Vertragsarztes ist

---

290) Vgl. *Deutsche Krankenhausgesellschaft*, Hinweise zur Gründung Medizinischer Versorgungszentren nach § 95 SGB V, S. 18.

291) Siehe dazu: *Wigge*, in: *Schnapp/Wigge*, Handbuch des Vertragsarztrechts, § 6 Rn. 100 f.; *Orlowski/Schirmer/Halbe*, in: *Halbe/Schirmer*, Handbuch Kooperationen im Gesundheitswesen, B 1400 Rn. 71 ff.

hingegen aus berufsrechtlichen Gründen nicht möglich.[292] In diesem Fall bringen die Vertragsärzte ihre Zulassung in das Zentrum ein. Sie verzichten auf ihre Einzelzulassung und lassen sich am MVZ anstellen. Jede einzelne Anstellung bedarf der Genehmigung des Zulassungsausschusses nach § 32 b Abs. 2 Ärzte-ZV, § 103 Abs. 4 a S. 1 SGB V, die jedoch in diesem Fall zwingend zu erteilen ist. Hierbei gilt die Besonderheit, dass die für Vertragsärzte geltende Begrenzung der Zahl der angestellten Ärzte auf einen ganztags oder zwei halbtags beschäftigte Ärzte gerade im Rahmen des Medizinischen Versorgungszentrums nicht anzuwenden ist, § 32 b Abs. 1 S. 2 Ärzte-ZV. Das MVZ ist also in der gesellschaftsrechtlichen Gestaltung der Anstellungsverhältnisse, gerade im Hinblick auf Teilzeitmodelle, weitgehend frei.

IV. Rechtsformen für das Medizinische Versorgungszentrum – ein Überblick

Nach § 95 Abs. 1 S. 3 HS 1 SGB V können sich die Medizinischen Versorgungszentren aller zulässigen Organisationsformen bedienen. Nach der Gesetzesbegründung können sie als juristische Personen des Privatrechts oder als Gesamthandsgemeinschaft (BGB-Gesellschaft) gegründet werden.[293] Erstmals kann die vertragsärztliche ambulante Versorgung nicht mehr nur in der Hand eines alleinverantwortlichen Arztes liegen, sondern in der einer eigens zugelassenen juristischen Person. Der Gefahr des durch die juristische Person hervorrufenden Fremdeinflusses begegnet der Gesetzgeber insbesondere dadurch, dass die MVZ zwingend als **ärztlich** geleitete Einrichtungen geführt werden müssen und nur von Leistungserbringern, die an der medizinischen Versorgung der Versicherten der GKV teilnehmen, gegründet und betrieben werden dürfen.[294]

Durch die Einschränkung auf „zulässige" Organisationsformen macht der Gesetzgeber deutlich, dass diejenigen Rechtsformen, die aus anderen Gründen ohnehin nicht in Frage kommen, auch im Rahmen des Medizi-

---

292) Vgl. *Wigge*, MedR 2004, 123 ff. (128 f.).

293) Zur Diskussion bezüglich der Gesetzgebungskompetenz des Bundes siehe *Rau*, MedR 2004, 667 ff.; vgl. *Zwingel/Preißler*, Das Medizinische Versorgungszentrum, S. 62 ff.; *Wigge*, in: *Schnapp/Wigge*, Handbuch des Vertragsarztrechts, § 2 Rn. 12 ff.

294) *Wigge*, in: *Schnapp/Wigge*, Handbuch des Vertragsarztrechts, § 6 Rn. 118.

nischen Versorgungszentrums ausscheiden. Des Weiteren ist festzustellen, dass sich die neue Musterberufsordnung in der überarbeiteten Fassung vom Mai 2004 den Vorgaben des § 95 SGB V entsprechend angepasst hat. Unter den Voraussetzungen des § 23 a Abs. 1 MBO 2004 ist es nun den Ärzten ausdrücklich erlaubt, in der Form der juristischen Person des Privatrechts tätig zu werden, § 23 a Abs. 1 S. 1 MBO 2004. Bezüglich der Partnerschaftsgesellschaft ist festzustellen, dass die Gründung des Medizinischen Versorgungszentrums in der Rechtsform der Partnerschaft jedenfalls dann ausscheidet, wenn die Träger des MVZ keine freien Berufe (z. B. Ärzte oder Apotheker) sind. Nach § 1 Abs. 1 PartGG können sich nämlich nur Angehörige freier Berufe, die auch tatsächlich in dieser Partnerschaftsgesellschaft tätig werden wollen, in dieser Rechtsform zusammenschließen.

Exkurs: Personenhandelsgesellschaften als statthafte Rechtsformen?

Die Frage, ob die Personenhandelsgesellschaften (OHG, KG oder GmbH & Co. KG) als mögliche Rechtsformen im Rahmen eines Medizinischen Versorgungszentrums in Betracht kommen, ist noch nicht abschließend geklärt und daher umstritten. Die Statthaftigkeit könnte deshalb zweifelhaft sein, weil die Ausübung der ärztlichen Tätigkeit im Rahmen eines Handelsgewerbes aus berufsrechtlichen Gründen nicht zulässig ist. § 1 Abs. 2 BÄO legt nämlich fest, dass der ärztliche Beruf kein Gewerbe ist. Im Gegensatz zu den herkömmlichen Berufsausübungsgemeinschaften ist das MVZ aber gerade keine freiberufliche Praxis im traditionellen Sinne, sondern ein unternehmerisches Konzept. Dies hat zur Folge, dass der in der Bundesärzteordnung festgelegte Grundsatz i. R. d. MVZ zumindest nicht unmittelbar gilt. Durch die Einführung der MVZ sollte es nach dem Willen des Gesetzgebers den Leistungserbringern ermöglicht werden, auf dem ambulanten Sektor **unternehmerisch** tätig zu werden. Die vielschichtig möglich gewordenen Konstellationen, insbesondere die aktive Beteiligung durch Unternehmen wie die Krankenhäuser, verdeutlichen diese Intention. Die Einführung der MVZ stellt eben gerade einen weiteren gewollten Schritt in der Entwicklung des Arztes hin zum Unternehmer dar. Dies manifestiert sich in der Vorschrift des § 95 SGB V und stellt gleichzeitig die Abkehr vom Grundsatz des § 1 Abs. 2 BÄO, der sich unmittelbar nur auf die freiberufliche Praxis bezieht, dar. Insofern kann es nur folgerichtig und konsequent sein, auch diejenigen Rechtsformen zuzulassen, die für jede unternehmerische, gewerbliche Tätigkeit an sich in Frage kommen. Der Ausschluss der Personenhandelsgesellschaften aus dem Kreis der möglichen Rechtsformen erscheint i. R. d. Gesamtentwicklung widersprüchlich und kontraproduktiv.[295] Zudem stellt die Einschränkung der Rechtsformwahl für ein MVZ einen Eingriff in Art. 12 GG dar, wofür eine ausdrückliche Verbotsnorm erforderlich ist. Eine solche stellt aber die Vorschrift des § 1 Abs. 2 BÄO gerade nicht dar.[296] Wie bereits erläutert,[297] ist die Vorschrift des § 1 Abs. 2 BÄO alleine nicht geeignet, die Art der Ausübung der Heilkunde im Rahmen der MVZ zu beschränken; vielmehr wird dadurch nach wie vor das vom Willen des Gesetzgebers getragene Berufsbild, die ‚Freiheit' vor staatlichen Eingriffen zu garantieren, festgelegt. Es geht ausschließlich um die gesetzliche Fixierung eines Berufsbildes und nicht um die Anordnung des Gesetzgebers in Form von Gebots- oder Verbotsgesetzen, einzelne Tätigkeiten zu untersagen. § 1 Abs. 2 BÄO berührt daher die Ausgestaltung des Vertragsverhältnisses einer Berufsausübungsgemeinschaft nicht. Normative statusbezogene Einschränkungen bleiben in jedem Fall dem Gesetzgeber selbst vorbehalten und können nicht aus standespolitischen Wunschvorstellungen hergeleitet werden. Ein übergeordnetes Interesse der Allgemeinheit i. S. d. Funktionsfähigkeit der Gesundheitsversorgung, das ein Tätigwerden des Gesetzgebers in diesem Sinne erforderlich machen würde, ist ebenfalls nicht erkennbar.

Die Handelsgesellschaften sind daher im Rahmen der Medizinischen Versorgungszentren statthafte Gesellschaftsformen. Dieses Ergebnis widerspricht auch nicht dem bereits unter Kapitel 1, A. VI. dargelegten Problem. Die dort getroffene Feststellung, dass die freiberufliche ärztliche Tätigkeit nicht in der Rechtsform einer Handelsgesellschaft ausgeübt werden darf, führt nicht per se zu dem gleichen ablehnenden Ergebnis im Rahmen der Medizinischen Versorgungszentren. Diese beiden Institute ärztlichen Handelns, in der Ausgestaltung einer Gemeinschaftspraxis einerseits und unter dem Dach eines Medizinischen Versorgungs-

---

295) Überblick zur Diskussion über die Zulässigkeit der Personenhandelsgesellschaften i. R. d. MVZ siehe *Möller*, in: *Dahm/Möller/Ratzel*, Rechtshandbuch Medizinische Versorgungszentren, S. 82 ff.

296) *Zwingel/Preißler*, Das Medizinische Versorgungszentrum, S. 68. Für die Statthaftigkeit der Personenhandelsgesellschaften mit ausführlicher Begründung siehe auch *Kroel*, in: *Isringhaus/Kroel/Wendland*, Medizinisches Versorgungszentrum MVZ-Beratungshandbuch, S. 11 ff.; *Peikert*, ZMGR 06/2004, 211 ff. (214 f.).

297) S. 106 ff. dieser Arbeit.

zentrums andererseits sind grundsätzlich diesbezüglich unterschiedlich zu behandeln. Das Medizinische Versorgungszentrum ist gerade keine freiberufliche Praxis. Daher gilt auch die Vorschrift des § 1 Abs. 2 BÄO nicht unmittelbar. Schon die gesetzliche Definition in Verbindung mit den Gesetzesmaterialien zeigt, dass der unternehmerische Charakter klar im Vordergrund stehen soll. Daher sollte die ärztliche Tätigkeit nach der Vorstellung des Gesetzgebers auch durch angestellte Ärzte erfolgen. Das Medizinische Versorgungszentrum sollte für den niedergelassenen Arzt eine weitere Möglichkeit sein, auch unternehmerisch und nicht ausschließlich freiberuflich tätig zu sein. Diese Konstellation (ärztliche Dienstleistung durch angestellte Ärzte) ist derjenigen eines Krankenhauses, welches die ärztlichen Leistungen ausschließlich durch angestellte Ärzte erbringt, durchaus vergleichbar. Den Krankenhausträgern steht aber unproblematisch die Rechtsform der Handelsgesellschaften zur Verfügung.

Folglich ist im Ergebnis festzustellen, dass das Medizinische Versorgungszentrum grundsätzlich nicht als freiberufliche Praxis, sondern als unternehmerische und auch gewerbliche Betätigung konzipiert ist. Im Rahmen eines Medizinischen Versorgungszentrums liegt der gemeinsame Zweck im Betrieb eines MVZ unter der Zuhilfenahme angestellter Ärzte. Darin liegt der entscheidende Unterschied zu einer freiberuflichen Gemeinschaftspraxis, die ihren Gesellschaftszweck einzig und allein in der gemeinsamen ärztlichen Dienstleistung sieht.

In einem nächsten Schritt sollen nun in einem groben Überblick die möglicherweise in Betracht kommenden Rechtsformen herausgearbeitet werden. Hierbei sollen aber die einzelnen gesellschaftsrechtlichen Gestaltungsmöglichkeiten im Rahmen des Medizinischen Versorgungszentrums vorerst noch unberücksichtigt bleiben.

1. Die Gesellschaft bürgerlichen Rechts

a) Vertragliche Beziehungen

Wie bereits festgestellt, ist die (Außen-)Gesellschaft bürgerlichen Rechts seit dem BGH-Urteil vom 29.1.2001 als rechtsfähiges Zuordnungssubjekt anerkannt. Bei dem Medizinischen Versorgungszentrum handelt es sich auch um eine solche Außengesellschaft, da es als solches im Rechtsverkehr nach außen auftritt.[298)] Der gemeinsame Zweck ist in diesem Fall auf das Gründen und Betreiben eines Medizinischen Versorgungszentrums gerichtet. Das MVZ selbst kann Rechte und Pflichten begründen. Der Behandlungsvertrag kommt daher ausschließlich zwischen dem Patienten und dem Medizinischen Versorgungszentrum zustande. Bezüglich der näheren Ausführungen zur Außengesellschaft bürgerlichen Rechts soll auf bereits erfolgte Ausführungen verwiesen werden.[299)]

b) Haftungsverhältnisse

Die Gesellschafter der Gesellschaft bürgerlichen Rechts haften für die Verbindlichkeiten der Gesellschaft persönlich, unmittelbar und gesamtschuldnerisch. Bezüglich der Details wird auf die näheren Ausführungen in Kapitel 1, A. II. 4. verwiesen.[300)]

2. Die Partnerschaftsgesellschaft

a) Allgemeines

Das Partnerschaftsgesellschaftsgesetz ermöglicht den Angehörigen freier Berufe, sich zum Zwecke der gemeinsamen Berufsausübung zur Gesellschaftsform der Partnerschaft zusammenzuschließen. Das bedeutet, dass im Falle der Trägerschaft des Medizinischen Versorgungszentrums durch ein Krankenhaus oder eine Apotheke o. Ä. diese Gesellschaftsform ausscheidet, da derartige Träger keine Angehörigen freier Berufe sind, § 1 Abs. 1 PartGG. Sind jedoch ausschließlich Vertragsärzte die Träger des MVZ und üben diese auch tatsächlich ihren Beruf in der Gesellschaft aus (§ 1 Abs. 1 S. 1 PartGG), ist die Rechtsform der Partnerschaft möglich.[301)]

---

298) Mustervertrag zum MVZ als GbR, siehe *Hohmann/Klawonn*, Das Medizinische Versorgungszentrum – Die Verträge, S. 57 ff.

299) Vgl. S. 50 ff. dieser Arbeit.

300) Vgl. S. 52 ff. dieser Arbeit.

301) *Zwingel/Preißler*, Das Medizinische Versorgungszentrum, S. 61; *Möller*, in: *Dahm/Möller/Ratzel*, Rechtshandbuch Medizinische Versorgungszentren, S. 81.

b) *Vertragliche Beziehungen und Haftungsverhältnisse*

Der Behandlungsvertrag kommt auch in diesem Fall ausschließlich zwischen dem Patienten und dem Medizinischen Versorgungszentrum als solchem zustande. Bezüglich der Haftung innerhalb der Partnerschaft sei auf Kapitel 1, A. IV. 3. verwiesen.[302)]

3. Die Juristischen Personen des Privatrechts

Die wesentliche Neuerung des § 95 Abs. 1 SGB V liegt nun darin, dass im Bereich der ärztlichen Berufsausübung künftig auch juristische Personen des Privatrechts als mögliche Gesellschaftsformen in Frage kommen. Da, wie bereits festgestellt, die Musterberufsordnung infolge der Einführung der MVZ im Mai 2004 entsprechend geändert wurde, ist es nun auch den außerhalb eines Medizinischen Versorgungszentrums kooperierenden Ärzten möglich, sich dieser Gesellschaftsformen zu bedienen. Anzumerken ist noch, dass der gewichtigste Vorteil im Rahmen der juristischen Personen die Haftungsbeschränkung auf das Gesellschaftsvermögen, im Bereich der ärztlichen Berufsausübung zu relativieren ist. Denn unabhängig von jeglichen Gesellschaftsformen und Haftungsbeschränkungen existiert stets die deliktische Haftung der behandelnden Ärzte. Und im Rahmen der deliktischen Haftung sind Haftungsbeschränkungen von vornherein ausgeschlossen.[303)]

4. Die natürliche Person als Träger eines Medizinischen Versorgungszentrums

Beim Träger eines MVZ muss es sich nicht zwingend um eine Gesellschaft handeln. Die Vorschrift des § 95 Abs. 1 S. 3 SGB V regelt nämlich nur in qualitativer, nicht jedoch in quantitativer Hinsicht die Gründungsvoraussetzungen eines MVZ. Es ist also einem einzelnen Vertragsarzt durchaus möglich, alleine ein MVZ mit Hilfe angestellter Ärzte zu betreiben.[304)]

---

302) Vgl. S. 98 ff. dieser Arbeit.

303) Mustergesellschaftsvertrag eines MVZ als GmbH, siehe *Hohmann/Klawonn*, Das Medizinische Versorgungszentrum – Die Verträge, S. 35 ff.

304) Vgl. *Zwingel/Preißler*, Das Medizinische Versorgungszentrum, S. 60 f.; *Peikert*, ZMGR 06/2004, 211 ff. (218).

V. Gesellschaftsrechtliche Gestaltungsmöglichkeiten

Dem Wortlaut des § 95 Abs. 1 S. 2 SGB V können in gestalterischer Hinsicht viele verschiedene Kooperationsmöglichkeiten entnommen werden.[305] Grundsätzlich geht der Wortlaut des § 95 Abs. 1 S. 2 SGB V davon aus, dass die ärztliche Versorgung in einem Medizinischen Versorgungszentrum durch freiberufliche Vertragsärzte und/oder angestellte Ärzte eigenverantwortlich gewährleistet wird.

Der Behandlungsvertrag kommt in allen Varianten ausschließlich zwischen dem Patienten und dem MVZ als solchem zustande. Allein das MVZ erbringt die vertragsärztlichen Leistungen i. S. d. § 95 Abs. 1 SGB V. Im Folgenden soll nun die Frage nach den verschiedenen Gestaltungsmöglichkeiten geklärt werden.

1. Die Angestellten-Variante

Die Vorschrift des § 95 Abs. 1 S. 2 SGB V ermöglicht den Medizinischen Versorgungszentren die Anstellung von Ärzten.[306] Die ambulante Versorgung durch angestellte Ärzte ist bisher nur in den engen Grenzen des § 32 Abs. 2 Ärzte-ZV oder § 32 b Abs. 1 Ärzte-ZV möglich. Danach gilt für eine Vertragsarztpraxis die Einschränkung, dass sie nur einen ganztags oder zwei halbtags beschäftigte Ärzte anstellen kann. Für die Medizinischen Versorgungszentren gelten diese Einschränkungen aber nicht.[307] Daher können im Rahmen eines MVZ in unbegrenztem Umfang angestellte Ärzte beschäftigt werden.[308] Die Anstellung von Ärzten in einem MVZ bedarf der Genehmigung durch den Zulassungsausschuss.

---

305) Ursprünglich gingen die ersten Entwürfe zum GKV-Modernisierungsgesetz lediglich von der Möglichkeit der Anstellung aus. Im Laufe der Zeit wurde jedoch der gesetzgeberische Wille, nicht nur angestellte Ärzte, sondern auch Freiberufler in einem MVZ zu integrieren, durch die Formulierung ‚Freiberufler und Angestellte' in den Wortlaut des § 95 SGB V aufgenommen bzw. ergänzt.

306) *Zwingel/Preißler*, Das Medizinische Versorgungszentrum, S. 99 ff.; *Möller,* in: *Dahm/Möller/Ratzel,* Rechtshandbuch Medizinische Versorgungszentren, S. 231 ff.

307) Da ein MVZ den Vertragsärzten grds. gleichgestellt ist, wäre die Vorschrift eigentlich anwendbar. Dies verhindert im speziellen Fall aber die Regelung des § 32 b Abs. 1 Satz 2 Ärzte-ZV.

308) Näher dazu *Altendorfer/Merk/Jensch,* Das Medizinische Versorgungszentrum, S. 36 ff., 42 f.

Schließlich muss der angestellte Arzt die Eintragung in das Arztregister und die erfolgreich abgelegte Facharztprüfung nachweisen können. Die Angestellten-Variante umfasst sowohl die Zusammenarbeit eines Vertragsarztes mit einem fachverschiedenen angestellten Arzt als auch die Kooperation zwischen mehreren Vertragsärzten und angestellten Ärzten sowie anderen nichtärztlichen Leistungserbringern. In einem überversorgten Gebiet ist des Weiteren zu beachten, dass ein in einem Versorgungszentrum angestellter Arzt gemäß § 103 Abs. 4 a S. 4 SGB V nach einer Tätigkeitsdauer von mind. 5 Jahren eine eigene Vertragsarztzulassung erhält.[309)] Für den Fall, dass niedergelassene Vertragsärzte ein MVZ gründen und als Träger mit ausschließlich angestellten Ärzten betreiben wollen, stellt das MVZ eine selbständige Einheit mit separater Zulassung und Abrechnungsnummer dar. In diesem Fall treten die Vertragsärzte als Betreiber und Gesellschafter des MVZ auf. Sie behalten aber ihre eigene vertragsärztliche Zulassung und rechnen ihre Leistungen selbständig ab. In der Variante der Trägergesellschaft mit nur angestellten Ärzten kommen als Träger nur solche Leistungserbringer in Betracht, die hierfür zugelassen sind. Sollte im Einzelfall ein Krankenhaus der Träger des Medizinischen Versorgungszentrums sein, kommt dem ärztlichen Leiter des Zentrums eine besonders wesentliche Funktion zu. Die Letztverantwortung im Rahmen eines MVZ soll dem gesetzgeberischen Willen nach dem ärztlichen Leiter vorbehalten sein.[310)] Im Hinblick auf die medizinischen Fragen entscheidet die ärztliche Leitung des Medizinischen Versorgungszentrums alleinverantwortlich. Die angestellten Ärzte unterliegen dem Träger gegenüber diesbezüglich keiner Weisungspflicht.

2. Die Freiberufler-Variante

Der Wortlaut des § 95 Abs. 1 S. 2 SGB V geht davon aus, dass die ärztliche Versorgung im Rahmen eines Medizinischen Versorgungszentrums neben den angestellten Ärzten auch von Vertragsärzten durchgeführt

309) Der Gesetzgeber will dadurch diejenigen angestellten Ärzte privilegieren, die an der Neugründung eines MVZ beteiligt waren.

310) Für Krankenhäuser ist diese Variante der gesellschaftsrechtlichen Gestaltung besonders interessant, da diese dadurch auf diesem Wege ihr stationäres Leistungsprogramm um die ambulante Patientenversorgung (i. R. d. MVZ) ergänzen können.

werden kann.[311] Der Gesetzeswortlaut geht wohl von einem Nebeneinander zwischen angestellten Ärzten und Vertragsärzten unter einem gemeinsamen Dach aus. Jedoch steht dieser Auffassung ein vertragsärztliches Hindernis entgegen.

Ein Vertragsarzt ist ein selbständiger, freiberuflich und eigenverantwortlich tätiger Arzt.[312] Diese charakteristischen Merkmale genügen aber nicht der Tatsache, dass im Falle des MVZ ein solcher Vertragsarzt in ein dienstvertragliches Dienstverhältnis eingebunden sein soll. Er würde also mit anderen Ärzten zusammen in einem gewissen Abhängigkeitsverhältnis zum Medizinischen Versorgungszentrum stehen. Gerade diese Abhängigkeit ist aber grundsätzlich ausschließlich dem Angestelltenverhältnis immanent, nicht aber dem Vertragsarztstatus. Jedoch muss berücksichtigt werden, dass sich die seit jeher bestehende Ansicht über die Rechtsnatur des Vertragsarztes als freien und unabhängigen, keiner Weisung unterliegenden Arzt wohl nach und nach lockert. Diese Meinung sieht immer noch den Einzelarzt bzw. die Einzelpraxis als die Grundform der medizinischen Versorgung an. Auch die Musterberufsordnung stützt dieses traditionelle Bild. Nach §§ 1 ff. MBO ist der Arzt ein freier Beruf und nur seinem Gewissen, der ärztlichen Ethik und der Menschlichkeit etc. unterworfen. Er unterliegt grundsätzlich keinen Weisungen von Nicht-Ärzten. Die neue Musterberufsordnung von 2004 eröffnet nun erstmals den Ärzten die Möglichkeit, auch als Vertragsarzt im Rahmen einer juristischen Person tätig zu werden. Auch § 18 Abs. 2 S. 1 MBO 2004 ermöglicht den Ärzten die Kooperation in allen zulässigen Gesellschaftsformen. Dadurch wird deutlich, dass das tradierte Bild vom selbständigen und alleinverantwortlichen Einzelarzt ein Auslaufmodell ist und die Entwicklung hin zum ärztlichen Unternehmer wohl nicht mehr aufzuhalten ist. Die neue Musterberufsordnung stellt hierfür durch die nun in gesellschaftsrechtlicher Hinsicht flexibler werdenden Gestaltungsmöglichkeiten schon die entscheidenden Weichen.[313] Für den Fall der Zugrundelegung der neuen MBO dürften streng genommen keine berufsrechtlichen Probleme mehr dahingehend bestehen, dass Vertragsärzte und angestellte Ärzte unter dem gemeinsamen Dach des MVZ zusammenarbeiten. Stützt man sich jedoch vordergründig auf die Rechtsnatur des Vertragsarztes in traditioneller Hinsicht als den selbständigen, keinen Weisungen unterliegenden Arzt, dann dürfte ein paralleles Zusammenarbeiten zwischen einem Vertragsarzt und einem ange-

---

311) Näher dazu *Zwingel/Preißler*, Das Medizinische Versorgungszentrum, S. 115 ff.
312) Vgl. *Krauskopf*, in: *Laufs/Uhlenbruck*, Handbuch des Arztrechts, § 24.
313) Vgl. *Altendorfer/Merk/Jensch,* Das Medizinische Versorgungszentrum, S. 43.

stellten Arzt unter der gemeinsamen Trägergesellschaft des Medizinischen Versorgungszentrums aus berufsrechtlichen Gründen ausscheiden.[314)]

Wie dieses Auslegungsproblem des Wortlauts des § 95 Abs. 2 S. 2 SGB V in Verbindung mit der neuen Musterberufsordnung in Zukunft zu lösen sein wird, wird die höchstrichterliche Rechtsprechung zeigen. Wollen nun die in einem MVZ tätig werdenden Vertragsärzte selbständig bleiben und nach wie vor auf eigene Rechnung tätig werden, bietet sich folgende Konstruktion an:

Wollen also die Vertragsärzte in einem Medizinischen Versorgungszentrum als Leistungserbringer tätig werden, gleichzeitig aber selbständig bleiben und auf eigene Rechnung arbeiten, müssen sie sich zu einer Berufsausübungsgemeinschaft zusammenschließen. Eine solche Kooperationsgemeinschaft, die in der Form einer BGB-Gesellschaft oder einer Partnerschaftsgesellschaft geführt werden kann, lässt deren Vertragsarztstatus unberührt. In diesem Fall wird die Berufsausübungsgemeinschaft als solche vom Zulassungsausschuss als MVZ zugelassen. Die Einzel-Zulassungen der Vertragsärzte werden von der MVZ-Zulassung überlagert, leben aber nach einer eventuellen Auflösung des Medizinischen Versorgungszentrums wieder auf.[315)] Auch in dieser Variante ist das MVZ der Vertragspartner des Patienten beim Abschluss des Behandlungsvertrages.[316)] Folge dieser statusrechtlichen Zulassungsent-

---

314) So die wohl noch überwiegende Meinung, die den Gesetzeswortlaut alternativ auslegt und somit von der jeweiligen Reinform ausgeht: *Wigge*, MedR 2004, 123 ff. (128); *Scholz,* GesR 2003, 369 ff. (373); *Behnsen*, das Krankenhaus, 9/2004, 698 ff. (698). Zu den gewichtigen Argumenten der Gegenauffassung, die ein gleichberechtigtes Nebeneinander von Vertragsärzten und angestellten Ärzten für zulässig erachtet, siehe *Dahm,* in: *Dahm/Möller/Ratzel,* Rechtshandbuch Medizinische Versorgungszentren, S. 151, S. 52 ff.; *Zwingel/Preißler*, Das Medizinische Versorgungszentrum, S. 42 f.

315) Vgl. *Behnsen,* das Krankenhaus 9/2004, 698 ff. (698 f.); *Dahm,* in: *Dahm/Möller/Ratzel, Rechtshandbuch Medizinische Versorgungszentren,* S. 149; näher dazu auch *Peikert*, ZMGR 2004, 211 ff. (215 ff.).

316) Diese Freiberufler-Variante ist der Angestellten-Variante gleichgestellt. Denn anders als i. R. einer Einzelpraxis können die Vertragsärzte, die in einem MVZ als Leistungserbringer tätig sind, Ärzte in beliebiger Personenzahl und mit beliebiger Arbeitszeit anstellen. Die Vorschriften der §§ 101 Abs. 1 Satz 6 SGB V und 32 b Abs. 1 Satz 2 Ärzte-ZV unterscheiden nicht zwischen diesen beiden möglichen Varianten. Der einzige Unterschied zwischen der Freiberufler- und der Angestellten-Variante liegt darin, dass der Grundsatz der freien Arztwahl ausschließlich i. R. d. Freiberufler-Variante voll zur Geltung kommt, § 18 Abs. 4

scheidung und dadurch eintretenden ‚Überlagerung' der Einzel-Zulassungen ist, dass ausschließlich das Versorgungszentrum als solches und damit der Gründer bzw. Träger dieser Einrichtung haftet. Dieser übernimmt die Garantie für eine dem Vertragsarztrecht entsprechende Leistungserbringung und folglich die Haftung. Den im MVZ tätig werdenden Vertragsärzten droht keine Außenhaftung.[317)] Diese Konstruktion stellt also die einzige Möglichkeit für Vertragsärzte dar, die zwar im Rahmen eines MVZ als Leistungserbringer tätig werden, aber dennoch ihre Zulassung behalten und selbständig mit der Krankenversicherung abrechnen wollen.

Eine bloße Kooperation des Vertragsarztes mit einem MVZ ist hingegen auch ohne diese Konstruktion möglich. Dieser Fall ähnelt einer Organisationsgemeinschaft, da die Zusammenarbeit eher im organisatorischen Bereich erfolgt. Die beiden Kooperationspartner bleiben in diesem Fall jeweils eigenständig und alleinverantwortlich.

3. Das Satelliten-Modell

Ein weiteres Gestaltungsmodell kann darin gesehen werden, dass eine eigenständige Trägergesellschaft mehrere einzelne Medizinische Versorgungszentren betreibt.[318)] In diesem Fall wird die ambulante vertragsärztliche Versorgung unter der Leitung eines zentralen Trägers in mehrere selbständige Medizinische Versorgungszentren aufgeteilt. Diese einzelnen ambulanten Zentren können an verschiedenen Standorten tätig sein. Die einzelnen Zulassungen bestehen aber nur für den jeweiligen Ort der Betriebsstätte. Durch die zentrale Verwaltung und dadurch verbesserten Koordinations- und Kooperationsmöglichkeiten ist diese Gestaltungsmöglichkeit gerade aus wirtschaftlichen Gesichtspunkten sehr interessant.[319)]

MBO 2004. In der Angestellten-Variante hingegen gilt § 76 SGB V, wonach die freie Arztwahl nicht gilt.

317) Näher zur Begründung aus vertragsarztrechtlicher Sicht: *Dahm,* in: *Dahm/Möller/Ratzel,* Rechtshandbuch Medizinische Versorgungszentren, S. 150 f.; *Kroel,* in: *Isringhaus/Kroel/Wendland,* MVZ-Beratungshandbuch, S. 52.

318) Vgl. *Altendorfer/Merk/Jensch,* Das Medizinische Versorgungszentrum, S. 44.

319) Nach § 18 Abs. 3 Satz 1 MBO 2004 kann nun ein Arzt mehreren Berufsausübungsgemeinschaften angehören und gem. § 17 Abs. 2 Satz 1 MBO 2004 auch über den eigentlichen Praxissitz hinaus an zwei weiteren Orten ärztlich tätig sein. Somit können spezialisierte Ärzte nicht nur in einem einzigen MVZ als

4. Übergeordnetes Versorgungszentrum als Kooperationsmöglichkeit

Schließlich kommen als weitere Formen der Zusammenarbeit die verschiedensten Gestaltungsmöglichkeiten einer bloßen Kooperation mit einem MVZ in Betracht (auch die bloße Kooperation der verschiedenen Leistungserbringer mit einem MVZ).[320] Eine solche Kooperation regelt lediglich das Innenverhältnis zwischen dem MVZ und dem Krankenhaus. Das Außenverhältnis zum Patienten wird durch die Kooperationsvereinbarung nicht berührt. Die Behandlung im MVZ bleibt dennoch eine vertragsärztliche Versorgung und die Vertragsbeziehungen zwischen dem Patienten und dem MVZ bleiben ebenfalls unverändert bestehen. Sinn und Zweck einer derartigen Kooperation ist die verbesserte Ausnutzung der vorhandenen Ressourcen, indem das Personal und die Einrichtungen effektiver genutzt werden können.

a) Gemeinschaftspraxis – Trägergesellschaft

Des Weiteren ist gestalterisch möglich, dass sich eine aus Vertragsärzten bestehende Gemeinschaftspraxis mit einem Träger zusammenschließt, der wiederum angestellte Ärzte beschäftigt und auf diese Weise ein übergeordnetes Versorgungszentrum betreibt. In einem solchen Fall der Kooperation zwischen der Gemeinschaftspraxis und der Trägergesellschaft muss in den jeweiligen Gesellschaftsverträgen die Zuständigkeits- und Haftungsfrage genau geregelt werden, um eventuelle Streitigkeiten von vornherein zu vermeiden.

b) Krankenhaus - Trägergesellschaft

Eine Kooperation zwischen einem Krankenhaus und einer Trägergesellschaft mit angestellten Ärzten, die sich zu einem übergeordneten Ver-

---

Leistungserbringer tätig werden, sondern ihr Wissen kann in den verschiedenen Zentren effektiv genutzt eingesetzt werden.

320) Vgl. *Altendorfer/Merk/Jensch,* Das Medizinische Versorgungszentrum, S. 45 f.; vgl. *Theilmann*, f&w 6/2003, 526 ff. (527).

sorgungszentrum zusammenschließen, ist ebenso möglich.[321] Eine Klinik kann also neben der stationären Tätigkeit auch ambulant tätig werden, indem sie auf diese Weise durch Kooperation mit einem MVZ die ambulante der stationären Versorgung anbindet. Hierbei muss aber berücksichtigt werden, dass nach § 95 Abs. 1 S. 1 SGB V ein Medizinisches Versorgungszentrum ausschließlich an der vertragsärztlichen ambulanten Versorgung teilnehmen kann. Ein Nebeneinander von ambulanter und stationärer Versorgung in einem Zentrum ist hingegen nicht möglich. Unter der Beteiligung eines Krankenhauses ist also lediglich die Kooperation mit einem ambulanten Medizinischen Versorgungszentrum möglich, nicht die Zusammenarbeit der beiden Sektoren unter dem gemeinsamen Dach der Klinik unter der Bezeichnung des MVZ. Ein ‚Mischwerk' ist durch die Einführung der Vorschrift des § 95 SGB V nicht gewollt.[322] Schließlich besteht auch die Möglichkeit, einzelne Versorgungsbereiche des Krankenhauses, wie z. B. Röntgen, Personal, Rehabilitationseinrichtungen, auszugliedern und zur gemeinsamen Nutzung mit niedergelassenen Ärzten und MVZ zur Verfügung zu stellen.

c) Haftungsverhältnisse

In Fällen der Kooperation zwischen dem MVZ und dem Krankenhaus ist es besonders wichtig, dass die Kooperationsvereinbarung der beiden Leistungserbringer möglichst genau die Haftungsverhältnisse regelt. Es sollte von vornherein vereinbart sein, welcher Kooperationspartner in welchen Fällen für welche Personen in welchem Leistungsbereich einzustehen hat. Eine derartige detaillierte vertragliche Vereinbarung ist für ein reibungsloses und erfolgreiches Zusammenarbeiten zwischen dem MVZ und dem Krankenhaus unerlässlich.

---

321) Dieser Fall der Kooperation mit einem Krankenhaus darf nicht mit dem Fall verwechselt werden, wo eine Klinik als Gründer- und Trägergesellschaft auftritt und durch angestellte Ärzte die Leistungen erbringt.

322) Für ein Krankenhaus ist also eine Kooperation mit einem MVZ in jedem Fall günstig. Frei werdende Kapazitäten können dadurch effektiv genutzt werden. Die Krankenhäuser können sowohl als Träger des ihnen räumlich angegliederten Versorgungszentrums auftreten als auch nur mit einem unabhängig geführten Versorgungszentrum lediglich kooperieren.

VI. Schlussbetrachtung

Die Einführung des Medizinischen Versorgungszentrums nach § 95 SGB V mit den daraus folgenden gesellschaftsrechtlichen Gestaltungsmöglichkeiten macht aus der vertragsärztlichen Versorgung eine gewinnorientierte, wirtschaftliche Betätigung. Die ambulante Versorgung wird zu einer Unternehmung mit eigenen Zielen und Strategien. Aus Krankenhaussicht ist die Gründung oder die Kooperation mit einem solchen MVZ wirtschaftlich sinnvoll. In Zeiten des verstärkten Kostendrucks und des vermehrten Bettenabbaus erscheint es zweckmäßig, sich neben der stationären Versorgung auch auf dem ambulanten Sektor ein weiteres Standbein aufzubauen.[323)] Zudem kann die bislang starre Trennung zwischen ambulantem und stationärem Bereich überwunden werden. Für die niedergelassenen Ärzte ergibt sich durch die Teilnahme an einem MVZ die Möglichkeit, verstärkt unternehmerisch tätig zu sein. Zudem können die Ressourcen, wie Geräte, Räume etc., aus betriebswirtschaftlicher Sicht effizienter genutzt werden. Vertragsärzte können als Gesellschafter des Unternehmens MVZ fungieren, ohne selbst darin Leistungserbringer zu sein. Die Einzelzulassungen bleiben in diesem Fall aber unproblematisch bestehen.

Aufgrund der weitgehenden Gestaltungsfreiheit eignet sich das Medizinische Versorgungszentrum aus juristischer Sicht besonders gut für die verschiedensten gesellschaftsrechtlichen Modelle und liefert zahlreiche gestalterische Möglichkeiten. Durch das GMG (GKV-Modernisierungsgesetz) und die Einführung des MVZ sind so viele Tore und damit Gestaltungsmöglichkeiten eröffnet worden, dass neue Anbieter, Kapital- und Managementgesellschaften mit überlegener Ausstattung, Gestaltungskraft und Finanzmitteln in den ambulanten Versorgungsmarkt dringen werden. Diese Entwicklung kann zum Wegfall des Freiberuflers als Regelform der ambulanten ärztlichen Versorgung führen.

---

323) Neben den Möglichkeiten des ambulanten Operierens nach § 115 b SGB V und den ambulanten Versorgungsmöglichkeiten nach §§ 116 a und 116 b SGB V entsteht mit der Einführung des MVZ für Krankenhäuser eine weitere Chance, auch auf dem ambulanten Sektor Fuß zu fassen.

C. Praxisverbund

I. Allgemeines

Seit Erlass des 2. GKV-NOG vom 26.6.1997 steht den niedergelassenen Ärzten eine weitere neue berufsrechtliche Kooperationsform zur Verfügung.[324)] Ein Praxisverbund im Sinne der §§ 18 Abs. 1, 23 d MBO 2004 ist ein Zusammenschluss von selbständigen Einzel-Arztpraxen, die unter Wahrung ihrer Selbständigkeit zu einem bestimmten Zweck, nämlich die Erfüllung eines durch gemeinsame oder gleichgerichtete Maßnahmen bestimmten Versorgungsauftrags oder eine andere Form der Zusammenarbeit zur Patientenversorgung, § 23 d Abs. 1 S. 1 MBO 2004, kooperieren. Die vernetzten Praxen stellen eine neue Versorgungsform auf dem Gebiet der ambulanten ärztlichen Versorgung dar.

Durch das GKV-Gesundheitsreformgesetz 2000 wurde mit den Vorschriften zur Integrierten Versorgung, §§ 140 a-h SGB V, ein weiterer neuer Vertragstyp zur Gestaltung von Praxisnetzen eingeführt. Diese Vorschriften sollen nach dem Willen des Gesetzgebers dazu dienen, die „bisherige starre Aufgabenteilung zwischen der ambulanten und stationären Versorgung gezielt zu durchbrechen, um die Voraussetzungen für eine stärker an den Versorgungsbedürfnissen der Patientinnen und Patienten orientierten Behandlung zu verbessern“[325)] Dies soll durch eine bessere Kooperation der verschiedenen Leistungsbereiche, insbesondere des ambulanten und des stationären Bereichs erreicht werden. Mit Hilfe der Vorschriften zur Integrierten Versorgung soll über die bereits bestehenden Vernetzungsstrukturen hinausgegangen werden. Im Rahmen der §§ 140 a ff. SGB V geht es also im Gegensatz zu dem hier zu untersuchenden Praxisverbund nicht mehr nur um eine engere Verzahnung im ambulanten Sektor, sondern in erster Linie um die Vernetzung des ambulanten und des stationären Sektors. Im Rahmen der Integrierten Versorgung sollen somit vordergründig die Krankenhäuser mit einbezogen werden.

Zur Klarstellung sei darauf hingewiesen, dass sich die folgenden Ausführungen ausschließlich auf den Praxisverbund i. S. d. § 23 d MBO 2004

---

324) BGBl. 1997 I, 1520 ff.: Zweites Gesetz zur Neuordnung von Selbstverwaltung und Eigenverantwortung in der Gesetzlichen Krankenversicherung (2. GKV-Neuordnungsgesetz – 2. GKV-NOG) v. 23. Juni 1997.

325) BT-Drucks. 14/1245, 91; BGBl. 1999 I, 2626 ff.

als mögliche Kooperationsform für selbständig und ambulant praktizierende Ärzte beziehen. Die an dem Netz beteiligten niedergelassenen Hausärzte und Fachärzte verpflichten sich zur engen Kooperation und Kommunikation. Der vom jeweiligen Patienten ausgewählte Hausarzt übernimmt dessen kontinuierliche Betreuung und überweist den Patienten zur ambulanten Weiterbehandlung an die am Verbund beteiligten Fachärzte. Eine eventuelle Krankenhauseinweisung durch den Facharzt erfolgt erst nach entsprechender Rücksprache mit dem Hausarzt.[326] Möglich sind die verschiedensten Arten, Verbünde zwischen Haus- und Facharztpraxen, ebenso reine Haus- oder reine Facharztkooperationen. Einige Netze kooperieren im jeweiligen Einzelfall auf Zuruf, andere wiederum sind vollständig elektronisch vernetzt. Die am Netz beteiligten Ärzte unterwerfen sich durch die Teilnahme einem für das Netz definierten Qualitätsstandard. Ärzte, die nicht bereit sind, sich diesem Standard zu unterwerfen, können einem Praxisverbund in diesem Sinne nicht beitreten. Die Patienten vertrauen nämlich auf die qualitativ einheitliche Behandlung durch die am Netz beteiligten Ärzte. Ziel dieser neuen Form der ärztlichen Zusammenarbeit ist die Schaffung einer integrativen medizinischen Versorgung der Patienten. Die ärztlichen Leistungen werden aufgrund einer verbesserten Koordination und Kooperation effektiver genutzt. Unnötige Mehrfachdiagnostik und Mehrfachtherapie werden dadurch möglichst gering gehalten und stationäre Klinikaufenthalte reduziert bzw. vermieden. Die Folge ist ein Plus an Qualität und Wirtschaftlichkeit der medizinischen Leistungen.[327] Eine Verbesserung der Qualität der Patientenversorgung wird insbesondere durch die Intensivierung der Kommunikation und Kooperation zwischen den Ärzten sowie durch verbindliche Maßnahmen der Qualitätssicherung erreicht.[328] Die am Netz beteiligten Ärzte stimmen untereinander die Tätigkeitsbereiche und Tätigkeitszeiten ab, um eine weitgehende ärztliche Präsenz gewährleisten zu können. Ein solcher Praxisverbund soll ein räumlich begrenztes Versorgungsgebiet umfassen, da durch die Netze die regionale medizinische Versorgungslandschaft gefördert werden soll. Die Patienten sollen möglichst in der Nähe ihres Wohnsitzes behandelt werden können.[329] Nur dann, wenn ein Verbund im Sinne der Musterberufsordnung aus ei-

---

326) Vgl. *Rieger,* MedR 1998, 75 ff. (75).

327) Vgl. *Rieger,* MedR 1998, 75 ff. (75).

328) Für die Patienten zeigt sich dies z. B. in den verlängerten Praxisöffnungszeiten, in der Einrichtung von Notfallpraxen, Durchführung von Informationsveranstaltungen etc.

329) Vgl. *Tophoven/Lieschke*, Integrierte Versorgung, S. 5 ff.

ner überschaubaren Zahl von regionalen Leistungserbringern besteht, kann das Problem der kontinuierlichen ärztlichen Präsenz gelöst und eine effizientere Versorgung erreicht werden.

Die Träger eines solchen Praxisverbundes sind also primär die Praxen der niedergelassenen Ärzte, die ihre Selbständigkeit behalten. Die Teilnahme am Netz erfolgt sowohl auf der Seite der Patienten als auch auf derjenigen der Ärzte freiwillig. Dadurch wird der Grundsatz der freien Arztwahl in vollem Umfang erhalten.[330)]

II. Charakteristik eines Praxisverbundes im Sinne der Berufsordnung

Des Weiteren muss geklärt werden, wie ein solcher Praxisverbund in berufsrechtlicher Hinsicht einzustufen ist. Die Musterberufsordnung unterscheidet im Rahmen der ärztlichen gemeinsamen Berufsausübung in § 18 Abs. 1 MBO 2004 zwischen den Berufsausübungsgemeinschaften, den Organisationsgemeinschaften, den medizinischen Kooperationsgemeinschaften und den Praxisverbünden.

1. Praxisverbund als Berufsausübungsgemeinschaft?

Die bereits besprochene Gemeinschaftspraxis als die engste Form der ärztlichen Zusammenarbeit stellt eine Berufsausübungsgemeinschaft dar. In einer Gemeinschaftspraxis, die nach § 18 Abs. 1 MBO 2004 in der Regel als BGB-Gesellschaft oder Partnerschaftsgesellschaft von den kooperierenden Ärzten betrieben wird, üben diese den ärztlichen Beruf gemeinsam aus. Eine Gemeinschaftspraxis hat einen gemeinsamen Patientenstamm, sie stellt sozusagen EINE Praxis dar.[331)]

Ganz anders stellt sich die Situation bei einem Praxisverbund dar. Bei einem solchen findet die Kooperation zwischen einzelnen selbständigen Praxen statt. Der Verbund als solcher wird nicht in die Behandlung des

---

330) Vgl. *Rieger*, MedR 1998, 75 ff. (75).
331) Vgl. *Uhlenbruck/Schlund*, in: *Laufs/Uhlenbruck*, Handbuch des Arztrechts, § 18 Rn. 12; BGH, Urt. v. 25.3.1986, VI ZR 90/85, BGHZ 97, 273 ff. (277).

Patienten integriert.[332] Die Behandlung der Patienten erfolgt vielmehr im Rahmen der vereinbarten Qualitätsstandards jeweils selbständig. Daraus folgt konsequenterweise, dass jede vernetzte Praxis auch ihren jeweiligen Praxissitz behalten muss.

Bei einer Berufsausübungsgemeinschaft hingegen werden die kooperierenden Ärzte nach § 18 Abs. 3 S. 2 MBO 2004 verpflichtet, einen gemeinsamen Praxissitz zu wählen. Das wesentliche Merkmal der Berufsausübungsgemeinschaft, der gemeinschaftliche Abschluss des Behandlungsvertrages mit dem Patienten, ist bei der Kooperation im Verbund gerade nicht gewollt. Der Verbundpatient schließt den Behandlungsvertrag nur mit den ihn behandelnden Verbundärzten, die ihren Beruf selbständig und eigenverantwortlich ausüben. Zudem ergibt sich aus der Formulierung des § 18 Abs. 1 MBO 2004 sehr deutlich, dass ein Praxisverbund nicht **unter** den Begriff der Berufsausübungsgemeinschaft fällt, sondern **eine** von vier möglichen, nebeneinander stehenden Kooperationsformen darstellt („... Berufsausübungsgemeinschaften, Organisationsgemeinschaften, medizinische Kooperationsgemeinschaften und Praxisverbünde ...“).

2. Praxisverbund als Organisationsgemeinschaft?

Eine Organisationsgemeinschaft ist wie bereits erläutert eine beschränkte Form der ärztlichen Zusammenarbeit. Sie begrenzt sich auf die sachlichen und personellen Mittel. Im Rahmen der ärztlichen Tätigkeit hingegen bleiben die Ärzte jeweils selbständig und eigenverantwortlich. Jeder Arzt hat seinen eigenen Patientenstamm. Für die Behandlung des Patienten ist ausschließlich der jeweilig behandelnde Arzt zuständig und verantwortlich.[333] Ein Praxisverbund hat mit einer Praxisgemeinschaft insofern gemeinsam, dass in beiden Fällen die ärztliche Tätigkeit als solche jeweils selbständig und eigenverantwortlich betrieben wird. Ebenso wenig besteht für die Ärzte die Pflicht, einen gemeinsamen Praxissitz zu führen.[334]

---

332) Vgl. *Weimar*, MDR 2000, 866 ff. (869).

333) Vgl. *Uhlenbruck/Schlund*, in: *Laufs/Uhlenbruck*, Handbuch des Arztrechts, § 18 Rn. 9.

334) Vgl. *Rieger*, MedR 1998, 75 ff. (77).

Dennoch kann ein Praxisverbund nicht mit einer reinen Organisationsgemeinschaft gleichgesetzt werden. Die Beschränkung des Kooperationszwecks ausschließlich auf die Praxisorganisation ist im Falle des Praxisverbundes zu eng. Die Kooperation im Rahmen einer Organisationsgemeinschaft ist nicht fachlich begründet. Sie hat mit der ärztlichen Tätigkeit als solcher überhaupt nichts zu tun. Durch die organisatorische Zusammenarbeit sollen in erster Linie Kosten gespart, nicht hingegen fachliches Wissen ausgetauscht werden. Die Zielsetzung in einem Praxisverbund hingegen bezieht sich vorrangig auf die Patientenversorgung. Dies wird in § 23 d MBO 2004 vorausgesetzt. Die Patientenversorgung soll durch die ständige ärztliche Bereitschaft, die kontinuierliche Behandlung durch die Netzteilnehmer und durch das umfassendere Leistungsangebot verbessert werden. Die Kooperation im Rahmen eines Praxisverbundes bezieht sich also nicht nur auf die medizinische Behandlung des Patienten, sondern auch auf die organisatorischen, betrieblichen Abläufe. Nur beide Ziele zusammen ermöglichen die angestrebte effizientere Patientenbehandlung. Die organisatorische Kooperation geht mit der fachlichen sozusagen Hand in Hand. Die Gewährleistung der Qualität der medizinischen Versorgung bei gleichzeitiger Kosteneinsparung stellt das weit gespannte Ziel des Praxisverbundes dar. Dadurch, dass sich die Zusammenarbeit im Praxisverbund eben nicht nur auf den organisatorischen Teil beschränkt, kann dieser nicht als reine Organisationsgemeinschaft eingestuft werden.[335)]

3. Praxisverbund als Institution sui generis?

Wie bereits ausgeführt, lässt sich ein Praxisverbund weder als reine Berufsausübungsgemeinschaft noch als reine Organisationsgemeinschaft einstufen. Ein solcher enthält sowohl Elemente der einen als auch der anderen Kooperationsform. Der Verbund bewegt sich also irgendwo dazwischen und kann folglich als Institution sui generis bezeichnet werden.[336)] Dies entspricht auch dem Wortlaut des § 18 Abs. 1 MBO 2004.

Ob der jeweilige Praxisverbund mehr in Richtung Organisationsgemeinschaft tendiert oder überwiegend Elemente einer Berufsausübungsge-

---

335) Vgl. *Rieger,* MedR 1998, 75 ff. (77); *Rieger,* in: *Rieger,* Lexikon des Arztrechts, Nr. 4305 Rn. 32.

336) Vgl. *Rieger*, MedR 1998, 75 ff. (77); vgl. *Stellpflug,* in: *Hellmann*, Management von Gesundheitsnetzen, S. 80 f.

meinschaft enthält, ist letztendlich Frage des Einzelfalls und kann nicht pauschal bestimmt werden. Die Intensität des Vernetzungsgrades des jeweiligen Verbundes ist Sache des jeweiligen Gesellschaftsvertrages der Verbundsteilnehmer. Dieser muss die schwerpunktmäßige Zielsetzung des Verbundes festsetzen.

4. Voraussetzungen für den Praxisverbund

Nach § 23 d Abs. 1 MBO 2004 müssen die am Praxisverbund beteiligten Ärzte ein gemeinsames Versorgungsziel verfolgen. Die Erreichung dieses gemeinsamen Versorgungsziels im Rahmen der vertragsärztlichen Versorgung der Versicherten ist der Gesellschaftszweck eines Praxisverbundes. Des Weiteren schreibt die Musterberufsordnung in § 23 d Abs. 1 S. 2 HS 1 MBO 2004 vor, dass der Verbund grundsätzlich allen Ärzten, die bereit sind, sich dessen Qualitätsstandards freiwillig zu unterwerfen, offen stehen muss. Eine solche Öffnungsklausel für beitrittswillige Vertragsärzte muss zwingend im Gesellschaftsvertrag der Gesellschaft vereinbart werden. Seit dem GKV-Gesundheitsreformgesetz 2000 können auch Krankenhäuser, Vorsorge- und Rehaeinrichtungen sowie Angehörige anderer Gesundheitsberufe in den Verbund einbezogen werden, § 23 d Abs. 3 MBO 2004. Ferner muss auch und gerade innerhalb eines Praxisverbundes das Patientenrecht auf freie Arztwahl gewährleistet sein, § 18 Abs. 4 MBO 2004. Auch für den Patienten erfolgt die Teilnahme am Verbund freiwillig.[337)] Die freie Arztwahl ermöglicht den am Netz beteiligten Ärzten auch, außerhalb des Netzes tätige Kollegen im Rahmen eines Konsiliar- oder Mitbehandlungsverhältnisses heranzuziehen. Schließlich muss die eigenverantwortliche und selbständige Berufsausübung von Ärzten im Verbund gewahrt bleiben. Die Verantwortungsbereiche der Netzärzte gegenüber dem Patienten bleiben getrennt, deren diagnostische Entscheidungen ausschließlich Aufgabe der jeweilig behandelnden Ärzte.

---

337) Vgl. *Rieger,* MedR 1998, 75 ff. (75).

5. Rechtliche Konstruktionen im Rahmen des Praxisverbundes

Der in der Musterberufsordnung verwendete Begriff des Praxisverbundes stellt keine eigenständige Rechtsform dar. § 23 d Abs. 2 MBO 2004 fordert lediglich einen schriftlichen Vertrag über die „Bedingungen der Kooperation", welcher der Ärztekammer vorgelegt werden muss.

Die Frage nach der geeigneten Rechtsform muss daher nach den allgemeinen Grundsätzen ärztlicher Kooperationen entschieden werden. Neben der Frage, in welcher Rechtsform das eigentliche Ziel des Praxisverbundes verwirklicht werden kann, eröffnet sich wohl noch eine weitere damit zusammenhängende rechtliche Konstruktion: die Gründung einer Betreibergesellschaft. Eine solche Betriebs- oder Kosten-GmbH hat nicht die Zweckerreichung i. S. d. § 23 d Abs. 1 MBO 2004 zum Gegenstand, sondern nur die Erledigung organisatorischer oder verwaltungstechnischer Aufgaben. Eine solche Gesellschaft kann der Praxisverbund zur technischen und organisatorischen Unterstützung errichten. Daher gilt es nun, die verschiedenen möglichen Rechtsformen des Praxisverbundes an sich und der Betriebsgesellschaft herauszuarbeiten.

III. Rechtsformen für den Praxisverbund i. S. d. § 23 d MBO 2004

1. Allgemeines

Diejenigen Rechtsformen, die gerade für Berufsausübungsgemeinschaften vorgesehen sind, scheiden i. R. d. Praxisverbundes aus, da dieser, wie bereits festgestellt, eben gerade keine Berufsausübungsgemeinschaft ist. Aus diesem Grund scheiden sowohl die Partnerschaftsgesellschaft als auch die Ärztegesellschaft i. S. d. § 23 a MBO 2004 von vornherein aus.

2. Die eingetragene Genossenschaft

In Betracht kommt aber zunächst die eingetragene Genossenschaft als möglicherweise zulässige Rechtsform für den Praxisverbund. Die Genossenschaft i. S. d. § 1 GenG verfolgt einen gemeinsamen Zweck, nämlich die Förderung der Mitglieder. Dieser Zweck der wirtschaftlichen Förderung der eigenen Mitglieder muss mittels gemeinschaftlichen Geschäftsbetriebes erstrebt werden. Die Verfolgung des wirtschaftlichen Zwecks muss hierbei den Schwerpunkt bilden.

Der Praxisverbund i. S. d. § 23 d MBO 2004 hingegen verfolgt einen doppelten Zweck, nämlich die Förderung der Qualität der medizinischen Versorgung der Verbund-Patienten bei gleichzeitiger Kosteneinsparung. Dabei stellt die nicht-wirtschaftliche Zielsetzung, nämlich die Förderung der Patientenversorgung den Hauptzweck dar. Dieser nicht mitgliedernützliche Förderzweck wird zudem auch nicht mittels gemeinschaftlichen Geschäftsbetriebes angestrebt. Die Ärzte im Rahmen des Praxisverbundes bleiben ja gerade selbständig und eigenverantwortlich tätig. Somit scheidet die eingetragene Genossenschaft als mögliche Rechtsform aus.[338)]

3. Der nichtrechtsfähige und der rechtsfähige Verein

Des Weiteren sind der nichtrechtsfähige und der rechtsfähige Verein als in Frage kommende Rechtsformen für den Praxisverbund zu untersuchen. Gerade im Hinblick auf die in § 23 d Abs. 1 S. 2 MBO 2004 geforderte Offenheit des Praxisverbundes scheint insbesondere der eingetragene Verein eine zweckmäßige Rechtsform zu sein. Dennoch ist der eingetragene Verein aus praktischen Gründen als geeignete Rechtsform abzulehnen, da bei Rechtsstreitigkeiten mit der Kassenärztlichen Vereinigung erhebliche Probleme auftreten können. Der eingetragene Verein ist als solcher nicht aktiv legitimiert, weil ihm als juristische Person des Privatrechts keine Mitgliedschaftsrechte bei der Kassenärztlichen Vereinigung zustehen.[339)]

Aus praktischen Gründen muss auch der nichtrechtsfähige Verein als geeignete Rechtsform ausscheiden. Die Vorschrift des § 54 S. 1 BGB bestimmt, dass die §§ 705 ff. BGB entsprechend Anwendung finden. Die rechtsdogmatisch klare Abgrenzung zwischen einem nichtrechtsfähigen Verein und einer Gesellschaft bürgerlichen Rechts ist bis heute nicht überzeugend gelungen.[340)] Aus Gründen der Rechtssicherheit ist daher

338) Näher zur eingetragenen Genossenschaft siehe S. 153 ff.
339) *Schiller*, in: *Schnapp/Wigge,* Handbuch des Vertragsarztrechts, § 5 Rn. 55 ff.
340) *Schmidt,* Gesellschaftsrecht, § 25 I 2, S. 733 ff.

vom nichtrechtsfähigen Verein ebenfalls abzuraten. Die vorzugswürdige Rechtsform für den Praxisverbund dürfte demzufolge die Gesellschaft bürgerlichen Rechts darstellen.

4. Die Gesellschaft bürgerlichen Rechts

a) Allgemeines

Beabsichtigen die Verbundteilnehmer, eine Gesellschaft bürgerlichen Rechts zu gründen, müssen sich die am Verbund teilnehmenden Gesellschafter zur Förderung eines gemeinsamen Zweckes verpflichten, § 705 BGB. Dieser zu fördernde Zweck muss im Gesellschaftsvertrag, der formlos abgeschlossen werden kann, vereinbart werden. Nach § 23 d MBO 2004 bildet im Falle eines Praxisverbundes den gemeinsamen Zweck „ein gemeinsames Versorgungsziel im Rahmen der vertragsärztlichen Versorgung der Versicherten der gesetzlichen Krankenversicherung aufgrund von Maßnahmen der kassenärztlichen Vereinigungen." Eine solche Kooperation soll die ambulanten Versorgungsstrukturen optimieren und gleichzeitig eine leistungsgerechte und kalkulierbare Vergütung der Verbundspraxen sicherstellen. Um diese Ziele bestmöglich verwirklichen zu können, müssen diese von den am Verbund teilnehmenden Ärzten detailliert und einvernehmlich festgelegt werden. Die Gründung einer Gesellschaft bürgerlichen Rechts ist ohne großen Aufwand möglich. Es erfolgt keine Eintragung ins Handelsregister. Notarielle Kosten fallen daher nicht an.[341)]

b) Vertragliche Verhältnisse

Des Weiteren muss geklärt werden, welche vertraglichen Beziehungen zwischen den Patienten und den an einem Verbund teilnehmenden Ärzten bestehen. Um dies beantworten zu können, muss zunächst definiert werden, ob der Praxisverbund als Gesellschaft bürgerlichen Rechts eine Außen- oder Innengesellschaft darstellt.

---

341) Vgl. *Röhrer/Müller/Golombowski/Sterzenbach/Lehnert*, Handbuch Managed Care, S. II 9 f.

Im Falle einer Außengesellschaft würden die bereits im Rahmen der Gemeinschaftspraxis erarbeiteten Grundsätze entsprechend gelten.[342] Die Gemeinschaftspraxis ist das Paradebeispiel einer BGB-Außengesellschaft, da die Gesellschaft als solche am Rechtsverkehr teilnimmt. Die Grundsatzentscheidung des BGH vom 29.1.2001,[343] worin die Rechtsfähigkeit der Gesellschaft bürgerlichen Rechts höchstgerichtlich anerkannt wird, bezieht sich ausschließlich auf die Außengesellschaft. Nur diese ist eigenständiges Zuordnungssubjekt und kann als solche Träger von Rechten und Pflichten sein. Eine Außengesellschaft ist als solche Vertragspartnerin des Patienten.[344] Ein Praxisverbund unterscheidet sich von der Struktur her aber grundlegend von der Gemeinschaftspraxis. Im Rahmen eines Verbundes üben die beteiligten Ärzte ihre Tätigkeit nach wie vor in eigenständigen und getrennten Einzelpraxen aus. Der Verbund als solcher tritt nicht als Einheit im Rechtsverkehr auf. Dritten gegenüber bleibt der jeweilig in Anspruch genommene Arzt der allein Verantwortliche und selbständig Handelnde. Bei einem Praxisverbund liegt daher eine Innengesellschaft vor.

Das typische Merkmal einer solchen Innengesellschaft ist einerseits die Nichtteilnahme der Gesellschaft am Rechtsverkehr und andererseits der Verzicht auf die Bildung von Gesamthandsvermögen.[345] Daher erfordert ein Praxisverbund auch keine besondere, die schuldrechtlichen Beziehungen der Gesellschafter überlagernde Organisation. Eine Innengesellschaft nimmt nicht nach außen durch organschaftliche Vertretung am Rechtsverkehr teil.[346] Vielmehr handeln die Gesellschafter im Außenverhältnis stets im eigenen Namen. Die Innengesellschaft bürgerlichen Rechts begründet lediglich im Innenverhältnis ein Schuldverhältnis zwischen den Gesellschaftern, hingegen keine Rechte und Pflichten im Außenverhältnis.[347] Ein Praxisverbund als Gesellschaft bürgerlichen Rechts ist nur in der Form einer Innengesellschaft möglich. Der Verbund tritt nicht als eigenständiges Rechtssubjekt den Patienten gegenüber

---

342) Verweis auf Haftung in der Gemeinschaftspraxis, S. 52 ff.

343) BGH, Urt. v. 29.1.2001, II ZR 331/00, NJW 2001, 1056 ff.

344) Vgl. *Ulmer*, in: *MüKo*, Bürgerliches Gesetzbuch, Bd. 5, vor § 705 Rn. 11, § 705 Rn. 303; vgl. *Sprau*, in: *Palandt*, Bürgerliches Gesetzbuch, § 714 Rn. 1, 8 ff.

345) Vgl. *Ulmer*, in: *MüKo*, Bürgerliches Gesetzbuch, Bd. 5, § 705 Rn. 275 f.; *Sprau*, in: *Palandt*, Bürgerliches Gesetzbuch, § 705 Rn. 33 ff.

346) BGH, Urt. v. 24.2.1954, II ZR 3/53, BGHZ 12, 308 ff. (314 f.); BGH, Urt. v. 23.6.1960, II ZR 172/59, NJW 1960, 1851 f.

347) Vgl. *Timm/Schöne*, in: *Bamberger/Roth*, Bürgerliches Gesetzbuch, Bd. 2, § 705 Rn. 14; vgl. *Sprau*, in: *Palandt*, Bürgerliches Gesetzbuch, § 705 Rn. 33.

auf. Er ist keine Einheit. Die teilnehmenden Ärzte bleiben vielmehr selbständig und üben ihre Praxis am bisherigen Ort weiter aus.[348] Daher müssen auch keine Vertretungsregeln im Gesellschaftsvertrag des Verbundes enthalten sein. Die im Innenverhältnis schuldrechtlich verpflichteten Gesellschafter handeln im Außenverhältnis grundsätzlich in eigenem Namen.[349] Die gemeinschaftlichen Ziele werden durch Regelungen, die die Wahrung der Eigenständigkeit und Selbstverantwortlichkeit der Berufsausübung des Arztes in der Einzelpraxis gewährleisten, vertraglich koordiniert. Der Gesellschaftsvertrag begründet daher nicht nur Rechte und Pflichten im Verhältnis der Gesellschafter zur Gesamthand (Gesellschaft bürgerlichen Rechts), sondern auch Rechte und Pflichten zwischen den Gesellschaftern untereinander.

Die Behandlungsverträge schließt der Patient also nur mit dem jeweiligen, selbständig handelnden Einzelarzt, der die konkrete Behandlung übernommen hat, ab. Keinesfalls kommt der Behandlungsvertrag zwischen dem Patienten und dem gesamten Praxisverbund zustande. Auch und gerade unter dem Gesichtspunkt des Vertrauensschutzes des Patienten kommt als einziger Vertragspartner allein der jeweilige Arzt in Frage. Dem Patienten tritt ausschließlich der behandelnde Arzt gegenüber. Ihm können nicht per se noch weitere Vertragspartner, die er zum einen nicht kennt und zum anderen sich womöglich an anderen Orten befinden, zugemutet werden. Vom äußeren Erscheinungsbild her präsentiert sich der Arzt dem Patienten gegenüber als Einzelarzt mit eigenständiger Praxis. Die im Falle eines Verbundes bestehenden gesellschaftsrechtlichen Verknüpfungen mit weiteren Ärzten bleiben dem Patienten verborgen. Vertragspartner bei Vorliegen eines Praxisverbundes i. S. d. § 23 d MBO 2004 sind also der Patient und der behandelnde, am Verbund teilnehmende Arzt, nicht hingegen der Verbund als solcher.

c) Haftungsverhältnisse

Zur Klarstellung sei darauf hingewiesen, dass sich die Urteile, die in letzter Zeit in Bezug auf die Haftung in der Gesellschaft bürgerlichen Rechts vom BGH erlassen wurden, ausschließlich auf die Außengesellschaft

---

348) Vgl. *Weimar*, MDR 2000, 866 ff. (869).

349) Vgl. *Timm/Schöne*, in: *Bamberger/Roth*, Bürgerliches Gesetzbuch, Bd. 2, § 705 Rn. 149 ff.

bürgerlichen Rechts beziehen.[350] Die in diesem Zusammenhang erarbeitete Haftungsstruktur kann also nicht auf die im Rahmen eines Praxisverbundes vorliegende Innengesellschaft übertragen werden. Da eine Innengesellschaft als solche gerade nicht am Rechtsverkehr teilnimmt, kann sie auch nicht kraft Rechtsgeschäfts Gesellschaftsverbindlichkeiten begründen. Folglich scheidet sie als Zurechnungssubjekt für gesetzliche Handlungs- oder Unterlassungspflichten aus.[351] Als Haftungsschuldner in einer Innengesellschaft kommen somit nur die einzelnen Gesellschafter in Betracht. Im Falle eines Praxisverbundes treten die Gesellschafter nach außen jeweils im eigenen Namen auf. Dieses individuelle Auftreten im Rechtsverkehr hat zur Folge, dass der jeweils Handelnde alleiniger Haftungsschuldner wird.[352] Hat der am Verbund teilnehmende Arzt nicht selbst gehandelt, wird ihm ggf. in vertraglicher Hinsicht das Verschulden des Handelnden nach § 278 BGB zugerechnet. Eine deliktische Haftung des Gesellschafters für den tatsächlich handelnden Arzt kann über § 831 Abs. 1 BGB erfolgen.[353] Insofern ergeben sich in haftungsrechtlicher Hinsicht keine Unterschiede zur Einzelpraxis.

d) Wertende Schlussbetrachtung

Die Gesellschaft bürgerlichen Rechts in der Form der Innengesellschaft ist eine mögliche Rechtsform zur Gestaltung eines Praxisverbundes. Diese Gesellschaftsform ist in vielerlei Hinsicht vorteilhaft. Zum einen ist die Gründung einer BGB-Gesellschaft finanziell gesehen günstig, da sie kostenfrei möglich ist. Des Weiteren ist kein Mindestkapital vorgeschrieben. Die Gesellschaft bürgerlichen Rechts muss auch nicht in ein öffentliches Register eingetragen werden. Für ihr Rechnungswesen muss nicht ein Wirtschaftsprüfer oder sonstiger Dritter zu Rate gezogen werden. Ein gewisser Nachteil dieser Rechtsform kann darin gesehen werden, dass im Falle des Ausscheidens eines Arztes unter gleichzeitiger Fortsetzung der Gesellschaft im Übrigen eine Regelung zur Abfindung

---

350) BGH, Urt. v. 24.2.2003, II ZR 385/99, NJW 2003, 1445 ff.; BGH, Urt. v. 7.4.2003, II ZR 56/02, NJW 2003, 1803 ff.

351) Vgl. *Ulmer*, in: *MüKo*, Bürgerliches Gesetzbuch, Bd. 5, § 714 Rn. 8.

352) Vgl. *Rieger*, in: *Rieger*, Lexikon des Arztrechts, Nr. 4305 Rn. 49.

353) Vgl. *Timm/Schöne*, in: *Bamberger/Roth*, Bürgerliches Gesetzbuch, Bd. 2, § 714 Rn. 18.

gefunden werden muss.[354] Der Hauptnachteil dieser Innengesellschaft bürgerlichen Rechts liegt aber im Haftungsrecht. Jeder Gesellschafter haftet für seine eigenen oder die durch seine Erfüllungs- bzw. Verrichtungsgehilfen begangenen Behandlungsfehler mit seinem Privatvermögen. Im Falle einer Innengesellschaft existiert gerade kein Gesamthands- oder Gesellschaftsvermögen.

IV. Rechtsformen für Besitz- oder Betriebsgesellschaften

Wie bereits angedeutet, können die teilnehmenden Ärzte des Praxisverbundes zur technischen und organisatorischen Unterstützung (z. B. Anmietung von Praxisräumen, Zurverfügungstellung von Personal und Geräten, Anstellung eines Netzmanagers etc.) eine eigene Gesellschaft gründen. Diese rechtliche Konstruktion soll im Folgenden näher untersucht werden. Eine solche Betriebsgesellschaft stellt quasi die unternehmerische Klammer für die in der jeweiligen Einzelpraxis tätigen Ärzte dar. Der Arzt wird folglich von fachfremden und zeitaufwändigen Aufgaben befreit und der Patient kann wieder in den Mittelpunkt rücken.[355]

Als Rechtsformen für diese Besitz- oder Betriebsgesellschaften kommen folgende Rechtsformen in Frage: die eingetragene Genossenschaft (eG), der eingetragene Verein (e. V.), die Gesellschaft mit beschränkter Haftung (GmbH), die Aktiengesellschaft (AG) und die Gesellschaft bürgerlichen Rechts (GbR) als Außengesellschaft.

1. Die eingetragene Genossenschaft

a) Allgemeines

Als Rechtsform für eine Betriebs- oder Besitzgesellschaft im Rahmen eines Praxisverbundes kommt zunächst die eingetragene Genossenschaft als juristische Person des Privatrechts in Frage. Nach § 1 Abs. 1 GenG

---

354) Vgl. *Röhrer/Müller/Golombowski/Sterzenbach/Lehnert*, Handbuch Managed Care – Ein Leitfaden für Ärzte, S. II 10.

355) Vgl. *Blinzler/Finkler*, in: *Hellmann,* Management in Gesundheitsnetzen, S. 213 ff.

handelt es sich hierbei um eine Gesellschaft mit nicht geschlossener Mitgliederzahl zur Förderung des Erwerbs oder der Wirtschaft ihrer Mitglieder mittels gemeinschaftlichen Geschäftsbetriebes.

Die Genossenschaft i. S. d. § 1 GenG ist keine Personengesellschaft i. S. d. §§ 705 ff. BGB, sondern eine Körperschaft. Sie ist ein i. S. d. § 22 BGB durch besondere gesellschaftsrechtliche Vorschrift (eben gerade das GenG) geregelter wirtschaftlicher Verein. Die Genossenschaft ist also der Rechtsnatur nach ein wirtschaftlicher Sonderverein, so dass in Ergänzung des GenG die allgemeinen Vereinsvorschriften der §§ 24-53 BGB gelten.[356)] Die Gründung der Genossenschaft erfolgt durch Eintragung ins Genossenschaftsregister (§ 10 Abs. 1 GenG), wozu nach § 4 GenG mindestens sieben Mitglieder erforderlich sind. Die Genossenschaft hat kein festes Grundkapital wie die Kapitalgesellschaften. Ihr Kapital setzt sich vielmehr aus den Einlagen (Geschäftsanteilen) der Mitglieder zusammen, § 19 GenG. Die Geschäfte der Genossenschaft führt ein mindestens zweiköpfiger Vorstand. Die Vorstandsmitglieder müssen Mitglieder der Genossenschaft sein, § 24 GenG. Der Vorstand wiederum wird vom Aufsichtsrat überwacht, der ebenfalls aus Mitgliedern der Genossenschaft bestehen muss, § 36 GenG. Die Generalversammlung schließlich wählt und entlastet den Vorstand und den Aufsichtsrat, beschließt über Jahresabschluss und Gewinnverteilung und entscheidet über Änderungen der Statuten, § 43 a GenG.

b) Gesetzliche Regelungsmerkmale der Genossenschaft

aa) Gesellschaft von nicht geschlossener Mitgliederzahl

Diese gesetzlich fixierte Voraussetzung bedeutet, dass die eingetragene Genossenschaft unabhängig davon Bestand hat, ob die Genossen ein- oder austreten. Dies ist ein wesentlicher Unterschied zur Gesellschaft bürgerlichen Rechts als Grundform der Personengesellschaften, § 723 BGB. Darin unterscheidet sie sich auch von den Kapitalgesellschaften, § 1 Abs. 2 AktG und § 3 Nr. 3 und 4 GmbHG. Eine Genossenschaft

---

356) Vgl. *Beuthien*, Genossenschaftsgesetz, § 1 Rn. 2; *Keßler*, in: *Hillebrand/Keßler*, Berliner Kommentar zum Genossenschaftsgesetz, § 1 Rn. 3.

kennt keine geschlossene Mitgliederstellenzahl.[357] Jede eingetragene Genossenschaft kann frei über die Aufnahme neuer Mitglieder entscheiden.[358]

bb) Genossenschaftlicher Förderzweck

Wie jede andere gesellschaftsrechtliche Regelung verfolgt auch die eingetragene Genossenschaft einen gemeinsamen Zweck. Sofern der Gesellschaftsvertrag oder die Satzung nicht etwas anderes bestimmen, besteht der Zweck in der Förderung der Mitglieder. Die Genossenschaft i. S. d. § 1 GenG verfolgt einen mitgliedernützlichen Förderzweck. Als Sonderform eines wirtschaftlichen Zwecks bezweckt die Genossenschaft also die wirtschaftliche Förderung ihrer eigenen Mitglieder.[359] Die Genossenschaft darf aber keine kapitalistischen Ziele verfolgen, da hierfür bereits die Aktiengesellschaft und die Gesellschaft mit beschränkter Haftung bereit stehen.[360] Da der gemeinsame Förderzweck wirtschaftlicher Art ist, darf die Genossenschaft auch keine ideellen Zwecke anstreben. In diesem Fall ist der eingetragene Verein, § 21 BGB, die geeignete Vereinigungsform. Jedoch darf die Genossenschaft neben ihrem wirtschaftlichen Hauptzweck einen damit verbundenen ideellen Nebenzweck verfolgen.[361]

cc) Förderung des Erwerbs der Mitglieder

Der Erwerb der Mitglieder muss durch die Genossenschaft gefördert werden. Die Voraussetzung ist schon dann erfüllt, wenn die Erwerbstätigkeit der Genossen unterstützt wird. Die Erwerbstätigkeit kann gewerblicher, freiberuflicher oder sonstiger Art sein.[362]

---

357) Vgl. *Beuthien*, Genossenschaftsgesetz, § 1 Rn. 4.
358) BGH, Urt. v. 9./10.8.1960, KZR 1/60, NJW 1961, 172 ff.
359) Vgl. *Beuthien*, Genossenschaftsgesetz, § 1 Rn. 6.
360) Vgl. *Beuthien*, Genossenschaftsgesetz, § 1 Rn. 8.
361) Sog. Nebenzweckprivileg: Siehe *Beuthien*, Genossenschaftsgesetz, § 1 Rn. 10.
362) Vgl. *Beuthien*, Genossenschaftsgesetz, § 1 Rn. 11.

dd) Förderung der Wirtschaft der Mitglieder

Als möglicher Förderzweck kommt auch die Förderung der Wirtschaft der Mitglieder in Frage. Darunter versteht man die Unterstützung der Mitglieder in ihrer privaten Hauswirtschaft.[363)]

ee) Gemeinschaftlicher Geschäftsbetrieb

Der genossenschaftsrechtliche Förderzweck muss auf eine ganz bestimmte Art und Weise, nämlich mittels gemeinschaftlichen Geschäftsbetriebes, erstrebt werden. Fördermittel und Förderzweck sind also untrennbar miteinander verknüpft. Unter Geschäftsbetrieb i. S. d. § 1 Abs. 1 GenG versteht man das ganze Unternehmen und die gesamte Unternehmenstätigkeit, also den Einsatz der organisierten Wirtschaftseinheit der Genossenschaft. Der Begriff „gemeinschaftlich" bedeutet nicht, dass die Genossen gemeinschaftlich handeln. Die Genossenschaft ist eine juristische Person mit eigenem Geschäftsbetrieb, §§ 17 I, 24 I, 27 I GenG. Gesellschaftsrechtlich gesehen ist der genossenschaftsrechtliche Geschäftsbetrieb Eigenhandeln der eingetragenen Genossenschaft und nicht Mitgliederhandeln für die Genossenschaft.[364)] Gemeinschaftlich i. S. d. § 1 Abs. 1 GenG muss also genossenschaftlich, d. h. förderwirtschaftlich i. S. d. Identität von Mitgliedern und Kunden, bedeuten.[365)]

Zusammenfassend kann festgestellt werden, dass die eingetragene Genossenschaft wirtschaftlich keinen Selbstzweck verfolgen darf, insbesondere nicht solche Ziele, die mit den Mitgliederwirtschaften nicht in Verbindung stehen. Die eingetragene Genossenschaft soll also Aufgaben erfüllen, die im Erwerbs- oder Wirtschaftsleben der Mitglieder erforderlich werden.[366)] Liegen die Voraussetzungen des § 1 Abs. 1 GenG vor, steht es der Personenvereinigung frei, sich in das Genossenschaftsregister eintragen zu lassen oder nicht. Es besteht keine Eintragungspflicht.

---

363) Vgl. *Beuthien*, Genossenschaftsgesetz, § 1 Rn. 12.
364) Vgl. *Beuthien*, Genossenschaftsgesetz, § 1 Rn. 23.
365) Vgl. *Beuthien*, Genossenschaftsgesetz, § 1 Rn. 6 ff.
366) Vgl. *Beuthien*, Genossenschaftsgesetz, § 1 Rn. 25.

c) Vertragliche Rechtsbeziehungen

Die eingetragene Genossenschaft ist juristische Person. Sie kann gem. § 17 Abs. 1 GenG Trägerin eigener Rechte und Pflichten sein, soweit diese nicht ihrer Eigenart nach nur einer natürlichen Person zustehen können. Ihre Rechtsfähigkeit ist nicht auf den Zweck beschränkt, für den sie geschaffen wurde.[367)] Die eingetragene Genossenschaft kann also als solche diejenigen Verträge abschließen, die die organisatorischen und die besitzrechtlichen Fragen des Praxisverbundes betreffen. Hierunter fallen insbesondere die betriebswirtschaftlichen Geschäfte über Immobilienbesitz und Verwaltung, Investitionstätigkeit, gemeinsamer Einkauf, Beschäftigung gemeinsamer Angestellter oder Anmietung von Räumlichkeiten.[368)] Bei diesen Rechtsgeschäften, die diesen organisatorischen Bereich betreffen, ist die Genossenschaft als solche ausschließliche Vertragspartnerin des Dritten und nicht ihre Mitglieder.

Als juristische Person ist die Genossenschaft aber nicht handlungsfähig. Bei rechtsgeschäftlichen Handlungen müssen daher die Organe der Genossenschaft und die von diesen bestellten rechtsgeschäftlichen Vertreter im Rahmen der ihnen zustehenden Vertretungsmacht handeln.[369)] Die Genossenschaft wird gem. § 26 Abs. 1 GenG durch den Vorstand vertreten. Hierbei handelt es sich um eine organschaftliche Vertretungsmacht.[370)] Die mit den Dritten abzuschließenden Verträge sind daher nur dann wirksam zustande gekommen, wenn die im Namen der Genossenschaft handelnden Vorstandsmitglieder in vertretungsberechtigter Anzahl (§ 25) tätig werden und wirksam bestellt worden sind (§ 24 II). § 26 Abs. 1 GenG entspricht insofern § 164 I BGB, so dass konsequenterweise auch § 164 II BGB analog angewendet werden kann.[371)] Der Vorstand ist das für den Rechtsverkehr zuständige Genossenschaftsorgan und nimmt als solcher die Stellung eines gesetzlichen Vertreters ein, § 24 Abs. 1 GenG. Ein vom Vorstand im Namen der Genossenschaft abgeschlossenes Rechtsgeschäft wirkt daher für und gegen die Genossenschaft. Das gilt aber nur dann, wenn der Vorstand die gesetzliche Vertre-

---

367) Vgl. *Müller*, Kommentar zum Gesetz betreffend die Erwerbs- und Wirtschaftsgenossenschaften, Bd. 1, § 17 Rn. 1.

368) Vgl. *Blinzler/Finkler*, in: *Hellmann*, Management von Gesundheitsnetzen, S. 213 ff.

369) Vgl. *Müller*, Kommentar zum Gesetz betreffend die Erwerbs- und Wirtschaftsgenossenschaften, Bd. 1, § 17 Rn. 4.

370) Vgl. *Beuthien*, Genossenschaftsgesetz, § 26 Rn. 1.

371) Vgl. *Beuthien*, Genossenschaftsgesetz, § 26 Rn. 1.

tung der Genossenschaft innehat. Obliegt ausnahmsweise dem Aufsichtsrat oder einem besonderen Vertreter die gesetzliche Vertretung, § 39 GenG, so entfalten die Rechtshandlungen des Vorstands keinerlei Wirkung.[372)]

d) Haftungsverhältnisse

aa) Haftung der Genossenschaft

Wie bereits festgestellt, ist die eingetragene Genossenschaft eine juristische Person und als solche nicht handlungsfähig. Sie muss sich daher natürlicher Personen bedienen, um am Rechtsverkehr teilnehmen zu können.

Das Handeln dieser Organe wird der Genossenschaft als eigenes Handeln nach § 31 BGB zugerechnet. Die Zurechnungsnorm des § 31 BGB ist auch auf die eingetragene Genossenschaft anwendbar.[373)] Diese ist also zivilrechtlich verschuldensfähig. Danach haftet die eingetragene Genossenschaft für Schäden, die der Vorstand, ein Mitglied des Vorstands oder ein anderer durch die Satzung berufener Vertreter durch eine in Ausführung der ihm zustehenden Verrichtungen begangenen, zum Schadensersatz verpflichtende Handlung einem Dritten zufügt, § 31 BGB. Die für die Anwendbarkeit des § 31 BGB erforderliche, zum Schadensersatz verpflichtende Handlung umfasst alle Rechtsgründe, aus denen eine Schadensersatzpflicht erwachsen kann.[374)] Der Begriff des verfassungsmäßig berufenen Vertreters wird von der Rechtsprechung weit ausgelegt. Es ist nicht erforderlich, dass die Tätigkeit des Vertreters in

---

372) Vgl. *Müller*, Kommentar zum Gesetz betreffend die Erwerbs- und Wirtschaftsgenossenschaften, Bd. 1, § 26 Rn. 1.

373) BGH, Urt. v. 5.12.1958, VI ZR 114/57, MDR 1959, 202 f.; vgl. *Heinrichs*, in: *Palandt*, Bürgerliches Gesetzbuch, § 31 Rn. 3; vgl. *Reuter*, in: *MüKo*, Bürgerliches Gesetzbuch, Bd. 1, § 31 Rn. 11; RG, Urt. v. 30.1.1925, VI 301/24, RGZ 110, 145 ff. (147); vgl. *Keßler*, in: *Hillebrand/Keßler*, Berliner Kommentar zum Genossenschaftsgesetz, Vor § 34 Rn. 1.

374) Die Haftungsgründe können sowohl deliktsrechtlicher als auch gefährdungs- und vertragsrechtlicher Natur sein. Vgl. *Reuter*, in: *MüKo*, Bürgerliches Gesetzbuch, Bd. 1, § 31 Rn. 29 ff.; vgl. *Keßler*, in: *Hillebrand/Keßler*, Berliner Kommentar zum Genossenschaftsgesetz, Vor § 34 Rn. 4; vgl. *Beuthien*, Genossenschaftsgesetz, § 17 Rn.3; vgl. *Müller*, Kommentar zum Gesetz betreffend die Erwerbs- und Wirtschaftsgenossenschaften, Bd. 1, § 17 Rn. 5.

der Satzung vorgesehen ist. Er muss auch keine rechtsgeschäftliche Vertretungsmacht besitzen. Ausreichend ist, dass ihm wesensmäßige Funktionen der juristischen Person zur selbständigen eigenverantwortlichen Erfüllung zugewiesen sind. Da dies bei den innerhalb des Praxisverbundes tätigen Ärzten der Fall sein dürfte, sie werden nämlich innerhalb des Vereins tätig, ist die Vorschrift des § 31 BGB anzudenken. Das Ziel der weiten Auslegung des § 31 BGB ist es, den Anwendungsbereich des § 831 BGB zurückzudrängen.[375)] Der persönliche Anwendungsbereich des § 31 BGB ist im Rahmen der eingetragenen Genossenschaft nicht nur auf den Vorstand beschränkt. § 31 BGB ist auch auf das Verhalten anderer Organe, wie der Mitgliederversammlung oder des Aufsichtsrates entsprechend anwendbar.[376)] Das Merkmal „in Ausführung" bedeutet, dass die schädigende Handlung nicht nur bei Gelegenheit erfolgt sein darf. Vielmehr ist ein innerer, sachlicher Zusammenhang zwischen dem haftungsbegründenden Handeln und der Organstellung erforderlich.[377)] Das haftungsbegründende Handeln bezieht sich auf den organisatorischen Bereich der der Genossenschaft obliegenden Geschäfte. Die eingetragene Genossenschaft haftet also für das schuldhafte Fehlverhalten ihres Vorstands, der Mitgliederversammlung und des Aufsichtsrates. Diese zum Schadensersatz führenden Handlungen werden der Genossenschaft als eigene zugerechnet. Eine Entlastung besteht nicht. Für Handlungen anderer Personen, die die Genossenschaft hinzuzieht, haftet sie nach den allgemeinen Vorschriften der §§ 278, 831 BGB.[378)] Innerhalb des Anwendungsbereichs des § 31 BGB sind daneben die Vorschriften der §§ 278 und 831 BGB ausgeschlossen. Der Vorstand ist Organ und somit Teil der eingetragenen Genossenschaft. Folglich kann er weder Erfüllungsgehilfe noch Verrichtungsgehilfe sein.[379)] Für diejenigen Verbindlichkeiten der Genossenschaft, die im

---

375) Vgl. *Heinrichs*, in: *Palandt*, Bürgerliches Gesetzbuch, § 31 Rn. 6; BGH, Urt. v. 30.10.1967, VII ZR 82/65, BGHZ 49, 19 ff.

376) Vgl. *Heinrichs*, in: *Palandt*, Bürgerliches Gesetzbuch, § 31 Rn. 5; vgl. *Beuthien*, Genossenschaftsgesetz, § 17 Rn. 3.

377) Vgl. *Beuthien*, Genossenschaftsgesetz, § 26 Rn. 5; vgl. *Heinrichs*, in: *Palandt*, Bürgerliches Gesetzbuch, § 31 Rn. 10; vgl. *Müller*, Kommentar zum Gesetz betreffend die Erwerbs- und Wirtschaftsgenossenschaften, Bd. 1, § 17 Rn. 6.

378) Vgl. *Beuthien*, Genossenschaftsgesetz, § 17 Rn. 3; vgl. *Müller*, Kommentar zum Gesetz betreffend die Erwerbs- und Wirtschaftsgenossenschaften, Bd. 1, § 17 Rn. 7.

379) Erfüllungs- und Verrichtungsgehilfen müssen stets personenverschieden zum Geschäftsherrn sein. Vgl. *Beuthien*, Genossenschaftsgesetz, § 26 Rn. 4.

Rahmen der organisatorischen Aufgaben entstehen, haftet nur das Vermögen der Genossenschaft (§ 2 GenG), nicht das Privatvermögen der Mitglieder.

bb) Haftung der Genossen

Nach § 23 Abs. 1 GenG haften die Genossen für die im Rahmen der betriebswirtschaftlichen Aufgaben begründeten Verbindlichkeiten der Genossenschaft nur nach Maßgabe dieses Gesetzes. Dieser Verweis bezieht sich auf die Vorschriften der §§ 98 ff., 119 ff. GenG. Das bedeutet, dass nur im Insolvenzfall eine nach § 6 Nr. 3 GenG statutarisch abdingbare Nachschusspflicht aus § 105 GenG gegenüber der eingetragenen Genossenschaft besteht. Im Übrigen können die Genossen von den Gläubigern der eingetragenen Genossenschaft nicht unmittelbar in Anspruch genommen werden.[380)] Eine unmittelbare Haftung der Genossen gegenüber den Gläubigern im Außenverhältnis entfällt. Eine Einstandspflicht der Genossen für Verbindlichkeiten der Genossenschaft kann sich allenfalls aus einer gesonderten rechtsgeschäftlichen Verpflichtungserklärung (Garantieversprechen oder Bürgschaftserklärung) ergeben.[381)] Die neu eintretenden Genossen haften nach § 23 Abs. 2 GenG auch für die Altschulden der Genossenschaft.[382)] Für die Verbindlichkeiten der Genossenschaft haftet den Gläubigern gegenüber also ausschließlich das Vermögen der eingetragenen Genossenschaft, § 2 GenG. Ein unmittelbarer Zugriff auf das Vermögen der Genossen scheidet somit diesbezüglich grundsätzlich aus. Eine etwaige deliktische, persönliche Haftung den Gläubigern gegenüber bleibt unabhängig davon bestehen. Dies folgt aus § 2 GenG.

---

380) Vgl. *Beuthien*, Genossenschaftsgesetz, § 23 Rn. 1.

381) Vgl. *Keßler*, in: *Hillebrand/Keßler*, Berliner Kommentar zum Genossenschaftsgesetz, § 2 Rn. 1.

382) Die Haftung i. S. d. § 23 II GenG bezieht sich auf die Vorschulden der Genossenschaft (solche, die im Stadium der Vorgründungsgesellschaft begründet wurden), auf § 87 a GenG und die Nachschusspflicht i. S. d. § 105 GenG. Hierbei müssen stets die Grenzen des § 6 Nr. 3 GenG beachtet werden.

cc) Haftung der Vorstandsmitglieder

Die Haftung der Vorstandsmitglieder ist in § 34 GenG geregelt. Die Vorschrift gilt für alle Vorstandsmitglieder, unabhängig davon, ob es sich um haupt- oder nebenamtliche, stellvertretende, besoldete oder unbesoldete Organwalter handelt.[383)] Mit der Annahme des Vorstandsamtes beginnt der Anwendungsbereich des § 34 GenG und mit dem Ausscheiden aus dem Vorstand endet er.[384)]

(1) gegenüber der Genossenschaft

Vorstandsmitglieder, die ihre Pflichten verletzen, sind der Genossenschaft gegenüber zum Ersatz des daraus entstehenden Schadens als Gesamtschuldner verpflichtet, § 34 Abs. 2 S. 1 GenG. § 34 GenG begründet keine gesetzliche Haftung, insbesondere keine Delikts-, sondern eine besondere korporationsrechtliche Organmitgliederhaftung.[385)] Da die sich aus § 34 GenG ergebenden Pflichten nur gegenüber der Genossenschaft bestehen, kann dieser in § 34 Abs. 2 GenG normierte Schadensersatzanspruch auch nur gegenüber der Genossenschaft geltend gemacht werden. § 34 GenG regelt also ausschließlich das Verhältnis zwischen der eingetragenen Genossenschaft und den Vorstandsmitgliedern.[386)]

Bei der Erfüllung der ihnen obliegenden Aufgaben können sich die Vorstandsmitglieder auch von Beratern oder Hilfskräften unterstützen lassen. Deren schuldhaftes Handeln führt aber nicht zu einer unmittelbaren Einstandspflicht der Vorstandsmitglieder. Bei diesen herangezogenen Dritten handelt es sich nämlich um Erfüllungs- bzw. Verrichtungsgehilfen der Genossenschaft und nicht um solche des Vorstands.[387)] Allein die

---

383) Vgl. *Keßler,* in: *Hillebrand/Keßler*, Berliner Kommentar zum Genossenschaftsgesetz, § 34 Rn. 3.

384) Vgl. *Keßler,* in: *Hillebrand/Keßler*, Berliner Kommentar zum Genossenschaftsgesetz, § 34 Rn. 5.

385) Vgl. *Beuthien*, Genossenschaftsgesetz, § 34 Rn. 2.

386) Vgl. *Müller*, Kommentar zum Gesetz betreffend die Erwerbs- und Wirtschaftsgenossenschaften, Bd. 2, § 34 Rn. 3.

387) BGH, Urt. v. 31.3.1954, II ZR 57/53, BGHZ 13, 61 ff. (65); BGH, Urt. v. 14.2.1974, II ZB 6/73, BGHZ 62, 166 ff. (171).

Genossenschaft selbst ist deren Geschäftsherrin, nicht ein einzelnes Organmitglied. Für diese Hilfspersonen haftet also allenfalls die Genossenschaft als solche, nicht aber die einzelnen Vorstandsmitglieder.[388)]

(2) gegenüber den Genossen

Die Vorschrift des § 34 GenG betrifft nur das Verhältnis der Vorstandsmitglieder zur Genossenschaft als solche. Es können hieraus also keine Pflichten der Vorstandsmitglieder gegenüber den einzelnen Genossen abgeleitet werden. Im Verhältnis zu den Genossen begründet die Haftung aus § 34 GenG somit keine gesellschaftsrechtliche Organwalterhaftung.[389)]

Die Vorstandsmitglieder haften den Genossen gegenüber somit allenfalls aus allgemeinem Deliktsrecht. § 34 GenG ist aber kein Schutzgesetz zugunsten der Genossen i. S. d. § 823 Abs. 2 BGB, da die Vorschrift lediglich die Vermögensinteressen der Genossenschaft als selbständige juristische Person schützt.[390)] Durch das deliktische Handeln eines Vorstandsmitgliedes muss eine i. S. v. § 823 Abs. 1 BGB geschützte Rechtsposition eines Genossen geschädigt worden sein. Ein solches absolut geschütztes Rechtsgut stellt die Mitgliedschaft des einzelnen Genossen dar.[391)]

Ein Genosse kann gegenüber einem Vorstandsmitglied einen unmittelbaren vertraglichen Anspruch dann geltend machen, wenn in den Anstellungsverträgen der Genossenschaft mit den Vorstandsmitgliedern ausdrücklich geregelt ist, dass die Vorstandsmitglieder gegenüber den Ge-

---

388) Ausnahmsweise haften die Vorstandsmitglieder gegenüber der Genossenschaft, wenn sie bei der ordnungsgemäßen Auswahl, Anleitung und Überwachung der Hilfspersonen ihre der Genossenschaft gegenüber bestehenden Organisationspflichten verletzt haben. Nur in diesem Fall liegt in der Heranziehung Dritter eine Sorgfaltspflichtverletzung der Vorstandsmitglieder gegenüber der Genossenschaft vor. § 34 II 1 GenG begründet eine Haftung der Vorstandsmitglieder nur für Eigenverschulden. Im Falle der mangelhaften Auswahl, Organisation oder Beaufsichtigung der herangezogenen Hilfskräfte liegt ein solches Eigenverschulden vor.

389) Vgl. *Beuthien*, Genossenschaftsgesetz, § 34 Rn. 4.

390) Vgl. *Müller*, Kommentar zum Gesetz betreffend die Erwerbs- und Wirtschaftsgenossenschaften, Bd. 2, § 34 Rn. 4.

391) Vgl. *Müller*, Kommentar zum Gesetz betreffend die Erwerbs- und Wirtschaftsgenossenschaften, Bd. 2, § 34 Rn. 5.

nossen bestimmte Verhaltenspflichten beachten müssen. Eine solche vertragliche Vereinbarung zugunsten der Genossen stellt einen Vertrag zugunsten Dritter dar, der unmittelbare vertragliche Ansprüche des begünstigten Dritten begründet.[392)]

(3) gegenüber den Genossenschaftsgläubigern

Durch § 34 GenG wird auch keine unmittelbare vertragliche Verantwortlichkeit den Gläubigern der Genossenschaft gegenüber begründet. Die in Absatz 3 dieser Vorschrift normierten Pflichten betreffen ausschließlich die Vertragspartner des Anstellungsvertrages, nämlich die eingetragene Genossenschaft und die Vorstandsmitglieder.

Jedoch bleibt auch den Genossenschaftsgläubigern die Möglichkeit, deliktische Ansprüche nach §§ 823 ff. BGB gegenüber den Vorstandsmitgliedern geltend zu machen.[393)] Diese persönliche deliktische Haftung der Vorstandsmitglieder ist von § 34 GenG unabhängig.

(4) Haftung für das schuldhafte Handeln eines Dritten

Ein Vorstandsmitglied haftet nur für eigenes Verschulden. Die Anwendbarkeit des § 278 BGB scheidet daher aus. Angestellte der Genossenschaft erfüllen ausschließlich eigene Leistungspflichten gegenüber der Genossenschaft, nicht aber gegenüber den Vorstandsmitgliedern. Sie sind somit weder Erfüllungs- noch Verrichtungsgehilfen der Vorstandsmitglieder.[394)] Auch die Vorschrift des § 831 BGB scheidet aus. Für die Pflichtverletzungen Dritter haftet ausschließlich die eingetragene Genossenschaft in der Eigenschaft als Geschäftsherrin i. S. d. §§ 278 bzw. 831 BGB.

---

392) Vgl. *Müller*, Kommentar zum Gesetz betreffend die Erwerbs- und Wirtschaftsgenossenschaften, Bd. 2, § 34 Rn. 6.

393) Vgl. *Müller*, Kommentar zum Gesetz betreffend die Erwerbs- und Wirtschaftsgenossenschaften, Bd. 2, § 34 Rn. 7; vgl. *Beuthien*, Genossenschaftsgesetz, § 34 Rn. 5.

394) Vgl. *Müller*, Kommentar zum Gesetz betreffend die Erwerbs- und Wirtschaftsgenossenschaften, Bd. 2, § 34 Rn. 28; BGH, Urt. v. 14.5.1974, VI ZR 8/73, NJW 1974, 1371 ff.; BGH, Urt. v. 31.3.1954, II ZR 57/53, BGHZ 13, 65 ff.

(5) Haftung für das Verschulden eines anderen Vorstandsmitglieds

Wie bereits festgestellt, haftet ein Vorstandsmitglied lediglich für sein eigenes Verschulden. Daher ist ein Vorstandsmitglied nicht für das Fehlverhalten eines anderen Vorstandsmitgliedes zivilrechtlich verantwortlich.[395)]

dd) Haftung der Aufsichtsratsmitglieder

Die Haftung der Aufsichtsratsmitglieder ist in § 41 GenG geregelt. Darin wird kraft Gesetzes eine Haftung der Aufsichtsratsmitglieder gegenüber der Genossenschaft aufgrund ihrer Organstellung begründet. Die Vorschrift ist eine Parallelnorm zu § 34 GenG, der die Haftung der Vorstandsmitglieder regelt.

(1) gegenüber der Genossenschaft

§ 41 GenG begründet ausschließlich die Haftung der Aufsichtsratsmitglieder gegenüber der Genossenschaft. Die sich aus dieser Vorschrift ergebenden Pflichten bestehen nur gegenüber der eingetragenen Genossenschaft, so dass allein diese den Schadensersatzanspruch geltend machen kann. Ein etwaiger vertraglicher Anspruch der Genossenschaft aus dem Anstellungsvertrag bleibt von § 41 GenG unberührt.[396)]

(2) gegenüber den Genossen

Aus § 41 GenG können keine Pflichten der Aufsichtsratsmitglieder gegenüber den einzelnen Genossen hergeleitet werden. Somit kann diese Vorschrift nicht Rechtsgrundlage für einen entsprechenden Schadensersatzanspruch sein.

---

395) Vgl. *Müller*, Kommentar zum Gesetz betreffend die Erwerbs- und Wirtschaftsgenossenschaften, Bd. 2, § 34 Rn. 32 ff.

396) Vgl. *Müller*, Kommentar zum Gesetz betreffend die Erwerbs- und Wirtschaftsgenossenschaften, Bd. 2, § 41 Rn. 2.

Jedoch kann sich aus den allgemeinen deliktischen Vorschriften der §§ 823 ff. BGB ein Anspruch der Genossen gegen die Aufsichtsratsmitglieder ergeben.[397] Allerdings muss, wie im Rahmen des § 34 GenG, auch im Falle des § 41 GenG berücksichtigt werden, dass die Vorschrift kein Schutzgesetz i. S. d. § 823 Abs. 2 BGB darstellt.[398] Die Mitgliedschaft der einzelnen Genossen stellt auch im Rahmen des § 41 GenG eine absolut geschützte Rechtsposition i. S. d. § 823 Abs. 1 BGB dar.[399]

Ein unmittelbarer vertraglicher Anspruch eines Genossen gegenüber dem einzelnen Aufsichtsratsmitglied kann sich aus dem zwischen der eingetragenen Genossenschaft und dem Aufsichtsratsmitglied geschlossenen Anstellungsvertrag nur dann ergeben, wenn darin bestimmte Verhaltenspflichten ausdrücklich zugunsten der Genossen vereinbart worden sind. In diesem Fall läge ein Vertrag zugunsten Dritter vor, woraus ein unmittelbarer Anspruch der Genossen hergeleitet werden könnte.[400]

(3) gegenüber den Genossenschaftsgläubigern

Aus § 41 GenG kann auch keine unmittelbare Verantwortlichkeit der Aufsichtsratsmitglieder den Genossenschaftsgläubigern gegenüber hergeleitet werden. Ebenso wenig wie § 34 Abs. 2 GenG begründet auch § 41 GenG keine Organaußenhaftung.[401] Allenfalls deliktische Ansprüche i. S. d. §§ 823 ff. BGB kommen in Betracht.[402]

---

397) Vgl. *Müller*, Kommentar zum Gesetz betreffend die Erwerbs- und Wirtschaftsgenossenschaften, Bd. 2, § 41 Rn. 3; vgl. *Beuthien*, Genossenschaftsgesetz, § 41 Rn. 4.

398) Vgl. *Müller*, Kommentar zum Gesetz betreffend die Erwerbs- und Wirtschaftsgenossenschaften, Bd. 2, § 41 Rn. 3.

399) Vgl. *Müller*, Kommentar zum Gesetz betreffend die Erwerbs- und Wirtschaftsgenossenschaften, Bd. 2, § 41 Rn. 3 b.

400) Vgl. *Müller*, Kommentar zum Gesetz betreffend die Erwerbs- und Wirtschaftsgenossenschaften, Bd. 2, § 41 Rn. 4.

401) Vgl. *Beuthien*, Genossenschaftsgesetz, § 41 Rn. 5.

402) Vgl. *Müller*, Kommentar zum Gesetz betreffend die Erwerbs- und Wirtschaftsgenossenschaften, Bd. 2, § 41 Rn. 5.

(4) Haftung für das Fehlverhalten Dritter

Das Aufsichtsratsmitglied haftet ebenso wie das Vorstandsmitglied nur für eigenes Verschulden. Ein herangezogener Dritter wird stets im Pflichtenkreis der Genossenschaft tätig. Geschäftsherr i. S. d. §§ 278 bzw. 831 BGB ist ausschließlich die eingetragene Genossenschaft.[403)]

(5) Haftung für das Fehlverhalten anderer Aufsichtsratsmitglieder

Schließlich lässt sich auch kein Anspruch gegenüber dem einzelnen Aufsichtsratsmitglied für das schuldhafte Verhalten eines anderen Aufsichtsratsmitgliedes begründen. Ausnahmsweise kann eine Haftung infolge eines Organisationsverschuldens eintreten.[404)]

e) Wertende Schlussbetrachtung

Zusammenfassend lässt sich feststellen, dass die Rechtsform der eingetragenen Genossenschaft eine für die im Rahmen des Praxisverbundes tätige Besitz- oder Betriebsgesellschaft gesellschaftsrechtlich interessant ist. Besonders vorteilhaft ist, dass ohne größere Probleme neue Mitglieder aufgenommen werden können. Der Erwerb der Mitgliedschaft erfolgt durch eine einseitige empfangsbedürftige Beitrittserklärung und die Zulassung zum Beitritt durch die eingetragene Genossenschaft, § 15 GenG. Des Weiteren ist kein festes Stammkapital vorgeschrieben. Schließlich ist diese Gesellschaftsform auch in haftungsrechtlicher Hinsicht vorteilhaft. Für die im organisatorischen Bereich begründeten Verbindlichkeiten der Genossenschaft haftet nur das Vermögen der Genossenschaft (§ 2 GenG), nicht das Privatvermögen der Mitglieder. Aufgrund der beschränkten Haftpflicht sind sogenannte Nachschüsse der Mitglieder zur Deckung der Verbindlichkeiten der Genossenschaft auf die im Statut festgelegte Haftsumme beschränkt. Diese Haftsumme darf gem. § 119 GenG nicht niedriger sein als der Geschäftsanteil.

---

403) Vgl. *Müller*, Kommentar zum Gesetz betreffend die Erwerbs- und Wirtschaftsgenossenschaften, Bd. 2, § 41 Rn. 24.

404) Vgl. *Müller*, Kommentar zum Gesetz betreffend die Erwerbs- und Wirtschaftsgenossenschaften, Bd. 2, § 41 Rn. 29 ff.

2. Der Verein

a) *Allgemeines*

Als weitere mögliche Rechtsform für eine Besitz- oder Betriebsgesellschaft im Rahmen eines Praxisverbundes unter Ärzten kommt auch der Verein in Betracht. Ein Verein i. S. d. BGB ist ein auf Dauer angelegter Zusammenschluss von Personen zur Verwirklichung eines gemeinsamen Zweckes mit körperschaftlicher Verfassung, wobei sich die körperschaftliche Organisation in einem Gesellschaftsnamen, in der Vertretung durch einen Vorstand und in der Unabhängigkeit vom Wechsel der Mitglieder äußert.[405)] Der wesentliche Unterschied zur Gesellschaft bürgerlichen Rechts liegt darin, dass der Mitgliederbestand eines Vereins veränderlich ist.[406)]

Es gibt zwei Arten von Vereinen, den wirtschaftlichen und den nicht wirtschaftlichen Verein. Um klären zu können, welche Vereinsart konkret im Rahmen des Praxisverbundes in Frage kommt, müssen die jeweiligen Charakteristika untersucht werden. Diese Unterscheidung ist in erster Linie bezüglich der Frage der Rechtsfähigkeit von Bedeutung.

b) *Wirtschaftlicher Verein*

Der wirtschaftliche Verein i. S. d. § 22 BGB ist ein Verein, dessen Zweck auf einen wirtschaftlichen Geschäftsbetrieb gerichtet ist. Ein Verein, der Leistungen am Markt anbietet und wie ein Unternehmer am Wirtschafts- und Rechtsverkehr teilnimmt, fällt unter § 22 BGB.[407)] Ein am Markt unternehmerisch tätiger Verein bietet in einem äußeren Markt planmäßig und dauerhaft Leistungen gegen ein Entgelt an. Es muss sich hierbei nicht zwingend um eine kaufmännische Tätigkeit handeln. Ein wirtschaftlicher Verein umfasst unternehmerische Betätigungen jeder Art. Die Absicht der Gewinnerzielung ist ebenso wenig erforderlich.[408)] Ein solcher wirtschaftlicher Verein erlangt die Rechtsfähigkeit durch staatliche Ver-

---

405) *Heinrichs*, in: *Palandt*, Bürgerliches Gesetzbuch, Einf. vor § 21 Rn. 13.

406) BGH, Urt. v. 10.10.1957, II ZR 101/56, BGHZ 25, 311 ff.; *Heinrichs*, in: *Palandt*, Bürgerliches Gesetzbuch, Einf. vor § 21 Rn. 13.

407) BGH, Urt. v. 14.7.1966, II ZB 2/66, BGHZ 45, 395 ff.; *Reuter*, in: *MüKo*, Bürgerliches Gesetzbuch, Bd. 1, § 21, 22 Rn. 4 ff.

408) Vgl. *Heinrichs*, in: *Palandt*, Bürgerliches Gesetzbuch, § 21 Rn. 3 a.

leihung. Dies geschieht aber nur dann, wenn es für die Vereinigung unzumutbar ist, sich als Aktiengesellschaft, Gesellschaft mit beschränkter Haftung oder als Genossenschaft zu organisieren.[409)] Die Rechtsform des Vereins für eine auf wirtschaftliche Ziele gerichtete Tätigkeit soll also subsidiär sein.

c) *Nicht wirtschaftlicher Verein*

Der nicht wirtschaftliche Verein, der Idealverein, ist in § 21 BGB geregelt. Hierbei ist der Zweck des Vereins nicht auf einen wirtschaftlichen Geschäftsbetrieb gerichtet. Nach der Rechtsprechung liegt ein Idealverein dann vor, wenn es sich weder um einen am Markt oder in einem Binnenmarkt unternehmerisch tätigen Verein noch um einen Verein zum Zwecke genossenschaftlicher Kooperation handelt.[410)] Ein nicht wirtschaftlicher Verein ist auch dann gegeben, wenn der Geschäftsbetrieb im Rahmen einer ideellen Zielsetzung lediglich Nebenzweck ist.[411)] Ein nicht wirtschaftlicher Verein erlangt die Rechtsfähigkeit durch die Eintragung in das Vereinsregister des jeweiligen Amtsgerichts.

d) *Abgrenzung im Allgemeinen und im speziellen Einzelfall des Praxisverbundes*

Der Unterschied zwischen dem wirtschaftlichen und dem nicht wirtschaftlichen Verein liegt in der jeweiligen Zwecksetzung. Diese äußert sich sowohl im tatsächlichen Verhalten als auch in der jeweiligen Satzung.[412)] Die Vereinssatzung i. S. d. § 25 BGB ist die rechtliche Grundordnung des Vereins. Sie enthält die grundlegenden Entscheidungen des Vereins.[413)] Die Mitglieder eines Praxisverbundes müssen somit in der Vereinssatzung den Zweck der Vereinigung bestimmen. Soll dieser nach dem Willen der Ärzte überwiegend wirtschaftlicher Art sein, also vorwiegend der Gewinnerzielung dienen, so liegt ein wirtschaftlicher Verein vor.

---

409) Vgl. *Heinrichs*, in: *Palandt*, Bürgerliches Gesetzbuch, § 22 Rn. 1. Man spricht vom sogenannten Grundsatz der Subsidiarität.

410) Näher dazu: *Reuter*, in: *MüKo*, Bürgerliches Gesetzbuch, Bd. 1, §§ 21, 22 Rn. 4 ff.

411) Vgl. *Heinrichs*, in: *Palandt*, Bürgerliches Gesetzbuch, § 21 Rn. 5.

412) Vgl. *Heinrichs*, in: *Palandt*, Bürgerliches Gesetzbuch, § 21 Rn. 6.

413) Vgl. *Heinrichs*, in: *Palandt*, Bürgerliches Gesetzbuch, § 25 Rn. 1.

Sollen hingegen die ideellen Elemente überwiegen, wird ein nicht wirtschaftlicher Verein angestrebt. Innerhalb der Grenzen der §§ 242, 315 BGB besteht für die Mitglieder des Vereins Gestaltungsfreiheit.

Übertragen auf die Betriebs- oder Besitzgesellschaft eines Praxisverbundes bedeutet das, dass die Ärzte sowohl einen wirtschaftlichen als auch einen nicht wirtschaftlichen Verein gründen können. Dies ist lediglich eine Frage der jeweiligen Zweckvereinbarung. Die Ärzte müssen in der Satzung explizit festlegen, welchen Charakter der Praxisverbund darstellen soll. Ob also der Zweck eines Praxisverbundes auf einen wirtschaftlichen Geschäftsbetrieb gerichtet ist oder nicht, kann infolgedessen nicht pauschal beantwortet werden. Dies ist eine Frage des Einzelfalls. Die Ziele eines Praxisverbundes im Allgemeinen sind sowohl die verbesserte medizinische Versorgung des Patienten als auch die durch die verstärkte Zusammenarbeit folgende Kosteneinsparung. Der Kooperationsgegenstand eines Praxisverbundes ist daher ein doppelter. Es muss daher genau festgelegt werden, welcher Zweck überwiegen soll. Im Falle der Betriebs- oder Besitzgesellschaft ist der Zweck eindeutig ein wirtschaftlicher. Diese übernimmt ja gerade die Steuerung der Geschäftsprozesse. Durch die Konzentration der betriebswirtschaftlichen Aufgaben auf eine eigens hierfür geschaffene Gesellschaft soll gerade der Verwaltungsaufwand der Einzelpraxen verringert werden. Daraus wird deutlich, dass eindeutig die wirtschaftlichen Zwecke überwiegen. Zudem zeichnet sich in der Rechtsprechung eine gewisse Tendenz dahingehend ab, dass generell Vereinigungen, denen es an eigener Gewinnerzielungsabsicht mangelt, dennoch als wirtschaftliche Vereine eingestuft werden.[414)] Dies bedeutet, dass die Rechtsprechung im Falle eines Praxisverbundes wohl ohnehin vornehmlich von einem wirtschaftlichen Verein ausgeht. Der Gesetzgeber will dadurch deutlich machen, dass für unternehmerisch tätige Vereinigungen die eigens für solche Zwecke geschaffenen Kapitalgesellschaften (GmbH, AG und eG) die geeigneteren Organisationsformen sind. Wollen die Ärzte ihren Praxisverbund dennoch als nicht wirtschaftlichen Verein führen, müssen sie den ideellen Zweck in der Satzung besonders hervorheben, um die mittlerweile schon faktische Vermutung der Rechtsprechung quasi zu widerlegen.

414) Beispiele aus der Rechtsprechung für wirtschaftliche Vereine ohne Gewinnerzielungsabsicht: *Reuter*, in: *MüKo*, Bürgerliches Gesetzbuch, Bd. 1, §§ 21, 22 Rn. 9 ff, 26 ff.

e) *Betriebs- oder Besitzgesellschaft als wirtschaftlicher Verein*

Soll nach dem Willen der Mitglieder die eigens geschaffene Gesellschaft Gewinne erzielen, also mit eigener, wirtschaftlicher Verantwortung ausgestattet sein, liegt ein wirtschaftlicher Verein vor.[415] Wie bereits festgestellt, erlangt dieser die Rechtsfähigkeit nur durch staatliche Verleihung. Diese Verleihung scheidet regelmäßig dann aus, wenn nach besonderen bundesgesetzlichen Vorschriften andere Rechtsformen für den Zusammenschluss zur Verfügung stehen. Im Falle der Betriebs- oder Besitzgesellschaft ist dies in der Regel in der Gestalt der Aktiengesellschaft, der Gesellschaft mit beschränkter Haftung und der Genossenschaft gegeben. Aufgrund dieser gesetzlich angeordneten Subsidiarität scheidet bei der gesellschaftsrechtlichen Gestaltung dieser Gesellschaft im Rahmen des Praxisverbundes ein wirtschaftlicher Verein i. S. d. § 22 BGB regelmäßig aus. Wirtschaftliche Vereine sind daher selten, da es der Vereinigung in der Regel zumutbar ist, sich in den gesetzlich geregelten Rechtsformen der GmbH, der eG und der AG zu organisieren.

3. Die Gesellschaft mit beschränkter Haftung

a) *Allgemeines*

Des Weiteren kann die Besitz- oder Betriebsgesellschaft in der Rechtsform der Gesellschaft mit beschränkter Haftung betrieben werden. Die Gesellschaft mit beschränkter Haftung (GmbH) wurde Ende des letzten Jahrhunderts eingeführt. Nach dem Willen des Gesetzgebers sollte sie die für kleinere und mittelständische Betriebe geeignete Rechtsform werden.[416]

Gemäß § 13 I GmbHG ist jede GmbH eine juristische Person und daher selbst Zuordnungssubjekt von Rechten und Pflichten.[417] Wie jede andere juristische Person auch, entsteht die Gesellschaft mit beschränkter Haftung mit der Eintragung in ein öffentliches Register, in diesem Fall in das

---

415) Vgl. *Dierks*, in: *Hellmann*, Management von Gesundheitsnetzen, S. 113.

416) Vgl. *Hueck/Fastrich*, in: *Baumbach/Hueck*, GmbH-Gesetz, Einl. Rn. 1 ff. (3); vgl. *Roth/Altmeppen*, in: *Roth/Altmeppen*, GmbHG-Kommentar, Einl. Rn. 1 f.

417) Vgl. *Altmeppen*, in: *Roth/Altmeppen*, GmbHG-Kommentar, § 13 Rn. 1, 2 f.; vgl. *Hueck/Fastrich*, in: *Baumbach/Hueck*, GmbH-Gesetz, § 13 Rn. 2 f.

Handelsregister, § 11 I GmbHG.[418)] Zur Regelung ihrer eigenen Verfassung ist auch bei der GmbH der Abschluss einer Satzung erforderlich. Diese Satzung, die zwingend in schriftlicher Form zu vereinbaren ist, lässt eine sehr weitgehende Gestaltungsfreiheit zu.[419)] Die Gesellschaft verfügt über ein Gesellschaftsvermögen, das im Rahmen der GmbH als Stammkapital bezeichnet wird. Gemäß § 5 I GmbHG ist ein Mindeststammkapital von 25.000 € vorgeschrieben.[420)] Das Stammkapital wird aus der Summe der von den einzelnen Gesellschaftern zu erbringenden Einlageleistungen, den sog. Stammeinlagen, gebildet, § 5 III 3 GmbHG.

b) Vertragliche Verhältnisse

Gemäß § 13 I GmbHG ist die Gesellschaft mit beschränkter Haftung juristische Person und daher selbst Zuordnungssubjekt von Rechten und Pflichten. Nach erfolgter Handelsregistereintragung tritt die GmbH als eigenständige Rechtspersönlichkeit im Rechtsverkehr auf. Ihr selbst werden ab diesem Zeitpunkt nach außen eigenständige Rechte und Pflichten zugeordnet.[421)] Als juristische Person kann die Gesellschaft mit beschränkter Haftung aber nicht selbst am Rechtsverkehr teilnehmen. Sie benötigt hierfür die Handlungen natürlicher Personen am Rechtsverkehr, die der Gesellschaft zugerechnet werden müssen.[422)] Die organschaftliche Vertretung der GmbH erfolgt gemäß § 35 Abs. 1 GmbHG durch den Geschäftsführer. Die von der Betriebs- oder Besitzgesellschaft abgeschlossenen, die organisatorischen Fragen betreffenden Rechtsgeschäfte kommen zwischen der Gesellschaft als solcher und den Dritten zustande. Die einzelnen Gesellschafter sind keine Vertragspartner.

---

418) Vgl. *Roth*, in: *Roth/Altmeppen*, GmbHG-Kommentar, § 11 Rn. 2; vgl. *Hueck/Fastrich*, in: *Baumbach/Hueck*, GmbH-Gesetz, § 11 Rn. 2, 55 ff.

419) Vgl. *Hueck/Fastrich*, in: *Baumbach/Hueck*, GmbH-Gesetz, § 2 Rn. 3 ff.

420) Aufgrund der Beschränkung der Haftung auf das Gesellschaftsvermögen ist es im Interesse des Rechtsverkehrs erforderlich, die Gesellschaft mit eigenem Vermögen auszustatten.

421) Vgl. *Roth*, in: *Roth/Altmeppen*, GmbHG-Kommentar, § 11 Rn. 2 ff.; vgl. *Altmeppen*, in: *Roth/Altmeppen*, GmbHG-Kommentar, § 13 Rn. 1, 2 f.

422) Vgl. *Altmeppen*, in: *Roth/Altmeppen*, GmbHG-Kommentar, § 35 Rn. 7 ff.

c) *Haftungsverhältnisse*

Die nachfolgenden Ausführungen beschränken sich auf die Haftungsverhältnisse für Verbindlichkeiten, die nach der Eintragung ins Handelsregister begründet wurden.

aa) *Haftung der Gesellschaft mit beschränkter Haftung*

Für Verbindlichkeiten, die nach der Eintragung ins Handelsregister begründet wurden, haftet allein die Gesellschaft nach § 13 II GmbHG mit ihrem Gesellschaftsvermögen.[423] Im Rahmen dieser Haftung gelten die gleichen Grundsätze wie beim Verein. Für die Ausführungen im Hinblick auf die Haftungszurechnungsnorm des § 31 BGB gelten die Grundsätze der Vereinshaftung entsprechend. Die Anwendbarkeit des § 31 BGB auf die GmbH ist höchstrichterlich festgestellt.[424] Der GmbH wird demnach das Handeln des Vorstands oder seiner verfassungsmäßig berufenen Vertreter als eigenes zugerechnet. Der verfassungsmäßige Vertreter oder das Vorstandsmitglied muss eine zum Schadensersatz verpflichtende Handlung begangen haben, wobei es keine Rolle spielt, auf welchem Rechtsgrund die Haftung beruht.[425] Die schädigende Handlung des Vorstands oder des verfassungsmäßig berufenen Vertreters muss in Ausführung der zustehenden Verrichtungen geschehen sein. Zwischen dem Aufgabenkreis des Schädigers und der schädigenden Handlung muss ein sachlicher, nicht nur ein zufälliger zeitlicher und örtlicher Zusammenhang bestehen.[426] Die GmbH haftet also gemäß der Zurechnungsnorm des § 31 BGB für das vertragliche und deliktische Fehlverhalten seines Vorstands oder der verfassungsmäßig berufenen Vertreter. Für diese Schulden der GmbH haftet allein das Gesellschaftsvermögen. Das einzelne Organ haftet nicht mit seinem Privatvermögen.[427]

---

423) Vgl. *Altmeppen*, in: *Roth/Altmeppen*, GmbHG-Kommentar, § 13 Rn. 65 ff.; *Hueck/Fastrich*, in: *Baumbach/Hueck*, GmbH-Gesetz, § 13 Rn. 8 f.

424) Vgl. *Reuter*, in: *MüKo*, Bürgerliches Gesetzbuch, Bd. 1, § 31 Rn. 11; RG, Urt. v. 18.10.1917, VI 143/17; RGZ 91, 72 ff. (75); RG, Urt. v. 17.1.1940, II 82/39, RGZ 163, 21 ff.; *Heinrichs*, in: *Palandt*, Bürgerliches Gesetzbuch, § 31 Rn. 3.

425) Vgl. *Heinrichs*, in: *Palandt*, Bürgerliches Gesetzbuch, § 31 Rn. 2.

426) Vgl. *Heinrichs*, in: *Palandt*, Bürgerliches Gesetzbuch, § 31 Rn. 10.

427) Vgl. *Heinrichs*, in: *Palandt*, Bürgerliches Gesetzbuch, Einf. vor § 21 Rn. 12.

Ein Anspruch gegen die GmbH aus § 831 BGB oder über die Haftungszurechnungsnorm des § 278 BGB kommt dann in Frage, wenn gerade nicht der Vorstand oder ein ähnliches Organ selbst gehandelt hat, sondern eine andere, weisungsgebundene Hilfsperson. Im Rahmen der Besitz- oder Betriebsgesellschaft können die am Netz teilnehmenden, selbständig handelnden Ärzte als Organe oder zumindest als ähnliche Organe, für die die GmbH nach § 31 BGB haftet, eingestuft werden. Von dieser Gesellschaft angestellte Ärzte oder sonstige abhängig beschäftigte Hilfspersonen sind Erfüllungs- bzw. Verrichtungsgehilfen i. S. d. §§ 278, 831 BGB.

bb) Haftung von Geschäftsführer und Gesellschaftern

Neben der Gesellschaft selbst haftet für deren Verbindlichkeiten keine andere Person. Es besteht nicht die Möglichkeit des Durchgriffs auf die hinter der Gesellschaft stehenden Gesellschafter. Ein Rückgriff auf das persönliche Vermögen der Gesellschafter scheidet somit grundsätzlich aus.[428)] Dritte können die Gesellschafter allenfalls unter dem Gesichtspunkt der Eigenhaftung des Vertreters nach §§ 280 I, 311 III BGB in Anspruch nehmen.[429)]

Daneben bleiben aber grundsätzlich Schadensersatzansprüche aus den §§ 823 ff. BGB gegen einen sich deliktisch verhaltenden Geschäftsführer bestehen. In diesem haftet der deliktisch handelnde Gesellschafter persönlich mit seinem Vermögen.[430)]

d) Schlussbetrachtung

Der Vorteil dieser Rechtsform liegt insbesondere in der Haftungsbeschränkung auf das Gesellschaftsvermögen und in ihrem großen Gestal-

---

428) Ausnahmsweise ist ein Durchgriff auf das Privatvermögen der Gesellschafter möglich, nämlich dann, wenn eine Berufung auf die Trennung von Gesellschafts- und Privatvermögen als Rechtsmissbrauch erscheinen würde. Siehe dazu *Hueck/Fastrich*, in: *Baumbach/Hueck*, GmbH-Gesetz, § 13 Rn. 10 ff.

429) *Altmeppen*, in: *Roth/Altmeppen*, GmbHG-Kommentar, § 43 Rn. 36 ff.; *Hueck/ Fastrich*, in: *Baumbach/Hueck*, GmbH-Gesetz, § 13 Rn. 9.

430) Vgl. *Altmeppen*, in: *Roth/Altmeppen*, GmbHG-Kommentar, § 43 Rn. 42 ff.; näher zur Durchgriffshaftung: vgl. *Altmeppen*, in: *Roth/Altmeppen*, GmbHG-Kommentar, § 13 Rn. 107 ff.

tungsspielraum. Nachteilig hingegen ist der formale und finanzielle Aufwand bei der Gründung und auch bei der Geschäftsabwicklung als solcher. Die GmbH muss nämlich den Vorschriften der Buchführungs- und Publizitätspflicht genügen. Es müssen also Jahresabschlüsse erstellt werden, die die Bilanz und die Gewinn- und Verlustrechnung offen legen. Schließlich stellt auch die Schwierigkeit der Aufnahme neuer Mitglieder bzw. Gesellschafter einen Nachteil dar. Jede Neuaufnahme muss in notarieller Form bei entsprechenden Kosten erfolgen.

4. Die (Außen-)Gesellschaft bürgerlichen Rechts

a) Allgemeines

Ferner stellt auch die Gesellschaft bürgerlichen Rechts in Form der Außengesellschaft eine mögliche Rechtsform für die Betriebs- oder Besitzgesellschaft dar. Dass für den Praxisverbund als solchen ausschließlich die (Innen-) Gesellschaft bürgerlichen Rechts in Frage kommt, wurde bereits hinreichend erläutert.[431)] Im Rahmen der Betriebs- oder Besitzgesellschaft geht es aber nicht um die ärztliche Berufsausübung der Verbundteilnehmer, sondern um rein organisatorische und betriebswirtschaftliche Fragen. Diesbezüglich tritt die Betriebs- oder Besitzgesellschaft aber als Einheit im Rechtsverkehr nach außen auf, so dass sie eine Außengesellschaft bürgerlichen Rechts darstellen kann.

b) Vertragliche Beziehungen

Wie bereits im Rahmen der Gemeinschaftspraxis diskutiert, ist seit dem Grundsatzurteil des BGH vom 29.1.2001 die Außengesellschaft bürgerlichen Rechts als rechtsfähige Gesellschaft anerkannt.[432)] Die Außengesellschaft nimmt also selbst am Rechtsverkehr teil und wird als solche von den Gesellschaftern nach §§ 714, 709 BGB organschaftlich vertreten. Die nun als selbständiges Zuordnungssubjekt anerkannte Außengesellschaft ist die alleinige Trägerin von Rechten und Pflichten.[433)] Die im

431) Verweis auf S. 149 ff.

432) BGH, Urt. v. 29.1.2001, II ZR 331/00, NJW 1001, 1056 ff.

433) Vgl. *Timm/Schöne*, in: *Bamberger/Roth*, Bürgerliches Gesetzbuch, Bd. 2, § 714 Rn. 16.

Rahmen der Betriebs- oder Besitzgesellschaft abgeschlossenen Rechtsgeschäfte werden also ausschließlich zwischen der Außengesellschaft als solcher und den Dritten getätigt. Die einzelnen Gesellschafter sind in die vertraglichen Beziehungen nicht mit eingeschlossen.[434)]

c) Haftung

Die Haftungsverhältnisse der Außengesellschaft bürgerlichen Rechts im Rahmen der Betriebs- oder Besitzgesellschaft entsprechen denen der Gemeinschaftspraxis und wurden in Kapitel 1, A. II. 4. ausführlich dargestellt.

5. Die Aktiengesellschaft

a) Allgemeines

Schließlich kann eine Betriebs- oder Besitzgesellschaft auch als Aktiengesellschaft geführt werden. Eine Aktiengesellschaft ist eine juristische Person des Privatrechts.[435)] Die Gründung einer Aktiengesellschaft geschieht in mehreren Abschnitten. Zunächst muss ein Gesellschaftsvertrag (Satzung) zwischen den Gründern abgeschlossen werden.[436)] Dies erfolgt durch notarielle Beurkundung, § 23 Abs. 1 S. 1 AktG. Danach werden die Aktien durch die Gründer übernommen, § 29 AktG.[437)] Sind alle Aktien übernommen, ist die Gesellschaft errichtet. Nach § 30 AktG müssen Aufsichtsrat, Vorstand und Abschlussprüfer bestellt werden.[438)] Nach der Erbringung der Einlagen gem. §§ 36, 36 a AktG ist die Gesellschaft in das Handelsregister anzumelden.[439)] Erst mit der Eintragung entsteht schließlich die Aktiengesellschaft, § 41 Abs. 1 S. 1 AktG.[440)]

---

434) Vgl. *Ulmer*, in: *MüKo*, Bürgerliches Gesetzbuch, Bd. 5, § 714 Rn. 13 f.
435) Vgl. *Hüffer*, Aktiengesetz, § 1 Rn. 4.
436) Vgl. *Hüffer*, Aktiengesetz, § 2 Rn. 2 ff.; § 23 Rn. 2 ff.
437) Vgl. *Hüffer*, Aktiengesetz, § 29 Rn. 2.
438) Vgl. *Hüffer*, Aktiengesetz, § 30 Rn. 2 ff.
439) Vgl. *Hüffer*, Aktiengesetz, § 36 Rn. 2 ff.
440) Vgl. *Hüffer*, Aktiengesetz, § 41 Rn. 2.

b) *Vertragliche Beziehungen*

Die Aktiengesellschaft ist nach § 1 Abs. 1 S. 1 AktG eine Gesellschaft mit eigener Rechtspersönlichkeit. Sie selbst ist also Trägerin von Rechten und Pflichten.[441)] Wie jede andere juristische Person auch handelt die Aktiengesellschaft durch ihre Organe, §§ 76 ff., 95 ff. AktG.[442)] Diese sind der Vorstand und der Aufsichtsrat. Bei den innerhalb der betriebswirtschaftlichen und organisatorischen Aufgaben abgeschlossenen Rechtsgeschäften wird die Aktiengesellschaft organschaftlich durch ihren Vorstand vertreten.[443)] Dem Vorstand obliegt die Geschäftsführung und die Vertretung der Gesellschaft, §§ 76-94 AktG. Im Gegensatz zum Geschäftsführer einer GmbH fällt die Geschäftsführung in der Aktiengesellschaft vollständig und ausschließlich in die Verantwortlichkeit des Vorstands, § 76 Abs. 1 AktG.[444)] Vertragspartnerin ist also einzig und allein die Betriebs- oder Besitzgesellschaft in Form der Aktiengesellschaft.[445)]

c) *Haftungsverhältnisse*

Nach § 1 Abs. 1 S. 2 AktG haftet für die Verbindlichkeiten der Gesellschaft den Gläubigern gegenüber nur das Gesellschaftsvermögen.[446)] Wie bei der GmbH gelten auch im Rahmen der Aktiengesellschaft die Ausführungen bezüglich der Haftungszurechnungsnorm des § 31 BGB entsprechend.[447)] Die Anwendbarkeit des § 31 BGB auf die Aktiengesellschaft ist höchstrichterlich festgestellt.[448)] Die Aktiengesellschaft haftet also für ein Fehlverhalten ihrer Organe nach außen ohne die Möglichkeit zum Entlastungsbeweis mit ihrem Gesellschaftsvermögen.

Eine Haftung der Aktionäre oder einzelner Organe mit ihrem Privatvermögen ist hingegen ausgeschlossen.[449)] Ausnahmen von diesem Grundsatz ergeben sich z. B. unter den Voraussetzungen der §§ 62 Abs. 2,

---

441) Die AG selbst ist Zuordnungssubjekt, nicht auch ihre Aktionäre, soweit es um Rechtsbeziehungen zu Dritten geht. Vgl. *Hüffer*, Aktiengesetz, § 1 Rn. 4.
442) Vgl. *Hüffer*, Aktiengesetz, § 1 Rn. 2 ff.
443) Vgl. *Hüffer*, Aktiengesetz, § 76 Rn. 1 ff.
444) Vgl. *Hüffer*, Aktiengesetz, § 76 Rn. 5 ff.
445) Vgl. *Hüffer*, Aktiengesetz, § 1 Rn. 4.
446) Vgl. *Hüffer*, Aktiengesetz, § 1 Rn. 8 f.
447) Verweis auf S. 172 f.
448) RG JW 1930, 2967 ff.; vgl. *Hüffer*, Aktiengesetz, § 78 Rn. 23.
449) Vgl. *Hüffer*, Aktiengesetz, § 1 Rn. 8.

93 Abs. 5, 116 AktG. In diesen Fällen können Ersatzansprüche der Gesellschaft von den Gläubigern geltend gemacht werden.[450)]

d) Schlussbetrachtung

Die Aktiengesellschaft macht durch Zerlegung des Grundkapitals in Aktien die Beschaffung großer Kapitalbeträge über den Kapitalmarkt möglich und ist somit die bevorzugte Rechtsform von Großunternehmen. Im Gegensatz zu den Personengesellschaften fallen bei der Aktiengesellschaft Ausgaben für die Aktien, für die Veröffentlichung des Jahresberichts, Aufsichtsratssitzungen, Hauptversammlungen und ähnlichem an. Aufgrund dessen ist diese Rechtsform relativ schwerfällig und aufwändig in der praktischen Handhabung. Die Aktiengesellschaft dürfte daher für die Besitz- oder Betriebsgesellschaft im Rahmen des Praxisverbundes nur in seltenen Fällen in Frage kommen.

D. Telemedizin

I. Allgemeines

Die Zusammenarbeit zwischen einem vor Ort behandelnden Arzt und einem mit Hilfe des Telekonsils hinzugezogenen Arzt stellt eine neue Form der ärztlichen Arbeitsteilung dar. Telemedizin ist der Gebrauch von Informations- und Telekommunikationstechnologien, um Gesundheitsdienstleistungen zu erbringen oder zu unterstützen, wenn die Teilnehmer räumlich getrennt sind.[451)] Telematik ist eine kombinierte Anwendung von Telekommunikationstechnologien und Informatik.[452)] Das vorrangige Ziel der Telemedizin ist die verbesserte Versorgung der Patienten. Die Quali-

---

450) Zu den Ausnahmen vgl. *Hüffer*, Aktiengesetz, § 1 Rn. 9; § 62 Rn. 13 ff.; § 93 Rn. 31 ff.; § 116 Rn. 1 ff.; zur Durchgriffshaftung siehe *Hüffer*, Aktiengesetz, § 1 Rn. 15 ff.

451) Vgl. *Dierks*, in: *Dierks/Feussner/Wienke*, Rechtsfragen der Telemedizin, S. 3; vgl. *Jäckel*, in: *Jähn/Nagel*, e-Health, S. 10; vgl. *Ulsenheimer/Heinemann*, MedR 1999, 197 ff. (197); vgl. *Hanika*, MedR 2001, 107 ff. (108); vgl. *Pflüger*, VersR 1999, 1070 ff.; vgl. *Hoppe*, MedR 1998, 462 ff.

452) Vgl. *Dierks*, in: *Dierks/Feussner/Wienke*, Rechtsfragen der Telemedizin, S. 3; vgl. *Ulsenheimer/Heinemann*, MedR 1999, 197 ff. (197).

tät der medizinischen Leistungen soll dadurch, dass spezialisierter Sachverstand und Spezialwissen leichter erreichbar sind, sichergestellt und verbessert werden.[453] Zudem sollen überhöhte Kosten im Gesundheitswesen, die infolge von mangelndem Informationsfluss durch überflüssige Doppeluntersuchungen oder Krankenhauseinweisungen entstehen, gesenkt werden.[454] Telemedizin in Form von Telekooperation bedeutet, dass sich unabhängig von der Entfernung an unterschiedlichen Orten arbeitende Experten gleichzeitig und kooperativ über schwierige medizinische Probleme beraten. Hierbei muss stets berücksichtigt werden, dass die mit Hilfe der Telemedizin angestrebte Qualitätsverbesserung nie den direkten und persönlichen Kontakt zwischen dem verantwortlich behandelnden Arzt und dem Patienten ersetzen kann. Das Vertrauensverhältnis zwischen dem Patienten und dem behandelnden Arzt darf nicht gestört werden.

Die nachfolgenden Ausführungen beschränken sich auf die Anwendungsart des Telekonsils innerhalb Deutschlands.[455] Bei einem Telekonsil steht immer ein behandelnder Arzt im unmittelbaren Patientenkontakt und zieht einen weiteren, in der Regel spezialisierten Kollegen, zur weiteren Befundung oder Diagnostik heran.[456] Im Rahmen eines Telekonsils stellt sich mangels anderweitiger vertraglicher Absprachen die Rechts-, insbesondere die Haftungslage entsprechend derjenigen für Konsiliarärzte dar.[457]

---

453) Allgemein zu den Vorteilen der Telemedizin in der Praxis *Boese*, ku-Spezial 1997, 8 ff.; vgl. *Kober*, f&w 2001, 137 ff.; vgl. *Pages*, KMA 2003, 50 ff.; vgl. *Grohs/Uedelhofen*, f&w 1998, 92 ff.; vgl. *Koennecke/Rohm,* f&w 2003, 294 ff.; vgl. *Meder/Hain*, f&w 2003, 336 ff.

454) Vgl. *Mohr/Schall/Nerlich*, in: *Jähn/Nagel,* e-Health, S. 35 f.; zu den Zielen der Telematik siehe auch *Dierks/Nitz/Grau,* Gesundheitstelematik und Recht, S. 16 ff.

455) Zu den weiteren Anwendungsbereichen siehe *Dierks*, in: *Dierks/Feussner/Wienke*, Rechtsfragen der Telemedizin, S. 6 f.; vgl. *Hanika*, MedR 2001, 107 ff. (108). Zur internationalen Telemedizin siehe *Hoppe*, MedR 1998, 462 ff.; *Schädlich*, Grenzüberschreitende Telemedizin-Anwendungen: Ärztliche Berufserlaubnis und internationales Arzthaftungsrecht.

456) Vgl. *Dierks*, in: *Dierks/Feussner/Wienke*, Rechtsfragen der Telemedizin, S. 7.

457) Verweis auf die Haftung bei Konsiliarärzten S. 37 ff. dieser Arbeit. Vgl. *Genzel*, in: *Laufs/Uhlenbruck*, Handbuch des Arztrechts, § 88 Rn. 24; vgl. *Laufs*, in: *Laufs/Uhlenbruck*, Handbuch des Arztrechts, § 98 Rn. 15; vgl. *Schlund*, in: *Laufs/Uhlenbruck*, Handbuch des Arztrechts, § 115 Rn. 15 f. Anders stellt sich die Haftungslage dann dar, wenn der hinzugezogene Arzt das Behandlungsgeschehen beherrscht und daher als Mitbehandler betrachtet wird (siehe zur Mitbehandlung): vgl. *Pflüger*, VersR 1999, 1070 ff. (1073).

II. Vertragsverhältnisse und Haftungslage

Der ursprüngliche Behandlungsvertrag kommt zwischen dem Patienten und seinem behandelnden Arzt zustande. Nach herrschender Ansicht kommt im Rahmen der **ambulanten** Behandlung durch die konsiliarische Heranziehung ein zweites, eigenes Behandlungsverhältnis zwischen dem Patienten und dem hinzugezogenen Arzt zustande.[458)] Da der im Wege des Telekonsils herangezogene Arzt gerade keinen direkten Kontakt zum Patienten hat, ist ein Vertragsschluss nur über die Regeln der Stellvertretung möglich.[459)] Findet die Beratung aber lediglich im Innenverhältnis zwischen dem behandelnden und dem hinzugezogenen Arzt statt, ohne dass der Patient davon erfährt, entstehen zwischen dem Konsiliararzt und dem Patienten keine vertraglichen Beziehungen.[460)]

Entscheidend dafür, ob nun durch die Heranziehung des zusätzlichen Arztes im Wege der Telemedizin ein eigenes Vertragsverhältnis entsteht oder nicht, ist die Tatsache der Offenlegung des externen Spezialisten.[461)] Nur dann, wenn die Zuziehung eines Spezialisten dem Patienten deutlich erkennbar gemacht wird, entsteht ein zusätzlicher selbständiger Vertrag. Mit dieser Frage eng verbunden ist die Problematik der haftungsrechtlichen Zurechnung. Kann die Vertragsbeziehung zwischen dem hinzugezogenen Arzt und dem Patienten entsprechend dem soeben genannten Kriterium bejaht werden, scheidet die Anwendbarkeit des § 278 BGB aus. In diesem Fall kann dem Primärbehandler ein eventuelles Fehlverhalten des Konsiliarius im Rahmen der vertraglichen Haftung nicht zugerechnet werden.[462)]

Handelt es sich hingegen lediglich um eine interne Beratschlagung zwischen den Ärzten, ohne dass ein weiteres zusätzliches Vertragsverhältnis zum Patienten zustande kommt, ist eine Zurechnung über § 278 BGB möglich. Nur in diesem Fall wird der hinzugezogene Arzt im Pflichten-

---

458) Vgl. *Hoppe*, MedR 1998, 462 ff.; vgl. *Frahm/Nixdorf*, Arzthaftungsrecht, Rn. 13.

459) Vgl. *Frahm/Nixdorf*, Arzthaftungsrecht, Rn. 13.

460) Vgl. *Ulsenheimer/Heinemann*, MedR 1999, 197 ff. (199).

461) Vgl. *Lippert*, in: *Ratzel/Lippert*, Kommentar zur MBO, § 7 Rn. 52; vgl. *Ulsenheimer/Erlinger*, in: *Dierks/Feussner/Wienke*, Rechtsfragen der Telemedizin, S. 70; vgl. *Heyers/Heyers*, MDR 2001, 918 ff. (923 f.).

462) Vgl. *Ulsenheimer/Erlinger*, in: *Dierks/Feussner/Wienke*, Rechtsfragen der Telemedizin, S. 70 f.

kreis des Primärbehandlers als Erfüllungsgehilfe i. S. d. § 278 BGB tätig.[463)]

Hinsichtlich der deliktischen Haftung wird auf die Ausführungen zu den Konsiliarärzten verwiesen.[464)]

III. Telemedizin als neuer Behandlungsmaßstab?

Im Rahmen der Haftung stellt sich nun die Frage, ob sich durch die Einführung bzw. Verfestigung der telemedizinischen Anwendung der ärztliche Behandlungsstandard verändert hat. Dies hätte zur Folge, dass ein Unterlassen der Heranziehung eines Spezialisten im Wege des Telekonsils einen Behandlungsfehler darstellen würde. Maßstab des ärztlichen Handelns ist also der medizinische Standard, den die Ärzteschaft durch ihr berufliches Tun selbst festlegt.[465)] Die Anwendung der Telemedizin führt zu einer Qualitätsverbesserung und damit auch zu einer Standardverbesserung. Demnach müsste das Unterlassen der telemedizinischen Behandlung zu einer Standardunterschreitung und infolgedessen zu einem haftungsrelevanten Behandlungsfehler führen.

Jedoch hat der BGH entschieden, dass nicht jeweils das neueste Therapiekonzept verfolgt werden muss, um dem einzuhaltenden Qualitätsstandard zu genügen.[466)] Für eine gewisse Übergangszeit müsse es den Kliniken gestattet sein, nach älteren, bis dahin bewährten Methoden zu behandeln. Erst dann, wenn eine den Qualitätsstandard verbessernde Behandlungsmethode risikoärmer ist, bessere Heilungschancen verspricht, in der medizinischen Wissenschaft im Wesentlichen unumstritten ist und sie daher nur von einem spezialisierten Arzt verantwortet werden kann, ist die bisher angewendete Maßnahme veraltet und überholt. Nur

---

463) Vgl. *Ulsenheimer/Erlinger*, in: *Dierks/Feussner/Wienke*, Rechtsfragen der Telemedizin, S. 70.

464) Verweis S. 40 ff. dieser Arbeit.

465) Vgl. *Kern*, in: *Dierks/Feussner/Wienke*, Rechtsfragen der Telemedizin, S. 55 f. Urteil zum medizinischen Standard: BGH, Urt. v. 29.1.1991, VI ZR 206/90, BGHZ 113, 297 ff.; *Deutsch*, Anm. zu BGH, Urt. v. 10.2.1987, VI ZR 68/86, NJW 1987, 1479 ff. (1480 f.); *Laufs*, in: *Laufs/Uhlenbruck*, Handbuch des Arztrechts, § 99 Rn. 3.

466) BGH, Urt. v. 22.9.1987, VI ZR 238/86, BGHZ 102, 17 ff., NJW 1988, 763 ff. (763 f.); vgl. *Dierks*, in: *Jähn/Nagel*, e-Health, S. 275 f.; vgl. *Heyers/Heyers*, MDR 2001, 918 ff. (922 f.).

in diesem Fall stellt das Unterlassen der neuen Behandlungsmethode einen Behandlungsfehler dar.[467] Solange die telemedizinische Anwendung dieser Kriterien nicht nachweislich erfüllt und höchstrichterlich bestätigt wird, erfüllt sie keinen neuen, zwingend einzuhaltenden Standard. Nur wenn telematische Anwendungen zum medizinischen Standard gehören, sind sie dem Patienten gegenüber geschuldet. Allein die Tatsache, dass durch telemedizinische Anwendungen ein über dem Standard liegendes Expertenwissen einfließen kann, führt jedoch noch nicht zu einer Veränderung des gegenwärtig gültigen Standards.

IV. Zusammenfassung

Insgesamt lässt sich feststellen, dass die telemedizinischen Anwendungen die angestrebte Vernetzung im Gesundheitswesen fördern. Es ergeben sich neue Möglichkeiten der Verzahnung von Arbeitsabläufen und Informationen in und zwischen medizinischen Einrichtungen. Spezialisten, die an unterschiedlichen Orten tätig sind, können via Computernetzen miteinander diskutieren und Fachwissen austauschen. Dadurch kann die Effektivität, Wirtschaftlichkeit und Qualität der ärztlichen Behandlungen gesteigert werden.

---

467) Vgl. *Kern*, in: *Dierks/Feussner/Wienke*, Rechtsfragen der Telemedizin, S. 59 f.

2. Kapitel: Stationäre Versorgung

Im folgenden Kapitel werden nun die Möglichkeiten der ärztlichen Kooperationsformen auf dem stationären Sektor dargestellt. Zunächst gilt es, die Rechtsgrundlage für die stationäre Behandlung herauszuarbeiten.

A. Einzelne Vertragstypen

In der Praxis der vergangenen Jahrzehnte haben sich insbesondere drei Grundtypen von Krankenhausaufnahmeverträgen herausgebildet.[468)] Die exakte Zuordnung des jeweiligen Vertrages unter einen der drei Grundtypen ist insbesondere unter haftungsrechtlichen Gesichtspunkten unerlässlich.

I. Der totale Krankenhausaufnahmevertrag

Mit dem Abschluss eines totalen Krankenhausaufnahmevertrages tritt der Patient ausschließlich mit dem Krankenhausträger in vertragliche Beziehungen.[469)] Dieser gemischte Vertrag enthält Elemente des Beherbergungs-, Miet-, Kauf-, Werk- und Dienstvertrages. Wegen der zentralen Bedeutung der geschuldeten Heilbehandlung sind die Vorschriften des Dienstvertrages anzuwenden.[470)] Der Krankenhausträger schuldet also nicht nur die Unterbringung, Verpflegung und allgemeine Krankenhausversorgung, sondern auch die Verschaffung und Durchführung der

---

468) So schon *Uhlenbruck*, NJW 1964, 431 ff. (431); näher dazu *Deutsch/Spickhoff*, Medizinrecht, Rn. 70 ff.; vgl. *Quaas/Zuck*, Medizinrecht, § 13 Rn. 10 ff.; vgl. *Genzel*, in: *Laufs/Uhlenbruck*, Handbuch des Arztrechts, § 93 Rn. 1 ff.; *Müller-Glöge*, in: *MüKo*, Bürgerliches Gesetzbuch, Bd. 4, § 611 Rn. 105 ff.

469) BGH, Urt. v. 10.5.1951, III ZR 102/50, BGHZ 2, 94 ff.; BGH, Urt. v. 27.2.1952, II ZR 78/51, BGHZ 5, 321 ff. (323); vgl. *Büsken/Klüglich*, VersR 1994, 1141 ff. (1141); vgl. *Kammerlohr*, Behandlungsfehlerhaftung im arbeitsteiligen Medizinbetrieb, S. 195.

470) Vgl. *Reiling*, MedR 1995, 443 ff. (447); vgl. *Büsken/Klüglich*, VersR 1994, 1141 ff. (1141 f.).

ärztlichen Behandlung.[471] Der totale Krankenhausaufnahmevertrag ist beim Kassenpatienten der Regelfall.[472] Vertragspartner des Patienten ist also allein der Krankenhausträger, der die gesamte notwendige Krankenhausbehandlung schuldet.[473] Dieser lässt die ärztlichen Leistungen durch angestellte oder beamtete Ärzte erbringen.[474] Diese sind Erfüllungsgehilfen i. S. d. § 278 BGB.[475] Zu den behandelnden Ärzten tritt der Patient nicht in eigene vertragliche Beziehungen.[476] Im Rahmen dieses Vertragstyps schuldet der Krankenhausträger sämtliche Leistungen ‚total' und erwirbt folglich einen eigenen Honoraranspruch nach § 611 Abs. 1 BGB.[477] Der jeweilige Arzt hingegen erwirbt keinen eigenen Honoraranspruch gegen den Patienten.[478] In haftungsrechtlicher Hinsicht ist der Krankenhausträger der alleinige vertragliche Haftungsschuldner.[479]

II. Der gespaltene Krankenhausaufnahmevertrag

Beim gespaltenen Krankenhausaufnahmevertrag besteht eine doppelte Vertragsbeziehung. Zum einen schuldet der Krankenhausträger dem Patienten die Krankenhausversorgung, zum anderen ist der leitende Kran-

---

471) BGH, Urt. v. 10.5.1951, III ZR 102/50, BGHZ 2, 94 ff.; vgl. *Genzel*, in: *Laufs/Uhlenbruck*, Handbuch des Arztrechts, § 93 Rn. 3; vgl. *Pflüger*, Krankenhaushaftung und Organisationsverschulden, S. 28 f.; vgl. *Uhlenbruck*, NJW 1964, 431 ff. (432); vgl. *Uhlenbruck*, NJW 1973, 1399 ff. (1400).

472) Vgl. BGH, Urt. v. 9.5.2000, VI ZR 173/99, VersR 2000, 999 ff.; vgl. *Büsken/Klüglich*, VersR 1994, 1141 ff. (1141 f.).

473) Die gesamte notwendige Krankenhausbehandlung ist als allgemeine Krankenhausleistung im Krankenhausentgeltgesetz (§ 2 Abs. 2 KHEntgG) und für sozialversicherte Patienten auch im SGB V (§ 39 Abs. 1 S. 3 SGB V) definiert.

474) BGH, Urt. v. 27.2.1952, II ZR 78/51, BGHZ 5, 321 ff.; *Hart*, Jura 2000, 14 ff. (18); *Genzel*, in: *Laufs/Uhlenbruck*, Handbuch des Arztrechts, § 93 Rn. 3.

475) Vgl. *Geiß/Greiner*, Arzthaftpflichtrecht, A I Rn. 26; vgl. *Heinrichs*, in: *Palandt*, Bürgerliches Gesetzbuch, § 278 Rn. 7 ff.

476) Zwischen den Ärzten bzw. Pflegekräften des Krankenhauses und den Patienten bestehen in der Regel unmittelbar nur deliktische Beziehungen. BGH, Urt. v. 8.2.2000, VI ZR 325/98, VersR 2000, 1107 f.; vgl. *Geiß/Greiner*, Arzthaftpflichtrecht, A I Rn. 29; vgl. *Hart*, Jura 2000, 14 ff. (17).

477) Vgl. *Kammerlohr*, Behandlungsfehlerhaftung im arbeitsteiligen Medizinbetrieb, S. 195.

478) Vgl. *Schmid*, Die Passivlegitimation im Arzthaftpflichtprozess, S. 80 f.

479) Vgl. *Neuefeind*, Arzthaftungsrecht, S. 75.

kenhausarzt zur Erbringung der ärztlichen Leistung verpflichtet.[480] Folglich sind zwei Leistungs- und Haftungsbereiche zu unterscheiden. Der Hauptanwendungsfall des gespaltenen Krankenhausaufnahmevertrages ist die belegärztliche Behandlung im Krankenhaus. Sie stellt in der Regel die Fortsetzung der ambulanten Tätigkeit eines niedergelassenen Arztes unter Zuhilfenahme der Krankenhauseinrichtungen dar.[481] Im Rahmen dieses Vertragstyps stehen dem Patienten sowohl der Krankenhausträger als auch der selbstliquidierende Arzt als jeweils selbständige Vertragspartner gegenüber.[482] Die Haftungsfrage beim gespaltenen Vertrag bereitet in der Praxis Schwierigkeiten, da sich die Verantwortungsbereiche nicht immer exakt zuordnen lassen. Dies muss im jeweiligen Einzelfall anhand der objektiven Pflichtenkreise entschieden werden.[483]

III. Der totale Krankenhausaufnahmevertrag mit Arztzusatzvertrag

Zunächst gilt bei diesem Vertragstyp dasselbe wie beim totalen Krankenhausvertrag. Der Krankenhausträger schuldet dem Patienten sowohl die allgemeine Krankenhausversorgung als auch die ärztliche Behandlung. Daneben schließt der selbstzahlende Patient noch zusätzlich mit dem Chefarzt oder einem sonstigen liquidationsberechtigten Arzt einen weiteren Arztvertrag über die ärztliche Behandlung ab.[484] Der Patient erhält also zwei Vertragsschuldner. Die ärztliche Behandlung wird dem Patienten sowohl vom Krankenhausträger als auch von dem zusätzlich verpflichteten Arzt geschuldet.[485] Beide Vertragsschuldner sind für die

---

480) Vgl. *Uhlenbruck,* NJW 1964, 431 ff. (432 ff.); *Uhlenbruck,* NJW 1973, 1399 ff. (1400); BGH, Urt. v. 27.2.1952, II ZR 78/51, BGHZ 5, 321 ff.; vgl. *Kammerlohr,* Behandlungsfehlerhaftung im arbeitsteiligen Medizinbetrieb, S. 196 f.; vgl. *Genzel*, in: *Laufs/Uhlenbruck*, Handbuch des Arztrechts, § 93 Rn. 4; BGH, Urt. v. 14.2.1995, VI ZR 272/93, VersR 1995, 706 ff.; BGH, Urt. v. 16.5.2000, VI ZR 321/98, VersR 2000, 1146 ff.; vgl. *Neuefeind*, Arzthaftungsrecht, S. 76; BGH, Urt. v. 8.5.1962, VI ZR 270/61, NJW 1962, 1763 f.; vgl. *Geiß/Greiner,* Arzthaftpflichtrecht, A I Rn. 33 ff.

481) Vgl. *Franzki/Hansen*, NJW 1990, 737 ff. (737).

482) Vgl. *Geiß/Greiner,* Arzthaftpflichtrecht, A I Rn. 33.

483) Vgl. *Geiß/Greiner,* Arzthaftpflichtrecht, A I Rn. 33.

484) Vgl. *Uhlenbruck,* NJW 1964, 431 ff. (434); vgl. *Büsken/Klüglich*, VersR 1994, 1141 ff. 1141 ff. (1142 ff.).

485) Vgl. *Büsken/Klüglich*, VersR 1994, 1141 ff. (1142 ff.).

Erbringung der ärztlichen Leistung als Gesamtschuldner verpflichtet.[486] Diese Vertragskonstruktion ist mittlerweile bei der Vereinbarung von Wahlleistungen schon die Regel.[487] Der Krankenhausträger haftet für ein Fehlverhalten aller Mitarbeiter über § 278 BGB, also auch des selbstliquidierenden leitenden Arztes. Auch er tritt als Erfüllungsgehilfe des Krankenhausträgers auf.[488] Im Bereich der wahlärztlichen Leistungen tritt jedoch ggf. die Haftung des selbstliquidierenden Arztes noch hinzu. In diesem Fall haften die beiden Vertragsschuldner gesamtschuldnerisch.[489] Im Einzelfall kann es schwierig sein, zu unterscheiden, ob der leitende Arzt bzgl. der von ihm geschuldeten Leistungen alleiniger Vertragspartner ist[490] oder seine Leistungsverpflichtung zu der umfassenden Behandlungs- und Betreuungspflicht des Krankenhausträgers hinzutritt.[491] Die Abgrenzung der beiden Vertragstypen richtet sich nach den Aufnahmebedingungen des Krankenhauses und der Krankenhaussatzung.[492]

In seinem Grundsatzurteil vom 18.6.1985[493] hat der BGH entschieden, dass in der Regel ein totaler Krankenhausaufnahmevertrag mit Arztzusatzvertrag zustande kommt, wenn der Patient ärztliche Leistungen in Anspruch nimmt. Es entspreche der Erwartungshaltung des Patienten, dass der Krankenhausträger alle ärztlichen Leistungen erbringe und ihm mit dem leitenden Arzt ein zusätzlicher Haftungsschuldner gegenüber-

---

486) Vgl. *Reiling*, MedR 1995, 443 ff. (450); vgl. *Büsken/Klüglich*, VersR 1994, 1141 ff. (1142 f.).

487) Vgl. *Geiß/Greiner*, Arzthaftpflichtrecht, A I Rn. 49; BGH, Urt. v. 27.10.1987, VI ZR 288/86, VersR 1988, 272 ff.; vgl. *Steffen/Dressler*, Arzthaftungsrecht, A I Rn. 34; BGH, Urt. v. 18.6.1985, VI ZR 234/83, VersR 1985, 1043 ff. (1044 ff.); BGH, Urt. v. 18.6.1985, VI ZR 234/83, BGHZ 95, 63 ff. (67 ff.); BGH, Urt. v. 22.12.1992, VI ZR 341/91, BGHZ 121, 107 ff. (111 ff.). Nach § 17 KHEntgG (Krankenhausentgeltgesetz) besteht sowohl für Privatversicherte als auch für Kassenpatienten, die insoweit zu Selbstzahlern werden, die Möglichkeit, durch schriftliche Vereinbarung ‚andere als die allgemeinen Krankenhausleistungen' als gesondert zu vergütende Wahlleistungen in Anspruch zu nehmen.

488) Vgl. *Genzel*, in: *Laufs/Uhlenbruck*, Handbuch des Arztrechts, § 93 Rn. Rn. 7.

489) Vgl. *Reiling*, MedR 1995, 443 ff. (450); OLG Köln, Urt. v. 16.12.1985, 7 U 11/85, VersR 1987, 188.

490) Wie das beim gespaltenen Krankenhausaufnahmevertrag der Fall ist.

491) Wie beim totalen Krankenhausaufnahmevertrag mit Arztzusatzvertrag.

492) Vgl. *Reiling*, MedR 1995, 443 ff. (450); vgl. *Steffen/Dressler*, Arzthaftungsrecht, A I Rn. 34; *Hart*, Jura 2000, 14 ff. (18).

493) BGH, Urt. v. 18.6.1985, VI ZR 234/83, BGHZ 95, 63 ff.

stehe.[494] Es werden also strenge Anforderungen an die wirksame Vereinbarung eines gespaltenen Krankenhausaufnahmevertrages gestellt. Lediglich einen Hinweis in Formularbedingungen des Krankenhauses lässt der BGH nicht genügen. Dem Patienten müsse vielmehr unmissverständlich klar gemacht werden, dass der Krankenhausträger in diesem Fall nicht Schuldner der ärztlichen Leistung ist und für Fehler insoweit auch nicht haftet. Nur unter der Voraussetzung der deutlichen Offenlegung der Vertragsverhältnisse ist im Einzelfall ein gespaltener Krankenhausaufnahmevertrag wirksam vereinbart.[495]

B. Kooperation innerhalb einer Chefarztambulanz

I. Allgemeines

Die Tätigkeit in den Krankenhausambulanzen bewegt sich zwischen ambulanter und stationärer Betreuung.[496] In dem speziellen Fall der Patientenbetreuung in einer Krankenhausambulanz muss zwischen der Chefarzt- und der Institutsambulanz differenziert werden, um im Einzelfall die Rechtsgrundlage festlegen zu können (Arztvertrag oder Krankenhausaufnahmevertrag). In beiden Fällen können sich nämlich die Vertragsverhältnisse konträr gestalten. Besonders hervorzuheben ist diese Form der ambulanten Patientenversorgung deshalb, weil die ambulante Betreuung grundsätzlich nicht von den Krankenhäusern vorgenommen wird.[497] Die ambulante Versorgung der Patienten obliegt in erster Linie

---

494) Zu den weiteren Argumenten siehe BGH, Urt. v. 18.6.1985, VI ZR 234/83, BGHZ 95, 63 ff.; vgl. *Büsken/Klüglich*, VersR 1994, 1141 ff. (1143); vgl. *Reiling*, MedR 1995, 443 ff. (450); vgl. *Steffen/Dressler*, Arzthaftungsrecht, A I Rn. 34 f.

495) Vgl. *Reiling*, MedR 1995, 443 ff. (451); OLG Saarbrücken, Urt. v. 12.4.2000, 1 U 771/99-191, NJW 2001, 1798 f.; vgl. *Steffen/Dressler*, Arzthaftungsrecht, A I Rn. 36; BGH, Urt. v. 22.12.1992, VI ZR 341/91, VersR 1993, 481 ff.; OLG Koblenz, Urt. v. 26.6.1997, 5 U 1825/96, VersR 1998, 1283 f.; vgl. *Büsken/ Klüglich*, VersR 1994, 1141 ff. (1143); *Reiling*, Anm. zu BGH, Urt. v. 22.12.1992, VI ZR 341/91, MedR 1993, 191 ff.

496) Vgl. *Quaas/Zuck*, Medizinrecht, § 13 Rn. 14; *Laufs*, in: *Laufs/Uhlenbruck*, Handbuch des Arztrechts, § 98 Rn. 21; BGH, Urt. v. 20.9.1988, VI ZR 296/87, MedR 1989, 88 ff. (89); vgl. *Steffen/Dressler*, Arzthaftungsrecht, A I Rn. 45 ff., 57 ff.

497) BGH, Urt. v. 8.12.1992, VI ZR 349/91, NJW 1993, 784 ff. (784); vgl. *Bergmann/ Kienzle*, Krankenhaushaftung, Rn. 17; BGH, Urt. v. 28.4.1987, VI ZR 171/86, MedR 1988, 86 ff.

den niedergelassenen Ärzten. Gesetzlich geregelt ist dies zumindest für den Kassenpatienten in den §§ 95, 116 SGB V, wonach den zur Teilnahme an der vertragsärztlichen Versorgung „ermächtigten" Ärzten diese Aufgabe zukommt.

Eine Chefarztambulanz liegt dann vor, wenn die ambulante Behandlung als sog. Vertragsleistung von den leitenden Krankenhausärzten im Rahmen ihrer genehmigten Nebentätigkeit erbracht wird.[498)] Bei einer Institutsambulanz hingegen bietet das Krankenhaus selbst als Institution die ambulante Leistung an. Ein Beispiel hierfür ist das ambulante Operieren im Krankenhaus. Die Unterscheidung hat, wie bereits erwähnt, in vertrags- und haftungsrechtlicher Hinsicht Bedeutung.

II. Vertragsverhältnisse

Im Rahmen der ambulanten Behandlung in der Chefarztambulanz kommen als Vertragspartner des Patienten sowohl der behandelnde Chefarzt als auch der Krankenhausträger oder auch beide in Betracht.

1. Kassenpatient

Zu diesem Problem hat der BGH in seinem Urteil vom 28.4.1987[499)] Stellung genommen. Für den Fall des Kassenpatienten hat er ausdrücklich entschieden, dass alleiniger Vertragspartner der die Ambulanz betreibende Chefarzt ist. Der Krankenhausträger scheidet als Vertragspartner schon deshalb aus, weil die ambulante Versorgung eines Kassenpatienten nicht zu den Aufgaben eines Krankenhauses gehört. Dessen Aufgabe sei primär die stationäre Behandlung. Die ambulante Versorgung obliege den nicht in ein Krankenhaus eingebundenen, frei praktizierenden Ärzten (einschließlich der Belegärzte).[500)] Die ambulante Behandlung sei in erster Linie durch die zugelassenen Vertragsärzte sichergestellt. Mit der Überweisung des Kassenpatienten in die Krankenhausambulanz und

---

498) Vgl. *Schlund*, in: *Laufs/Uhlenbruck*, Handbuch des Arztrechts, § 115 Rn. 17.
499) BGH, Urt. v. 28.4.1987, VI ZR 171/86, BGHZ 100, 363 ff.
500) BVerfG, Beschl. v. 23.7.1963, 1 BvL 1,4/61, BVerfGE 16, 286 ff. (298); BGH, Urt. v. 28.4.1987, VI ZR 171/86, VersR 1987, 990 ff.; BGH, Urt. v. 28.4.1987, VI ZR 171/86, BGHZ 100, 363 ff. (366).

der Aufnahme der Behandlung kommt daher ausschließlich ein Behandlungsvertrag zwischen dem die Ambulanz kraft kassenärztlicher Zulassung gemäß §§ 96, 116 SGB V betreibenden Chefarzt und dem Kassenpatienten zustande.[501)] Begründet wird dies damit, dass der Chefarzt kraft seiner Mitgliedschaft bei der Kassenärztlichen Vereinigung über den öffentlich-rechtlichen Gesamtvertrag mit der Krankenkasse des Kassenpatienten verbunden ist.[502)] Allein der Chefarzt der Ambulanz ist sozialversicherungsrechtlich gegenüber dem Kassenpatienten befugt, die ambulante Versorgung durchzuführen. Das Krankenhaus als Institution hingegen soll die ambulante Versorgung im Regelfall nicht übernehmen.[503)] An der Stellung des Chefarztes als alleiniger Vertragspartner des Kassenpatienten ändert sich auch nichts dadurch, dass die Überweisung fälschlicherweise auf das Krankenhaus lautet.[504)] Rechtlich unerheblich ist auch der Fall, dass die Behandlung in der Krankenhausambulanz nicht vom Chefarzt persönlich, sondern von einem nachgeordneten Krankenhausarzt durchgeführt wird.[505)]

2. Privatpatient

Für Privatpatienten fehlt zwar eine den Vorschriften des SGB V entsprechende Zuständigkeitsregelung für die ambulante ärztliche Versorgung. Infolgedessen besteht hier zwischen den in Betracht kommenden Vertragspartnern weitgehende Vertragsfreiheit bei der rechtlichen Gestaltung der Vertragsverhältnisse. Fehlen jedoch konkrete Abreden, drängt sich die sinngemäße Anwendung der Regelungen aus dem Vertragsarzt-

---

501) BGH, Urt. v. 28.4.1987, VI ZR 171/86, BGHZ 100, 363 ff. (367); vgl. *Büsken/Klüglich*, VersR 1994, 1141 ff. (1148); *Heinrichs*, in: *Palandt*, Bürgerliches Gesetzbuch, § 278 Rn.29; BGH, Urt. v. 28.4.1987, VI ZR 171/86, NJW 1987, 2289 ff.; vgl. *Rippel/Rippel*, Kap. IV/104, 12. Haftung des Chefarztes.

502) BGH, Urt. v. 28.4.1987, VI ZR 171/86, NJW 1987, 2289 ff.

503) *Laufs*, in: *Laufs/Uhlenbruck*, Handbuch des Arztrechts, § 98 Rn. 21; vgl. *Kamerlohr*, Behandlungsfehlerhaftung im arbeitsteiligen Medizinbetrieb, S. 184 f.; BGH, Urt. v. 28.4.1987, VI ZR 171/86, VersR 1987, 990 ff., NJW 1987, 2289 ff. (2289 f.).

504) Vgl. *Büsken/Klüglich*, VersR 1994, 1141 ff. (1148); BGH, Urt. v. 16.11.1993, VI ZR 105/92, VersR 1994, 425 ff. (426); BGH, Urt. v. 28.4.1987, VI ZR 171/86, MedR 1988, 86 ff.

505) BGH, Urt. v. 28.4.1987, VI ZR 171/86, MDR 1987, 831 f., BGHZ 100, 363 ff. (368 f.); vgl. *Pflüger*, Krankenhaushaftung und Organisationsverschulden, S. 37; vgl. *Steffen/Dressler*, Arzthaftungsrecht, A I Rn. 57.

recht geradezu auf.[506] Einerseits ist es für das Krankenhaus, das sowohl Kassen- als auch Privatpatienten behandelt, aus organisatorischen Gründen sinnvoll, die Vertragsverhältnisse zwischen dem Chefarzt der Ambulanz und den Patienten einheitlich zu behandeln. Andererseits entspricht die dargestellte Rechtslage ohnehin der Vorstellung des Privatpatienten. Auch für ihn präsentiert sich die Ambulanz als eine Abteilung im Krankenhaus, die völlig auf die Person des Chefarztes zugeschnitten ist. Ihm nun einen anderen Vertragspartner als den Chefarzt zuzuweisen, wäre für den Privatpatienten schwer nachvollziehbar.[507] Somit ist auch im Falle der ambulanten Behandlung eines Privatpatienten der die Ambulanz betreibende Chefarzt der alleinige Vertragspartner.[508] Daran ändert sich auch dann nichts, wenn in Abwesenheit des Chefarztes nur der diensthabende nachgeordnete Krankenhausarzt Dienste leistet.[509]

III. Haftungsverhältnisse

Auch die ambulante Behandlung im Rahmen der Krankenhausambulanz ist geprägt durch das arbeitsteilige Zusammenwirken mehrerer Ärzte. Dies betrifft v. a. das Zusammenspiel zwischen dem die Ambulanz betreibenden Chefarzt und den nachgeordneten Ärzten. Um das Haftungsrisiko des Patienten möglichst gering zu halten und dessen Vertrauen in diese Art der Kooperation zu schützen, gilt es nun, die Haftungssituation in der Krankenhausambulanz klar und detailliert darzustellen. Da die vertraglichen Verhältnisse beim Kassen- und Privatpatienten identisch behandelt werden, stellt sich dementsprechend auch die Haftungssituation in beiden Fällen analog dar.

---

506) BGH, Urt. v. 20.9.1988, VI ZR 296/87, VersR 1988, 1270 ff. (1272); BGH, Urt. v. 20.9.1988, VI ZR 296/87, NJW 1989, 769 ff.; *Kammerlohr*, Behandlungsfehlerhaftung im arbeitsteiligen Medizinbetrieb, S. 189; vgl. *Pflüger*, Krankenhaushaftung und Organisationsverschulden, S. 37.

507) BGH, Urt. v. 20.9.1988, VI ZR 296/87, VersR 1988, 1270 ff. (1272), BGHZ 105, 189 ff. (195 f.).

508) Vgl. *Heinrichs*, in: *Palandt*, Bürgerliches Gesetzbuch, § 278 Rn. 29.

509) BGH, Urt. v. 20.9.1988, VI ZR 296/87, BGHZ 105, 189 ff. (195 f.), MedR 1989, 88 ff.

1. Vertragliche Haftung bei persönlicher Behandlung durch den Chefarzt

In der Krankenhausambulanz werden die ambulanten Leistungen als sog. Vertragsleistungen erbracht. Da der Chefarzt, der alleiniger Vertragspartner ist, richten sich die vertraglichen Ansprüche allein gegen ihn. Er allein haftet im Falle eines schuldhaften Behandlungsfehlers dem Patienten gegenüber aus §§ 280 Abs. 1, 611 BGB.

Dem Patienten stehen keine vertraglichen Ansprüche gegen den Krankenhausträger zu. Eine Haftungszurechnung über §§ 31, 89 bzw. 278 BGB scheidet aus. Der Chefarzt ist weder ein Organ noch ein Erfüllungsgehilfe des Krankenhausträgers. Bei der ambulanten Behandlung in der Ambulanz handelt es sich nicht um eine Aufgabe des Krankenhausträgers, zu deren Erfüllung der Chefarzt tätig werden würde. Die vom Chefarzt erbrachten Leistungen sind gerade keine Institutsleistungen des Krankenhausträgers, weil die ambulante Versorgung von Patienten aus dem originären Aufgabenkreis des Krankenhausträgers herausfällt.[510)]

Der Chefarzt handelt allein aufgrund eigener vertraglicher Verpflichtungen und nicht in Erfüllung der Verbindlichkeiten des Krankenhausträgers. Bei dieser Art der Behandlung handelt es sich um eine reine Privattätigkeit des behandelnden Arztes, nicht um eine Dienstpflicht. Der die Ambulanz betreibende Chefarzt wird im Rahmen seiner Pflichten zur persönlichen Behandlung des Patienten allein ‚für sich' tätig; in diesem begrenzten Aufgabenbereich ist er daher weder Organ noch Verrichtungsgehilfe des Krankenhausträgers. Eine eigene vertragliche Haftung der nachgeordneten Ärzte scheidet aus, da sie in keinerlei vertraglichen Beziehungen zum Patienten stehen.

---

510) Vgl. *Schlund*, in: *Laufs/Uhlenbruck*, Handbuch des Arztrechts, § 115 Rn. 19; vgl. *Schmid*, Die Passivlegitimation im Arzthaftpflichtprozess, S. 99 f.; vgl. *Kammerlohr*, Behandlungsfehlerhaftung im arbeitsteiligen Medizinbetrieb, S. 185 f.; *Steffen/Dressler*, Arzthaftungsrecht, A I Rn. 45.

2. Vertragliche Haftung bei Behandlung durch einen nachgeordneten Arzt

Begeht der die Ambulanz betreibende Chefarzt den Behandlungsfehler nicht selbst, sondern ein nachgeordneter Arzt, stellt sich die Frage, wer für diesen Fehler vertraglich einzustehen hat. In Betracht kommen sowohl der Krankenhausträger als auch der Chefarzt.

Unter Berücksichtigung der bereits entwickelten Vertragsverhältnisse folgt, dass allein der Chefarzt für den Fehler des nachgeordneten Arztes verantwortlich sein kann. Die ambulante Behandlung des Patienten in der Krankenhausambulanz ist allein die Aufgabe des Chefarztes. Sie gehört nicht zum Pflichtenkreis des Krankenhausträgers. Nur der Chefarzt ist aufgrund des Behandlungsvertrages zur ambulanten Behandlung des Patienten verpflichtet. Er allein schuldet die ambulante Versorgung in der Ambulanz. Setzt der Chefarzt daher zur Erfüllung seiner Verbindlichkeiten einen nachgeordneten Arzt ein, so ist dieser sein Erfüllungsgehilfe und er haftet für ihn nach §§ 611, 278 BGB.[511)]

3. Deliktische Haftung bei persönlicher Behandlung durch den Chefarzt

Der die Ambulanz betreibende Chefarzt haftet für eigene Behandlungsfehler nach § 823 Abs. 1 BGB. Er hat den dadurch verursachten Schaden zu erstatten.

4. Deliktische Haftung bei Behandlung durch einen nachgeordneten Arzt

Für die tatbestandsmäßigen und rechtswidrigen unerlaubten Handlungen des nachgeordneten Arztes haftet der Chefarzt nach § 831 Abs. 1 BGB.[512)] Der behandelnde Arzt ist Verrichtungsgehilfe des Chefarztes. Er unterliegt dessen Weisungen, er ist in den Ambulanzbetrieb des Chef-

---

511) Vgl. *Schmid*, Die Passivlegitimation im Arzthaftpflichtprozess, S. 99; vgl. *Kammerlohr*, Behandlungsfehlerhaftung im arbeitsteiligen Medizinbetrieb, S. 186 f.; vgl. *Steffen/Dressler*, Arzthaftungsrecht, A II Rn. 85.

512) Vgl. *Schlund*, in: *Laufs/Uhlenbruck*, Handbuch des Arztrechts, § 115 Rn. 21.

arztes eingegliedert. Der Chefarzt kann als Geschäftsherr i. S. d. § 831 Abs. 1 BGB die Tätigkeit des behandelnden Arztes jederzeit beschränken, untersagen oder nach Zeit und Umfang bestimmen.[513)] Unter den Voraussetzungen des § 831 Abs. 1 S. 2 BGB kann sich der die Ambulanz betreibende Chefarzt von der Haftung nach § 831 Abs. 1 S. 1 BGB exkulpieren.

Daneben haftet der deliktisch handelnde nachgeordnete Arzt selbst gemäß § 823 Abs. 1 BGB für den von ihm verursachten Schaden. Gelingt dem Chefarzt der Entlastungsbeweis nach § 831 Abs. 1 S. 2 BGB nicht, haften beide Ärzte gesamtschuldnerisch nach § 840 Abs. 1 BGB.

5. Zusammenfassung

Im Falle eines Behandlungsfehlers im Rahmen der Krankenhausambulanz haftet vertraglich ausschließlich der die Ambulanz leitende Chefarzt sowohl für eigenes als auch für fremdes Fehlverhalten. Deliktisch haftet jedenfalls der jeweils handelnde Arzt. Eine gesamtschuldnerische Haftung der Ärzte ist unter Umständen möglich.

Der Krankenhausträger hingegen haftet grundsätzlich weder vertraglich noch deliktisch. Er ist bei dieser Art der ambulanten Versorgung des Patienten in die sozialversicherungsrechtlichen und bürgerlich-rechtlichen Beziehungen nicht einbezogen. Etwas anderes ergibt sich auch nicht aus etwaigen vertraglichen Abmachungen mit dem Chefarzt, da diese nur die internen Beziehungen zwischen Chefarzt und Krankenhausträger regeln.[514)]

---

513) Vgl. *Sprau*, in: *Palandt*, Bürgerliches Gesetzbuch, § 831 Rn. 6; vgl. *Geiß/Greiner*, Arzthaftpflichtrecht, A II Rn. 72.
514) Vgl. *Bergmann/Kienzle*, Krankenhaushaftung, Rn. 19.

C. Kooperation zwischen selbstliquidierendem Chefarzt und nachgeordneten Ärzten

I. Allgemeines

Dieser Variante der Zusammenarbeit liegt in der Regel der sog. Totale Krankenhausaufnahmevertrag mit Arztzusatzvertrag zugrunde.[515] Danach schließt der Patient neben dem Vertrag mit dem Krankenhaus noch einen weiteren mit dem Chefarzt oder einem sonstigen liquidationsberechtigten Arzt des Krankenhauses ab. Dieser Arztzusatzvertrag berechtigt den Arzt zur Eigenliquidation nach der GOÄ (Gebührenordnung für Ärzte). Dies sind die häufigen Fälle der Arzt-Wahlleistungspatienten in der stationären Krankenhauspflege.[516] Es muss jedoch stets geprüft werden, ob tatsächlich ein solcher Arztzusatzvertrag vorliegt, oder ob der selbstliquidierende Arzt nicht doch dem Belegarztsystem entsprechend behandelt werden muss (dann: gespaltener Vertrag). Auskunft darüber geben die Aufnahmebedingungen des Krankenhauses.[517]

Mittlerweile hat sich der Bundesgerichtshof im stationären Bereich konsequent für die Vertragsform des einheitlichen bzw. totalen Krankenhausaufnahmevertrages mit Arztzusatzvertrag als Regelmodell ausgesprochen.[518] Der BGH begründet seine Entscheidung vorwiegend mit dem Willen des Patienten. Dieser wolle sich durch den zusätzlichen Vertragsabschluss mit dem Arzt nicht nur ärztliche Sonderleistungen hinzukaufen, sondern sich zugleich einen weiteren Vertragsschuldner neben dem Krankenhausträger verschaffen.[519]

II. Vertrags- und Haftungsverhältnisse

1. Vertragsverhältnisse

Der Arztzusatzvertrag enthält die doppelte Verpflichtung bezüglich einer einzigen Leistung. Krankenhausträger und selbstliquidierender Arzt

---

515) Vgl. *Genzel*, in: *Laufs/Uhlenbruck*, Handbuch des Arztrechts, § 93 Rn. 6 ff.
516) Näher zum Liquidationsrecht siehe *Quaas/Zuck*, Medizinrecht, § 15 Rn. 46 ff.
517) Vgl. *Steffen/Dressler*, Arzthaftungsrecht, A I Rn. 34.
518) BGH, Urt. v. 19.2.1998, III ZR 169/97, BGHZ 138, 91 ff. (96 f.); BGH, Urt. v. 18.6.1985, VI ZR 234/83, BGHZ 95, 63 ff. (66 ff.).
519) Vgl. BGH, Urt. v. 18.6.1985, VI ZR 234/83, BGHZ 95, 63 ff. (66 ff.).

schulden beide gleichzeitig die ärztliche Behandlung. Mit dem zusätzlichen Arztzusatzvertrag verschafft sich der Patient nicht nur den Anspruch auf persönliche Behandlung (§§ 17 Abs. 3 S. 1 KHEntgG,[520] 4 Abs. 2 GOÄ), sondern zugleich einen weiteren Vertragsschuldner. Der Patient hat also im Leistungsbereich der übernommenen ärztlichen Wahlleistungen zwei Vertragspartner.[521]

2. Haftungsverhältnisse

Da der selbstliquidierende Arzt die ärztliche Behandlung in der Regel in Kooperation mit den nachgeordneten Ärzten erbringt, muss nun die Haftungssituation im Falle eines Behandlungsfehlers geklärt werden. Der selbstliquidierende Arzt ist aufgrund des zusätzlich abgeschlossenen Arztzusatzvertrages im wirksam übernommenen ärztlichen Bereich zusätzlicher vertraglicher Haftungsschuldner. Er haftet daher nicht nur für eigenes Fehlverhalten nach § 280 Abs. 1 BGB, sondern auch für das schuldhafte Verhalten seines ihm nachgeordneten ärztlichen Personals als seine Erfüllungsgehilfen i. S. d. § 278 BGB. Im Rahmen der Verpflichtung zur persönlichen Behandlung des Patienten wird der selbstliquidierende Arzt nicht nur vertrags-, sondern auch haftpflichtrechtlich allein für sich tätig.[522] Für die im eigenen Leistungsbereich eingesetzte ärztliche Assistenz hat der liquidationsberechtigte Arzt daher nach §§ 280 Abs. 1, 278 BGB einzustehen.[523]

Die deliktische Haftung des liquidationsberechtigten Arztes für eigenes fehlerhaftes Behandeln ergibt sich aus § 823 Abs. 1 BGB. Neben dieser persönlichen Haftung hat er auch für das Fehlverhalten seiner in seinem Leistungsbereich eingesetzten kooperierenden Ärzte nach § 831 Abs. 1 BGB einzustehen.[524] Für die in seinem Fachgebiet eingeschaltete ärztliche Assistenz ist der selbstliquidierende Arzt Geschäftsherr i. S. d. § 831

---

520) Gesetz über die Entgelte für voll- und teilstationäre Krankenhausleistungen (Krankenhausentgeltgesetz – KHEntgG).

521) Vgl. *Genzel*, in: *Laufs/Uhlenbruck*, Handbuch des Arztrechts, § 93 Rn. 6 f.

522) Vgl. BGH, Urt. v. 30.11.1982, VI ZR 77/81, BGHZ 85, 393 ff. (393).

523) Vgl. *Geiß/Greiner*, Arzthaftpflichtrecht, A I Rn. 52 ff.; vgl. *Schmid*, Die Passivlegitimation im Arzthaftpflichtprozess, S. 168.

524) Vgl. BGH, Urt. v. 30.11.1982, VI ZR 77/81, BGHZ 85, 393 ff. (393); BGH, Urt. v. 10.1.1984, VI ZR 158/82, BGHZ 89, 263 ff.; vgl. *Schmid*, Die Passivlegitimation im Arzthaftpflichtprozess, S. 169.

Abs. 1 BGB. In diesem Bereich nehmen die nachgeordneten Ärzte nicht nur Aufgaben des Krankenhausträgers, sondern auch und gerade solche des selbstliquidierenden Arztes wahr.

III. Eigenliquidation des Chefarztes - Chefarztambulanz

Zur Klarstellung soll an dieser Stelle noch der Unterschied zwischen dem Liquidationsrecht des Chefarztes und der Chefarztambulanz erläutert werden. Die Eigenliquidation des Chefarztes erfolgt im Rahmen der stationären Versorgung. Da es sich dem Grunde nach um eine stationäre Behandlung handelt und diese grundsätzlich Aufgabe der Krankenhäuser ist, wird verständlich, dass in diesem Fall der Krankenhausträger zwangsläufig in die vertraglichen und haftungsrechtlichen Beziehungen zum Patienten mit eingebunden sein muss. Im Rahmen der Chefarztambulanz hingegen erfolgt die Behandlung des Patienten auf ambulanter Grundlage. Der Patient wird vorübergehend zur ambulanten Versorgung in das Krankenhaus aufgenommen. Da eben gerade eine ambulante und keine stationäre Behandlung vorliegt und die ambulante Behandlung grundsätzlich Aufgabe der niedergelassenen Ärzte ist, bleibt in diesem Fall der Krankenhausträger völlig unbeteiligt. Er ist weder vertraglich noch haftungsrechtlich mit dem Patienten verbunden.

D. Zusammenarbeit von Krankenhausarzt und Belegarzt

I. Allgemeines zum Belegarztsystem

Das Belegarztsystem ist eine besondere Form stationärer ärztlicher Versorgung. Die ambulant durch einen niedergelassenen Arzt begonnene Behandlung wird durch denselben Arzt als Belegarzt stationär fortgesetzt. Dadurch bleibt die Kontinuität zwischen Arzt und Patient erhalten. Die Behandlung bleibt während des gesamten Behandlungszeitraums in der Hand ein und desselben Arztes. Das klassische Belegarztsystem hebt also die strenge sektorale Trennung zwischen der ambulanten und der stationären Behandlung punktuell auf. Es fördert die gesundheitliche Zielsetzung einer verbesserten Verzahnung zwischen den beiden Sektoren. Das Belegarztmodell ist eine der besten und erfolgreichsten Methoden der konstruktiven Zusammenarbeit zwischen Krankenhäusern und niedergelassenen Ärzten.[525] Es wird zwischen Anstaltskrankenhäusern und Belegkrankenhäusern unterschieden. An Belegkrankenhäusern sind alle Abteilungen Belegabteilungen, Anstaltskrankenhäuser hingegen gliedern sich auf in Haupt-, Misch- und Belegabteilungen.[526] Des Weiteren muss zwischen dem ‚Einzelbelegarztsystem' und dem ‚kooperativen Belegarztsystem' unterschieden werden. Im ersten Fall ist der Belegarzt in seinem Fachgebiet allein tätig. Im kooperativen Belegarztsystem sind wenigstens zwei Ärzte einer Fachrichtung ggf. mit Unterstützung von Belegärzten anderer Fachrichtungen für die stationäre Versorgung der Patienten verantwortlich.[527]

II. Die Rechtsstellung des Belegarztes

Ein Belegarzt ist nach § 121 Abs. 2 SGB V ein nicht am Krankenhaus angestellter Vertragsarzt, der berechtigt ist, seine Patienten (Belegpatienten) im Krankenhaus unter Inanspruchnahme der hierfür bereit gestellten Dienste, Einrichtungen und Mittel vollstationär oder teilstationär zu behandeln.[528] Diese Definition entspricht §§ 18 Abs. 1 S. 1 KHEntgG, 22

---

525) Vgl. *Preißler*, in: *Geschäftsführender Ausschuss der Arbeitsgemeinschaft Medizinrecht im DAV* (Hrsg.), Psychotherapeutengesetz – Ärztliche Kooperationsformen, S. 166; vgl. *Andreas/Debong/Bruns*, Handbuch Arztrecht in der Praxis, Rn. 487; vgl. *Ratzel*, Der Frauenarzt 1991, 371 ff. (371 f.); zur geschichtlichen Entwicklung des Belegarztwesens: vgl. *Dolinski*, Der Belegarzt, S. 7 f., 38 ff.

526) In Hauptabteilungen sind keine Belegärzte, in Mischabteilungen sind Krankenhausärzte und Belegärzte verantwortlich tätig und in Belegabteilungen sind ausschließlich Belegärzte verantwortlich. Näheres zur Krankenhausstruktur siehe *Ratajczak*, in: *AG Rechtsanwälte im Medizinrecht e. V.*, Das Belegarztsystem, S. 17 ff.

527) Allgemein zu den Vor- und Nachteilen des Belegarztsystems siehe *Anders*, in: *AG Rechtsanwälte im Medizinrecht e. V.*, Das Belegarztsystem, S. 67 ff. (70 f.); vgl. *Stegers*, in: *AG Rechtsanwälte im Medizinrecht e. V.*, Das Belegarztsystem, S. 3 ff.; vgl. *Schalkhäuser*, in: *AG Rechtsanwälte im Medizinrecht e. V.*, Das Belegarztsystem, S. 35 ff.; vgl. *Dolinski*, Der Belegarzt, S. 38 ff.

528) Der Begriff des Belegarztes ist in § 121 Abs. 2 SGB V und § 18 Abs. 1 KHEntgG legaldefiniert. Nach § 22 Abs. 1 S. 1 BPflV gilt ab dem 1.1.2005 für Belegärzte § 18 KHEntgG. *Kern*, Anm. zu OLG Stuttgart, Urt. v. 19.9.2000, 14 U 65/99, MedR 2001, 311 ff. (313); OLG Oldenburg, Urt. v. 15.5.1990, 5 U 114/89, VersR 1991, 1177 ff. (1179); BGH, Urt. v. 16.5.2000, VI ZR 321/98, NJW 2000, 2737 ff.; vgl. *Jorzig/Schafirski*, KHuR 2002, 118 ff. (118); vgl. *Tuschen/Quaas*, Bundespflegesatzverordnung, Kommentar, Erl. § 23 BPflV-II,

Abs. 1 S. 1 BPflV.[529] Der Belegarzt ist als ein nach § 95 SGB V zur vertragsärztlichen Versorgung zugelassener Arzt zur stationären Behandlung von gesetzlich krankenversicherten Patienten berechtigt. Er ist also gemäß § 121 Abs. 2 SGB V kein Angestellter des Krankenhauses und hat somit für die Tätigkeit am Krankenhaus auch keinen Anspruch auf eine Vergütung durch den Krankenhausträger. Die Vorschrift des § 121 SGB V durchbricht daher den Grundsatz der strikten Trennung zwischen der ambulanten und der stationären Behandlung, da die stationäre ärztliche Behandlung grundsätzlich nicht in den Bereich der vertragsärztlichen Versorgung fällt. Der Belegarzt als Vertragsarzt kann also seine ambulanten Patienten auch stationär versorgen. Diese stationäre Behandlung gehört zur vertragsärztlichen Versorgung und stellt die Fortsetzung der ambulanten ärztlichen Tätigkeit des Belegarztes in freier Praxis dar.[530]

Die stationäre Versorgung des Patienten besteht aus zwei Leistungsbereichen. Die stationären Leistungen des Belegarztes gehören nach § 2 Abs. 1 S. 2 KHEntgG nicht zu den allgemeinen Krankenhausleistungen, sondern stellen einen eigenen Leistungsbereich dar. Den zweiten Leistungsbereich bilden die übrigen Krankenhausleistungen wie Pflege und Unterkunft. Beide Leistungsbereiche sind jeweils selbständig und Bestandteil des ärztlichen Behandlungsvertrages.[531] Voraussetzungen für die stationäre belegärztliche Behandlung sind die vertragsärztliche Zulassung, die Anerkennung als Belegarzt und der Abschluss eines Belegarztvertrages.[532] In § 18 Abs. 1 S. 2 KHEntgG werden die getrennten Aufgaben- und Verantwortungsbereiche des Belegarztes und des Krankenhausträgers ausdrücklich bestimmt. Die dort aufgezählten Leistungen des Belegarztes umfassen ausschließlich die voll- und teilstationäre ärztliche Behandlung, nicht hingegen die vor- und nachstationäre Behandlung i. S. d. § 115 a SGB V.

S. 419; vgl. *Hart,* Jura 2000 14 ff. (17); *Peikert,* in: *Rieger,* Lexikon des Arztrechts, Nr. 805 Rn. 1, 7 ff.; *Kallenberg,* in: *Halbe/Schirmer,* Handbuch Kooperationen im Gesundheitswesen, C 1500 Rn. 14 f.

529) Bundespflegesatzverordnung: BPflV.

530) Vgl. *Franzki/Hansen*, NJW 1990, 737 ff. (737).

531) Vgl. *Renzewitz*, in: *Robbers*, Die Krankenhausbehandlung, Bd. 5, B I S. 34.

532) Näher zu den Voraussetzungen der Belegarzttätigkeit siehe *Renzewitz*, in: *Robbers*, Die Krankenhausbehandlung, Bd. 5, B I S. 24 ff.; *Peikert,* in: *Rieger,* Lexikon des Arztrechts, Nr. 805 Rn. 7 ff.; *Muckel/Hiddemann,* in: *Schnapp/Wigge,* Handbuch des Vertragsarztrechts, § 15 Rn. 5 f.

III. Vertragliche Beziehungen

1. Der Belegarztvertrag

Der Belegarztvertrag regelt die Rechtsbeziehungen zwischen dem Belegarzt und dem Krankenhausträger. Dieser zivilrechtliche, auf Dauer angelegte atypische Vertrag sui generis vereint Elemente der Miete oder Leihe für die zur Verfügung gestellten Räume und Einrichtungen sowie des Kauf- oder Werkvertrages für die verfügbaren Hilfs- und Betriebsstoffe in sich.[533)]

2. Der gespaltene Krankenhausaufnahmevertrag

Die vertraglichen Beziehungen des Belegarztes bzw. Krankenhausträgers zum Patienten bestimmen sich nach dem Rechtscharakter des gespaltenen Krankenhausaufnahmevertrages.[534)] Der Patient schließt mit dem Belegarzt den Vertrag über die ärztliche Behandlung und mit dem Krankenhausträger den Vertrag über die Krankenhausversorgung. In der Regel wurde der Behandlungsvertrag zwischen dem Belegarzt und dem Patienten bereits vor der Aufnahme in die Belegabteilung begründet und

---

533) Zur Rechtsnatur des Belegarztvertrages vgl. *Renzewitz*, in: *Robbers*, Die Krankenhausbehandlung, Bd. 5, B I S. 29 ff. Näher zur vertraglichen Gestaltung *Bergmann,* in: *AG Rechtsanwälte im Medizinrecht e. V.*, Das Belegarztsystem, S. 75 ff.; Formulierungshilfe, *Renzewitz,* in: *Robbers*, Die Krankenhausbehandlung, Bd. 5, A I S. 9 ff. Zum Vertragsinhalt im Einzelnen *Genzel*, in: *Laufs/Uhlenbruck*, Handbuch des Arztrechts, § 90 Rn. 76; BVerwG, Urt. v. 12.3.1987, 3 C 14/86, MedR 1987, 252; vgl. *Deutsch/Spickhoff*, Medizinrecht, Rn. 116; vgl. *Ratzel*, Der Frauenarzt 1991, 371 ff. (373 f.); vgl. *Dolinski*, Der Belegarzt, S. 12 ff.; *Peikert*, in: *Rieger,* Lexikon des Arztrechts, Nr. 805 Rn. 20 ff.; *Kallenberg,* in: *Halbe/Schirmer,* Handbuch Kooperationen im Gesundheitswesen, C 1500 Rn. 21 f.

534) Vgl. *Geiß/Greiner,* Arzthaftpflichtrecht, A I Rn. 31 ff.; vgl. *Meister/Ganse*, in: *Robbers/Wagener*, Die Krankenhausbehandlung, Bd. 1, S. 31 ff. (7.2.); BGH, Urt. v. 14.2.1995, VI ZR 272/93, VersR 1995, 706 ff. (708); vgl. *Jorzig/Schafirski*, KHuR 2002, 118 ff. (118); vgl. *Renzewitz*, in: *Robbers*, Die Krankenhausbehandlung, Bd. 5, B I S. 34 f.; vgl. *Genzel*, in: *Laufs/Uhlenbruck*, Handbuch des Arztrechts, § 93 Rn. 4 f.; vgl. *Bergmann,* in: *AG Rechtsanwälte im Medizinrecht e. V.*, Das Belegarztsystem, S. 75 ff. (84 f.); vgl. *Steffen/Dressler*, Arzthaftungsrecht, A I Rn. 24; vgl. *Dolinski*, Der Belegarzt, S. 29 ff.; *Peikert,* in: *Rieger, Lexikon des Arztrechts,* Nr. 805 Rn. 26; *Martis/Winkhart,* Arzthaftungsrecht aktuell, S. 411 f.

besteht bei der stationären Fortsetzung der ambulant begonnenen Behandlung fort.[535)] Die erforderlichen voll- und teilstationären Leistungen erhält der Patient daher von zwei Schuldnern. Die klinische Gesamtversorgung des Patienten ist vertraglich aufgespalten: der Leistungsbereich der Krankenanstalt und der Leistungsbereich des Belegarztes.[536)]

Der Krankenhausträger schuldet die Sicherstellung der Pflege, der nichtärztlichen Versorgungsleistungen sowie die Bereitstellung der für die ärztliche Behandlung notwendigen Räume und Einrichtungen. Der Belegarzt hingegen schuldet die Sicherstellung und Erbringung der ärztlichen Leistungen.[537)] Der Leistungsrahmen des Belegarztes ergibt sich aus § 18 KHEntgG. Er schuldet dem Belegpatienten eine durchgehende ärztliche Versorgung. Dem Patienten steht somit eine Schuldnermehrheit mit jeweils eigener Leistungszuständigkeit gegenüber.

IV. Vergütung der belegärztlichen Leistungen

Nach § 2 Abs. 1 S. 2 KHEntgG gehören die Leistungen des Belegarztes nicht zu den Krankenhausleistungen. Sie sind weder allgemeine Krankenhausleistungen noch wahlärztliche Leistungen. Bei Privatpatienten rechnet der Belegarzt unmittelbar mit dem Patienten ab, bei gesetzlich Versicherten mit der Kassenärztlichen Vereinigung.[538)] Die Vergütung der belegärztlichen Leistungen für gesetzlich Versicherte erfolgt gem. § 121 Abs. 3 S. 1 SGB V aus der vertragsärztlichen Gesamtvergütung.[539)] Die gesonderte Abrechnung folgt schon aus der Stellung des Belegarztes. Er

---

535) BGH, Urt. v. 16.5.2000, VI ZR 321/98, BGHZ 144, 296 ff. (309 f.); *Franzki/Hansen*, NJW 1990, 737 ff. (737).

536) Vgl. *Geiß/Greiner*, Arzthaftpflichtrecht, A I Rn. 33; *Bergmann/Kienzle*, Krankenhaushaftung, Rn. 9 f.; vgl. *Müller*, DRiZ 2000, 259 ff. (260); vgl. *Wienke*, ZaeFQ 2003, 603 ff. (604 f.).

537) Zu den Pflichten des Belegarztes bzw. des Krankenhausträgers siehe *Renzewitz*, in: *Robbers*, Die Krankenhausbehandlung, Bd. 5, B I S. 35 ff.; BGH, Urt. v. 22.10.1957, VI ZR 231/56, VersR 1957, 806 ff. (806); vgl. *Schmid*, Die Passivlegitimation im Arzthaftpflichtprozess, S. 135; vgl. *Wienke*, ZaeFQ 2003, 603 ff. (604).

538) Vgl. *Renzewitz*, in: *Robbers*, Die Krankenhausbehandlung, Bd. 5, B I S. 47; vgl. *Andreas/Debong/Bruns*, Handbuch Arztrecht in der Praxis, Rn. 487; vgl. *Franzki/Hansen*, NJW 1990, 737 ff. (738); vgl. *Jorzig/Schafirski*, KHuR 2002, 118 ff. (118); vgl. *Jansen*, ZaeFQ 2003, 552 ff. (557).

539) Vgl. *Tuschen/Quaas*, Bundespflegesatzverordnung, Kommentar, Erl. § 23 BPflV – II, S. 420.

erbringt seine belegärztlichen Leistungen als freiberuflicher Arzt aufgrund seiner eigenen Rechtsbeziehungen zum Patienten, also auf eigene Rechnung.

V. Haftungsverhältnisse im Belegarztsystem

Aus der Trennung der vertraglichen Leistungsbereiche folgt zwangsläufig die Trennung der Haftungsbereiche der Leistungsschuldner. Der Leistungs- und Haftungsbereich des Belegarztes erstreckt sich auf die ärztliche Behandlung, derjenige des Krankenhausträgers auf die allgemeinen Krankenhausleistungen.[540)] Jeder Leistungsschuldner ist also haftungsrechtlich für seinen Bereich verantwortlich.

1. Haftung des Belegarztes für eigenes Verschulden

Im belegärztlichen Leistungsbereich haftet der Belegarzt dem Patienten vertraglich und deliktisch für eigene ärztliche Behandlungsfehler. Auf dem Gebiet der ärztlichen Behandlung handelt der Belegarzt ausschließlich in Erfüllung eigener Verpflichtung. Insoweit ist er weder Organ des Belegkrankenhauses (§§ 823 Abs. 1, 31, 89 BGB) noch dessen Verrichtungsgehilfe (§ 831 Abs. 1 BGB).[541)] Dies ergibt sich aus § 2 Abs. 1 S. 2 i. V. m. § 18 Abs. 1 S. 2 Nr. 1 KHEntgG i. V. m. § 121 Abs. 2 und Abs. 3 SGB V.

Eine Haftung des Belegkrankenhauses im Leistungsbereich des Belegarztes kommt grundsätzlich nicht in Betracht.[542)] Infolge der Aufspaltung

---

540) Zur Haftung allgemein *Geiß*, in: *AG Rechtsanwälte im Medizinrecht e. V.*, Das Belegarztsystem, S. 91 ff.; vgl. *Renzewitz*, in: *Robbers*, Die Krankenhausbehandlung, Bd. 5, B I S. 50 ff. Zur Haftungstrennung *Geiß/Greiner*, Arzthaftpflichtrecht, A I Rn. 33 ff.; vgl. *Jorzig/Schafirski*, KHuR 2002, 118 ff. (120); vgl. *Ratzel*, Der Frauenarzt 1991, 371 ff. (377 f.); vgl. *Schwall/Itzel*, MedR 2001, 565 ff.; *Martis/Winkhart*, Arzthaftungsrecht aktuell, S. 414 ff.; *Peikert*, in: *Rieger*, Lexikon des Arztrechts, Nr. 805 Rn. 33 ff.

541) BGH, Urt. v. 16.4.1996, VI ZR 190/95, VersR 1996, 976 ff. (976 f.); BGH, Urt. v. 30.11.1982, VI ZR 77/81, BGHZ 85, 393 ff.; *Uhlenbruck*, Anm. zu OLG Koblenz, Beschl. v. 25.8.1989, 5 W 478/89, MedR 1990, 155 f.; vgl. *Bergmann/Kienzle*, Krankenhaushaftung, Rn. 76; vgl. *Dolinski*, Der Belegarzt, S. 46 ff.

542) *Peikert*, in: *Rieger*, Lexikon des Arztrechts, Nr. 805 Rn. 34.

der vertraglichen Leistungsbereiche folgt die Gefahr von Organisations- und Kompetenzlücken. Für daraus resultierende Behandlungsanweisungs- und Koordinationsfehler in Bezug auf das nachgeordnete Personal haftet allein der Belegarzt. Das Unterlassen von Anweisungen oder die fehlende Überwachung ihrer Befolgung wird dem Belegarzt als sein eigenes Verschulden zugerechnet.[543)] Gleiches ergibt sich auch unter dem Gesichtspunkt des Übernahmeverschuldens. Leistet der Belegarzt seine ärztliche Behandlung in einer Belegabteilung, die in technisch-apparativer bzw. personeller Hinsicht nicht dem erforderlichen medizinischen Standard genügt, haftet er aus eigenem (Übernahme-)Verschulden.[544)]

Im Falle einer Gemeinschaftspraxis, als (Außen-)Gesellschaft bürgerlichen Rechts organisiert, haften beide Inhaber gesamtschuldnerisch, auch wenn nur einer von ihnen die Belegstation betreibt. Die haftungsrechtlichen Grundsätze (Kapitel 1, A. II. 4.) einer Gemeinschaftspraxis ändern sich nicht durch die stationäre Fortsetzung der Behandlung des Patienten.[545)]

2. Haftung des Krankenhausträgers für eigene Fehlleistungen

Der Krankenhausträger haftet im Bereich der allgemeinen Krankenhausleistungen allein. Für seinen Leistungsbereich ist ausschließlich er verantwortlich. Wie bereits festgestellt, umfasst dieser Leistungsbereich die Organisation des Pflege- und Funktionsdienstes und die Bereitstellung und Überwachung der technisch-apparativen Einrichtungen. Im Falle von Fehlleistungen auf den jeweiligen Gebieten haftet der Krankenhausträger vertraglich und deliktisch aus Organisations- bzw. Übernahmeverschulden.[546)]

---

543) BGH, Urt. v. 2.6.1987, VI ZR 174/86, MedR 1988, 96 f.

544) Vgl. *Dolinski*, Der Belegarzt, S. 47; BGH, Urt. v. 22.9.1987, VI ZR 238/86, BGHZ 102, 17 ff. (17).

545) BGH, Urt. v. 16.5.2000, VI ZR 321/98, NJW 2000, 2737 ff. (2740 f.), MedR 2001, 197 ff. (200); siehe dazu auch S. 212 ff., 214 f. dieser Arbeit.

546) Zur Tendenz der BGH-Rechtsprechung, das Haftungsrisiko auf dem Gebiet des Organisationsverschuldens weitgehend auf den Krankenhausträger abzuwälzen, siehe *Pflüger*, Krankenhaushaftung und Organisationsverschulden, S. 230 ff.; vgl. *Hailer*, Das Belegarztsystem als Bestandteil integrierter Gesundheitsleistungen, S. 63 ff.; vgl. *Geiß/Greiner*, Arzthaftpflichtrecht, A I Rn. 42; vgl.

3. Haftung für Fehlleistungen der nachgeordneten Hilfspersonen

Soweit die Fehlleistungen in den jeweiligen Leistungsbereichen eintreten, ergeben sich keine größeren Abgrenzungsprobleme. Die jeweiligen Leistungsschuldner, der Belegarzt und der Krankenhausträger, haften für ihr eigenes Leistungsgebiet völlig alleine. Jedoch birgt die Aufspaltung der Leistungsbereiche die Gefahr erheblicher Organisations- und Kompetenzlücken in sich. Insbesondere infolge der durch die Arbeitsteilung möglicherweise eintretenden Fehlleistungen des nachgeordneten Personals können erhebliche Abgrenzungsprobleme die Folge sein. In diesem Fall muss jeweils untersucht werden, welchem Leistungsbereich die Fehlleistung des nachgeordneten Personals zugeordnet werden kann.

Der Belegarzt bzw. der Krankenhausträger müssen sich also die schädigenden Handlungen ihres in Anspruch genommenen nachgeordneten Personals nur dann zurechnen lassen, wenn diese im jeweiligen Verantwortungsbereich des Personals liegen. Die beiden Leistungsschuldner schulden ja schließlich nur einen Teil der gesamten Behandlungsmaßnahmen. Im Bereich der vertraglichen Ansprüche ergibt sich diese Haftungszurechnung über § 278 BGB, im Deliktsrecht aus § 831 Abs. 1 BGB.

Im Laufe der Jahre wurden im Schrifttum mehrere Abgrenzungsversuche unternommen, die in der Rechtsprechung keine Bestätigung erfuhren.[547)] Die Rechtsprechung versucht hingegen, die haftungsrechtliche Grenzziehung vorrangig auf der Grundlage der vertraglichen Absprachen sowie am gesetzlichen Leitbild des Leistungskatalogs in der belegärztlichen Behandlung anzusetzen, vgl. §§ 18 Abs. 1 KHEntgG, 121 Abs. 3

Bergmann/Kienzle, Krankenhaushaftung, Rn. 79; BGH, Urt. v. 16.4.1996, VI ZR 190/95, NJW 1996, 2429 ff., *Katzenmeier*, Anm. zu BGH, Urt. v. 16.4.1996, VI ZR 190/95, MedR 1996, 466 ff. (466). Für eine eher restriktive Auslegung des Organisationsverschuldens: vgl. *Schwall/Itzel*, MedR 2001, 565 ff. (566); BGH, Urt. v. 14.2.1995, VI ZR 272/93, BGHZ 129, 6 ff. (14); vgl. *Jozig/Schafirski*, KHuR 2002, 118 ff. (120); vgl. *Dolinski*, Der Belegarzt, S. 48 f.

547) Zu den Abgrenzungsversuchen der Literatur siehe *Geiß*, in: *AG Rechtsanwälte im Medizinrecht e. V.*, Das Belegarztsystem, S. 91 ff. (100 ff.); vgl. *Schlund*, in: *Laufs/Uhlenbruck*, Handbuch des Arztrechts, § 115 Rn. 43 f.; vgl. *Schmid*, Die Passivlegitimation im Arzthaftpflichtprozess, S. 129 ff.; vgl. *Franzki/Hansen*, NJW 1990, 737 ff. (740 ff.); vgl. *Dolinski*, Der Belegarzt, S. 50 ff.

S. 3 SGB V. Auch die Art der Abrechnung der jeweiligen Maßnahme als ärztliche oder krankenhäusliche Leistung soll Indizwirkung haben.[548)] Die Vorschriften des Krankenhausentgeltgesetzes (KHEntgG) bestimmen insoweit die Vertrags- und Haftungsverhältnisse. Maßgebliches Haftungskriterium ist somit, wer nach außen gegenüber dem Patienten gehandelt hat und wer nach dem Krankenhausentgeltgesetz berechtigt ist, die betreffende Leistung abzurechnen. Für den nachgeordneten ärztlichen Dienst lässt sich die Unterscheidung der Haftungsbereiche nach den Fachgebietsgrenzen treffen.[549)]

Entsprechend dem Grundsatz der Vertrags- und Haftungstrennung muss im Rahmen der vertraglichen Haftung streng nach den Leistungsbereichen differenziert werden. In **vertraglicher** Hinsicht ergibt sich die Haftung für fremdes Verhalten aus §§ 611, 280 Abs. 1, 278 BGB. Danach haftet der Belegarzt im Rahmen der ärztlichen Behandlung zunächst für die von ihm selbst angestellten Hilfspersonen, § 18 Abs. 1 S. 2 Nr. 4 KHEntgG.[550)] Auch für seinen Urlaubs- oder Praxisvertreter, der während seiner Abwesenheit die Behandlung des Patienten im Krankenhaus fortsetzt, haftet der Belegarzt ebenfalls nach §§ 611, 280 Abs. 1, 278 BGB.[551)] Der Vertreter begründet kein eigenes vertragliches Behand-

---

548) Derjenige, der nach dem Krankenhausentgeltgesetz berechtigt ist, die Leistung zu liquidieren, soll auch haftungsrechtlich für deren Qualität einstehen. *Reyer,* Anm. zu OLG Düsseldorf, Urt. v. 17.12.1992, 8 U 278/91, MedR 1993, 233 ff.; BGH, Urt. v. 14.2.1995, VI ZR 272/93, BGHZ 129, 6 ff. (14), VersR 1995, 706 ff. (708), NJW 1995, 1611 ff. (1613), MedR 1995, 366 ff. (369 f.); vgl. *Geiß*, in: *AG Rechtsanwälte im Medizinrecht e. V.*, Das Belegarztsystem, S. 91 ff. (94); vgl. *Schwall/Itzel*, MedR 2001, 565 ff. (566); vgl. *Jorzig/Schafirski*, KHuR 2002, 118 ff. (120); vgl. *Geiß/Greiner,* Arzthaftpflichtrecht, B I Rn. 122; vgl. *Jorzig/Schafirski*, KHuR 2002, 118 ff. (122 ff.).

549) Vgl. *Pflüger*, Krankenhaushaftung und Organisationsverschulden, S. 47 f.; vgl. *Bergmann/Kienzle*, Krankenhaushaftung, Rn. 11; zur Haftung allgemein: *Schwall/Itzel*, MedR 2001, 565 ff. (566).

550) Vgl. *Geiß/Greiner,* Arzthaftpflichtrecht, A I Rn. 38; BGH, Urt. v. 16.5.2000, VI ZR 321/98, NJW 2000, 2737 ff. (2741); vgl. *Jorzig/Schafirski*, KHuR 2002, 118 ff. (120); vgl. *Dolinski*, Der Belegarzt, S. 59.

551) Der Belegarzt bleibt behandlungsvertraglich der allein verantwortliche Arzt. Ob der in Vertretung des Belegarztes handelnde Arzt Angestellter des Krankenhauses oder freiberuflich tätig ist, ist unerheblich. Entscheidend ist für die Stellung als Erfüllungsgehilfe, dass der Vertreter als eine Hilfskraft des Belegarztes angesehen werden kann, der grds. an dessen Anordnungen gebunden ist. Vgl. *Geiß/Greiner,* Arzthaftpflichtrecht, A I Rn. 38; BGH, Urt. v. 16.5.2000, VI ZR 321/98, VersR 2000, 1146 ff. (1150), NJW 2000, 2737 ff. (2741); OLG Stuttgart, Urt. v. 19.9.2000, 14 U 65/99, VersR 2002, 235 ff. (237 f); BGH, Urt. v.

lungsverhältnis zum Patienten, sondern ist Erfüllungsgehilfe des Belegarztes i. S. d. § 278 BGB. Unerheblich ist, ob die Hilfsperson selbständig agiert oder nicht. Es genügt für die Eigenschaft als Erfüllungsgehilfe, dass der hinzugezogene Arzt ‚unter Ingerenz des Belegarztes mitwirkt'. Zudem haftet er für die in der Behandlung des Patienten unterlaufenen Fehler im Bereich des ärztlichen Bereitschaftsdienstes unter Einschluss der Notfallversorgung, § 18 Abs. 1 S. 2 Nr. 2 KHEntgG, § 121 Abs. 3 S. 3 Nr. 1 SGB V.[552] Schließlich haftet der Belegarzt auch für die von ihm veranlassten Leistungen der nachgeordneten Ärzte des Krankenhauses, die bei der Behandlung in demselben Fachgebiet wie der Belegarzt tätig werden, § 18 Abs. 1 S. 2 Nr. 3 KHEntgG, § 121 Abs. 3 S. 3 Nr. 2 SGB V.[553] Entscheidend ist hierbei allein die Tätigkeit auf dem Fachgebiet des Belegarztes. Die Qualifikation oder Fachgebietszugehörigkeit des hinzugezogenen Arztes hingegen ist unerheblich.[554] Im Rahmen der vertraglichen Haftung sind ärztliche Mitarbeiter derselben Gebietsbezeichnung Erfüllungsgehilfen (§ 278 BGB) allein des Belegarztes, nicht des Krankenhauses. Dies folgt aus §§ 2 Abs. 1 S. 2 i. V. m. 18 Abs. 1 KHEntgG.

Dem Krankenhausträger werden diejenigen Fehlleistungen der vom Belegarzt hinzugezogenen Ärzte vertraglich über § 278 BGB zugerechnet, die sich außerhalb des Fachgebietes des Belegarztes ereignen.[555] Zudem haftet das Krankenhaus entsprechend der Bestimmung der jeweiligen vertraglichen Pflichtenkreise für das nachgeordnete nichtärztliche Personal auf dem Gebiet der pflegerischen Leistung.[556] Für die Fehler des Belegarztes hingegen hat der Krankenhausträger in keinem Fall ein-

---

13.1.1998, VI ZR 242/96, VersR 1998, 457 ff. (457); *Kern*, Anm. zu BGH, Urt. v. 16.5.2000, VI ZR 321/98, MedR 2001, 197 ff. (201); OLG Celle, Urt. v. 27.1.1992, 1 U 39/90, VersR 1993, 360 f.; OLG Frankfurt/Main, Urt. v. 6.4.1990, 24 U 18/89, VersR 1991, 929 f. (930); vgl. *Dolinski*, Der Belegarzt, S. 59. Zum Begriff des Erfüllungsgehilfen i. S. d. § 278 BGB siehe *Heinrichs*, in: *Palandt*, Bürgerliches Gesetzbuch, § 278 Rn. 7 ff.

552) Vgl. *Geiß/Greiner*, Arzthaftpflichtrecht, A I Rn. 40; vgl. *Dolinski*, Der Belegarzt, S. 59 f.

553) Vgl. *Jorzig/Schafirski*, KHuR 2002, 118 ff. (120); vgl. *Geiß/Greiner*, Arzthaftpflichtrecht, A I Rn. 39; vgl. *Dolinski*, Der Belegarzt, S. 60 f.

554) Vgl. *Geiß/Greiner*, Arzthaftpflichtrecht, A I Rn. 39.

555) Vgl. *Geiß/Greiner*, Arzthaftpflichtrecht, A I Rn. 41; vgl. *Jorzig/Schafirski*, KHuR 2002, 118 ff. (120); vgl. *Dolinski*, Der Belegarzt, S. 62 f.

556) Vgl. *Geiß/Greiner*, Arzthaftpflichtrecht, A I Rn. 41; vgl. *Pflüger*, Krankenhaushaftung und Organisationsverschulden, S. 46; vgl. *Schmid*, Die Passivlegitimation im Arzthaftpflichtprozess, S. 151; vgl. *Dolinski*, Der Belegarzt, S. 63 f.

zustehen. Der Belegarzt ist weder Organ noch Verrichtungsgehilfe des Krankenhausträgers. Im Rahmen der ärztlichen Behandlung ist er auch kein Erfüllungsgehilfe des Belegkrankenhauses.[557)] In diesem Bereich handelt der Belegarzt ausschließlich in Erfüllung eigener Pflichten, § 2 Abs. 1 S. 2 KHEntgG.

Eine persönliche vertragliche Haftung der als Erfüllungsgehilfen tätigen ärztlichen und nichtärztlichen Personen kommt daneben nicht in Betracht, da vertragliche Beziehungen des Patienten mit diesen Personen nicht bestehen.

Auch im Rahmen der **deliktischen** Haftung nach § 831 BGB folgt die Haftung dem Grundsatz der Trennung der vertraglichen Leistungsbereiche, um eine größtmögliche Harmonisierung zwischen der vertraglichen und der deliktischen Haftung herbeizuführen. Der Belegarzt trägt die Verantwortung für die von ihm in seinem Leistungsbereich zugezogene ärztliche Assistenz seines Fachs (§ 18 Abs. 1 S. 2 Nr. 3 KHEntgG) nach § 831 Abs. 1 BGB. In diesem Bereich nehmen die Ärzte allein Aufgaben des Belegarztes wahr und sind daher dessen Verrichtungsgehilfen. Gleiches gilt für die von ihm veranlassten Leistungen von Ärzten außerhalb des Krankenhauses und des Bereitschaftsdienstes (§ 18 Abs. 1 S. 2 Nr. 2, Nr. 4 KHEntgG). Auch der Praxis- oder Urlaubsvertreter ist im Leistungsbereich des Belegarztes dessen Verrichtungsgehilfe. Für das Merkmal der Weisungsunterworfenheit genügt es, dass sich der Vertreter im Allgemeinen nach den Wünschen des auftraggebenden Arztes zu richten hat, auch wenn er in der Behandlung sein ärztliches Ermessen obwalten lässt.[558)]

Der Krankenhausträger hingegen haftet nach § 831 Abs. 1 BGB für diejenigen nachgeordneten Ärzte des Krankenhauses, die nicht im Fachge-

---

557) BGH, Urt. v. 16.4.1996, VI ZR 190/95, VersR 1996, 976 ff. (976 f.); vgl. *Bergmann/Kienzle*, Krankenhaushaftung, Rn. 77; BGH, Urt. v. 14.2.1995, VI ZR 272/93, NJW 1995, 1611 ff. (1613).

558) Vgl. *Laufs*, in: *Laufs/Uhlenbruck*, Handbuch des Arztrechts, § 104 Rn. 11; vgl. *Geiß/Greiner,* Arzthaftpflichtrecht, A II Rn. 69 f.; OLG Stuttgart, Urt. v. 19.9.2000, 14 U 65/99, MedR 2001, 311 ff. (314); vgl. *Franzki/Hansen*, NJW 1990, 737 ff. (738); BGH, Urt. v. 16.10.1956, VI ZR 308/55, NJW 1956, 1834 f.; BGH, Urt. v. 14.2.1995, VI ZR 272/93, BGHZ 129, 6 ff. (11), NJW 1995, 1611 ff.; OLG Stuttgart, Urt. v. 19.9.2000, 14 U 65/99, VersR 2002, 235 ff. (238); vgl. *Laufs*, in: *Laufs/Uhlenbruck*, Handbuch des Arztrechts, § 104 Rn. 7.

biet des Belegarztes tätig sind sowie für das nichtärztliche, pflegerische Personal.[559)]

Im deliktischen Bereich hingegen kommt neben der Haftung des Belegarztes und des Krankenhausträgers auch eine persönliche Haftung der ärztlichen und nichtärztlichen Hilfspersonen nach § 823 Abs. 1 BGB in Betracht.

Liegen Fehlleistungen vor, die sowohl aus dem Leistungsbereich des Belegarztes als auch aus demjenigen des Krankenhausträgers gleichermaßen stammen, kann ausnahmsweise auch eine **gesamtschuldnerische** Haftung der beiden Leistungsschuldner i. S. d. §§ 425, 421 BGB eintreten. Der Grundsatz der Haftungstrennung schließt eine solche Haftung nicht aus.[560)] Mit Urteil vom 16.4.1996 hat der BGH die Organisationspflichten eines Krankenhausträgers für Belegabteilungen umfassend konkretisiert. Durch diese Entscheidung wurden dem Krankenhausträger zusätzliche Überwachungspflichten auferlegt und dadurch sein Haftungsrisiko deutlich erweitert.[561)] In einem solchen Fall kann der Patient sowohl den Belegarzt als auch den Krankenhausträger in Anspruch nehmen. Die Gesamtschuldner sind dann im Innenverhältnis verpflichtet, den Schaden auszugleichen.[562)] Der Fall der gesamtschuldnerischen Haftung tritt insbesondere dann ein, wenn der Fehler des Belegarztes ein Organisations- oder Kontrollversäumnis des Klinikträgers ‚aufdeckt'.

---

559) Vgl. *Geiß/Greiner,* Arzthaftpflichtrecht, A II Rn. 68; BGH, Urt. v. 7.2.1956, VI ZR 302/54, VersR 1956, 221 f.; OLG Stuttgart, Urt. v. 20.8.1992, 14 U 3/92, NJW 1993, 2384 ff.; OLG Koblenz, Beschl. v. 25.8.1989, 5 W 478/89, NJW 1990, 1534 f.

560) Vgl. *Deutsch/Spickhoff,* Medizinrecht, Rn. 313; vgl. *Geiß*, in: *AG Rechtsanwälte im Medizinrecht e. V.*, Das Belegarztsystem, S. 91 ff. (105 ff.); vgl. *Geiß/Greiner,* Arzthaftpflichtrecht, A I Rn. 45 ff.; vgl. *Bergmann/Kienzle*, Krankenhaushaftung, Rn. 12; vgl. *Steffen/Dressler*, Arzthaftungsrecht, A II Rn. 77; vgl. *Gehrlein*, Leitfaden zur Arzthaftpflicht, A II Rn. 28; BGH, Urt. v. 16.4.1996, VI ZR 190/95, NJW 1996, 2429 ff.; BGH, Urt. v. 16.5.2000, VI ZR 321/98, BGHZ 144, 296 ff.; *Peikert*, in: *Rieger,* Lexikon des Arztrechts, Nr. 805 Rn. 36 f. Zu den einzelnen Fallgruppen: vgl. *Dolinski*, Der Belegarzt, S. 64 ff.; OLG Frankfurt, Urt. v. 6.4.1990, 24 U 18/89, VersR 1991, 929 f.; *Martis/Winkhart,* Arzthaftungsrecht aktuell, S. 416 f.

561) BGH, Urt. v. 16.4.1996, VI ZR 190/95, NJW 1996, 2429 ff.

562) Vgl. *Bergmann/Kienzle*, Krankenhaushaftung, Rn. 12.

VI. Sonderform: Kooperatives Belegarztsystem

1. Definition

Sind in einem Krankenhaus mehrere Belegärzte belegärztlich tätig, liegt der Sonderfall des sog. kooperativen Belegarztwesens vor.[563] Die normative Grundlage hierfür findet sich in §§ 121 Abs. 1 S. 2, 115 Abs. 2 S. 1 Nr. 1 SGB V. Danach ist die Förderung des Belegarztwesens unter besonderer Berücksichtigung des kooperativen Belegarztwesens gesetzliches Ziel. Die Krankenhausträger sollen Belegärzten gleicher Fachrichtung die Möglichkeit geben, ihre Patienten gemeinsam zu behandeln. Der Vorteil dieser Konstruktion liegt darin, dass innerhalb des Teams von Belegärzten das Wissen mehrerer Spezialisten ausgetauscht werden kann. Die Zusammenarbeit mehrerer Belegärzte gleicher Fachrichtung im selben Krankenhaus setzt sowohl auf Seiten der Belegärzte als auch auf Seiten des Krankenhausträgers eine verstärkte Koordinations- und Kooperationsbereitschaft voraus. Eine klare Abgrenzung der Verantwortungsbereiche zwischen den Belegärzten ist für ein reibungsloses Funktionieren unerlässlich.

2. Rechtliche Erscheinungsformen

Um das kooperative Belegarztwesen näher unter rechtlichen Gesichtspunkten beleuchten zu können, sind zunächst die verschiedenen Erscheinungsformen herauszuarbeiten. Erst kürzlich hat der Bundesgerichtshof entschieden, dass auch den im kooperativen Belegarztsystem verbundenen Ärzten dieselben Rechtsformen zur Organisation ihrer Zusammenarbeit offen stehen wie bei ambulanter ärztlicher Tätigkeit.[564] Unter Berücksichtigung des Gesellschafts- und Berufsrechts stellt sich nun die Frage, welche gesellschaftsrechtlichen Konstruktionen im Rahmen des kooperativen Belegarztwesens in Betracht kommen.

---

563) *Peikert,* in: *Rieger,* Lexikon des Arztrechts, Nr. 805 Rn. 38 f.; *Renzewitz,* in: *Robbers,* Die Krankenhausbehandlung, Bd. 5, B II 2 S. 74.

564) BGH, Urt. v. 8.11.2005, VI ZR 319/04, MedR 2006, 290 ff.

a) *Die Belegarzt-Gemeinschaft*

In dieser Konstellation üben mehrere niedergelassene Vertragsärzte ihre ambulante Tätigkeit in der Form einer Gemeinschaftspraxis aus und setzen diese im Krankenhaus unverändert fort. Durch die Aufnahme ins Krankenhaus ändert sich also weder etwas an der Rechtsform noch an der Zusammensetzung der Gemeinschaft. Die Belegärzte bilden sowohl auf dem ambulanten als auch auf dem stationären Sektor eine Gemeinschaftspraxis, wobei sich die stationäre gemeinsame Tätigkeit ausschließlich auf den belegärztlichen Aufgabenbereich bezieht.

b) *Die Belegarzt-Gemeinschaft als Teilgemeinschaftspraxis*

In diesem Fall beschränkt sich die gemeinsame Tätigkeit der Belegärzte auf die stationäre belegärztliche Behandlung. Auf dem ambulanten Sektor betreibt jeder Arzt für sich seine eigene Praxis. Im Unterschied zur vorhergehenden Fallgestaltung besteht hier im Rahmen der ambulanten Tätigkeit gerade keine Gemeinschaftspraxis der Belegärzte. Insofern liegt eine sog. Teilgemeinschaftspraxis vor.[565)] Diese Form der Zusammenarbeit wurde im Rahmen der Änderung der Musterberufsordnung im Jahre 2004 neu eingeführt und ist nun in § 18 Abs. 1 MBO geregelt. Danach dürfen sich Ärzte zu Berufsausübungsgemeinschaften zusammenschließen, die nicht das gesamte Leistungsspektrum umfassen, sondern sich auf bestimmte Leistungen beschränken. Vielmehr können sie nur für die Erbringung bestimmter Leistungen eine Kooperation in Form der Gemeinschaftspraxis eingehen, im Hinblick auf die übrigen ärztlichen Leistungen behalten sie ihre Einzelpraxen. Eine Gemeinschaftspraxis ist also nur hinsichtlich der belegärztlichen Tätigkeit gegeben. Diese Sachverhaltskonstellation liegt dem besagten BGH-Urteil vom 8.11.2005 zugrunde. Danach sollen auch im Rahmen des kooperativen Belegarztsystems die Grundsätze der Gemeinschaftspraxis anwendbar sein.

c) *Bloße Kooperation*

Schließlich können mehrere Belegärzte auch in der Form der bloßen, rechtlich unverbindlichen Kooperation im Krankenhaus belegärztlich zu-

---

565) *Koch*, GesR 6/2005, 241 ff. (243 f.).

sammenarbeiten. In diesem Fall sind sie eben gerade nicht gesellschaftsrechtlich miteinander verknüpft. Sowohl im ambulanten als auch im stationären Bereich bleibt jeder Belegarzt selbständiger Einzelarzt.

3. Vertragsverhältnisse und Haftung

Erfordert schon beim *Einzel-Belegarzt* die vertrags- und haftungsrechtliche Seite besonderes Augenmerk, so gilt das erst recht im Rahmen des kooperativen Belegarztwesens. Immer dann, wenn mehrere Ärzte arbeitsteilig zusammenwirken und die Zusammenarbeit darüber hinaus in den Räumen eines Krankenhausträgers erfolgt, sind verschiedene gesellschafts- und haftungsrechtliche Konstruktionen möglich, die es nun näher zu untersuchen gilt.

a) Belegärzte - Krankenhausträger

Die Zusammenarbeit zwischen den Belegärzten und dem Krankenhaus erfordert eine detaillierte vertragliche Regelung. Ebenso wie im Falle des Einzel-Belegarztes ist auch im Rahmen des kooperativen Belegarztwesens der Abschluss eines Belegarztvertrages erforderlich.[566)]
Diesen Belegarztvertrag schließt der Krankenhausträger entweder mit jedem einzelnen Belegarzt persönlich ab oder, falls die Belegärzte als Gemeinschaftspraxis in Form der (Außen-)Gesellschaft bürgerlichen Rechts organisiert sind, mit der Belegärzte-Gesellschaft als solcher. Die Rechtsbeziehungen zwischen dem Krankenhausträger und den einzelnen Belegärzten sollten möglichst durch selbständige, rechtlich voneinander unabhängige Belegarztverträge begründet werden.[567)] Inhaltlich gesehen müssen die einzelnen Verträge aufeinander abgestimmt sein. Sie müssen insbesondere Regelungen zum Betriebsablauf, Bereitschaftsdienst, zur Vertretung im Falle von Urlaub und Krankheit, zum arbeitsteiligen Zusammenwirken mit dem nachgeordneten Personal und zu

---

566) *Peikert,* in: *Rieger,* Lexikon des Arztrechts, Nr. 805 Rn. 38 f.; Formulierungshilfe, *Renzewitz,* in: *Robbers,* Die Krankenhausbehandlung, Bd. 5, A II S. 59 ff.; *Wilk,* Die Rechtsbeziehungen im Vertragsarztwesen unter besonderer Berücksichtigung der Rechtsstellung des Belegarztes, S. 155 f.
567) *Genzel,* in: *Laufs/Uhlenbruck,* Handbuch des Arztrechts, § 90 Rn. 77.

internen Haftungsfragen enthalten.[568] Die Belegärzte haften gegenüber dem Krankenhausträger im Innenverhältnis gesamtschuldnerisch.[569] Der Krankenhausträger kann sich also aussuchen, welchen der Belegärzte er im Haftungsfalle heranziehen will. Die Vorschriften der §§ 421 ff. BGB sind unmittelbar anwendbar.

b) Belegärzte untereinander

Den Belegärzten untereinander ist der Abschluss einer Kooperationsvereinbarung anzuraten, um Störungen und Beeinträchtigungen koordinativer Art im Rahmen der ärztlichen Behandlung von Patienten im Krankenhaus weitgehend zu vermeiden.[570] In erster Linie soll eine solche Kooperationsvereinbarung Regelungen über die Aufgabenverteilung zwischen den Belegärzten enthalten. Über die Zuständigkeiten auf der Belegabteilung und deren Organisation dürfen zwischen den Belegärzten keine Unsicherheiten oder Unstimmigkeiten bestehen. Zudem sollen die Belegärzte vertraglich zur gegenseitigen Konsultation und Unterstützung bei der Behandlung der Belegpatienten angehalten werden.

Die Kooperationsvereinbarung stellt grundsätzlich eine schuldrechtliche Vertragsbeziehung dar. Ob darüber hinaus auch eine gesellschaftsrechtliche Verbindung zwischen den Belegärzten besteht oder nicht, ist eine Frage des Einzelfalls. Sollte eine gesellschaftsrechtliche Verknüpfung gewollt sein, muss in der Kooperationsvereinbarung klar zum Ausdruck kommen, dass über die schuldrechtliche Vertragsbeziehung hinaus auch ein Gesellschaftsvertrag geregelt werden soll. Die Frage der Haftungsverhältnisse zwischen den Belegärzten kann nur unter Einbeziehung des Patienten beantwortet werden. Diese Problematik wird erst im Folgenden behandelt.

---

568) Formulierungsbeispiel siehe *Renzewitz,* in: *Robbers*, Die Krankenhausbehandlung, Bd. 5, A II S. 59 ff.

569) *Renzewitz,* in: *Robbers*, Die Krankenhausbehandlung, Bd. 5, B II S. 78 f.

570) Zur vertraglichen Ausgestaltung der Kooperationsvereinbarung *Renzewitz,* in: *Robbers*, Die Krankenhausbehandlung, Bd. 5, B II S. 75 ff.; *Wilk,* Die Rechtsbeziehungen im Vertragsarztwesen, S. 155 f.

c) Belegärzte - Patient

Die vertragliche Verbindung zwischen den Belegärzten und dem Patienten ist der Behandlungsvertrag.[571)] Wer jedoch auf Seiten der Belegärzte tatsächlich der Vertragspartner ist, hängt von der rechtlichen Organisation der Belegärzte ab.

aa) Die Belegarzt-Gemeinschaft

Im Falle der Belegarztgemeinschaft muss zunächst danach differenziert werden, ob sie als Innen- oder Außengesellschaft bürgerlichen Rechts im Rechtsverkehr nach außen in Erscheinung tritt. Als Innengesellschaft tritt sie nicht als solche im Rechtsverkehr nach außen auf und bildet kein der Gesellschaft zuzuordnendes Gesamthandsvermögen.[572)] In diesem Fall schließt nicht die Belegarztgemeinschaft als solche den Behandlungsvertrag mit dem Patienten ab, sondern jeder einzelne Belegarzt separat. Der Patient steht also nur mit dem jeweiligen Belegarzt in einer Vertragsbeziehung, nicht hingegen mit der Gemeinschaft als solcher.

Eine Außengesellschaft liegt dann vor, wenn die Belegarztgemeinschaft als solche nach außen auftritt und am Rechtsverkehr teilnimmt. Die Form des Auftretens nach außen muss derjenigen einer ambulanten Gemeinschaftspraxis entsprechen (gemeinsame Außendarstellung, wie gemeinsame Nennung der Ärzte auf einem Praxisschild, gemeinsame Briefbögen, Rezepte und Überweisungsscheine, gemeinschaftliche Leistungsabrechnung).[573)] Nur in diesem Fall kann die Gesellschaft an sich Trägerin von Rechten und Pflichten sein und daher mit dem Patienten den Behandlungsvertrag abschließen. War der Patient bereits Patient der ambulanten Gemeinschaftspraxis der Belegärzte, dann setzt sich der geschlossene ambulante Behandlungsvertrag auf dem stationären Sektor fort. Dies gilt auch dann, wenn die tatsächliche stationäre Behandlung nur von einem dieser Ärzte durchgeführt wurde und hängt nicht davon ab, ob die Belegärzte auch ihre stationäre Tätigkeit in Form einer Gemeinschaftspraxis organisiert hätten. Das entspricht dem bei der Gestal-

---

571) Näher zum Gespaltenen Krankenhausaufnahmevertrag siehe *Genzel,* in: *Laufs/Uhlenbruck,* Handbuch des Arztrechts, § 93 Rn. 4 f.

572) Zur Außen- und Innengesellschaft bürgerlichen Rechts siehe *Sprau,* in: *Palandt,* Bürgerliches Gesetzbuch, § 705 Rn. 33 ff.

573) BGH, Urt. v. 8.11.2005, VI ZR 319/04, MedR 2006, 290 ff.

tung von Verträgen zwischen Krankenhausträgern und Belegärzten geltenden Grundsatz, dass die stationäre belegärztliche Behandlung nur die Fortsetzung der ambulanten Behandlung durch den gleichen Arzt darstellt.[574)]

Im Falle der Innengesellschaft bürgerlichen Rechts haftet jeder Belegarzt vertraglich und deliktisch selbst und eigenverantwortlich. Die Haftungslage entspricht derjenigen in der Einzelpraxis bzw. Praxisgemeinschaft.

Liegt eine Außengesellschaft vor, haftet die Belegarztgemeinschaft entsprechend den Grundsätzen der Gemeinschaftspraxis.[575)] Danach hat die Gesellschaft für das schuldhafte Verhalten ihrer Belegärzte nach § 31 BGB einzustehen.[576)] Zudem haften die einzelnen Belegärzte gesamtschuldnerisch nach § 128 HGB analog, also unbeschränkt und persönlich für die Gesellschaftsschuld.[577)] § 128 HGB setzt lediglich irgendeine Schuld voraus, eine rechtsgeschäftliche oder eine gesetzliche. In diesem Fall haften somit die im Rahmen der Belegarztgemeinschaft tätig werdenden Belegärzte gesamtschuldnerisch für die der Gesellschaft bürgerlichen Rechts nach § 31 BGB zugerechneten Gesellschaftsschulden. Für eigenes deliktisches Verhalten haftet jeder Belegarzt persönlich und unbeschränkt nach § 823 Abs. 1 BGB, wofür wiederum die übrigen Belegärzte über § 128 HGB einzustehen haben. An diesen in jeder ambulanten Gemeinschaftspraxis bestehenden Haftungsgrundsätzen ändert sich nichts dadurch, dass die Behandlung in einem Krankenhaus, also auf dem stationären Sektor, im Rahmen der Belegarzttätigkeit fortgesetzt wird.[578)] Der BGH geht davon aus, dass die haftungsrechtlichen Folgen der Gemeinschaftspraxis durch die Aufnahme der Patienten in das Krankenhaus keine Veränderung erfahren haben. Die stationäre belegärztliche Behandlung stelle nur die Fortsetzung der ambulanten Behandlung durch den gleichen Arzt dar.

---

574) OLG Celle, Urt. v. 27.1.1992, 1 U 39/90, VersR 1993, 360 f.; *Franzki/Hansen*, NJW 1990, 737 ff. (737); BGH, Urt. v. 16.5.2000, VI ZR 321/98, BGHZ 144, 296 ff.

575) Siehe BGH, Urt. v. 8.11.2005, VI ZR 319/04, MedR 2006, 290 ff.

576) BGH, Urt. v. 24.2.2003, II ZR 385/99, NJW 2003, 1445 ff.

577) BGH, Urt. v. 29.1.2001, II ZR 331/00, BGHZ 146, 341 ff.

578) BGH, Urt. v. 16.5.2000, VI ZR 321/98, NJW 2000, 2737 ff.

bb) Die Belegarzt-Gemeinschaft als Teilgemeinschaftspraxis

Liegt die Erscheinungsform der Teilgemeinschaftspraxis vor, schließt die Teilgemeinschaft als solche den Behandlungsvertrag, falls eine Außengesellschaft bürgerlichen Rechts vorliegt. Der Behandlungsvertrag bezieht sich aber ausschließlich auf die stationäre belegärztliche Tätigkeit. Die Gemeinschaft ist auch nur im Hinblick auf die Belegarzttätigkeit Trägerin von Rechten und Pflichten; darüber hinaus kann sie mangels Rechtspersönlichkeit keine wirksamen Verträge abschließen.

Bei Vorliegen einer Innengesellschaft gilt das oben Gesagte entsprechend.[579)] Jeder einzelne Belegarzt schließt mit dem Patienten einen Behandlungsvertrag ab. Bezüglich der Haftungssituation kann ebenfalls auf obige Ausführungen verwiesen werden.[580)] In diesem Fall haftet also jeder Belegarzt eigenverantwortlich. Bei der Außengesellschaft liegt wiederum eine gesamtschuldnerische Haftung in Bezug auf die belegärztliche Tätigkeit vor.[581)]

Aus dem Umstand, dass der Patient in dieser Fallgruppe den Behandlungsvertrag über die ambulante Behandlung nur mit **einem** der Belegärzte abgeschlossen hat, folgt nicht, dass sich dieses Vertragsverhältnis im Rahmen der stationären belegärztlichen Behandlung auch nur mit **diesem** einzelnen Belegarzt fortgesetzt hat. Etwas anderes folgt auch nicht aus dem bereits erwähnten BGH-Urteil vom 16.5.2000, VI ZR 321/98, worin der geltende Grundsatz, dass die stationäre belegärztliche Behandlung nur die Fortsetzung der ambulanten Behandlung durch den gleichen Arzt darstellt, bestätigt wurde.

In der aktuellen Entscheidung des BGH vom 8.11.2005, VI ZR 319/04 wird nun ausdrücklich klargestellt, dass sich aus dem BGH-Urteil vom 16.5.2000 gerade **nicht** der Umkehrschluss ziehen lässt, dass ein Patient, der zuvor lediglich von **einem** der Belegärzte ambulant behandelt worden ist, bei Aufnahme in das Belegkrankenhaus auch nur mit diesem Belegarzt in vertragliche Beziehungen tritt, obwohl dieser Teil einer Belegarzt-Gemeinschaftspraxis ist. Für diese Fälle (ambulanter Bereich: Behandlung durch einen der Belegärzte; stationärer Bereich: Behand-

---

579) Verweis auf S. 212 ff.
580) Verweis auf S. 212 ff.
581) BGH, Urt. v. 8.11.2005, VI ZR 319/04, MedR 2006, 290 ff.; OLG Zweibrücken, Urt. v. 23.11.2004, 5 U 11/03, GesR 3/2005, 121 ff.

lung durch Belegarzt-Gemeinschaftspraxis) hat nun der BGH entschieden, dass sich in Abweichung zu dem geltenden Grundsatz für den stationären Bereich die Vertrags- und Haftungsverfassung einer Gemeinschaftspraxis durchsetzt. Diesbezüglich kann daher im Rahmen der Belegarzt-Gemeinschaftspraxis auf S. 52 ff. verwiesen werden.

cc) Bloße Kooperation

Sind die Belegärzte lediglich schuldrechtlich miteinander verknüpft, schließt jeder Belegarzt einzeln den Behandlungsvertrag mit dem Patienten ab. In diesem Fall der bloßen Kooperation besteht zwischen den Belegärzten keine gesellschaftsrechtliche Verbindung, so dass auch in vertrags- und haftungsrechtlicher Hinsicht keine Gemeinsamkeiten existieren. Jeder Belegarzt haftet selbst und eigenverantwortlich. Aus der bloßen Zusammenarbeit der Belegärzte folgt gerade keine gesamtschuldnerische Haftung.

VII. Zusammenfassung

Das Belegarztwesen trägt wesentlich zu der vom Gesetzgeber angestrebten Verzahnung der ambulanten und stationären Versorgung bei. Die bereits ambulant begonnene Behandlung wird stationär fortgesetzt. Die durchgängig von demselben Arzt vorgenommene Behandlung ist nicht nur für den Patienten vorteilhaft, sondern auch unter Kostengesichtspunkten sinnvoll. Das Risiko hierbei liegt im Bereich der Präsenzpflicht, da der Belegarzt infolge seiner ambulanten Praxis nicht uneingeschränkt im Krankenhaus anwesend sein kann. Eine perfekt funktionierende Zusammenarbeit mit dem Personal des Krankenhausträgers ist daher unerlässlich. Das Problem der mangelnden Präsenz und die Aufteilung der Verantwortungsbereiche zwischen Krankenhausträger und Belegarzt erhöhen das Haftungsrisiko für beide Schuldner erheblich.

Ein neuerdings von der Rechtsprechung eingeschlagener Lösungsweg liegt in der großzügigen Ausdehnung und Bejahung der beiderseitigen Organisationspflichten.[582)] Sowohl den Krankenhausträger als auch den Belegarzt trifft die Verpflichtung zu einem klaren und lückenlosen Sys-

---

582) Vgl. *Dolinski*, Der Belegarzt, S. 66 ff.

tem von Organisation und Koordination. Um dieses Haftungsrisiko möglichst gering zu halten, ist daher den Haftungsschuldnern dringend anzuraten, die mittlerweile durch die Rechtsprechung anerkannten Haftungsleitlinien zusätzlich im Innenverhältnis vertraglich zu konkretisieren. Diese haftungsrechtlichen Unsicherheiten müssen durch einen für den Patienten deutlich erkennbaren Hinweis im Krankenhausaufnahmevertrag oder in einer mündlichen Belehrung über die Haftungsaufspaltung zwischen Klinikträger und Belegarzt ausgeräumt werden. Dem Patienten muss klargemacht werden, dass der Belegarzt für die medizinische Betreuung verantwortlich ist und der Klinikträger nur für die Grundversorgung des Patienten. Um eventuell auftretende Abgrenzungsprobleme in Bezug auf die Verantwortungsbereiche von Belegarzt und Krankenhausträger zu vermeiden oder möglichst gering zu halten, ist empfehlenswert, die Leistungsbereiche der beiden Vertragsschuldner schon in den Belegarztverträgen klar strukturiert und für jedermann nachvollziehbar schriftlich zu fixieren.

E. Kooperation zwischen Krankenhausarzt und Konsiliararzt

Für die vertragliche und haftungsrechtliche Betrachtung der Konsiliarstätigkeit im Rahmen der **stationären** Behandlung muss zwischen den verschiedenen Arten der Krankenhausaufnahmeverträge unterschieden werden.[583)]

I. Totaler Krankenhausaufnahmevertrag

Nach § 2 Abs. 2 S. 2 Nr. 2 KHEntgG sind auch die vom Krankenhaus veranlassten Leistungen Dritter, wozu die Tätigkeiten der Konsiliarärzte fallen, allgemeine Krankenhausleistungen. Bei dieser Art des Krankenhausvertrages[584)] ist der Krankenhausträger der alleinige Vertragspartner. Folglich sind alle ärztlichen und nichtärztlichen Mitarbeiter, die zur Erfüllung der allgemeinen Krankenhausleistungen beitragen, Erfüllungs-

583) Die verschiedenen Typen von Krankenhausverträgen werden im Rahmen des Kapitel 2, A. ausführlich behandelt.

584) Zum Totalen Krankenhausaufnahmevertrag siehe *Genzel*, in: *Laufs/Uhlenbruck*, Handbuch des Arztrechts, § 93 Rn. 3.

gehilfen des Krankenhausträgers. In diesem Rahmen wird der Konsiliararzt daher zur Erfüllung der vertraglichen Pflichten des Krankenhausträgers tätig mit der Folge der Anwendbarkeit der Zurechnungsnorm des § 278 BGB. Der Krankenhausträger haftet für das Fehlverhalten des Konsiliarius vertraglich nach §§ 611, 278 BGB.[585)]

In deliktischer Hinsicht haftet entweder der Konsiliararzt persönlich oder der Krankenhausträger. Letzterer muss sich ggf. das Fehlverhalten des ärztlichen und nichtärztlichen Personals nach §§ 831 Abs. 1 bzw. 823 Abs. 1, 31, 89 BGB zurechnen lassen. Eine direkte deliktische Haftung des Krankenhausträgers kommt ausschließlich bei eigenen Organisationsfehlern oder bei gemeinsamen Fehlern des Konsiliararztes und des behandelnden Arztes vor.[586)] Ein etwaiges Fehlverhalten des Konsiliararztes muss sich der Krankenhausträger hingegen nicht zurechnen lassen. Auch im Rahmen des Totalen Krankenhausaufnahmevertrages scheidet die Haftung nach § 831 Abs. 1 BGB aus. Der Konsiliararzt ist kein Verrichtungsgehilfe des Krankenhausträgers. Es fehlt an der sozialen Abhängigkeit und an der fachlichen Weisungsgebundenheit. Zudem entspricht es gerade dem Wesen des Konsiliums, dass der hinzugezogene Arzt eine autonome, nicht einer Weisung folgende, fachkompetente Entscheidung trifft.[587)] Für sein eigenes Fehlverhalten haftet der Konsiliararzt persönlich nach § 823 Abs. 1 BGB.

II. Gespaltener Krankenhausaufnahmevertrag

Im Rahmen des Gespaltenen Krankenhausaufnahmevertrages erfolgt die Hinzuziehung weiterer Ärzte gemäß § 17 Abs. 3 KHEntgG durch die-

585) Vgl. *Ulsenheimer/Erlinger*, in: *Dierks/Feussner/Wienke*, Rechtsfragen der Telemedizin, S. 79; vgl. *Renzewitz*, in: *Robbers*, Die Krankenhausbehandlung, Bd. 5 B IV S. 129; vgl. *Jorzig/Schafirski*, KHuR 2002, 118 ff. (119); OLG Stuttgart, Urt. v. 15.3.1990, 14 U 38/87, MedR 1991, 143 ff. (148). Das fehlende Weisungsrecht dem Konsiliararzt gegenüber steht der Eigenschaft als Erfüllungsgehilfen nicht entgegen. Vgl. *Frahm/Nixdorf*, Arzthaftungsrecht, Rn. 51.

586) Gemeinsame Fehler treten insbesondere im Bereich der Kommunikations- und Organisationsfehler auf. In diesem Fall haften der Konsiliararzt und der Krankenhausträger, der für den Erstbehandler nach §§ 823, 31, 89 bzw. 831 BGB einzustehen hat, gesamtschuldnerisch.

587) Vgl. *Geiß/Greiner*, Arzthaftpflichtrecht, A II Rn. 67; BGH, Urt. v. 14.7.1992, VI ZR 214/91, NJW 1992, 2962 ff.; OLG Stuttgart, Urt. v. 15.3.1990, 14 U 38/87, MedR 1991, 143 ff. (148).

jenigen Ärzte, mit denen die Wahlleistungsvereinbarung im Einzelfall geschlossen wurde.[588] Ob dann mit den Konsiliarärzten noch zusätzliche eigene Vertragsbeziehungen zustande kommen und wie sich die vertragliche und deliktische Haftung gestaltet, bestimmt sich nach denselben Grundsätzen wie bei der ambulanten Behandlung.[589] Der Hauptanwendungsfall dieses Vertragstyps ist der des Belegarztes. Wird ein außerhalb des Krankenhauses niedergelassener Konsiliararzt vom Belegarzt herangezogen, stellt die konsiliarische Leistung nach § 18 Abs. 1 S. 2 Nr. 4 KHEntgG eine Leistung des Belegarztes selbst dar. Diese Leistung des Konsiliarius unterfällt dabei nicht dem Krankenhausvertrag, sondern dem Vertrag mit dem Belegarzt.[590] Da dessen belegärztliche Tätigkeit im Krankenhaus keine allgemeine Krankenhausleistung ist, entspricht die rechtliche Lage derjenigen der ambulanten Behandlung. Diese konsiliarischen Leistungen können dem Krankenhaus nicht zugerechnet werden. Sie werden gemäss der gesetzlichen Regelung der belegärztlichen Tätigkeit zugeordnet. Entsprechend der Unterscheidung zwischen externem und internem Konsultationsverhältnis können jeweils eigene zusätzliche Behandlungsverträge zwischen dem Patienten und dem Konsiliararzt entstehen.[591]

III. Krankenhausaufnahmevertrag mit Arztzusatzvertrag

Bei diesem Vertragstyp bestimmen sich die rechtlichen Beziehungen zwischen Konsiliararzt, Krankenhausträger und behandelndem Arzt danach, wer die Leistung des Konsiliarius im Einzelfall angefordert hat. Wurde die Leistung des hinzugezogenen Arztes vom Krankenhausträger veranlasst, um die dem Krankenhaus obliegenden Aufgaben zu erfüllen, ist allein der Krankenhausträger der Vertragspartner des Patienten. Die Haftungslage entspricht in diesem Fall derjenigen des Totalen Krankenhausaufnahmevertrages.[592] Hat hingegen der Wahlarzt zur Erfüllung der

---

588) Näher zum gespaltenen Krankenhausaufnahmevertrag: vgl. *Genzel*, in: *Laufs/Uhlenbruck*, Handbuch des Arztrechts, § 93 Rn. 4 f.

589) Verweis auf S. 37 ff. dieser Arbeit.

590) Vgl. *Tuschen/Quaas*, Bundespflegesatzverordnung, Erl. § 23 BPflV, S. 421 f.

591) Vgl. *Geiß/Greiner*, Arzthaftpflichtrecht, A I Rn. 40; BGH, Urt. v. 14.7.1992, VI ZR 214/91, NJW 1992, 2962 ff.; BGH, Urt. v. 20.6.1989, VI ZR 320/88, NJW 1989, 2943 f.; vgl. *Ulsenheimer/Erlinger*, in: *Dierks/Feussner/Wienke*, Rechtsfragen der Telemedizin, S. 71 f.

592) Siehe S. 216 f. dieser Arbeit; vgl. *Ulsenheimer/Erlinger*, in: *Dierks/Feussner/Wienke*, Rechtsfragen der Telemedizin, S. 71.

ihm im Rahmen des Arztzusatzvertrages obliegenden Aufgaben den Konsiliararzt hinzugezogen und beauftragt, wird wiederum wie bei der ambulanten Behandlung verfahren.[593)]

F. Telemedizin

Schließlich können Ärzte auch auf dem stationären Sektor mit Hilfe der Telemedizin kooperieren. Diesbezüglich kann weitgehend auf die Ausführungen in Kapitel 1, D. verwiesen werden. Die Rechts- und Haftungsfrage hängt im Rahmen der stationären Behandlung von den einzelnen Vertragstypen ab.

---

593) Siehe Kapitel 1, Ambulante Versorgung, S. 37 ff. dieser Arbeit.

3. Kapitel:
Verzahnung von ambulanter und stationärer Versorgung

A. Allgemeine Entwicklung – ein Überblick

Mit dem GKV-Modernisierungsgesetz (GMG) hat der Gesetzgeber wesentliche strukturelle Änderungen in der gesetzlichen Krankenversicherung vorgenommen. Angestrebtes Ziel der Reform ist, die bereits teilweise eingeleitete Öffnung der Krankenhäuser für die ambulante Versorgung durch die Einführung neuer Vorschriften und Institute zu intensivieren und weiter voranzutreiben.[594] Die Integration von ambulanter und stationärer Versorgung zählt zum Kern des Reformgesetzes. Dies soll insbesondere durch eine weitere Öffnung der Krankenhäuser für die ambulante Behandlung realisiert werden.[595] Bisher waren die Teilnahmemöglichkeiten der Krankenhausträger und der Krankenhausärzte an der ambulanten Versorgung nur sehr eingeschränkt möglich. Die vertragsärztliche ambulante Versorgung war in erster Linie den freiberuflich tätigen Ärzten vorbehalten.[596]

Im Folgenden soll nun im Überblick dargestellt werden, in welchen Schritten sich die Öffnung der Krankenhäuser für die ambulante Versorgung vollzieht. Daran wird deutlich, wie unaufhaltsam die Entwicklung von der traditionellen Einzelpraxis hin zum Unternehmensnetzwerk durch die Verzahnung der Sektoren voranschreitet.

I. Vor- und nachstationäre Versorgung, § 115 a SGB V

Bereits mit dem Gesundheitsstrukturgesetz (GSG) von 1992 wurde der Versuch unternommen, die Verzahnung von ambulantem und stationärem Sektor durch die Einführung von Vorschriften wie § 115 a SGB V zu fördern. Diese Regelung ermöglicht es dem Krankenhaus, Versicherte, die von einem niedergelassenen Arzt in das Krankenhaus eingewiesen werden, in geeigneten Fällen ohne Unterkunft und Verpflegung zu behandeln. Auf diese Art und Weise wird die Notwendigkeit einer vollstati-

---

594) Gesetz zur Modernisierung der gesetzlichen Krankenversicherung vom 14.11.2003, veröffentlicht im BGBl. 2003 I, 2190 ff.

595) Siehe die Amtliche Begründung dazu, BT-Drucks. 15/1525, S. 1 ff. (74).

596) Vgl. *Quaas/Zuck*, Medizinrecht, § 18 Rn. 1 ff. und § 15 Rn. 76.

onären Behandlung geklärt oder eine solche entsprechend vorbereitet. Ebenso kann im Anschluss an die vollstationäre Behandlung eine nachstationäre, also nach Entlassung aus dem Krankenhaus, erfolgen. Ziel war es, die vollstationäre Krankenhausbehandlung auf das medizinisch Notwendige zu reduzieren und so den Patienten auf die vor- und nachstationäre Behandlung auch außerhalb des Krankenhauses vorzubereiten bzw. fortzusetzen.[597)]

II. Ambulantes Operieren, § 115 b SGB V

Einen weiteren Schritt hin zur Öffnung der Krankenhäuser im ambulanten Bereich stellt die Möglichkeit des ambulanten Operierens dar.[598)] Mit dem GSG wurden die Krankenhäuser dazu ermächtigt, kraft Gesetzes ambulante Operationen durchzuführen. Diese den Krankenhäusern ermöglichte Chance, auch ambulant tätig zu sein, sollte nach dem Willen des Gesetzgebers ebenfalls zur Verzahnung der beiden Sektoren beitragen.[599)]

III. Zulassung als Medizinisches Versorgungszentrum, § 95 Abs. 1 SGB V

Ein weiterer Meilenstein in der Integrationsentwicklung des ambulanten und des stationären Sektors stellen die neuen gesetzlichen Vorschriften über die Medizinischen Versorgungszentren dar.[600)] Durch die mit dem GMG eingeführte Vorschrift des § 95 Abs. 1 SGB V wird erstmals der Kreis der Leistungserbringer im Rahmen der vertragsärztlichen Versorgung erweitert. Die Medizinischen Versorgungszentren, die wiederum auch und gerade vom Krankenhausträger gegründet werden können, nehmen als zugelassene Leistungserbringer an der vertragsärztlichen Versorgung aktiv an der ambulanten Behandlung teil. Insofern ist über diese neue Kooperationsform gesetzlich für den stationären Bereich eine

---

597) Vgl. *Genzel*, in: *Laufs/Uhlenbruck*, Handbuch des Arztrechts, § 87 Rn. 55 a-c; vgl. *Quaas/Zuck*, Medizinrecht, § 25 Rn. 22 f.

598) Vgl. *Genzel*, in: *Laufs/Uhlenbruck*, Handbuch des Arztrechts, § 87 Rn. 55 d ff.; vgl. *Quaas/Zuck*, Medizinrecht, § 25 Rn. 24 ff.

599) Näher zu diesem Kapitel siehe auch Kapitel 3, B.

600) Näher dazu in Kapitel 1, B.

Möglichkeit geschaffen worden, gleichberechtigt neben den freiberuflich tätigen Vertragsärzten an der vertragsärztlichen Patientenversorgung teilzunehmen.

IV. Ambulante Behandlung durch Krankenhäuser im Rahmen des § 116 SGB V

Des Weiteren ist eine ambulante Behandlung durch die Krankenhäuser bei Unterversorgung (§ 116 a SGB V), bei der Teilnahme an strukturierten Behandlungsprogrammen (§ 116 b Abs. 1 SGB V) und zur Erbringung ambulant durchführbarer, hochspezialisierter Leistungen (§ 116 b Abs. 2 SGB V) gesetzlich geregelt.[601)]

V. Integrierte Versorgung, §§ 140 a ff. SGB V

Den vorerst letzten Schritt in der Entwicklung der Verzahnung von ambulantem und stationärem Sektor stellen die Vorschriften der Integrierten Versorgung dar. Diese durch das GMG novellierten Vorschriften zu dieser neuen Versorgungsform sollen die sektorenübergreifende Steuerung von Behandlungsabläufen ermöglichen. Bezüglich der näheren Ausführungen zu diesem Thema wird auf das Kapitel 3, C. verwiesen.[602)] Im Folgenden gilt es nun, die Ambulante Operation und die Integrierte Versorgung genauer darzustellen.

B. Ambulante Operationen

I. Allgemeines

Seit Einführung des § 115 b SGB V durch das Gesundheitsstrukturgesetz (GSG) vom 21.12.1992 sind Krankenhäuser zur ambulanten Durchführung bestimmter Eingriffe zugelassen. Unter ambulantem Operieren sind grundsätzlich alle operativen Behandlungsmethoden zu verstehen,

---

601) Vgl. *Quaas/Zuck*, Medizinrecht, § 15 Rn. 76 ff.
602) Verweis auf Kapitel 3, C.

„bei denen der Patient die Nacht vor und nach dem Eingriff im eigenen Bett verbringt."[603] Der ursprüngliche dreiseitige Vertrag zu § 115 b SGB V trat zum 1.4.1993 in Kraft, seine Kündigung durch die Kassenärztliche Bundesvereinigung erfolgte zum 31.12.2003.

II. Vertragliche Grundlage: Der AOP-Vertrag 2005[604]

Die gegenwärtige aktuelle Fassung des dreiseitigen Vertrages basiert auf der mit Wirkung vom 1.1.2004 zwischen der Deutschen Krankenhausgesellschaft, den Spitzenverbänden der Gesetzlichen Krankenversicherung und der Kassenärztlichen Bundesvereinigung vereinbarten Neufassung und wurde in seiner derzeit gültigen Form durch das erweiterte Bundesschiedsamt am 18.3.2005 mit Wirkung zum 1.4.2005 festgesetzt.[605] Die Deutsche Krankenhausgesellschaft kündigte diesen Vertrag zu § 115 b Abs. 1 SGB V mit Wirkung zum 30.6.2006. Bis zum Inkrafttreten des vom erweiterten Bundesschiedsamt festzusetzenden Anschlussvertrages gem. § 115 b Abs. 1 SGB V gilt der gegenwärtige AOP-Vertrag, längstens jedoch bis zum 30.9.2006, fort.

Der Grundvertrag nach § 115 b Abs. 1 S. 1 Nr. 1 SGB V (AOP-Vertrag) regelt die Rahmenbedingungen für eine Teilnahme der Krankenhäuser am ambulanten Operieren, die Bedingungen für die Leistungserbringung und den Katalog der ambulant erbringbaren Leistungen. Der AOP-Vertrag enthält ebenfalls die wesentlichen Abrechnungs- und Vergütungsregelungen. Gemäß den Ausführungen in der Präambel soll der AOP-Vertrag dazu dienen, einheitliche Rahmenbedingungen zur Durchführung ambulanter Operationen und stationsersetzender Eingriffe im niedergelassenen Bereich und im Krankenhaus zu schaffen und die Zusammenarbeit zwischen Vertragsärzten und Krankenhausärzten zu fördern. Dieser dreiseitige Vertrag ist für die Vertragspartner, also die betei-

---

603) Vgl. *Möhlmann*, Sonderheft Arztrecht 6/1996, S. 5; *Quaas/Zuck*, Medizinrecht, § 25 Rn. 24 ff.; *Schwarz/Schreck/Brenske/Schlottmann/Walger*, das Krankenhaus 8/2003, 599 ff.; vgl. *Schmucker/Biersack*, Die BKK 11/2003, 552 ff.; vgl. *Hensen/Bunzemeier/Fürstenberg/Roeder*, f&w 1/2004, 93 ff.;

604) Vertrag nach § 115 b Abs. 1 SGB V – Ambulantes Operieren und stationsersetzende Eingriffe im Krankenhaus – (AOP-Vertrag); abgedruckt in: *Deutsche Krankenhausgesellschaft*, Ambulantes Operieren und stationsersetzende Eingriffe im Krankenhaus nach § 115 b SGB V, S. 15 ff.

605) *Gurgel*, das Krankenhaus 1/2006, 40 ff.; *Schulz/Mertens*, MedR 2006, 191 ff.; *Held/Leber/Wolff*, f&w 3/2005, 256 ff.

ligten Krankenhäuser und die Vertragsärzte, unmittelbar geltendes Recht. Die Teilnahmemöglichkeit der Krankenhäuser ist durch § 1 Abs. 1 S. 1 des AOP-Vertrages auf die Leistungsbereiche beschränkt, in denen das Krankenhaus bereits stationäre Krankenhausbehandlung erbringt. § 2 des AOP-Vertrages regelt, unter welchen Voraussetzungen Patienten ambulante Operationen und stationsersetzende Eingriffe im Krankenhaus in Anspruch nehmen können.

Im Vordergrund der Regelungen des AOP-Vertrages stehen die im Leistungskatalog (Anlage 1 zum AOP-Vertrag) enthaltenen ambulanten Operationen und sonstigen stationsersetzenden Eingriffe (Hauptleistungen), die von den Krankenhäusern erbracht und abgerechnet werden können. Darüber hinaus können die Krankenhäuser nach Maßgabe der §§ 4 bis 6 des AOP-Vertrages während der prä-, intra- und postoperativen Phasen in begrenztem Umfang Begleitleistungen erbringen und abrechnen. In der Anlage 1 zum AOP-Vertrag sind abschließend nur die stationsersetzenden ‚Hauptleistungen' nach § 115 b SGB V aufgeführt. Die Vertragspartner haben in § 3 Abs. 2 des AOP-Vertrages vereinbart, dass Leistungen, die in der Regel ambulant erbracht werden sollen, im Katalog besonders zu kennzeichnen sind. Im aktuellen AOP-Vertrag werden sie nunmehr mit der Ziffer „1" gekennzeichnet. Diese Kennzeichnung hat zur Folge, dass die betreffende Leistung nur im Ausnahmefall, d. h. bei Vorliegen besonderer, ebenfalls vertraglich vereinbarter Gründe stationär erbracht und abgerechnet werden darf. Deshalb trägt das Krankenhaus in solchen Fällen die Beweislast für die Erforderlichkeit einer stationären Behandlung. Nach § 2 Abs. 2 S. 1 des AOP-Vertrages sind die Krankenhäuser nicht verpflichtet, die im Leistungskatalog aufgeführten Eingriffe ausschließlich ambulant durchzuführen. Die abschließende Entscheidung darüber, ob der Eingriff ambulant oder stationär durchgeführt wird, bleibt in jedem Fall dem Krankenhausarzt vorbehalten, § 2 Abs. 2 S. 2 des AOP-Vertrages. In § 4 des AOP-Vertrages sind die Voraussetzungen bestimmt, die das Krankenhaus erfüllen muss, wenn es zusätzliche präoperative Leistungen erbringen und abrechnen will. Die Vorschrift des § 5 des AOP-Vertrages ermöglicht es den Krankenhäusern, alle notwendigen intraoperativ erbrachten oder veranlassten Leistungen unabhängig von einem Fachgebietsbezug abzurechnen. Gemäß § 6 des AOP-Vertrages sind postoperative, auf das eigene Fachgebiet bezogene ärztliche Leistungen, die erforderlich sind, um den Behandlungserfolg des im Krankenhaus durchgeführten ambulanten Eingriffs zu sichern bzw. zu festigen, „auch von fachlich verantwortlichen Krankenhausärzten durchzuführen". Das Krankenhaus kann, muss aber nicht diese postoperativen Leistungen vornehmen.

III. Gesetzliche Grundlage und Zielsetzung der ambulanten Operation

Die gesetzlichen Grundlagen des ambulanten Operierens finden sich in den §§ 39, 76 und 115 b SGB V. Nach § 39 Abs. 1 S. 1 SGB V sind Krankenhäuser nunmehr nach § 115 a SGB V zur vor- und nachstationären Behandlung und nach § 115 b SGB V zum ambulanten Operieren berechtigt. Die Regelung in Satz 2 des § 39 Abs. 1 SGB V verdeutlicht den Vorrang der teilstationären, vor- und nachstationären oder ambulanten Behandlung vor der vollstationären Behandlung. Die teilstationäre Behandlung unterscheidet sich von den ambulanten Behandlungsformen durch die Aufnahme des Patienten in das Krankenhaus.[606] Der Vorrang der ambulanten Behandlung gemäß Satz 2 bezieht sich sowohl auf das ambulante Operieren im Krankenhaus gemäß § 115 b SGB V als auch auf die Tätigkeit der niedergelassenen Ärzte im Rahmen des Sicherstellungsauftrags. Durch die Neuregelung des § 76 Abs. 1 S. 1 SGB V wird den Versicherten ausdrücklich auch die freie Wahl unter den zum ambulanten Operieren zugelassenen Krankenhäusern eröffnet.[607] Gemäß § 115 b Abs. 1 und 2 SGB V sind die Krankenhäuser kraft Gesetzes zur „ambulanten Durchführung von Operationen und auch zu sonstigen stationsersetzenden Eingriffen" zugelassen. Grundlage für ein ambulantes Operieren im Krankenhaus ist der bereits erwähnte dreiseitige Vertrag zu § 115 b SGB V (AOP-Vertrag 2005). Die Krankenhäuser können also unmittelbar tätig werden. Einer gesonderten Ermächtigung oder eines besonderen Zulassungsaktes bedarf es daher nicht. Insofern ist die Zulassung des Krankenhauses auch unabhängig von der vertragsarztrechtlichen Bedarfsplanung. Voraussetzung nach § 115 b Abs. 2 S. 2 SGB V ist nur eine Mitteilung des Krankenhauses an die Landesverbände der Krankenkassen und die Verbände der Ersatzkassen, die Kassenärztliche Vereinigung und den Zulassungsausschuss (§ 96 SGB V). Durch die Mitteilungspflicht kann regulativ auf die Erteilung von Ermächtigungen an Krankenhausärzte und die Zulassung von Schwerpunktpraxen eingegriffen werden.[608] Die Patienten können das Krankenhaus unmittelbar, also ohne Einweisung, zur ambulanten Durchführung einer Operation aufsu-

606) Definition für teilstationäre Behandlung ‚physische und organische Eingliederung des Patienten in das spezifische Versorgungssystem des Krankenhauses': siehe *Quaas/Zuck*, Medizinrecht, § 23 Rn. 55, 58, § 24 Rn. 259, § 25 Rn. 15, 21; *Erbsen*, Anm. zu BSG, Urt. v. 4.3.2004, B 3 KR 4/03 R, MedR 2004, 702 ff.

607) Zur freien Arztwahl: *Quaas/Zuck*, Medizinrecht, § 18 Rn. 35.

608) Vgl. *Genzel*, in: *Laufs/Uhlenbruck*, Handbuch des Arztrechts, § 87 Rn. 55 e.

chen. Dadurch wird der Sicherstellungsauftrag der niedergelassenen Ärzte ergänzt. Die unmittelbare Zulassung der Krankenhäuser zu ambulanten Behandlungen soll dazu beitragen, die Bereiche der ambulanten und der stationären Versorgung miteinander zu verbinden.[609)]
Die Trennung dieser beiden Bereiche führt nachweislich zu langen, nicht zwingend notwendigen und daher zu unwirtschaftlichen Krankenhausbehandlungen. Gesetzgeberisches Ziel ist eine Leistungsverlagerung stationärer Fälle in den ambulanten Bereich. Es soll eine patientengerechte und wirtschaftliche Versorgung gesichert werden. Auch das ambulante Operieren ist eine Form der Krankenhausbehandlung im Sinne des § 39 Abs. 1 S. 1 SGB V und somit eine gesetzlich neu eingeführte Krankenhausleistung.[610)]

Mit der Zulassung ambulanter Operationen im Krankenhaus verfolgt der Gesetzgeber das Ziel, teure stationäre Behandlungen soweit wie möglich durch kostengünstigere ambulante Behandlungen zu ersetzen. Daher wird den Krankenhäusern ermöglicht, eine isolierte Behandlungsleistung auf dem ambulanten Sektor völlig selbständig, d. h. auch ohne zwingende Kooperation mit den niedergelassenen Ärzten vorzunehmen. Die Vorschrift des § 1 Abs. 1 des AOP-Vertrages 2005 setzt die gesetzgeberische Intention in geltendes Recht um, die der Öffnung der Krankenhäuser für ambulante Operationen durch das Gesundheitsstrukturgesetz 1992 zu Grunde lag. Jedoch dürfen Krankenhäuser nur in solchen Leistungsbereichen ambulante Operationen anbieten, in denen sie auch die stationäre Versorgung vorhalten.[611)] § 1 Abs. 1 S. 1 des AOP-Vertrages begrenzt das zulässige ambulante Leistungsangebot der Krankenhäuser nach § 115 b Abs. 2 SGB V auf den im Rahmen der Krankenhausplanung festgelegten Versorgungsauftrag des jeweiligen Krankenhauses.

---

609) Vgl. *Genzel*, in: *Laufs/Uhlenbruck*, Handbuch des Arztrechts, § 87 Rn. 55 d; siehe BT-Drucks. 12/3608, 103.

610) Ergänzend hierzu v. a. unter dem Gesichtspunkt der Wirtschaftlichkeit und Wettbewerbsfähigkeit siehe auch *Schwing*, krankenhaus Umschau 12/2003, 1199 ff. und *Brückner/Paul*, KMA 01/2004, 50 f.; vgl. *Schwing*, ku-Sonderheft Ambulantes Operieren 3/2004, 6 ff.

611) Siehe auch *Gurgel*, das Krankenhaus 1/2006, 40 ff.; *Schulz/Mertens*, MedR 2006, 191 ff.

IV. Haftungsverhältnisse im Rahmen der ambulanten Operation

1. Ausgangssituation

Das ambulante Operieren ist in der Regel durch ein arbeitsteiliges Zusammenwirken mehrerer Ärzte gekennzeichnet. Es handelt sich also um eine besondere Form ärztlicher Teamarbeit. Der Kooperation von überweisendem, beauftragtem und nachsorgendem Arzt wohnt aufgrund der schnell wechselnden ärztlichen Betreuung ein erhebliches Haftungspotenzial inne. Um das Risiko eines Behandlungs- bzw. Aufklärungsfehlers möglichst gering zu halten, muss eine vertrauensvolle Zusammenarbeit zwischen den kooperierenden Ärzten gewährleistet sein. Diese erfordert eine verbesserte Absprache zwischen den Behandlern und eine gründliche Information des Patienten über den genauen Behandlungsablauf.

Die Durchführung ambulanter Operationen ist sowohl in der Praxis eines niedergelassenen Arztes, in der Gruppenpraxis als auch im Krankenhaus möglich. Nachfolgend werden ausschließlich die Vertrags- und Haftungsverhältnisse im Krankenhaus beleuchtet.

2. Vertragliche Beziehungen

Wird ein Patient ambulant in einem Krankenhaus behandelt, kommen als mögliche Vertragspartner sowohl der behandelnde Arzt als auch der Krankenhausträger in Frage. In solchen Fällen ist es daher geboten, den Charakter der angebotenen Leistung genau zu bestimmen, da von der Beantwortung dieser Frage die Bestimmung des Vertragspartners abhängt.

Eine sog. Institutsleistung liegt dann vor, wenn das Krankenhaus die ambulanten Leistungen selbst als Institution anbietet. Eine sog. Vertragsleistung hingegen wird von den Krankenhausärzten im Rahmen ihrer genehmigten Nebentätigkeit erbracht.[612)]

Die ambulante Versorgung ist grundsätzlich nicht Aufgabe des Krankenhauses, sondern wird in der Regel durch die frei praktizierenden Ver-

---

612) Vgl. *Schlund*, in: *Laufs/Uhlenbruck*, Handbuch des Arztrechts, § 115 Rn. 17.

tragsärzte sichergestellt.[613] Das Krankenhaus als Institution kann eine ambulante Behandlung nur in Sonderfällen übernehmen. Ein solcher Ausnahmefall ist auch das ambulante Operieren i. S. d. § 115 b SGB V. Danach sind Krankenhäuser zur ambulanten Operation als Institution zugelassen. § 115 b SGB V räumt in Abs. 2 dem Krankenhausträger das Recht der Behandlung und damit verbunden auch das Recht zum Vertragsschluss ausdrücklich ein.[614] Aufgrund der Zulassung der Krankenhäuser gemäß der genannten Vorschrift gehört das ambulante Operieren zu den Institutsleistungen des Krankenhauses. Somit treten in der Krankenversorgung neben der vollständigen Krankenhausbehandlung auch Krankenhausambulanzen auf, die sich in der Hand des Trägers befinden (Institutsambulanz). Alleiniger Vertragspartner des Patienten ist daher in einem solchen Fall der Krankenhausträger.[615] Dieser erbringt die Leistungen unter Zuhilfenahme angestellter Ärzte und nichtärztlicher Mitarbeiter, die in keinerlei vertraglicher Beziehung zum Patienten stehen. Im Rahmen einer Institutsambulanz stellt die Institutsleistung eine Dienstaufgabe der Krankenhausmitarbeiter dar. Unerheblich ist auch, ob es sich um einen Privat- oder Kassenpatienten handelt. In der Regel werden ambulante Operationen auf Veranlassung eines niedergelassenen Vertragsarztes unter Verwendung eines Überweisungsscheines durchgeführt, § 2 Abs. 1 S. 1 des AOP-Vertrages. Mit der Einweisung in das Krankenhaus kommt nach allgemeiner Meinung ein neuer Behandlungsvertrag zwischen dem Patienten und dem Krankenhausträger zustande.[616] Dies gilt auch dann, wenn der Patient nach der Operation die Behandlung beim ursprünglich niedergelassenen Arzt fortsetzt.

3. Anspruchsgegner im Rahmen der ambulanten Operation

Zunächst gilt es, die ***vertragliche*** Haftungslage zu erarbeiten. Wie bereits oben festgestellt wurde, ist der *Krankenhausträger* der alleinige Vertragspartner des Patienten. Daher ist die Haftungssituation mit der

613) *Wigge*, in: *Schnapp/Wigge*, Handbuch des Vertragsarztrechts, § 2 Rn. 55 ff.; *Schnath*, in: *Schnapp/Wigge*, Handbuch des Vertragsarztrechts, § 5 Rn. 1 ff.

614) Vgl. *Rehborn*, MDR 2000, 1101 ff.

615) Vgl. *Schlund*, in: *Laufs/Uhlenbruck*, Handbuch des Arztrechts, § 115 Rn. 18; vgl. *Schmid*, Die Passivlegitimation im Arzthaftpflichtprozess, S. 61; vgl. *Deutsch/Spickhoff*, Medizinrecht, Rn. 72.

616) BGH, Urt. v. 28.4.1987, VI ZR 171/86, BGHZ 100, 363 ff.

des Totalen Krankenhausaufnahmevertrages vergleichbar. Die vertragliche Haftung ergibt sich daher aus dem zwischen dem Patienten und dem Krankenhausträger geschlossenen Behandlungsvertrag. Dies gilt unabhängig davon, in welcher Rechtsform das Krankenhaus betrieben wird.[617)] Der Patient muss also seine vertraglichen Schadensersatzansprüche unmittelbar gegen den Krankenhausträger geltend machen. Hat der Krankenhausträger selbst die Vertragsverletzung begangen, wie z. B. der ärztliche Inhaber einer Privatklinik, so haftet dieser für eigenes Verschulden nach §§ 611, 280 Abs. 1, 276 BGB. Im Übrigen hat der Krankenhausträger für die seine Vertragsverpflichtung erfüllenden Ärzte einzustehen, wenn diese eine vertragliche Verpflichtung verletzen. Diese sind entweder Erfüllungsgehilfen i. S. d. § 278 BGB oder gesetzliche Vertreter i. S. d. § 31 BGB. Die genaue Charakterisierung von Operateur und Anästhesist im Rahmen der ambulanten Operation kann hier noch offen bleiben, da jedenfalls eine Haftungszurechnungsnorm im Falle der Vertragsverletzung durch einen behandelnden Arzt einschlägig ist.

Eine persönliche vertragliche Haftung des jeweilig *behandelnden Arztes* neben dem Krankenhausträger besteht nicht, da im Fall der ambulanten Operation keine vertraglichen Beziehungen des Patienten zu den Krankenhausärzten und sonstigen Mitarbeitern bestehen. Lediglich der Krankenhausträger ist alleiniger Vertragspartner des Patienten.

Schließlich ist auch die Haftungssituation in ***deliktsrechtlicher*** Hinsicht zu untersuchen. Eine unmittelbare Haftung des *Krankenhausträgers* aus § 823 Abs. 1 BGB wegen eines Behandlungsfehlers scheidet in den meisten Fällen schon deshalb aus, weil dieser in der Regel eine juristische Person des privaten oder öffentlichen Rechts oder diesen gleichgestellt ist. Eine juristische Person ist aber nicht handlungsfähig. Sie bedient sich vielmehr ihrer Organe.[618)] Die juristische Person ist daher verpflichtet, die für die Aufgabenerfüllung notwendigen Organe zu schaffen. Andernfalls liegt ein Organisationsmangel vor, der eine unmittelbare Haftung des Trägers nach § 823 Abs. 1 BGB begründen würde. Ist der Träger eine natürliche Person, wie z. B. im Falle eines Chefarztes mit eigener Privatklinik, kann eine unmittelbare Haftung aus § 823 Abs. 1 BGB sowohl bei Vorliegen eines Behandlungs- oder Aufklärungsfehlers als auch bei einer betrieblichen Organisationspflichtverletzung des Trägers eintreten.

---

617) Vgl. *Schlund*, in: *Laufs/Uhlenbruck*, Handbuch des Arztrechts, § 115 Rn. 31.

618) Vgl. *Heinrichs*, in: *Palandt*, Bürgerliches Gesetzbuch, Einf. v. § 21 Rn. 1; vgl. *Reuter*, in: *MüKo*, Bürgerliches Gesetzbuch, Bd. 1, § 31 Rn. 2.

Für unerlaubte Handlungen seiner verfassungsmäßig berufenen Vertreter haftet der Krankenhausträger nach §§ 823 Abs. 1, 31, 89 BGB. Zunächst ist Voraussetzung, dass es sich bei dem Krankenhausträger um eine juristische Person des Privat- oder öffentlichen Rechts oder eine diesen gleichgestellte handelt.[619)] Der Anwendungsbereich erstreckt sich auf den Vorstand, die Vorstandsmitglieder und die verfassungsmäßig berufenen Vertreter. Erfasst sind darüber hinaus auch alle sonstigen Personen, denen durch die allgemeine Betriebsregelung und Handhabung bedeutsame, wesensmäßige Funktionen der juristischen Person zur selbständigen, eigenverantwortlichen Erfüllung zugewiesen sind und somit auf diese Weise die juristische Person im Rechtsverkehr repräsentieren.[620)]

Fraglich ist nun, wie Operateur, Anästhesist und die anderen Mitbehandelnden im Rahmen der ambulanten Operation zu charakterisieren sind. Der Operateur könnte ein Vertreter i. S. d. § 31 BGB sein. Die Vertretereigenschaft wurde bisher vom BGH[621)] im Falle eines Chefarztes einer Fachabteilung entschieden, der völlig weisungsfrei in einem Krankenhaus arbeitet. Im Rahmen der ambulanten Operation trägt der Operateur die Hauptverantwortung. Er ist verantwortlich für die Entscheidung, ob er den Patienten überhaupt und ob er ihn ambulant operiert.[622)] Auch im Falle eines Entscheidungskonflikts zwischen Operateur und Anästhesist liegt die Letztentscheidung beim Operateur.[623)] Dies verdeutlicht die herausragende Stellung des Operateurs beim ambulanten Operieren. Sowohl während der Operation als auch in der prä- und postoperativen Phase obliegt dem Operateur die wesentliche Entscheidungsmacht. In jeder Phase handelt er völlig weisungsfrei und eigenverantwortlich, so dass er als Vertreter i. S. d. § 31 BGB zu qualifizieren ist. Der Operateur handelt im Rahmen einer ambulanten Operation auch in Ausführung der dem Krankenhausträger zustehenden Verrichtungen. Das ambulante Operieren stellt eine Krankenhausleistung i. S. d. § 39 SGB V dar. Alleiniger Vertragspartner ist der Krankenhausträger, so dass der Operateur insofern in ‚amtlicher' Eigenschaft handelt. Die übrigen an der Operation mitwirkenden Ärzte, wie z. B. der Anästhesist, und sämtliches Klinikper-

---

619) Vgl. *Heinrichs*, in: *Palandt*, Bürgerliches Gesetzbuch, § 31 Rn. 3; vgl. *Reuter*, in: *MüKo*, Bürgerliches Gesetzbuch, Bd. 1, § 31 Rn. 11 ff.

620) Vgl. *Reuter*, in: *MüKo*, Bürgerliches Gesetzbuch, Bd. 1, § 31 Rn. 19 ff.

621) BGH, Urt. v. 22.4.1980, VI ZR 121/78, NJW 1980, 1901 ff.

622) Vgl. *Ulsenheimer*, in: *Carstensen/Ulsenheimer*, Ambulantes Operieren – Vernetzung der Dienste, S. 46 ff.

623) Vgl. *Ulsenheimer*, Ambulantes Operieren, ku-Sonderheft 3/2004, 23 ff. (26).

sonal sind Verrichtungsgehilfen i. S. d. § 831 Abs. 1 BGB.[624] Begeht ein solcher Verrichtungsgehilfe einen Behandlungsfehler während der ambulanten Operation, liegt eine tatbestandsmäßige, rechtswidrige unerlaubte Handlung i. S. d. §§ 823 ff. BGB vor, für die der Krankenhausträger nach § 831 Abs. 1 BGB haftet. Die Verschuldensvermutung kann aber durch den Entlastungsbeweis nach § 831 Abs. 1 S. 2 BGB widerlegt werden.

Für das Fehlverhalten des Operateurs hat der Klinikträger dann nach §§ 823 Abs. 1, 31, 89 BGB einzustehen, wenn ein Behandlungsfehler gegeben ist. Zum einen kann ein Behandlungsfehler während der Operation eintreten. Zum anderen kann der Fehler organisatorischer Art sein: im präoperativen Bereich in Form eines Übernahmeverschuldens und im postoperativen Bereich in Form eines Organisationsverschuldens.

Für die Behandlungsfehler in der präoperativen Phase gilt Folgendes: Nach § 2 Abs. 1 S. 1 des AOP-Vertrages erfolgen Eingriffe gemäß § 115 b SGB V in der Regel auf Veranlassung eines niedergelassenen Vertragsarztes unter Verwendung eines Überweisungsscheins. Der Operateur ist an den Auftrag der einweisenden oder überweisenden Ärzte zur ambulanten Durchführung des Eingriffs nicht gebunden. Er trägt die Alleinverantwortung für die Entscheidung, ob er den Patienten überhaupt und ob er ihn ambulant operiert.[625] Bei dieser Entscheidung muss berücksichtigt werden, dass die Patientensicherheit stets absoluten Vorrang vor wirtschaftlichen Gründen genießt. Die Sicherheit und Gesundheit des Patienten ist das ausschlaggebende Kriterium bei der Frage der Behandlungsart (stationär oder ambulant). Der operierende Arzt entscheidet über die Eingriffsindikation, der Anästhesist hingegen ggf. über die Anästhesiefähigkeit des Patienten.[626] Beide Ärzte handeln zwar in eigener Verantwortung und Kompetenz, aber die Letztentscheidungskompetenz liegt dennoch beim Operateur. Um unnötige Doppeluntersuchungen zu vermeiden, hat der überweisende Arzt gemäß § 4 Abs. 1 des dreiseitigen Vertrages dem Operateur die für den Eingriff erforderlichen Unterlagen zur Verfügung zu stellen. Diese sind vom Opera-

---

624) Vgl. *Sprau*, in: *Palandt*, Bürgerliches Gesetzbuch, § 831 Rn. 7.

625) Vgl. *Ulsenheimer*, in: *Carstensen/Ulsenheimer*, Ambulantes Operieren – Vernetzung der Dienste, S. 46 f.; vgl. *Bergmann/Kienzle*, Krankenhaushaftung, Rn. 160.

626) Vgl. *Ulsenheimer*, Ambulantes Operieren, ku-Sonderheft 3/2004, 23 ff. (26); vgl. *Rohde*, VersR 1995, 391 ff. (393).

teur mitzuverwerten. Auf die Richtigkeit der erhobenen Vorbefunde darf der Operateur vertrauen. Auch in dieser Form des arbeitsteiligen Zusammenwirkens zwischen dem überweisenden Arzt und dem Operateur gilt der allgemeine Vertrauensgrundsatz.[627] Dieser besagt, dass jeder an der Krankenhausbehandlung Mitwirkende sich darauf verlassen kann, dass alle die ihnen obliegenden Aufgaben mit der gebotenen Sorgfalt erfüllen. Nur wenn ausnahmsweise konkrete Umstände Anlass zu Zweifeln geben, ist der Vertrauensgrundsatz aufgehoben. In diesem Fall lebt die eigene Prüfungs- und Untersuchungspflicht wieder auf.[628] Das Vertrauen des Operateurs in die Vorbefunde beschränkt sich aber auf die dokumentierten objektiven Befunde. Deren Bewertung muss der operierende Arzt in einem weiteren Schritt vornehmen.[629] In den Grenzen des Vertrauensgrundsatzes haftet also jeder Arzt für seinen Verantwortungsbereich. Nur wenn der Behandlungsfehler auch tatsächlich im Verantwortungsbereich des Operateurs eingetreten ist, liegt ein für die Haftungszurechnung relevanter Tatbestand vor. Schließlich kann das Krankenhaus unter den Voraussetzungen des § 4 des AOP-Vertrages zusätzliche präoperative Leistungen erbringen und abrechnen. Dies sind nach Absatz 2 dieser Vorschrift diagnostische Maßnahmen, die der Vorbereitung des stationsersetzenden Eingriffs dienen.

Auch für die Behandlungsfehler im Rahmen der postoperativen Phase trägt der Operateur die Verantwortung für die lückenlose Betreuung des Patienten. Ihm obliegt die Organisationsverantwortung der postoperativen Versorgung. Diese Pflicht des operierenden Arztes ergibt sich aus § 2 Abs. 2 S. 3 des dreiseitigen Vertrages. Danach muss sich der Operateur „vergewissern und dafür Sorge tragen, dass der Patient nach Entlassung aus der unmittelbaren Betreuung des operierenden Arztes auch im häuslichen Bereich sowohl ärztlich als auch pflegerisch angemessen versorgt wird." Hierdurch wird ein allgemein gültiger haftungsrechtlicher Grundsatz statuiert. Der operierende Arzt wird mit der Übernahme der Behandlung Garant dafür, dass vermeidbare Risiken und Schäden des Patienten verhindert werden. In jedem Fall gilt es, eine Behandlungslücke zu vermeiden. Die Verantwortung des Operateurs setzt sich also im postoperativen Bereich fort. Die Organisationsverantwortung der postoperativen Phase liegt also nicht beim einweisenden Arzt, sondern

---

627) Vgl. *Kern*, NJW 1996, 1561 ff. (1564).

628) Vgl. *Ulsenheimer*, Ambulantes Operieren, ku-Sonderheft 3/2004, 23 ff. (26); vgl. *Kern*, NJW 1996, 1561 ff. (1564).

629) Vgl. *Steffen/Dressler*, Arzthaftungsrecht, B I Rn. 213.

beim Operateur.[630] Für diesbezügliche Fehler haftet der Krankenhausträger aus §§ 823 Abs. 1, 31, 89 BGB. Um das Risiko eines Behandlungsfehlers in Form eines Organisationsverschuldens aufgrund unklarer Kompetenzabgrenzungen zu minimieren, ist gerade bei der ambulanten Operation das Bedürfnis nach einem postoperativen Betreuungsmanagement besonders groß.[631] Eine detaillierte Absprache zwischen dem nachsorgenden Arzt und dem Operateur im Hinblick auf die postoperative Betreuung ist daher aus haftungsrechtlicher Sicht unerlässlich. Diesbezügliche Unklarheiten gehen aufgrund Organisationsverschuldens zu Lasten des operierenden Arztes und führen damit zur Haftung des Krankenhausträgers aus §§ 823 Abs. 1, 31, 89 BGB. Die Verpflichtung zur postoperativen Betreuung des Patienten ist grundsätzlich weit zu fassen. Erst wenn der Operateur nach eigener Überprüfung berechtigterweise von einer gesicherten, absprachegemäßen postoperativen Betreuung durch einen nachbehandelnden Arzt ausgehen kann, ist er von seiner Organisationsverantwortung befreit. Nur dann kann er seine postoperative Betreuungspflicht wirksam auf den nachbehandelnden Arzt delegieren. Hintergrund dieser weit gefassten Garantenstellung ist das zwingende Bedürfnis der qualitativen Gleichstellung von ambulanten Operationen und vollstationären Eingriffen. Der Patient darf während der prä-, peri- und postoperativen Behandlung im Rahmen des § 115 b SGB V keinem höheren Risiko ausgesetzt sein als bei einer Behandlung unter stationären Bedingungen. Beim ambulanten Operieren darf der Sicherheitsstandard im Vergleich zur stationären Versorgung nicht eingeschränkt sein. Gemäß § 6 S. 1 des AOP-Vertrages können postoperative, auf das eigene Fachgebiet bezogene ärztliche Leistungen, die erforderlich sind, um den Behandlungserfolg des im Krankenhaus durchgeführten ambulanten Eingriffs zu sichern bzw. zu festigen, „auch von fachlich verantwortlichen Krankenhausärzten" durchgeführt werden. Das Krankenhaus ist aber nicht verpflichtet, selbst die postoperative Behand-

---

630) Zur praktischen Auswirkung dieses Grundsatzes im Hinblick auf Krankentransport, häusliche Versorgung, telefonische Erreichbarkeit, Kontaktaufnahme mit dem Operateur, Hausbesuche etc. siehe auch *Ulsenheimer*, Ambulantes Operieren, ku-Sonderheft 3/2004, 23 ff. (26 f.); vgl. *Ulsenheimer*, in: *Carstensen/ Ulsenheimer*, Ambulantes Operieren – Vernetzung der Dienste, S. 48 ff.; vgl. *Jansen*, MedR 1993, 252 ff (253); vgl. *Bergmann/Kienzle*, Krankenhaushaftung, Rn. 162.

631) Vgl. *Hamdad*, KMA 12/2003, 45 ff.: In diesem Beitrag wird verstärkt auf die Notwendigkeit einer verbesserten Koordination und Kooperation zwischen dem Krankenhausbereich und den niedergelassenen Ärzten im Rahmen der ambulanten Operation eingegangen.

lung sicherzustellen. Schon aus dem Wortlaut des § 6 S. 1 („auch") folgt, dass eine Wahlfreiheit des Krankenhauses in Bezug auf die Person des Leistungserbringers besteht.

Neben der Haftung des Krankenhausträgers kommt im Rahmen der deliktischen Haftung auch eine persönliche Haftung des *schädigenden Arztes* hinzu. Im Falle eines Behandlungsfehlers haftet der behandelnde Arzt bei Vorliegen der Voraussetzungen nach § 823 Abs. 1 BGB persönlich. Eine Haftung der Ärzte für ein Fehlverhalten des Hilfspersonals nach § 831 Abs. 1 BGB scheidet aus, da im Rahmen der ambulanten Operation der Krankenhausträger der alleinige Geschäftsherr ist.

4. Exkurs: Urteil des BGH vom 20.12.2005, VI ZR 180/04

Im haftungsrechtlichen Kontext sei noch auf das aktuelle BGH-Urteil vom 20.12.2005, GesR 4/2006, 178 ff. hingewiesen. Dieser Entscheidung lag der Sachverhalt zugrunde, dass in den Räumlichkeiten des Krankenhauses durch angestellte Ärzte des Krankenhausträgers ambulante Operationen durchgeführt wurden, ohne dass die behandelnden Ärzte oder der die Ambulanz betreibende Chefarzt zur vertragsärztlichen Versorgung ermächtigt waren. Es war also dem Patienten nicht klar, auf welcher gesetzlichen Grundlage die ambulante Operation erfolgte. Danach bestimmt sich aber der Vertrags- und daraus folgend auch der Haftungsschuldner. Erfolgte die Operation auf der Grundlage des § 116 SGB V, ist der jeweils ermächtigte Arzt, im Falle des § 115 b SGB V der jeweilige Krankenhausträger, der zuständige Vertrags- und Haftungsschuldner. Mit diesem Urteil hat nun der Bundesgerichtshof entschieden, dass in solchen Fällen, in denen die Rechtsgrundlage für den operativen Eingriff unklar ist, im Zweifel der Krankenhausträger haftet. Zur Begründung führt das oberste Zivilgericht die Unkenntnis des Patienten darüber an, ob er bei einer ambulanten Operation im Krankenhaus vertragsärztliche (dann auf der Grundlage des § 116 SGB V) oder Krankenhausleistungen i. S. d. § 115 b SGB V in Anspruch nimmt. Der Patient darf also zurecht davon ausgehen, dass entweder das Krankenhaus oder ein ermächtigter Arzt sein Vertrags- und Haftungsschuldner ist. Die Regelungen im Innenverhältnis, ambulante Operation nach § 115 b SGB V oder Ermächtigung nach § 116 SGB V, dürfen also keinesfalls zu Lasten des Patienten gehen. Wird nämlich die ambulante Operation in den Räumlichkeiten des Krankenhauses durchgeführt, wird aufgrund des gesetzlichen Leitbildes der Anschein erweckt, dass zumindest der Krankenhausträger als von Gesetzes wegen grundsätzlich zur ambulanten Operation zugelassener Leistungsträger sozialrechtlich befugt ist. Demnach ist es sachgerecht, in Zweifelsfällen jedenfalls den Krankenhausträger zumindest aufgrund eines Organisationsverschuldens nach § 823 Abs. 1 BGB haften zu lassen. Die entsprechende vertragliche Haftung soll aus dem Behandlungsvertrag i. V. m. der Organisationspflichtverletzung als Nebenpflichtverletzung folgen.

Dieses Ergebnis entspricht auch dem Grundsatz, dass der Durchführung ambulanter Operationen im Krankenhaus als Krankenhausleistung i. S. d. § 115 b SGB V ein Vorrang gegenüber der vertragsärztlichen Leistung durch nach § 116 SGB V ermächtigte Krankenhausärzte einzuräumen ist. Schließlich sei die Haftung dem Krankenhausträger auch zumutbar, da er anhand der Verträge mit seinen angestellten Ärzten das Vorliegen etwaiger Ermächtigungen leichter überblicken kann.

V. Sonderproblem: ‚Insourcing' vertragsärztlicher Leistungen im Rahmen der ambulanten Operation?

Im Rahmen der Ambulanten Operation stellt sich das Problem, ob die Krankenhäuser die stationsersetzenden Eingriffe nicht nur durch angestellte Ärzte selbst, sondern auch unter Einsatz niedergelassener Ärzte als Erfüllungsgehilfen i. S. d. § 278 BGB durchführen können (‚Insourcing'). Die Beantwortung dieser Frage ergibt sich unmittelbar weder aus § 115 b SGB V noch aus dem darauf basierenden Vertrag (AOP-Vertrag 2005).

Unstreitig ist jedenfalls, dass ein Krankenhaus im Rahmen der stationären Krankenhausbehandlung einen externen Arzt, einen Konsiliararzt, hinzuziehen kann. Die im Verhältnis zu der vom Krankenhaus zu erbringenden Hauptbehandlungsleistung lediglich ergänzenden oder unterstützenden Funktionen werden in der Regel als konsiliarärztliche Tätigkeit bezeichnet und sind unproblematisch zulässig. Durch diese Konstruktion ändert sich nichts am Charakter der stationären Leistung. Das Krankenhaus ‚kauft' sich lediglich eine Nebenleistung, die es selbst nicht vorhält, von einem externen Leistungserbringer ein. Anlass des Krankenhausaufenthaltes des Patienten ist ausschließlich die stationäre Behandlung. Daran ändert sich auch durch die unterstützende Tätigkeit eines ambulant tätigen Konsiliararztes nichts. Die Behandlung bleibt stationär und fällt unproblematisch unter den Anwendungsbereich des Krankenhausentgeltgesetzes.

Der Sachverhalt des hier behandelten Problems ist aber anders gelagert. Der Patient ist ausschließlich wegen der ambulant durchzuführenden Operation im Krankenhaus und diese soll nun nicht ein angestellter Krankenhausarzt vornehmen, sondern ein externer Vertragsarzt. In dieser Konstruktion ,kauft' sich das Krankenhaus eben nicht nur eine Nebenleistung ein, sondern die Hauptleistung. Dass dies nicht unproblematisch ist, liegt auf der Hand. Es stellt sich daher die Frage, ob die Tätigkeit eines niedergelassenen Vertragsarztes im Verhältnis zu den Krankenhäusern auf eine unterstützende Tätigkeit beschränkt ist oder ob sie auch darüber hinausgehen kann und sogar die ambulante Operation als solche als Hauptleistung darstellen kann. Als Ausgangspunkt für diese Diskussion wird in diesem Zusammenhang häufig die Vorschrift des § 2 Abs. 2 KHEntgG gewählt, die die allgemeinen Krankenhausleistungen definiert und darunter auch die vom Krankenhaus „veranlassten Leistungen Dritter" fallen lässt, § 2 Abs. 2 S. 2 Nr. 2 KHEntgG. Meinungen, die die soeben beschriebene Konstruktion ohne Probleme als zulässig erachten, sehen in der Vorschrift des § 2 Abs. 2 S. 2 Nr. 2 KHEntgG die Grundlage für diese extensive Auslegung.[632)] Wortlaut und Zweck des § 2 Abs. 2 KHEntgG schlössen es danach nicht aus, niedergelassene Ärzte darüber hinausgehend auch mit der Erbringung von **Haupt**behandlungsleistungen zu beauftragen.[633)]

Zunächst ist es erforderlich, die ambulante Operation als solche in den richtigen Kontext zu bringen. Die gesetzliche Krankenversicherung trennt zwischen ärztlicher Behandlung und Krankenhausbehandlung, § 27 Abs. 1 S. 2 Nr. 1 und Nr. 5 SGB V. Die Krankenhausbehandlung wiederum wird in § 39 Abs. 1 S. 1 SGB V näher definiert. Demnach umfasst dieser Begriff die vollstationäre, teilstationäre, vor- und nachstationäre (§ 115 a) sowie die ambulante Behandlung (§ 115 b). Dadurch wird deutlich, dass die Krankenhausbehandlung weit über die rein stationäre Tätigkeit hinausgeht, was bedeutet, dass auch ambulante Behandlungen als solche im Krankenhaus vorgenommen werden, ohne dadurch per se

---

632) *Nösser,* das Krankenhaus 9/2004, 736 ff.; *Nösser/Korthus,* in: *Halbe/Schirmer,* Handbuch Kooperationen im Gesundheitswesen, C 1400 Rn. 71 ff.

633) Nach *Tuschen/Quaas,* Bundespflegesatzverordnung, Kommentar, S. 174 ff. sind die allgemeinen Krankenhausleistungen vom Krankenhaus entweder mit eigenen Kräften zu erbringen oder zu beschaffen.

zu einer stationären Leistung zu werden. Die Vorschrift des § 2 Abs. 2 S. 2 KHEntgG hingegen bezieht sich ausschließlich auf die stationäre Krankenhausbehandlung. Der Anwendungsbereich des Krankenhausentgeltgesetzes erstreckt sich gemäß § 1 Abs. 1 KHEntgG einzig und allein auf die vollstationären und teilstationären Leistungen der Krankenhäuser. Das ambulante Operieren ist, auch wenn es in einem Krankenhaus vorgenommen wird, dem ambulanten Bereich zuzuordnen. In diesem Sinne hat auch das Bundessozialgericht entschieden, indem es feststellt, dass im Falle einer ambulanten Krankenhausbehandlung eine auf die Vorschrift des Krankenhausentgeltgesetzes gestützte Vergütung ausscheidet.[634)] Die restriktive Auffassung der Gegenmeinung sieht daher den Anwendungsbereich des Krankenhausentgeltgesetzes gerade nicht eröffnet und hält folglich an den Grundsätzen der Konsiliararzttätigkeit fest. Die Hauptleistung, die ambulante Operation als solche, muss demnach durch die angestellten Krankenhausärzte vorgenommen werden. Externe Leistungen durch Niedergelassene sind nur in Form von reinen Hilfs- und Unterstützungstätigkeiten möglich.[635)]

Folglich verstößt die extensive Meinung zunächst gegen den Grundsatz der freien Arztwahl i. S. d. § 76 SGB V. Der Patient wählt für seine ambulant vorzunehmende Operation bewusst ein bestimmtes Krankenhaus aus. Der Grund für seine Wahl kann darin liegen, dass er gerade von den Ärzten dieses bestimmten Krankenhauses operiert werden will. Würde nun die Konstruktion zugelassen, dass die Operation auch durch externe Vertragsärzte vorgenommen werden könnte, wäre das Recht des Patienten aus § 76 SGB V erheblich eingeschränkt. Die internen Kooperationsvereinbarungen des Krankenhauses mit den jeweiligen Vertragsärzten wären dem Patienten nur schwer zugänglich. Diesem würde sich nicht von vornherein erschließen, welche Ärzte seine Operation vornehmen würden. Zudem hätte es der Vertragsarzt auch auf dem Gebiet der Nachbehandlung in der Hand, die Arztwahl des Patienten entsprechend zu forcieren, was mit dem Grundsatz der freien Arztwahl wohl unverträglich wäre. Des Weiteren würde ein Verstoß gegen § 20 Ärzte-ZV vorliegen. Betroffen wäre insbesondere die Vorschrift des § 20 Abs. 2 Ärzte-ZV, wonach ein Arzt für die Ausübung einer vertragsärztlichen Tätigkeit nicht geeignet sein soll, die ihrem Wesen nach mit der Tätigkeit des Vertragsarztes am Vertragsarztsitz nicht zu vereinbaren ist.

---

634) BSG, Urt. v. 4.3.2004, B 3 KR 4/03 R, MedR 2004, 702 ff.

635) Siehe *Schulz/Mertens*, MedR 2006, 191 ff.; so auch *Gurgel*, das Krankenhaus 1/2006, 40 ff.

Das Bundessozialgericht hat in seinem Urteil vom 5.11.1997[636)] festgestellt, dass jede Tätigkeit verboten sein soll, die mit einer potenziellen Interessen- oder Pflichtenkollision einhergeht. Dies soll nach dem BSG[637)] insbesondere dann der Fall sein, wenn der Arzt gegenüber seinen ambulanten Patienten nicht sowohl im Bereich der eigentlichen Behandlungstätigkeit als auch im tatsächlichen und rechtlichen Umfeld dieser Behandlung in vollem Umfang verantwortlich ist. In der hier zu untersuchenden Konstellation hätte der externe Arzt in der Tat nicht die volle Verantwortung für den Patienten. Rechtlich gesehen handelt es sich ja gerade um einen Patienten des Krankenhauses. Der Patient ist voll und ganz in den Ablauf des Krankenhausbetriebes eingebunden, worauf der Vertragsarzt keinen unmittelbaren Einfluss nehmen kann.

Ob das demnächst in Kraft tretende Vertragsarztrechtsänderungsgesetz durch die geplante Ergänzung des § 20 Ärzte-ZV daran etwas ändert, bleibt abzuwarten. Die konkreten Folgen aus der hier zu untersuchenden Konstruktion können im Moment noch nicht abschließend beurteilt werden. Der genaue Wortlaut der endgültigen Gesetzesfassung kann durchaus von dem beschlossenen Gesetzentwurf abweichen. Aber selbst dann, wenn nach dem neuen § 20 Abs. 2 S. 2 Ärzte-ZV die Vereinbarkeit der gleichzeitigen Tätigkeit eines Vertragsarztes in einem Krankenhaus und in eigener Praxis Gesetz werden sollte, dürfte sich an der Unzulässigkeit des sog. ‚Insourcing' nichts ändern. Der Grundsatz der freien Arztwahl bliebe dennoch unzumutbar eingeschränkt. Zudem stünden nach wie vor einige landesrechtliche Vorschriften der Zulässigkeit einer Konstruktion wie der vorliegenden entgegen. Ausdrücklich untersagt wurde die regelmäßige Anstellung von Vertragsärzten durch Krankenhäuser zur Erbringung einer ambulanten Operation als eigene Hauptleistung durch landesrechtliche Verbote in Nordrhein-Westfalen und Brandenburg.[638)] In diesen Bundesländern ist es von vornherein den Vertragsärzten gesetzlich nur erlaubt, *ergänzende* Untersuchungen und Behandlungen in einem Krankenhaus vorzunehmen. Schließlich steht auch nach Inkrafttreten des Vertragsarztrechtsänderungsgesetzes weiterhin der Verdacht eines Verstoßes gegen das Verbot einer Zuweisung gegen Entgelt (§ 31 MBO 2004) im Raum. Im Falle einer Kooperation zwischen dem Krankenhaus und dem niedergelassenen Arzt im Rahmen der ambulanten Operation erhalten die Vertragsärzte einerseits Zahlungen vom

---

636) BSG, Urt. v. 5.11.1997, 6 RKa 52/97, BSGE 81, 143 ff.
637) BSG, Urt. v. 15.3.1995, 6 RKa 23/94, BSGE 76, 59 ff.
638) § 36 Abs. 2 Krankenhausgesetz Nordrhein-Westfalen und § 25 Abs. 2 Landeskrankenhausgesetz Brandenburg.

Krankenhaus und andererseits weisen sie auch eigene Patienten in dieses Krankenhaus ein. Die Gegenmeinung betrachtet zwar die Zahlungen des Krankenhauses an die niedergelassenen Ärzte als Entgelt für von diesen erbrachte Behandlungsleistungen und nicht für die daneben erbrachte Einweisung von Patienten. Mag sich auch in einzelnen Fällen der Verdacht entgeltlicher Zuweisung tatsächlich ausräumen lassen, so dürfte es dennoch nicht der praktischen Realität entsprechen. Bei den derzeitigen Modellen der Einbeziehung von zugelassenen Vertragsärzten in den Leistungsbereich des § 115 b SGB V handelt es sich um schlichte Einweiserbindung bzw. Zuweisung gegen Entgelt. Indizien dafür sind, dass meist mehrere Ärzte an derartigen Modellen beteiligt sind, eine Ausschließlichkeitsbindung vorausgesetzt wird und ein entsprechender Vertrag nur mit einem Krankenhaus besteht. Ein Verstoß gegen Berufsrecht ist demnach diesen Konstruktionen des ‚Insourcing' geradezu immanent.

VI. Zusammenfassung

Die Möglichkeit der ambulanten Operation auf der Grundlage des dreiseitigen Vertrages zu § 115 b SGB V stellt einen weiteren Beweis dafür dar, dass das traditionelle Sektorendenken der Vergangenheit angehört. Schrittweise gestattet es der Gesetzgeber den Krankenhäusern, in die ambulante Versorgung einzusteigen. Die Vorteile des ambulanten Operierens stehen außer Zweifel. Es ermöglicht eine patientengerechte Behandlung, da unnötige Krankenhausaufenthalte vermieden werden können. Die Kliniken können dadurch die vorhandenen Ressourcen besser ausnutzen. Schließlich wird die Kooperation zwischen Krankenhäusern und niedergelassenen Ärzten gefördert. Aufgrund der gespaltenen Verantwortung der beteiligten Ärzte ist eine vertrauensvolle Zusammenarbeit zwingend erforderlich. Die Folge ist eine bessere Verzahnung zwischen ambulantem und stationärem Sektor. Der Nachteil dieser Behandlungsart liegt darin, dass der Patient größtenteils auf sich gestellt ist. Er unterliegt nicht einer ständigen Beobachtung, was insbesondere in der postoperativen Phase zu gesundheitsschädlichen Situationen führen kann.

Zusammenfassend ist Folgendes festzustellen: Gesundheit und Schutz des Patienten genießen absoluten Vorrang gegenüber jeglichen Vorteilen des ambulanten Operierens. Nur dann, wenn unter Berücksichtigung der äußeren Umstände der bestmögliche Sicherheitsstandard gewährleistet werden kann, ist die Möglichkeit der ambulanten Operation sinnvoll und auch empfehlenswert. Lediglich wirtschaftliche Gesichtspunkte können und dürfen nicht ausschlaggebend sein.

C. Integrierte Versorgung als Endziel der Verzahnung von ambulanter und stationärer Versorgung

Der letzte Schritt in der Entwicklung von der Einzelpraxis hin zum Unternehmensnetzwerk stellt die Integrierte Versorgung dar, §§ 140 a ff. SGB V. Durch diese neue Versorgungsform sollte die „starre Aufgabenteilung zwischen der ambulanten und stationären Versorgung" gezielt durchbrochen werden, um die Behandlung der Versicherten stärker an deren Versorgungsbedürfnissen auszurichten.[639)] Im Rahmen des Gesundheitsmodernisierungsgesetzes von 2004 wurden die bereits seit 2000 bestehenden Vorschriften über die Integrierte Versorgung reformiert, indem juristische und wirtschaftliche Hindernisse weitgehend ausgeräumt wurden.[640)] Das deutsche Gesundheitswesen befindet sich wegen der Besorgnis erregenden Lage am Arbeitsmarkt und der damit einhergehenden Situation der gesetzlichen Krankenversicherung (sinkendes Beitragsaufkommen durch immer weniger Beitragszahler) in einer bedrohlichen Finanzkrise. Die daraus zwangsläufig folgenden Einsparungen gehen ausschließlich zu Lasten der Patientenversorgung.[641)] Um den Qualitätsstandard unseres Gesundheitswesens nicht noch weiter zu gefährden, sind grundlegende Strukturreformen unerlässlich.

Ein viel versprechender Ausweg aus dieser Krise könnte in der Überwindung des starren Sektorendenkens, z. B. durch kooperative Zusammenarbeit zwischen ambulantem und stationärem Bereich in Form von Integrierten Dienstleistungszentren, liegen. Kostenintensive Doppeluntersu-

---

639) BT-Drucks. 14/1245, 91; BGBl. 1999 I, 2626 ff.

640) Die Integrierte Versorgung ist erstmals durch das Gesetz zur Reform der gesetzlichen Krankenversicherung im Jahre 2000 im Vierten Kapitel des SGB V (§§ 140 a-h) eingefügt worden. Zu den praktischen Hemmnissen der 'alten' §§ 140 a ff. SGB V siehe *Quaas/ Zuck*, Medizinrecht, § 11 Rn. 74 f.; näher zur Integrierten Versorgung: *Knieps*, in: *Schnapp/Wigge*, Handbuch des Vertragsarztrechts, § 12 Rn. 38 ff.

641) Näher zu den Ursachen der Finanzkrise in der GKV siehe *Eichhorn/Schmidt-Rettig*, in: *Eichhorn/Schmidt-Rettig*, Chancen und Risiken von Managed Care, S. 6 ff.

chungen, Fehlbehandlungen und unnötige Aufsplitterungen der Behandlungsabläufe könnten somit weitgehend vermieden werden.[642] Die Integrierte Versorgung ist bestens geeignet, die mangelhafte Effizienz des Gesundheitssystems nachhaltig zu verbessern und auch die betriebswirtschaftliche Herausforderung der Wachstumsbranche 'Gesundheitsmarkt' in der Zukunft zu bestehen.[643] Bereits vor der Einführung der Regelungen der §§ 140 a ff. SGB V sind Formen der Integration ambulanter und stationärer Leistungserbringung möglich gewesen, wie z. B. das Belegarztsystem und die Ermächtigung von Krankenhausärzten.

I. Allgemeines

1. Begriff und Zielsetzung der Integrierten Versorgung

Die Integrierte Versorgung i. S. d. § 140 a SGB V stellt eine leistungssektorenübergreifende Versorgung im Verbund mehrerer Leistungserbringer dar. Behandlungsabläufe sollen durch integrierte Versorgungsformen übergreifend gesteuert werden.[644] Diese die verschiedenen Leistungssektoren übergreifende oder interdisziplinär-fachübergreifende Versorgung außerhalb des Sicherstellungsauftrags der Kassenärztlichen Vereinigungen soll auf der Grundlage von Einzelverträgen zwischen einzelnen Krankenkassen und Leistungserbringern verwirklicht werden.[645] Nur durch eine konsequente Integration und Koordination zwischen den verschiedenen Versorgungssektoren kann auf Dauer ein effizienteres und qualitätsorientiertes Gesundheitssystem in Deutschland erzielt werden.[646] Die Probleme an den Schnittstellen der Versorgungssektoren (ambulant – stationär) müssen reduziert werden. Die strenge Trennung der ambulanten von der stationären fachärztlichen Versorgung führt zu

---

642) Allgemein dazu: *Hartwig*, Krankenhaus Umschau 1/2004, 10 ff.
643) Vgl. *Franken*, Die privatrechtliche Binnenstruktur der integrierten Versorgung, §§ 140 a-h SGB V, S. 9 f.
644) Zu den Merkmalen der Integrierten Versorgung: *Mühlbacher*, Integrierte Versorgung, S. 65 ff.; *Knieps*, in: *Schnapp/Wigge*, Handbuch des Vertragsarztrechts, § 12 Rn. 41 f.; näher dazu: *Bäune*, in: *Rieger*, Lexikon des Arztrechts, Nr. 2685 Rn. 3 ff.
645) *Kingreen*, MedR 2004, 188 ff. (191).
646) BT-Drucks. 14/1977, 1 ff. (152 f.).

Verzögerungen oder Wiederholungen von Untersuchungs- und Behandlungsmaßnahmen und dadurch zu einer Gefährdung der Patientenversorgung.[647)]

Im Rahmen der Integrierten Versorgung erstreckt sich die Integration also nicht nur auf den ambulanten, sondern auch auf den stationären Sektor. Einzelpraxen sollen genauso daran teilnehmen wie Krankenhausträger.[648)] 'Integrierte Versorgung' im Gesundheitswesen bedeutet eine enge Zusammenarbeit von mindestens einer Krankenkasse und mindestens einem Leistungsanbieter oder von mindestens zwei Leistungsanbietern unterschiedlicher Sektoren im Gesundheitswesen, die über Standesobliegenheiten hinaus geht und vertraglich geregelt ist, ohne dass kapitalseitige Verflechtungen oder Abhängigkeiten bestehen.[649)] Die aufgrund der Vorschriften zur Integrierten Versorgung entstehenden Leistungsverbünde ermöglichen dem Patienten eine umfassende Gesundheitsversorgung. Die Behandlungsleistung wird von den einzelnen als Partner kooperierenden Leistungsanbietern erbracht.[650)] Durch die sektorenübergreifende Behandlung werden Defizite, die infolge der Schnittstellenproblematik eintreten, weitestgehend ausgeräumt.[651)] Die Integrierte Versorgung besteht neben dem bereits existierenden System der gesetzlichen Krankenversicherung und stellt insofern eine neue Versorgungs- und Finanzierungsform dar.[652)] Kennzeichnend für die Integrierte Versorgung ist ihre einzelvertragliche Basis.[653)] Mit der neuen Möglichkeit der Kooperation soll die bisherige sektorale Trennung in ambulante und stationäre Versorgung überwunden werden.[654)] Durch die verbesserte Koordination unter den einzelnen Leistungserbringern soll der Patient

---

647) Vgl. *Eichhorn/Schmidt-Rettig*, in: *Eichhorn/Schmidt-Rettig,* Chancen und Risiken von Managed Care, S. 5 f.; *Füeßl,* in: *Eichhorn/Schmidt-Rettig,* Chancen und Risiken von Managed Care, S. 346; *Herrmann*, in: *Eichhorn/Schmidt-Rettig,* Chancen und Risiken von Managed Care, S. 364 ff.

648) Vgl. *Quaas/Zuck,* Medizinrecht, § 11 Rn. 67; vgl. *Krauskopf*, in: *Laufs/Uhlenbruck*, Handbuch des Arztrechts, § 31 Rn. 4.; *Stopper/Schillhorn/Dietze,* das Krankenhaus 4/2005, 281 ff.

649) Vgl. *Conrad*, in: *Hellmann*, Management von Gesundheitsnetzen, S. 1.

650) Zur Organisation: *Oldenburg*, in: *Hellmann*, Management von Gesundheitsnetzen, S. 36 ff.

651) Vgl. *Niederegger/Putlitz/Thiäner/Wallmann*, in: *Salfeld/Wettke*, Die Zukunft des deutschen Gesundheitswesens, S. 90 f.

652) Ziele der Integrierten Versorgung: *Baur/Böcker*, in: *Salfeld/Wettke*, Die Zukunft des deutschen Gesundheitswesens, S. 8.

653) *Knieps,* in: *Schnapp/Wigge,* Handbuch des Vertragsarztrechts, § 12 Rn. 46 ff.

654) Vgl. *Conrad,* in: *Hellmann,* Management von Gesundheitsnetzen, S. 1.

zur richtigen Zeit am richtigen Ort die jeweils notwendigen Leistungen erfahren. Die Behandlung der Patienten soll zielgerichteter und ökonomischer erfolgen, unnötige Doppeluntersuchungen weitgehend vermieden werden.[655)]

Die Vorschriften über die Integrierte Versorgung eröffnen den Vertragspartnern einen weiten Gestaltungsspielraum beim Abschluss der Verträge. Bei der Ausgestaltung des Leistungsangebots sind die Vertragspartner weitgehend frei, wobei nach § 140 b Abs. 3 SGB V eine Verpflichtung zu einer qualitätsgesicherten, wirksamen, ausreichenden, zweckmäßigen und wirtschaftlichen Versorgung der Versicherten besteht. Diese neue Kooperationsform ermöglicht erstmals einen Wettbewerb zwischen den Leistungsanbietern, da den Vertragspartnern vom Gesetzgeber absolute Abschluss- und Vertragsfreiheit eingeräumt wird. Wenngleich die Förderung des Wettbewerbs zwischen den Leistungserbringern sowie den Krankenkassen kein gesetzlich fixiertes Ziel ist, kann diese dennoch aus der Systematik der Vorschriften über die Integrierte Versorgung hergeleitet werden. Der den Krankenkassen eingeräumte Ermessensspielraum im Hinblick auf die freie Wahl der Vertragspartner bzw. den Inhalt der Integrationsvereinbarung führt zwangsläufig zu einem verstärkten Wettbewerb unter den Leistungserbringern.[656)] Die Möglichkeit der freien Gestaltbarkeit im Rahmen der Integrationsverträge gilt aber nicht grenzenlos. Abweichungen von den Vorschriften der Integrierten Versorgung (§§ 140 a ff. SGB V) sind nur insoweit zulässig, als die abweichende Regelung dem Sinn und der Eigenart der Integrierten Versorgung entspricht, die Qualität, die Wirksamkeit und die Wirtschaftlichkeit der Integrierten Versorgung verbessert oder aus sonstigen Gründen zu ihrer Durchführung erforderlich ist (§ 140 b Abs. 4 S. 1 SGB V).

Das Hauptziel der Integrierten Versorgung ist die verbesserte Patientenversorgung, was durch die gezielte Förderung der Zusammenarbeit zwischen den einzelnen Sektoren erreicht werden kann. Die sektorale Struktur im deutschen Gesundheitswesen, wonach jeder Sektor seinen eigenen Regeln folgt und völlig selbständig ist, führt im Zuge der zunehmenden Spezialisierung und des technischen Fortschritts zu verstärktem Wettbewerb, Konkurrenz und Kostendruck zwischen den Sektoren. Die-

---

655) Vgl. *Conrad*, in: *Hellmann*, Management von Gesundheitsnetzen, S. 2 f.

656) Vgl. *Windthorst*, Die integrierte Versorgung in der gesetzlichen Krankenversicherung, S. 43; vgl. *Wigge*, NZS 2001, 17 ff. (17); vgl. *Niederegger/Putlitz/Thiäner/Wallmann*, in: *Salfeld/Wettke*, Die Zukunft des deutschen Gesundheitswesens, S. 91 f.

se durch die selbständige Finanzierbarkeit der Sektoren bedingte Konkurrenzsituation geht ausschließlich zu Lasten des Patienten. Es geht künftig darum, dem Patienten die effektivste und qualitativ hochwertigste Behandlung im Rahmen der zur Verfügung stehenden Finanzmittel zukommen zu lassen. Die Aufteilung in verschiedene Leistungssektoren führt zu Abstimmungsdefiziten zwischen den Bereichen. Diese mangelnde Koordination hat die Zunahme von teilweise überflüssigen Leistungen zur Folge, was wiederum mit erhöhten Kosten in der Gesetzlichen Krankenversicherung verbunden ist.[657)] Die optimale Behandlung für den Patienten kann somit nur dann gewährleistet werden, wenn die Sektoren zusammenarbeiten und jeder einzelne Bereich einen Teil des gesamten Behandlungsablaufs darstellt. Die verschiedenen Leistungsbereiche müssen geöffnet und die starre sektorale Aufteilung durchbrochen werden.[658)] Um dieses Ziel erreichen zu können, muss ein Netzwerk geschaffen werden, in dem das Krankenhaus als integriertes Dienstleistungszentrum sowohl stationäre als auch ambulante Leistungen anbietet und mit den Vertragsärzten kooperiert.[659)] Zudem muss das Krankenhaus als Zentrum der Integrationsversorgung ein koordiniertes Leistungspaket, das auch die Bereiche Reha, Pflege und Prävention umfasst, anbieten. Es sollen neue, sektorenübergreifende Versorgungsstrukturen entwickelt und ermöglicht werden können, die den derzeitigen Status quo erfolgreich durchbrechen. Die angestrebte Verzahnung zwischen dem ambulanten und dem stationären Bereich soll insbesondere durch die Einbeziehung von Rehabilitationsmaßnahmen die medizinische Versorgung der Patienten fördern.[660)] Die Tatsache, dass im Rahmen der Integrierten Versorgung auch und gerade die Krankenhäuser in den Integrationsprozess einbezogen sind, stellt den wesentlichen Unterschied zu den bisherigen Kooperationsmöglichkeiten dar.[661)] Nur durch die aktive Integration des stationären Sektors, also der Krankenhäuser, in die Versor-

---

657) Vgl. *Windthorst*, Die integrierte Versorgung in der gesetzlichen Krankenversicherung, S. 40 f.

658) Vgl. *Windthorst*, Die integrierte Versorgung in der gesetzlichen Krankenversicherung, S. 42.

659) Kooperationen mit Vertragsärzten waren auch bisher schon möglich, und zwar mit Konsiliarärzten und Belegärzten. Zudem ist seit jeher eine Kooperation in Bezug auf medizinisch-technische Großgeräte, i. R. d. Notfallversorgung, Praxis im Krankenhaus und Labor und Radiologie möglich. Siehe *Melchert*, in: *Hellmann*, Management von Gesundheitsnetzen, S. 130.

660) BT-Drucks. 14/1245 zu Nummer 82.

661) Verweis auf den Praxisverbund, Kapitel 1, C. und auf Medizinische Versorgungszentren, Kapitel 1, B.

gungsnetze kann die Integrierte Versorgung mit dem Ziel der besseren Patientenversorgung langfristig erreicht werden.[662)]

Gegenstand der Integrierten Versorgung ist also die übergreifende Steuerung von Behandlungsabläufen.[663)]

2. Abgrenzungen

Im Rahmen der vertragsärztlichen Versorgung existierten bereits vor der Einführung der Vorschriften der Integrierten Versorgung zwei Ausnahmeregelungen zur bisherigen vertragsärztlichen Regelversorgung: Modellvorhaben und Strukturverträge. Da diese beiden Versorgungsformen das gleiche Ziel, nämlich die Förderung der Kooperationsbereitschaft unter den Leistungserbringern verfolgen wie die Integrierte Versorgung, sind diese Institute voneinander abzugrenzen.

a) Abgrenzung zu Modellvorhaben

Die in §§ 63-68 SGB V enthaltenen Vorschriften über die Modellvorhaben sollten einen ersten Schritt weg von der Regelversorgung, hin zu einer stärker am Wettbewerb orientierten Versorgung darstellen.[664)] Auch im Rahmen der Modellvorhaben können die Krankenkassen die Verfahrens-, Organisations-, Finanzierungs- und Vergütungsformen frei gestalten. Sie sind auch in der Einführung und Erprobung neuer Leistungen weitgehend frei.

Der wesentliche Unterschied zur Integrierten Versorgung liegt darin, dass die Krankenkassen die Modellvorhaben nicht nur mit einzelnen Leistungserbringern, Gruppen derselben oder den Kassenärztlichen Vereinigungen aushandeln können, sondern sie vielmehr auch eigen-

---

662) Vgl. *Haubrock/Hagmann/Nerlinger*, Managed Care, S. 103 ff.

663) Vgl. *Franken,* Die privatrechtliche Binnenstruktur der integrierten Versorgung, S. 10.

664) Näher dazu: *Rachold*, Neue Versorgungsformen und Managed Care, S. 94 ff.; vgl. *Dierks*, in: *Hellmann*, Management von Gesundheitsnetzen, S. 105 ff.; *Knieps*, in: *Schnapp/Wigge,* Handbuch des Vertragsarztrechts, § 12 Rn 7 ff.

ständig durchführen können. Schließlich sind Modellvorhaben gemäß § 63 Abs. 5 S. 2 SGB V im Regelfall auf längstens acht Jahre befristet.[665)]

b) *Abgrenzung zu Strukturverträgen*

Die in § 73 a SGB V vorgesehene Möglichkeit, Strukturverträge abzuschließen, wurde erst durch das 2. GKV-Neuordnungsgesetz mit Wirkung zum 1.7.1997 in das SGB V aufgenommen.[666)] Ziel dieser Strukturverträge ist es, die Kooperation einer bestimmten Anzahl von Ärzten nicht mehr nur in der Form einer Gemeinschaftspraxis oder Praxisgemeinschaft zu gestalten, sondern zu einem Praxisnetz oder einem Praxisverbund auszubauen.

Im Unterschied zur Integrierten Versorgung können Strukturverträge auf Seiten der Krankenkassen nur von den Landesverbänden der Krankenkassen bzw. den Verbänden der Ersatzkassen, die Verträge zu den Integrierten Versorgungsformen hingegen nur von den einzelnen Krankenkassen abgeschlossen werden. Schließlich ist den Vertragsparteien vom Gesetzgeber eine nur geringe Gestaltungsfreiheit eingeräumt worden. Ein Abweichen von den Vorschriften über die Strukturverträge ist nur in den Grenzen des § 73 a Abs. 1 SGB V möglich.[667)]

---

665) Näher zur Abgrenzung: *Quaas/Zuck*, Medizinrecht, § 11 Rn. 71; *Beule*, Rechtsfragen der integrierten Versorgung, S. 169 ff.; vgl. *Windthorst*, Die integrierte Versorgung in der gesetzlichen Krankenversicherung, S. 23 ff.; vgl. *Krauskopf*, in: *Laufs/Uhlenbruck*, Handbuch des Arztrechts, § 31 Rn. 11 ff.; vgl. *Wigge*, NZS 2001, 17 ff. (19); vgl. *Burk/Hellmann*, Krankenhausmanagement für Ärztinnen und Ärzte, Kap. II-2.1., S. 3 f.

666) Vgl. *Rachold*, Neue Versorgungsformen und Managed Care, S. 96 f.; *Dierks*, in: *Hellmann*, Management von Gesundheitsnetzen, S. 107 f.; *Knieps*, in: *Schnapp/Wigge*, Handbuch des Vertragsarztrechts, § 12 Rn 16 ff.

667) Näher zur Abgrenzung siehe *Quaas/Zuck*, Medizinrecht, § 11 Rn. 72 f.; *Windthorst*, Die integrierte Versorgung in der gesetzlichen Krankenversicherung, S. 30 ff.; vgl. *Beule*, Rechtsfragen der Integrierten Versorgung, S. 173 ff.; *Wigge*, NZS 2001, 17 ff. (18 f.); vgl. *Burk/Hellmann*, Krankenhausmanagement für Ärztinnen und Ärzte, Kap. II-2.1., S. 4 f.; *Krauskopf*, in: *Laufs/Uhlenbruck*, Handbuch des Arztrechts, § 31 Rn. 15 ff.

II. Voraussetzungen der Integrierten Versorgung

Die Integrierte Versorgung ist ausschließlich im 4. Kapitel des SGB V, §§ 140 a ff. geregelt. Um die Entwicklung dieser neuen Versorgungsform zu verdeutlichen, werden zunächst überblicksartig die ursprünglichen Vorschriften der Integrierten Versorgung dargestellt und in einem weiteren Schritt den aktuellen Regelungen gegenübergestellt.

1. §§ 140 a ff. SGB V in der ursprünglichen Fassung vom 1.1.2000

a) § 140 a SGB V

Die Vorschrift des § 140 a SGB V stellt im Rahmen der Integrationsversorgung deren Rechtsgrundlage dar. Ermöglicht werden soll eine auf verschiedene Leistungssektoren übergreifende Versorgung des Versicherten, § 140 a Abs. 1 S. 1 SGB V. Nach § 140 a Abs. 2 S. 1 SGB V ist die Teilnahme des Versicherten an der Integrierten Versorgung freiwillig, muss aber der Krankenkasse gegenüber angezeigt werden. Der Versicherte kann also wählen, ob er die ihm gesetzlich zustehende Versorgung in der bisher üblichen Form der Regelversorgung oder im Rahmen des Integrierten Versorgungssystems beanspruchen will.[668)]

b) § 140 b SGB V

§ 140 b SGB V regelt die vertraglichen Beziehungen zwischen den einzelnen Krankenkassen (Abs. 1) und den Leistungserbringern (Abs. 2). Die in Abs. 2 aufgelisteten möglichen Vertragspartner der Krankenkassen sind nur enumerativ. In der Fassung vom 1.1.2000 ist es den einzelnen Vertragsärzten nicht möglich, Vertragspartner der Krankenkassen zu sein. Aus der Auflistung in Abs. 2 ergeben sich auch die in die Integrierte Versorgung einzubeziehenden Leistungssektoren. In Abs. 3 sind die Gewährleistungspflichten der Leistungserbringer gegenüber den

---

668) Vgl. *Hess*, in: *KassKomm*, Sozialversicherungsrecht, Bd. 1, § 140 a SGB V Rn. 1 ff. Näher zu den möglichen Modellen i. R. d. § 140 a SGB V: *Hildebrandt*, ku-Sonderheft, Integrierte Versorgung 9/2004, 4 ff.

Krankenkassen geregelt (S. 1). Dadurch wird deutlich, dass in der Integrierten Versorgung dieselben qualitativen und wirtschaftlichen Anforderungen gelten wie in der gesetzlichen Regelversorgung auch. Schließlich regelt Abs. 4, dass die die Integrierte Versorgung betreffenden Vorschriften dispositiv sind (S. 1) und dass die Krankenhäuser grundsätzlich auch in die Integrationsversorgung einzubeziehen sind (S. 2).[669)]

c) § 140 c SGB V

In dieser Vorschrift wird die finanzielle Seite der Integrierten Versorgung geregelt. Es wird festgelegt, dass die Vertragspartner in den Integrationsverträgen die Vergütungsfrage klären.[670)] Im Gegensatz zu Arztnetzen, Praxisverbünden und ähnlichen Kooperationen, die die Vergütung über die normalen Sektorstrukturen regeln, wird im Rahmen der Integrierten Versorgung die Vergütung von den Vertragspartnern vertraglich geregelt.

d) § 140 d SGB V

In § 140 d SGB V wird die Pflicht der Spitzenverbände der Krankenkassen und der Kassenärztlichen Bundesvereinigungen festgelegt, Rahmenvereinbarungen zur Integrierten Versorgung abzuschließen. Die in den Rahmenverträgen zu regelnden Punkte sind in Abs. 1 der Vorschrift aufgezählt.[671)]

e) § 140 e SGB V

Die Spitzenverbände der Krankenkassen können nach dieser Vorschrift aber auch mit der Deutschen Krankenhausgesellschaft Rahmenvereinbarungen über den Inhalt und die Durchführung der Integrierten Versor-

---

669) Vgl. *Hess,* in: *KassKomm*, Sozialversicherungsrecht, Bd. 1, § 140 b SGB V Rn. 1 ff.

670) Vgl. *Hess,* in: *KassKomm*, Sozialversicherungsrecht, Bd. 1, § 140 c SGB V Rn. 1 ff.

671) Vgl. *Hess,* in: *KassKomm*, Sozialversicherungsrecht, Bd. 1, § 140 d SGB V Rn. 1 ff.

gung abschließen. Voraussetzung hierbei ist aber, dass die Integrationsvereinbarung den stationären Bereich mit einbezieht.[672)]

f) §§ 140 f, g und h SGB V

Die Vorschriften der §§ 140 f, g und h SGB V betreffen den rechnerischen Ausgleich bzw. die Bereinigung der Gesamtvergütung, die Bonusregelung und die Möglichkeit der wissenschaftlichen Auswertung der Integrierten Versorgung.

2. Gesetzliche Änderungen durch das Gesundheitsmodernisierungsgesetz 2004

Im Rahmen des Gesundheitsmodernisierungsgesetzes 2004 (GMG) wurden einige Vorschriften der Integrierten Versorgung grundlegend geändert bzw. überarbeitet.[673)] Zum einen wurde den Kassenärztlichen Vereinigungen jegliches Mitspracherecht bei der Vertragsgestaltung genommen.[674)] Allein die Vertragspartner der Integrationsverträge, die Krankenkassen und die jeweiligen Leistungserbringer, sind für den Inhalt der Vereinbarungen verantwortlich, § 140 b Abs. 1 SGB V („nur"). Daraus folgt, dass die Anbindung der Integrierten Versorgung an den Sicherstellungsauftrag i. S. d. § 75 Abs. 1 SGB V weggefallen ist.

Des Weiteren wurde der in § 140 b Abs. 1 SGB V aufgelistete Kreis der möglichen Leistungserbringer erweitert. Nach der Neuregelung dürfen nun auch einzelne Ärzte als Vertragspartner an der Integrierten Versorgung teilnehmen, § 140 b Abs. 1 S. 1 Nr. 1 SGB V. Die ursprüngliche Fassung des § 140 b SGB V sah diese Möglichkeit nur als Mitglied einer Gemeinschaft vor. Darüber hinaus sind nun auch Träger von Einrichtungen, die Integrierte Versorgung mit zugelassenen Leistungserbringern anbieten ('Managementgesellschaften', § 140 b Abs. 1 S. 1 Nr. 4) und

---

672) Vgl. *Hess,* in: *KassKomm*, Sozialversicherungsrecht, Bd. 1, § 140 e SGB V Rn. 1 ff.

673) Vgl. *Hoffmann-Goldmayer/Langsdorff/Altmiks*, Leitfaden GMG für Ärzte, S. 66 f.

674) Dies beruht auf der vom Gesetzgeber gezogenen Erkenntnis, dass die Kassenärztlichen Vereinigungen nicht in ein System einzelvertraglicher Vereinbarungen über die Durchführung der Versorgung der Versicherten einzupassen sein sollen, BT-Drucks. 15/1525, 130.

Träger Medizinischer Versorgungszentren, § 140 b Abs. 1 S. 1 Nr. 3 als Vertragspartner der Krankenkassen zugelassen.[675)] Zugelassene Krankenhäuser sind nach der Neufassung des § 140 b SGB V nur insoweit teilnahmeberechtigt, als sie zur Versorgung der gesetzlich Versicherten berechtigt sind, § 140 b Abs. 1 S. 1 Nr. 2 SGB V. Nach der alten Fassung (§ 140 b Abs. 2 SGB V a. F.) war die Teilnahmeberechtigung ausschließlich an den Tatbestand der Zulassung, nicht aber an die Reichweite der Zulassung geknüpft.

Zudem ist es den Leistungserbringern jetzt erlaubt, in jeder gesellschaftsrechtlich erdenklichen Rechtsform an der Integrierten Versorgung teilzunehmen. Seit der Neufassung der Musterberufsordnung im Mai 2004 bestehen nun gegen diese gesellschaftsrechtliche Erweiterung auch aus berufsrechtlichen Gründen keine Bedenken mehr.

Ebenso wurde der Grundsatz der Beitragssatzstabilität für diejenigen Verträge durchbrochen, die bis zum 31.12.2006 abgeschlossen werden. Gemäß § 140 d SGB V kann den Vertragspartnern auch eine Anschubfinanzierung gewährt werden.

Eine wesentliche Neuerung gegenüber der ursprünglichen Regelung findet sich schließlich noch in § 140 b Abs. 4 S. 3 SGB V. Diese Vorschrift ermöglicht es den Leistungserbringern, Leistungen in der Integrierten Versorgung auch dann anzubieten, wenn die Erbringung dieser Leistungen vom Zulassungs- oder Ermächtigungsstatus des jeweilig aktiv handelnden Leistungserbringers nicht gedeckt ist. Fällt also die konkret angebotene Leistung unter den Zulassungs- oder Ermächtigungsstatus nur eines einzigen Teilnehmers des Integrationsverbundes, so können auch die übrigen Leistungserbringer unabhängig vom jeweiligen eigenen Zulassungsstatus die Behandlungsmaßnahme vornehmen.[676)] Voraussetzung ist lediglich, dass wenigstens der Zulassungsstatus eines Vertragspartners die konkrete Behandlungsmaßnahme erfasst.[677)]

Hauptziel der gesetzlichen Änderungen ist es, die Krankenkassen und die Leistungserbringer verstärkt dazu zu animieren, Verträge außerhalb des Sicherstellungsauftrages (§ 75 Abs. 1 SGB V) abzuschließen und zwar auf einzelvertraglicher Grundlage.

---

675) Vgl. *Hildebrandt*, f&w 5/2003, 437 ff. (441); *Bäune*, in: *Rieger*, Lexikon des Arztrechts, Nr. 2685 Rn. 19 ff.
676) Vgl. *Kuhlmann*, das Krankenhaus 1/2004, 13 ff.
677) Vgl. *Quaas/Zuck*, Medizinrecht, § 11 Rn. 83 f.

III. Vertragsgestaltungen

Das Charakteristische an der Integrierten Versorgung ist deren einzelvertragliche Basis. Vertragspartner eines Integrationsvertrages sind zum einen die Krankenkassen und zum anderen die in § 140 b Abs. 1 SGB V ausschließlich Genannten. Grundsätzlich sind drei Vertragskreise zu unterscheiden: der Vertragskreis Krankenkassen – Leistungserbringer, derjenige der Leistungserbringer untereinander und die Vertragskreise Leistungserbringer mit Dritten.[678)] Nach der alten Fassung des § 140 b SGB V waren einzelne Ärzte als Vertragspartner ausdrücklich nur als Mitglieder einer Gemeinschaft zum Vertragsschluss berechtigt. Trotz des eindeutigen Wortlauts war lange Zeit umstritten, ob auch der einzelne Arzt als solcher als potenzieller Vertragspartner in Betracht kommt.[679)]

Die mit der Gesundheitsreform 2004 überarbeitete Fassung stellt nun ausdrücklich klar, dass auch einzelne Ärzte, die Gemeinschaften der Leistungserbringer und die „Gemeinschaften" der Leistungserbringergemeinschaften (§ 140 b Abs. 1 S. 1 Nr. 5 SGB V) als Vertragspartner zugelassen sind. Das bedeutet, dass nach der Neufassung nun auch sog. Management-Gesellschaften, die eine Versorgung nur durch die dazu berechtigten Leistungserbringer anbieten können, potenzielle Vertragspartner sind. Dadurch besteht auch für diejenigen, die nicht zur unmittelbaren Teilnahme an der Integrierten Versorgung berechtigt sind, die Möglichkeit, als Anbieter von Gesundheitsleistungen aufzutreten. Ebenso kommen die auf der Grundlage der Reform 2004 neu eingeführten Medizinischen Versorgungszentren als Vertragspartner im Rahmen der Integrierten Versorgung in Frage.[680)] Von besonders praktischer Bedeutung für die Zukunft wird die Vertragskonstellation Krankenkassen - Krankenhäuser sein. Gemäß § 140 b Abs. 1 S. 1 Nr. 2 SGB V können die Krankenkassen mit einem oder mehreren Krankenhäusern oder Krankenhausträgern Integrationsverträge abschließen.[681)]

---

678) Zu den einzelnen Vertragstypen: *Hildebrandt*, ku-Sonderheft 9/2004, 4 ff. (5 ff.); vgl. *Knieps*, in: *Schnapp/Wigge*, Handbuch des Vertragsarztrechts, § 12 Rn. 46 ff.; *Schmidbauer*, in: *Schnapp/Wigge*, Handbuch des Vertragsarztrechts, § 3 Rn. 66 ff.

679) Ausführlich zur Diskussion siehe: *Franken*, Die privatrechtliche Binnenstruktur der integrierten Versorgung, S. 18 ff.

680) Vgl. *Quaas/Zuck*, Medizinrecht, § 11 Rn. 81.

681) Zu den diesbezüglichen Vertragsgestaltungen: *Boehmer*, Krankenhaus Umschau 1/2004, 18 ff.; zu den Vorteilen des Krankenhauses als Organisator eines integrierten Versorgungssystems: vgl. *Burk/Hellmann*, Krankenhausmana-

IV. Vertragsinhalt

Gemäß § 140 a Abs. 1 S. 1 SGB V bedürfen die Integrierten Versorgungsformen zwingend einer vertraglichen Grundlage. Diese Integrationsverträge i. S. d. § 140 b SGB V bilden die rechtliche Basis der Integrierten Versorgung und regeln die nähere inhaltliche Gestaltung.[682)]

Gegenstand der Vereinbarung ist die Sicherstellung der Gewährleistung der Leistungsansprüche der Versicherten durch die Vertragspartner, § 140 b Abs. 3 S. 2 SGB V. Im Unterschied zur Regelversorgung soll dieses Ziel gerade durch die angestrebte, auf verschiedene Leistungssektoren übergreifende Versorgung der Versicherten erreicht werden, §§ 140 a Abs. 1, 140 b Abs. 1 S. 1 SGB V. Durch die Integrierte Versorgung soll die Versorgung der Versicherten verbessert werden. Eine Einschränkung der Leistungsansprüche der Versicherten ist daher nicht möglich. Dies folgt aus § 140 b Abs. 3 S. 2 SGB V. Für eine Erweiterung des Leistungsspektrums ist § 140 b Abs. 3 S. 4 SGB V zu beachten. Danach dürfen nur solche Leistungen Gegenstand des Integrationsvertrages sein, über die der Gemeinsame Bundesausschuss keine ablehnende Entscheidung getroffen hat. Im Integrationsvertrag ist der Vertragsgegenstand, also der vertragliche Versorgungsauftrag, genau zu definieren. Die Vertragspartner sind zwar bei der Gestaltung der Integrationsverträge weitgehend frei, jedoch müssen die Einschränkungen des § 140 b Abs. 4 S. 3 SGB V beachtet werden. Das bedeutet, dass beispielsweise die Vorgaben des ärztlichen Berufsrechts oder auch der Grundsatz der persönlichen Leistungserbringung[683)] vertraglich nicht ausgehebelt werden dürfen.

Entscheidend ist die Kooperation von mehreren, d. h. mindestens zwei verschiedenen Leistungssektoren. Einer der traditionellen Leistungsbereiche (ambulant/stationär/rehabilitativ) muss mit einem anderen verknüpft sein.[684)] Auf eine Definition des Begriffs der Leistungssektoren übergreifenden Versorgung hat der Gesetzgeber bewusst verzichtet. Bei

---

gement für Ärztinnen und Ärzte, Kap. II-2.2., S. 3 ff.; vgl. *Quaas/Zuck*, Medizinrecht, § 11 Rn. 69.; *Wallhäuser*, Verträge in der Integrierten Versorgung, S. 15 ff.; *Dahm*, MedR 2005, 121 ff.

682) Vgl. *Wigge*, NZS 2001, 17 ff. (66 ff.).; *Bohle*, in: *Bohle*, Vertragsgestaltung in der Integrierten Versorgung, S. 27 ff.; *Knieps*, in: *Schnapp/Wigge*, Handbuch des Vertragsarztrechts, § 12 Rn 46 ff.

683) Näher dazu: *Steinhilper*, in: *Rieger*, Lexikon des Arztrechts Nr. 4060.

684) Vgl. *Kuhlmann*, das Krankenhaus 6/2004, 417 ff. (419 f.).

der Begriffsbestimmung, die durch Auslegung ermittelt werden muss, ist maßgeblich vom Sinn und Zweck der Vorschriften zur Integrierten Versorgung auszugehen. Ziel ist die angestrebte umfassende Verbesserung der medizinischen Versorgung der Versicherten. Diese erfasst sämtliche Leistungsbereiche der gesetzlichen Krankenversicherung. Der Begriff des Leistungssektors lässt sich daher nicht auf einzelne Versorgungsbereiche beschränken, sondern erfasst vielmehr sämtliche Versorgungsbereiche.[685)] Eine extensive Auslegung des Begriffs kann auch der Gesetzesbegründung entnommen werden, die ausdrücklich auch den nichtärztlichen Leistungsbereich erwähnt.[686)] Integrierte Versorgungsformen, die sich auf eine Verknüpfung von fachärztlicher und hausärztlicher Versorgung beschränken, sollen nach der Gesetzesbegründung ausdrücklich möglich sein.[687)] Die vertragsärztliche Versorgung wäre demnach im Rahmen der Integrierten Versorgung in die **zwei** eigenständigen Leistungssektoren der haus- und fachärztlichen Versorgung aufzuteilen.[688)] Gegenstimmen sehen in der haus- und fachärztlichen Versorgung lediglich **einen** Leistungssektor.[689)] Bei der hausärztlichen und der fachärztlichen Versorgung handele es sich nur um Untergliederungen der vertragsärztlichen Versorgung, § 73 Abs. 1 S. 1 SGB V. Die seit dem Inkrafttreten des GKV-Modernisierungsgesetzes – GMG gültige neue Fassung des § 140 a Abs. 1 S. 1 SGB V führt nun eigens auch die fachübergreifend-interdisziplinäre Versorgung als eine zulässige Form der Integrationsversorgung auf, so dass die Streitfrage bezüglich der haus- und fachärztlichen Versorgung nicht mehr entschieden werden muss. Weitere Leistungssektoren i. S. d. §§ 140 a ff. SGB V sind die vertragszahnärztliche Versorgung, die stationäre Versorgung,[690)] medizinische stationäre Vorsorgeleistungen, medizinische Rehabilitationen, Arznei- und Verbandmittelversorgung, Heil- und Hilfsmittelversorgung, Kranken-

---

685) So auch: *Beule,* Rechtsfragen der integrierten Versorgung, S. 25 ff.; *Hess,* in: *KassKomm*, Sozialversicherungsrecht, Bd. 1, § 140 b SGB V Rn. 4.

686) BT-Drucksache 14/1245, 91.

687) BT-Drucksache 14/1245, 91.

688) *Beule,* Rechtsfragen der integrierten Versorgung, S. 31 f.; *Bäune,* in: *Rieger,* Lexikon des Arztrechts Nr. 2685 Rn. 8.

689) *Hess,* in: *KassKomm*, Sozialversicherungsrecht, Bd. 1, Vor § 140 a SGB V Rn. 6; *Bohle,* in: *Bohle*: Vertragsgestaltung in der Integrierten Versorgung, S. 15 f.

690) Ob dieser Leistungssektor mit der Krankenhausbehandlung nach § 39 Abs. 1 SGB V gleichgesetzt werden kann, ist umstritten; bejahend: *Beule,* Rechtsfragen der integrierten Versorgung, S. 36 ff.; *Hess,* in: *KassKomm*, Sozialversicherungsrecht, Bd. 1, § 140 b SGB V Rn. 4; verneinend: *Bäune,* in: *Rieger,* Lexikon des Arztrechts Nr. 2685 Rn. 11.

transportleistungen, Soziotherapie, Hebammenleistungen und die Versorgung mit Pflegeleistungen.[691)]
Der Begriff „fachübergreifend“ in § 140 a Abs. 1 S. 1 SGB V wird wohl i. S. d. Weiterbildungsordnung ausgelegt.[692)] In § 140 b Abs. 1 SGB V sind die möglichen Vertragspartner der Krankenkassen im Rahmen der Integrationsverträge abschließend aufgezählt („nur“).

V. Gesellschaftsrechtliche Auswirkungen

In rechtlicher Hinsicht stellt sich nun die Frage, in welcher gesellschaftsrechtlichen Form die einzelnen Leistungserbringer den Krankenkassen gegenüber auftreten. Hierfür ist der Abschluss eines Netzwerkpartnervertrages erforderlich.[693)] Im Folgenden werden drei verschiedene Arten der Organisation herausgearbeitet und in vertrags- und haftungsrechtlicher Hinsicht näher beleuchtet: die sog. *Verbundlösung*, die *Kooperationslösung* und das sog. *Einkaufsmodell*.[694)]

1. Verbundlösung

Schließen sich die Leistungserbringer im Rahmen der Integrationsversorgung mit dem Ziel zusammen, eine eigene Gesellschaft zu gründen, bietet sich die Verbundlösung an. In diesem Fall treten die an der Integrierten Versorgung teilnehmenden Leistungserbringer nach außen einheitlich auf. Sie gründen eine eigene Trägergesellschaft und verfolgen einen gemeinsamen Zweck. Allein die eigens zu diesem Zweck gegründete Trägergesellschaft schließt in diesem Fall die Verträge mit den Krankenkassen ab.[695)]

---

691) Zu den Leistungssektoren siehe: *Hess,* in: *KassKomm*, Sozialversicherungsrecht, Bd. 1, § 140 b SGB V Rn. 4.

692) So auch *Bäune,* in: *Rieger,* Lexikon des Arztrechts Nr. 2685 Rn. 16; *Kuhlmann,* das Krankenhaus 6/2004, 417 ff. (420).

693) Siehe Muster-Netzwerkpartnervertrag, in: *Wallhäuser,* Verträge in der Integrierten Versorgung, S. 29 ff.

694) Zu den Organisationsformen der Integrierten Versorgung: *Tophoven/Lieschke*, Integrierte Versorgung, Entwicklungsperspektiven für Praxisnetze, S. 238 ff.; *Bohle,* in: *Bohle*, Vertragsgestaltung in der Integrierten Versorgung, S. 25 ff.; *Dierks,* ZaeFQ 2006, 37 ff.

695) Näher zur Verbundlösung: *Franken,* Die privatrechtliche Binnenstruktur der in-

Für die Verbindung der Leistungserbringer im Rahmen der Integrierten Versorgung gibt es keine gesetzliche Regelung. Daher sind, ebenso wie im Rahmen der Medizinischen Versorgungszentren, alle zulässigen Organisationsformen möglich.[696)]

a) Die Gesellschaft bürgerlichen Rechts

Als gesellschaftsrechtliche Rechtsform für den Integrationsverbund kommt zunächst eine Gesellschaft bürgerlichen Rechts i. S. d. §§ 705 ff. BGB in Frage. Wie bereits mehrfach ausgeführt,[697)] ist die (Außen-)Gesellschaft bürgerlichen Rechts eine rechtsfähige Vereinigung und daher als Trägergesellschaft im Rahmen der Verbundlösung geeignet.[698)]

Voraussetzung für diese Gesellschaftsform ist gemäß § 705 BGB, dass die Gesellschafter einen gemeinsamen Zweck verfolgen. Die Zielsetzung der Verbundteilnehmer ergibt sich aus den §§ 140 a ff. SGB V, nämlich die qualitativ verbesserte und effektivere Behandlung der Patienten in einem Verbund. Der gemeinsame Zweck muss nicht einmal ausdrücklich von den Verbundteilnehmern vereinbart werden. Allein in dem Abschluss des Integrationsvertrages kann eine konkludente Zweckverfolgung gesehen werden. Jeder Vertragspartner weiß, dass er mit Vertragsabschluss am Integrationsverbund teilnimmt und dadurch den Erfolg des gemeinsamen Auftretens am Markt fördern wird. Jeder Leistungserbringer schließt also den Vertrag mit dem Ziel ab, zusammen mit den anderen Verbundteilnehmern einen gemeinsamen Zweck erreichen zu wollen.[699)] Bezüglich der vertraglichen Beziehungen und der Haftungsverhältnisse im Rahmen einer (Außen-)Gesellschaft bürgerlichen Rechts wird auf die jeweiligen Ausführungen verwiesen.[700)]

---

tegrierten Versorgung, §§ 140 a-h SGB V, S. 89 ff.; *Bäune,* in: *Rieger,* Lexikon des Arztrechts, Nr. 2685 Rn. 47.

696) Siehe dazu: *Kuhlmann*, das Krankenhaus 6/2004, 417 ff. (418 ff.).

697) Vgl. S. 50 ff. dieser Arbeit.

698) Vgl. *Kuhlmann,* ku-Sonderheft, Networks-Integrierte Versorgung 12/2000, 15 ff.

699) Vgl. *Franken,* Die privatrechtliche Binnenstruktur der integrierten Versorgung, §§ 140 a-h SGB V, S. 91 f.

700) Vgl. S. 50 ff. dieser Arbeit.

b) Die Partnerschaftsgesellschaft

Die Organisationsform der Partnerschaftsgesellschaft i. S. d. PartGG scheidet in der Regel aus, weil diese nach § 1 Abs. 1 PartGG ausschließlich Angehörigen der freien Berufe offen steht. Im Rahmen der Integrierten Versorgung ist aber in der Regel ein Krankenhaus am Integrationsverbund beteiligt, das in der Regel als juristische Person des öffentlichen oder Privatrechts organisiert ist.

c) Der Verein

Auch diese Rechtsform, sowohl ein wirtschaftlicher als auch ein nichtwirtschaftlicher Verein, scheidet aus. Der nichtwirtschaftliche Verein ist aufgrund seiner mangelnden Rechtsfähigkeit unzweckmäßig, der wirtschaftliche hingegen scheitert an dem Erfordernis der Subsidiarität gegenüber anderen Rechtsformen, § 22 BGB.

d) Die OHG und KG

Bezüglich der OHG und KG gelten die Ausführungen im Rahmen der Medizinischen Versorgungszentren.[701)]

e) Die GmbH oder AG

Schließlich bleibt zu klären, ob für die Dachgesellschaft im Rahmen der Integrationsversorgung auch die Kapitalgesellschaften, die Gesellschaft mit beschränkter Haftung und die Aktiengesellschaft, als geeignete Rechtsformen in Frage kommen. Lange Zeit war aus berufsrechtlichen Gründen heftig umstritten, ob kooperierende Ärzte sich in einer GmbH zusammenschließen dürfen. Seit der Änderung der Musterberufsordnung im Mai 2004 ist dieser Streit nun endgültig beigelegt. Nach § 23 a MBO 2004 ist es jetzt Ärzten grundsätzlich erlaubt, sich in der Rechtsform der Kapitalgesellschaften zusammenzuschließen. Dies gilt aber nur

---

701) Siehe S. 128 ff. dieser Arbeit.

für diejenigen Ärztekammern, die diese Vorschrift bereits umgesetzt haben.[702]

Diese Gesellschaftsformen sind für die Dachgesellschaften im Rahmen der Integrierten Versorgung aus haftungsrechtlichen Gründen äußerst attraktiv. Grundsätzlich haftet nämlich nur die Gesellschaft mit ihrem Gesellschaftsvermögen und nicht der einzelne Gesellschafter mit seinem Privatvermögen.[703]

2. Kooperationslösung

Als weitere Alternative der gesellschaftsrechtlichen Organisation der Integrationsversorgung kommt die sog. Kooperationslösung in Betracht.[704] In diesem Fall bleiben die einzelnen, an der Integrierten Versorgung teilnehmenden Leistungserbringer eigenständige Rechtssubjekte. Sie schließen selbst und in eigenem Namen die Integrationsverträge mit den Krankenkassen ab und nicht eine eigens gegründete Gesellschaft.

Die Leistungserbringer sind lediglich durch schuldrechtliche Kooperationsverträge miteinander verbunden. In diesen Verträgen müssen die Zuständigkeiten und Haftungsverhältnisse detailliert geklärt werden. Um eventuellen Streitigkeiten von vornherein vorzubeugen, kommt der Ausarbeitung der schuldrechtlichen Kooperationsverträge besondere Bedeutung zu. Im Innenverhältnis zwischen den einzelnen Leistungserbringern dürfen keine Regelungen offen sein. In allen beschriebenen Modellen müssen die Vertragspartner den Inhalt ihrer Zusammenarbeit vertraglich detailliert regeln.

3. Einkaufsmodell

Das dritte Grundmodell ergibt sich aus § 140 b Abs. 1 S. 1 Nr. 4 SGB V. In diesem Fall schließt die Krankenkasse den Integrationsvertrag mit einer Einrichtung, die Integrationsleistungen durch „nach dem Vierten Ka-

---

702) Näher dazu Kapitel 1, A. V.
703) Siehe Fußnoten 423, 427, 428.
704) Vgl. *Kuhlmann*, ku-Sonderheft, Networks-Integrierte Versorgung 12/2000, 15 ff.; *Bäune*, in: *Rieger*, Lexikon des Arztrechts, Nr. 2685 Rn. 46.

pitel berechtigte Leistungserbringer" erbringen lässt, d. h. ‚einkauft'. Bei dieser Einrichtung kann es sich um eine reine Managementgesellschaft handeln, die nicht selbst Leistungen der Gesetzlichen Krankenversicherung erbringt. Gesetzlich zulässig sind aber auch Mischformen, in denen die Einrichtung sowohl die Managementaufgaben übernimmt, einen Teil der Leistungen selbst anbietet und im Übrigen andere berechtigte Leistungserbringer hinzuzieht.[705)]

4. Wertende Betrachtung

Zusammenfassend ist festzustellen, dass das Verhältnis der Leistungserbringer untereinander (d. h. der Netzwerkpartner) im Rahmen der Kooperationslösung flexibler gestaltet werden kann als bei der Verbundlösung. Der Nachteil der Verbundlösung liegt insbesondere darin, dass die Gründung und Auflösung einer eigenen Trägergesellschaft schwerfällig und mit großem formellen Aufwand verbunden ist. Auch aus organisatorischen Gründen ist ein erheblicher Aufwand erforderlich, um die gemeinsame Verwaltung des Vermögens, einen eventuellen Wechsel der Gesellschafter oder die gemeinsame Willensbildung zu organisieren. Die Lösung von Problemen, die im Rahmen einer Gesellschaft herkömmlicher Weise anfallen, kann bei mehreren Mitgliedern von umfassenden Integrationsverbünden zu erheblichen logistischen und organisatorischen Schwierigkeiten führen. Diese formaljuristischen Probleme fallen im Falle der reinen Kooperation zwischen den Leistungserbringern gerade nicht an. Diese können in ihren Kooperationsverträgen die jeweiligen Punkte im Rahmen ihrer Vertragsfreiheit schon vorab vertraglich regeln. Die Verbundlösung bietet sich daher nur dann an, wenn der jeweilige Integrationsverbund auf Dauer angelegt ist und infolgedessen kein ständiger Gesellschafterwechsel zu erwarten sein wird.[706)] Der Vorteil des Einkaufsmodells liegt in der zweifelsohne professionellen Organisation und Verwaltung der Integrierten Versorgung durch Managementgesellschaften. Diese verfügen über die entsprechenden Mittel und das know how, die neue Versorgungsform wirtschaftlich gesehen bestmöglich zu organisieren.

---

705) *Bäune*, in: *Rieger*, Lexikon des Arztrechts, Nr. 2685 Rn. 48.

706) Vgl. *Kuhlmann*, ku-Sonderheft, Networks-Integrierte Versorgung, 12/2000, 15 ff.

VI. Haftung der Leistungserbringer

1. Regelung im Innenverhältnis

Unabhängig davon, ob die Leistungserbringer untereinander zusammengeschlossen sind oder nicht, ist das Innenverhältnis regelungsbedürftig. Der Netzwerkpartnervertrag muss insbesondere bezüglich der Person des Leistungserbringers im Einzelfall, des Datenschutzes und der Schweigepflicht, der Folgen eines Eintritts neuer und des Austritts bisheriger Leistungserbringer aus dem Integrationsverbund, der Vergütungsverteilung und v. a. der Haftung detaillierte Regelungen enthalten.[707)]

2. Haftung gegenüber der Krankenkasse

Gegenüber den Krankenkassen haften die Leistungserbringer als Gesamtschuldner, § 421 BGB. Die Krankenkasse kann also jeden Schuldner auf das Ganze in Anspruch nehmen.

3. Haftung gegenüber dem Patienten

Schließlich stellt sich die Frage nach der Haftung der Leistungserbringer gegenüber dem Patienten. Zunächst haftet in **deliktischer** Hinsicht der handelnde Leistungserbringer nach § 823 Abs. 1 BGB und dieser wiederum für seine angestellten Verrichtungsgehilfen nach § 831 Abs. 1 BGB. Im Rahmen der **vertraglichen** Haftung stellt sich nun die Frage, wer genau im Integrationsverbund der Vertragspartner des Patienten ist. Davon hängt auch die Beantwortung der Frage nach dem richtigen Haftungsschuldner ab. Der richtige Vertragspartner des Patienten bestimmt sich nach der jeweiligen Organisationsform, ob also die Kooperationslösung, die Verbundlösung oder das Einkaufsmodell gewählt wurde.

Im Falle der *Verbundlösung* in der Rechtsform der Gesellschaft bürgerlichen Rechts beispielsweise ist der eigens gegründete Verbund der rich-

---

707) Muster-Netzwerkpartnervertrag *Wallhäuser*, Verträge in der Integrierten Versorgung, S. 29 ff.

tige Vertrags- und Haftungsschuldner. Diesem wird das Verschulden seiner im Verbund tätig werdenden verschiedenen Leistungserbringer über die Zurechnungsnormen der §§ 31 und 278 BGB zugerechnet. In diesen Fällen ist die Interessenlage mit derjenigen einer Gemeinschaftspraxis vergleichbar. Der Patient schließt nur einen Behandlungsvertrag mit dem Verbund als Anbietergemeinschaft. Die Folge ist das Entstehen einer gesamtschuldnerischen Haftung aller Leistungserbringer als Gesellschafter über §§ 128 ff. HGB analog.[708]

Im Falle der *Kooperationslösung* hingegen bleiben die einzelnen Leistungserbringer selbständig. Diese schließen jeweils eigenständige Behandlungsverträge mit den Patienten ab. Die Leistungserbringer treten in diesem Fall nicht als geschlossene Einheit nach außen hin auf, sondern jeweils selbständig. Der Patient schließt somit unterschiedliche Behandlungsverträge ab. Im Haftungsfalle muss er sich an den Arzt halten, in dessen Bereich der Fehler passiert ist. Dem jeweiligen Leistungserbringer wird das Verschulden seiner eigenen Erfüllungsgehilfen über § 278 BGB zugerechnet, nicht hingegen dasjenige Fehlverhalten der übrigen Leistungserbringer. Zwischen den einzelnen Leistungserbringern bestehen nur schuldrechtliche Kooperationsverträge, die zu keiner gegenseitigen Haftungszurechnung führen.

Wird schließlich das *Einkaufsmodell* gewählt, ist die Managementgesellschaft die Vertrags- und Haftungsschuldnerin des Patienten. Ihr wird das Verschulden der tätig werdenden Leistungserbringer über § 31 bzw. § 278 BGB zugerechnet. Unter den einzelnen teilnehmenden Leistungserbringern bestehen keine rechtlichen Beziehungen.

Welches Modell nun tatsächlich vorliegt, entscheidet sich nicht nach dem Willen der Vertragspartner der Integrierten Versorgung, sondern einzig und allein nach dem objektiven Empfängerhorizont des Patienten (§§ 133, 157 BGB). Um zu verhindern, dass es im Außenverhältnis zur ungewollten Inanspruchnahme eines Leistungserbringers kommt, der nicht Schadensverursacher war, muss im Innenverhältnis der Leistungserbringer der Schadensausgleich detailliert geregelt werden. Eine solche Regelung ist aufgrund der Auslegung nach dem objektiven Empfängerhorizont in allen Modellarten angezeigt, um der stets drohenden Haftung nach Rechtsscheingesichtspunkten wirksam zu begegnen.[709]

---

708) Siehe Haftung in der Gemeinschaftspraxis, S. 52 ff.
709) Näher zum Inhalt einer solchen Schadensausgleichsregelung siehe *Koller*, ku-Sonderheft Integrierte Versorgung 9/2005, 34 ff. (36).

VII. Interdisziplinäre Betrachtung

Nachdem nun unter V. und VI. die Zusammenschlüsse der verschiedenen Leistungserbringer unter juristischen Gesichtspunkten durchleuchtet wurden, soll an dieser Stelle die betriebswirtschaftliche Seite betrachtet werden.

1. Integrierte Versorgung als Unternehmensnetzwerk

Im Folgenden muss nun untersucht werden, ob die im Rahmen der Integrierten Versorgung erfolgte bzw. angestrebte Vernetzung von rechtlich selbständigen Unternehmen auf dem Gebiet der Gesundheitsversorgung als Unternehmensnetzwerk angesehen werden kann.

a) Allgemeines zum Unternehmensnetzwerk

Ein Unternehmensnetzwerk liegt dann vor, wenn mehr als zwei rechtlich und wirtschaftlich selbständige Unternehmen zusammenarbeiten.[710)] Die Partner eines solchen Netzwerks können aus den verschiedensten Bereichen stammen. Die Zusammenarbeit kann sich auf ärztliche, pflegerische und andere Dienstleistungen erstrecken. Die Kooperation ist unabhängig vom Standort, der Mitarbeiterzahl und der Umsatzhöhe.[711)] In einem Unternehmensnetzwerk kann die Zusammenarbeit sowohl vertikal als auch horizontal erfolgen.[712] Das gemeinsame Ziel aller kooperierenden Partner sollte die Steigerung der einzelunternehmerischen Leistungsfähigkeit sein.[713)] Um dieses Ziel in einem solchen Netzwerk bestmöglich erreichen zu können, werden die individuellen Kompetenzen der einzelnen Leistungserbringer gebündelt und möglichst effektiv eingesetzt. Die Individualziele der einzelnen Partner werden dem gemeinsamen Ziel untergeordnet.[714)] Gerade dieser wechselseitige Austausch von

---

710) Vgl. *Sydow*, Management von Netzwerkorganisationen, S. 7 ff.; vgl. *Mühlbacher*, Integrierte Versorgung, S. 150 ff.

711) Vgl. *Mühlbacher*, Integrierte Versorgung, S. 150.

712) Vgl. *Mühlbacher*, Integrierte Versorgung, S. 150.

713) Vgl. *Balling*, Kooperation: Strategische Allianzen, Netzwerke, Joint-ventures und andere Organisationsformen zwischenbetrieblicher Zusammenarbeit in Theorie und Praxis, S. 74 f.

714) Vgl. *Sydow*, Management von Netzwerkorganisationen, S. 9.

Wissen, Kompetenz und auch materiellen Gütern ist der Sinn und Zweck eines Unternehmensnetzwerks. Diese Kompetenzbündelung folgt gerade aus der intensiven Arbeitsteilung zwischen den beteiligten Unternehmen.[715)] Ein wesentlicher Gesichtspunkt eines solchen Zusammenschlusses ist es, dass trotz der vertraglichen Verbindung der Partner untereinander und der daraus resultierenden formalen Integration in das Netzwerk die wirtschaftliche und rechtliche Selbständigkeit der Vertragspartner erhalten bleibt.[716)]

Das Hauptziel dieser Kooperation besteht somit darin, die richtige Balance zwischen den Interessen der Einzelunternehmer und dem Gesamtinteresse des Netzwerks zu finden. Sie stellt eine Gratwanderung dar zwischen enger kooperativer und freier wettbewerblicher Koordination.[717)] Erfüllt ein Netzwerk alle diese Kriterien, wird ein solches Kooperationsmodell auch als symbiotische Organisationsform bezeichnet. Charakteristisch für diese Organisationsformen ist die intensive Zusammenarbeit von rechtlich und wirtschaftlich selbständigen Unternehmen.[718)]

b) Abgrenzung zu anderen Kooperationsformen

aa) Unternehmensnetzwerk – Arbeitsgemeinschaft

Auch in einer Arbeitsgemeinschaft besteht zwischen den einzelnen Partnern keine wirtschaftliche Abhängigkeit, sie bleiben vielmehr weiterhin rechtlich selbständig.[719)] Vom Unternehmensgegenstand her bezwecken Arbeitsgemeinschaften vordergründig die effiziente Abwicklung von Kundenaufträgen. Im Unternehmensnetzwerk hingegen steht der Austausch von Wissen und Information im Vordergrund, was letztendlich zum ge-

---

715) Vgl. *Sydow*, Management von Netzwerkorganisationen, S. 10; vgl. *Zahn*, in: *Bellmann*, Kooperations- und Netzwerkmanagement, S. 12 f.

716) Näher zur Organisation von Netzwerken im Gesundheitswesen: *Haubrock/Hagmann/Nerlinger*, Managed Care, Integrierte Versorgungsformen, S. 41 ff.; *Mühlbacher*, in: *Henke/Rich/Stolte*, Integrierte Versorgung und neue Vergütungsformen in Deutschland, S. 92 ff.; vgl. *Kaluza/Blecker*, in: *Bellmann*, Kooperations- und Netzwerkmanagement, S. 89 ff.

717) Vgl. *Bellmann*, in: *Bellmann*, Kooperations- und Netzwerkmanagement, S. 49 f.

718) Vgl. *Mühlbacher*, Integrierte Versorgung, S. 21 ff.

719) Vgl. *Mühlbacher*, Integrierte Versorgung, S. 161 f.; näher zur Arbeitsgemeinschaft *Mantler*, in: *Gummert/Riegger/Weipert*, Münchener Handbuch des Gesellschaftsrechts, § 26 Rn. 1 ff.

meinsam verfolgten Ziel führen soll. Im Rahmen einer Arbeitsgemeinschaft existiert keine gemeinsame Zielsetzung. Der Grund hierfür liegt insbesondere in der zeitlichen Begrenzung der Zusammenarbeit. Ist der angestrebte Auftrag vollständig durchgeführt, so ist der Zweck der Arbeitsgemeinschaft erfüllt und sie verliert ihre Daseinsberechtigung.

Der Zusammenschluss im Rahmen der Integrierten Versorgung kann insbesondere deshalb als Unternehmensnetzwerk und nicht als Arbeitsgemeinschaft eingestuft werden, weil die in Frage stehende Kooperation im Gesundheitswesen ein längerfristig angelegtes Ziel verfolgt. Das Modell der Integrierten Versorgung soll dauerhaft zu einer qualitativen Verbesserung der Patientenversorgung führen. Hingegen soll die neue Versorgungsform die Erfüllung eines abgrenzbaren Auftrags nicht zum Inhalt haben, wie dies im Rahmen einer Arbeitsgemeinschaft Voraussetzung wäre.

bb) Unternehmensnetzwerk – Franchisesystem

Franchisesysteme haben vertikal-kooperativ organisierte Kooperationsmodelle zum Inhalt, die die Zusammenarbeit von rechtlich selbständigen Unternehmen betreffen. Der Franchisegeber liefert dem Franchisenehmer ein Franchisepaket, das strategisches Wissen enthält. Der Franchisegeber verfügt über Weisungs- und Kontrollrechte, wenngleich der die Ressourcen einbringende Franchisenehmer wirtschaftlich und rechtlich selbständig bleibt.[720)] Der Unterschied zum Unternehmensnetzwerk liegt insbesondere darin, dass die Zusammenarbeit im Rahmen eines Franchisesystems ausschließlich vertikal erfolgt.

Die Besonderheit der Kooperation im Rahmen der Integrierten Versorgung liegt aber gerade in der Zusammenarbeit in beiden Richtungen, also sowohl vertikal als auch horizontal. Zudem besteht im Franchisesystem ein starkes Abhängigkeitsverhältnis zwischen dem Franchisenehmer und dem Franchisegeber. Dieses Abhängigkeitsverhältnis steht aber der Einordnung der Integrierten Versorgung als Franchisesystem entgegen, da gemäß der Musterberufsordnung der Arzt einen freien, keinen Weisungen unterliegenden Beruf ausübt.

---

720) Vgl. *Wolf/Runzheimer*, Risikomanagement und KonTraG, S. 123 f.; vgl. *Wöhe/Döring*, Einführung in die Allgemeine Betriebswirtschaftslehre, S. 730 f.

cc) Unternehmensnetzwerk – Joint Venture

Joint Venture beschreibt die Kooperation von mindestens zwei rechtlich unabhängigen Partnern, die ein rechtlich eigenständiges Unternehmen gründen.[721)] Die Neugründung einer Beteiligungsgesellschaft erfolgt insbesondere unter haftungsrechtlichen Gründen. Die Partner wollen dadurch das Haftungsrisiko auf diese eigens gegründete Gesellschaft begrenzen. Wird diese Gesellschaft als juristische Person geführt, tritt allein diese im Rechtsverkehr nach außen auf. Die rechtsgeschäftlichen und haftungsrechtlichen Folgen treffen allein diese Gesellschaft, nicht die dahinter stehenden kooperierenden Partner. Diese Beteiligungsgesellschaft soll den durch die Kooperationspartner festgelegten Unternehmensgegenstand durchsetzen.

Der Unterschied zwischen einem Joint Venture-Modell und einem Unternehmensnetzwerk liegt also gerade in der Neugründung einer selbständigen Beteiligungsgesellschaft. Wie bereits festgestellt (Verbundlösung), ist aber im Rahmen der Integrierten Versorgung die Gründung einer selbständigen Gesellschaft weder zwingend erforderlich noch zweckmäßig oder empfehlenswert. Da für die Zusammenarbeit der Leistungserbringer untereinander im Rahmen der integrierten Versorgung die Kooperation auf einer jeweils rechtlich und wirtschaftlich selbständigen Basis wohl als die sinnvollste und praktikabelste Lösung erscheint, ist die Neugründung einer eigenen Gesellschaft nicht erforderlich. Die Integrierte Versorgung in der Joint Venture-Variante scheidet somit aus.

2. Vertrags- und Haftungsverhältnisse

Die kooperierenden Leistungserbringer im Rahmen der Integrierten Versorgung sind lediglich durch relative Verträge miteinander verbunden. Es bestehen also keine rechtlichen und wirtschaftlichen Abhängigkeiten untereinander. Alle Kooperationspartner sind gleichberechtigt, keiner hat direkte Weisungs- und Kontrollrechte. Diese Verträge müssen detaillierte Regelungen, insbesondere in Bezug auf die Haftungsverhältnisse untereinander, enthalten und immer wieder den veränderten Umständen an-

721) Näher dazu: *Büchel/Prange/Probst/Rüling*, Joint-Venture-Management, S. 14 ff.; *Baumanns,* in: *Gummert/Riegger/Weipert*, Münchener Handbuch des Gesellschaftsrechts, § 28 Rn. 1 ff.

gepasst werden.[722] Die gleichberechtigten Partner streben die Verbesserung der Patientenversorgung als gemeinsames Ziel an. Dieses versuchen sie durch eine vertikale und horizontale Zusammenarbeit, insbesondere durch den Austausch von Wissen, zu erreichen. Im Innenverhältnis dürfen zwischen den Partnern der Integrierten Versorgung keine Unsicherheiten im Bereich der Kostenverrechnung, Haftung und Gewährleistung bestehen. Die Partner selbst müssen entscheiden, wie die Leistungserbringer an den wirtschaftlichen Risiken und dem Risiko aus Haftung und Gewährleistung beteiligt werden sollen.[723]

3. Zusammenfassung

Zusammenfassend kann also festgestellt werden, dass die Zusammenarbeit verschiedener Leistungserbringer im Rahmen der Integrierten Versorgung einzig und allein in Form eines Unternehmensnetzwerks organisiert werden kann. Die Integrierte Versorgung basiert auf der Vernetzung von rechtlich selbständigen Unternehmen der Gesundheitsversorgung.[724] Andere symbiotische Organisationsformen, wie Arbeitsgemeinschaften, Franchisesysteme oder Joint Venture-Modelle, scheiden aus den soeben dargestellten Gründen aus.

VIII. Auswirkungen der Integrierten Versorgung auf die Einzelpraxis

Erhebliche Auswirkungen werden die Vorschriften der Integrierten Versorgung v. a. im Bereich der Einzelpraxen haben. Lediglich diejenigen Ärzte, die es geschafft haben, über Einzelverträge an der Integrierten Versorgung teilzunehmen, werden der Konkurrenzsituation standhalten können. Aus der Sicht der Patienten kann die Intensivierung der Integrierten Versorgung nur begrüßt werden. Denn die zunehmende Vernetzung und verstärkte Zusammenarbeit des ambulanten und des stationären Sektors führt langfristig zu einer Qualitätssteigerung in der Patientenversorgung.

---

722) Vgl. *Mühlbacher*, in: *Henke/Rich/Stolte*, Integrierte Versorgung und neue Vergütungsformen in Deutschland, S. 95, 106 f.
723) Vgl. *Melchert*, in: *Hellmann*, Management von Gesundheitsnetzen, S. 137.
724) Vgl. *Mühlbacher*, in: *Henke/Rich/Stolte*, Integrierte Versorgung und neue Vergütungsformen in Deutschland, S. 91.

4. Kapitel:
Ausblick auf künftige Gesundheitsreform

Im Laufe dieser Arbeit wird deutlich, dass das Thema der ärztlichen Kooperationen der fortlaufenden Weiterentwicklung durch Gesundheitsreformen und Novellierungsvorschläge unterliegt. Daher ist es angebracht, vor dem Hintergrund des demnächst in Kraft tretenden **Vertragsarztrechtsänderungsgesetzes (VÄndG)** die wesentlichen geplanten Neuerungen insbesondere im Hinblick auf die ärztlichen Kooperationsmöglichkeiten darzustellen.

Am 24. Mai 2006 wurde der Gesetzentwurf („Entwurf eines Gesetzes zur Änderung des Vertragsarztrechts und anderer Gesetze") zur Änderung des Vertragsarztrechts vom Bundeskabinett beschlossen. Da dieser aktuelle Entwurf (im Folgenden: *Entwurf 2*) zum Teil sehr widersprüchliche Regelungen zum ursprünglichen Referentenentwurf vom 10.4.2006 (im Folgenden: *Entwurf 1*) enthält, ist es angebracht, beide Entwürfe gegenüberzustellen. Auf diese Art und Weise wird deutlich, wo die Schwerpunkte der Diskussion und die Grundlagen der Meinungsverschiedenheiten angesiedelt sind. Diese Diskrepanzen werden auch noch im folgenden Gesetzgebungsverfahren von zentraler Bedeutung sein. Die synopsenartige Darstellung der beiden Entwürfe soll dazu beitragen, das Problembewusstsein in Bezug auf künftige Liberalisierungsbestrebungen auf dem Gebiet der ärztlichen Kooperationen zu schärfen. Beiden Entwürfen ist zu entnehmen, dass den Vertragsärzten künftig weitaus mehr Freizügigkeit in der Form ihrer Berufsausübung eingeräumt werden soll als bisher. Im Folgenden werden nun diejenigen Vorschriften der beiden Entwürfe gegenübergestellt, die sich am Offenkundigsten widersprechen.

So sollen die Möglichkeiten der Vertragsärzte, Ärzte anzustellen, erweitert werden. Die bisherige Vorschrift des **§ 32 b Abs. 1 Ärzte-ZV** (... „höchstens zwei halbtags beschäftigte Ärzte desselben Fachgebietes ...") soll nach *Entwurf 1* dahin gehend geändert werden, dass eine Anstellung von Ärzten künftig ohne jegliche zeitliche oder umfängliche Begrenzung möglich ist. Die Niedergelassenen sollen ohne Begrenzungen Ärzte auch mit anderen Facharztbezeichnungen sowie mit individueller Arbeitszeitgestaltung beschäftigen dürfen, sofern Zulassungsbeschränkungen dem nicht entgegenstehen. Nach *Entwurf 2* hingegen soll die Vorschrift des § 32 b Abs. 1 SGB V um einen zusätzlichen Satz 2 erweitert werden. Dieser soll die Verpflichtung enthalten, in den Bundesmantelverträgen einheitliche Regelungen über den zahlenmäßigen Umfang der Beschäftigung angestellter Ärzte zu treffen. Der *Entwurf 2* hebt somit die in *Entwurf 1* noch beabsichtigte völlige Gestaltungsfreiheit in Bezug auf Zeit und Umfang wieder völlig auf.

Des Weiteren soll es den Vertragsärzten erlaubt werden, auch außerhalb ihres Vertragsarztsitzes an weiteren Orten, unabhängig vom Einzugsgebiet der zuständigen Kassenärztlichen Vereinigung, tätig zu sein. Zudem sollen die vertragsärztlichen Leistungserbringer künftig örtliche und überörtliche Berufsausübungsgemeinschaften bilden können, die auch über die Bezirksgrenzen einer Kassenärztlichen Vereinigung hinausgehen. Eine solche Kooperation über die KV-Grenzen hinweg war bislang aus den bereits dargestellten Gründen des BSG[725)] nicht möglich. Vertragsärzte sollen künftig die Möglichkeit haben, auch außerhalb ihres Vertragsarztsitzes in unterversorgten Gebieten tätig zu werden.

Die Vorschrift des **§ 33 Abs. 2 Ärzte-ZV** soll nach beiden Entwürfen neu gefasst werden. Der Wortlaut zwischen den beiden Entwürfen differiert hingegen noch.

Ebenso soll die bislang noch geltende Vorschrift des **§ 95 Abs. 1 SGB V** abgeändert werden. Nach *Entwurf 1* soll das Wort „fachübergreifend" in Satz 2 ersatzlos gestrichen werden. Medizinische Versorgungszentren müssten demnach künftig nicht mehr fachübergreifend organisiert sein, sondern könnten auch von Ärzten **einer** Fachgruppe betrieben werden. Der *Entwurf 2* hingegen sieht gegenläufige Änderungsvorschläge vor. Danach soll die Voraussetzung „fachübergreifend" in Absatz 1 gerade nicht gestrichen werden. Vielmehr soll der Absatz 1 durch zusätzliche Sätze ergänzt werden. Darin soll die schon lange geforderte Definition des Begriffs „fachübergreifend" festgelegt werden. Schließlich soll nach *Entwurf 2* der Absatz 2 des § 95 SGB V nach Satz 5 durch weitere Sätze ergänzt werden. Darin soll für Medizinische Versorgungszentren in der Rechtsform einer juristischen Person des Privatrechts eine zusätzliche Zulassungsvoraussetzung geschaffen werden. In diesem speziellen Fall sollen die Gesellschafter verpflichtet werden, eine selbstschuldnerische Bürgschaftserklärung für Forderungen von Kassenärztlichen Vereinigungen und Krankenkassen gegen das Medizinische Versorgungszentrum aus dessen vertragsärztlicher Tätigkeit abzugeben.

---

725) Kapitel 1, A. II. 6. a).

Schließlich soll den Krankenhausärzten und niedergelassenen Ärzten gestattet werden, eine Nebentätigkeit in einem Medizinischen Versorgungszentrum auszuüben. Die Vorschrift des **§ 20 Abs. 2 Ärzte-ZV**, die bislang den Ausgangspunkt der jahrelangen Diskussion darüber bildete, ob die Tätigkeit in einem Krankenhaus oder einem Medizinischen Versorgungszentrum mit derjenigen eines Vertragsarztes vereinbar sei oder nicht, soll um einen neuen Satz 2 erweitert werden. Darin soll nun nach beiden Entwürfen ausdrücklich die Vereinbarkeit der beiden Arten von Tätigkeiten festgestellt werden. Vertragsärzte könnten demnach gleichzeitig in einer Klinik und in der eigenen Praxis arbeiten.

Die neue Vorschrift des **§ 19 a Abs. 2 Ärzte-ZV** soll nach beiden Entwürfen künftig auch Teilzulassungen für einen halben Vertragsarztsitz gestatten.

Weitergehende Änderungsvorschläge, die nicht die ärztlichen Kooperationen betreffen, bleiben an dieser Stelle unberücksichtigt.

Diese geplanten Neuerungen im Vertragsarztrecht verdeutlichen zwar erneut die Liberalisierungsbestrebungen der Bundesregierung auf diesem Gebiet. Den Ärzten sollen offensichtlich immer vielseitigere Möglichkeiten bei der Berufsausübung eingeräumt werden, insbesondere die bereits durch die vergangenen Reformen eingeführten Kooperationsmöglichkeiten werden erneut überwiegend vereinfacht und erweitert. Der Gesetzentwurf zum Vertragsarztrechtsänderungsgesetz bestätigt erneut sehr deutlich, dass das tradierte Bild des Arztes der Vergangenheit angehört. Die Entwicklung des Einzelarztes hin zum Unternehmensnetzwerk ist bereits sehr weit fortgeschritten und nicht mehr aufzuhalten. Diese durch die geplanten Reformen zum Ausdruck gebrachten Liberalisierungsbestrebungen des gesamten Gesundheitsrechts lassen ein neues Berufsbild des Arztes entstehen, das nur noch wenig mit dem ‚Einzelkämpfer' in seiner Praxis zu tun hat. Der Arzt von morgen arbeitet in der Klinik **und** im Medizinischen Versorgungszentrum gleichzeitig, wechselt zwischen Krankenhaus und Praxis, stellt Ärzte im eigenen Betrieb an, führt die Praxis in der Großstadt und macht Hausbesuche auf dem Land. Genau dieses soeben im Moment noch fiktiv aufgezeigte Bild des Arztes soll längerfristig das Ziel der bevorstehenden Reformen sein.

Das Vertragsarztrechtsänderungsgesetz mag zwar einen weiteren Schritt in den Liberalisierungsbestrebungen darstellen, dennoch stehen noch einige ungelöste Fragen offen. Zum einen bleibt noch abzuwarten, wann dieses Gesetz tatsächlich in Kraft tritt und vor allem mit welchem

Wortlaut. Zum gegenwärtigen Zeitpunkt lässt sich noch keine endgültige Prognose über den letztlich in Kraft tretenden Wortlaut des neuen Gesetzes abgeben, da auch der eingebrachte Gesetzentwurf noch erheblichen Diskussionsbedarf auslösen wird. Erst nach dem verbindlichen Inkrafttreten des VÄndG lassen sich die Auswirkungen in der Praxis der ärztlichen Kooperationen endgültig beurteilen. Darüber hinaus wird noch zu klären sein, ob die neuen Bestimmungen, die die Kooperationsmöglichkeiten der Ärzte fördern sollen, tatsächlich in die Praxis umgesetzt werden können. Einige wichtige Bestimmungen des geplanten Vertragsarztrechtsänderungsgesetzes betreffen das Berufsrecht und fallen daher eigentlich in die Zuständigkeiten der Länder. Es muss daher geprüft werden, ob diejenigen Vorschriften, welche die Berufsausübung betreffen, überhaupt mit der Verfassung vereinbar sind. Das BVerfG hat in ständiger Rechtsprechung festgestellt, dass Art. 74 Nr. 19 i. V. m. Art. 72 Abs. 1 GG, der dem Bund die konkurrierende Zuständigkeit für die Zulassung zum ärztlichen Beruf zuspricht, diesem nicht den Zugang zu einer ausgedehnten Reglementierung des Arztberufs eröffnet.[726)] Bei verfassungsrechtlich gebotener wortgetreuer Auslegung der Vorschrift umfasst demnach die Zuständigkeit des Bundes nur „die Vorschriften, die sich auf Erteilung, Zurücknahme und Verlust der Approbation oder auf die Befugnis zur Ausübung des ärztliches Berufs beziehen". Die übrigen Regelungen des ärztlichen Berufs erfolgen demnach auf der Grundlage des Art. 70 GG und sind somit Sache des Landesgesetzgebers. So sieht der Gesetzentwurf u. a. vor, dass sich Vertragsärzte in Berufsausübungsgemeinschaften über die Grenzen der Kassenärztlichen Vereinigungen hinaus zusammenschließen können. Darüber hinaus soll es niedergelassenen Ärzten erlaubt sein, auch fachübergreifend eine unbegrenzte Zahl von Kollegen anzustellen. Das berührt aber auch und gerade das Berufsrecht. Denn auch die Musterberufsordnung enthält berufsrechtliche Regelungen, die die Niederlassung und die Ausübung der Praxis, die Fragen der beruflichen Kooperationen und die Anstellung von fachfremden Ärzten betreffen. Dabei könnten Konflikte für den Arzt entstehen. Was das neue Vertragsarztrechtsänderungsgesetz künftig erlauben will, kann dem Arzt nach seinem Berufsrecht gleichwohl untersagt bleiben – je nach dem, was die Berufsordnung seiner Kammer zulässt.

---

726) Insbesondere BVerfG, Beschl. v. 9.5.1972, 1 BvR 518/62 und 308/64, BVerfGE 33, 125 ff.; bestätigt durch die „Frischzellen"-Entscheidung vom BVerfG, Urt. v. 16.2.2000, 1 BvR 420/97, BVerfGE 102, 26 ff.

Die Mitglieder des Medizinrechtsausschusses stehen der im Gesetzentwurf geplanten Streichung des bisherigen § 33 Abs. 2 S. 4 Alt. 2 Ärzte-ZV (... „soweit nicht landesrechtliche Vorschriften über die Berufsausübung entgegenstehen" ...), worin auf die vorrangige Gesetzgebungskompetenz der Länder im Rahmen der Berufsausübungsregelung Bezug genommen wird, sehr kritisch gegenüber. Sie sehen darin nicht nur ein verfassungsrechtliches Problem, sondern auch den offenkundigen Versuch, eine missliebige Kompetenzzuweisung entgegen der eindeutigen Rechtsprechung des Bundesverfassungsgerichts[727)] zu umgehen.[728)]

In diesem Sinne hat sich auch kürzlich der Vorstand der Bundesärztekammer im Rahmen des im Mai 2006 stattgefundenen 109. Deutschen Ärztetages geäußert. Vehement weist der Deutsche Ärztetag die mit dem Gesetzentwurf zum VÄndG verbundene Entkoppelung des Vertragsarztrechts als Sozialrecht vom ärztlichen Berufsausübungsrecht zurück: „Bisher sei es unbestritten gewesen, dass der Vertragsarzt als Arzt auch in der vertragsärztlichen Tätigkeit an das für ihn verbindliche ärztliche Berufsrecht, welches insbesondere in den Kammersatzungen in der Selbstverwaltung geregelt worden ist, gebunden sei. Nunmehr werde durch verschiedene Änderungen und auch durch die Begründung in den Entwürfen eine entsprechende Ablösung dieses Vorrangs des Berufsrechts gegenüber dem Vertragsarztrecht begründet. Dafür fehle es aber dem Sozialrechtsgesetzgeber an einer entsprechenden Kompetenz gegenüber dem in der ausschließlichen Länderzuständigkeit zu regelnden ärztlichen Berufsrecht, welches zudem durch die entsprechende Autonomieverleihung in ärztlicher Selbstverantwortung konkretisiert wird." Der Deutsche Ärztetag kommt zu dem Ergebnis, „dass durch eine langsame Überformung der Berufsbildidentität aus autonomem Berufsrecht mit sozialrechtlichen Regelungsfiguren eine ‚Versozialrechtlichung' des Arztbildes angestrebt würde, die den Bundesgesetzgebern des Sozialrechts einen etatistisch begründeten Zugriff auf den ärztlichen Beruf im Hinblick auf deren unerlässliche Tätigkeit bei der Versorgung der Versicherten gestatten soll".[729)]

---

727) BVerfG, Urt. v. 24.10.2002, 2 BvF 1/01, BVerfGE 106, 62 ff.; BVerfG vom 27.7.2004, 2 BvF 2/02, BVerfGE 111, 226 ff.

728) Stellungnahme des *Deutschen Anwaltvereins* durch den Medizinrechtsausschuss zum Entwurf eines Gesetzes zur Änderung des Vertragsarztrechts und anderer Vorschriften, Berlin im Mai 2006, Stellungnahme Nr. 19/2006, abrufbar unter www.anwaltverein.de

729) Beschlussprotokoll des 109. *Deutschen Ärztetages* vom 23.-26. Mai 2006 in Magdeburg, www.bundesaerztekammer.de

Wie dieses Problem in der Praxis zu lösen sein wird, bleibt abzuwarten. Jedenfalls lässt sich schlussfolgern, dass das geplante Vertragsarztrechtsänderungsgesetz durch seine erweiterten Möglichkeiten auf dem Gebiet der Kooperationen zwar einen weiteren Schritt in der Entwicklung des Einzelarztes hin zum Unternehmer darstellt, aber in der Praxis zu erheblichen Schwierigkeiten führen wird. Der Konflikt zwischen den Vorschriften des Vertragsarztrechts und des Berufsrechts wird durch das neue Gesetz nicht gelöst, sondern noch weiter verstärkt[730] Solange die Harmonisierung der verschiedenen Rechtsgebiete mit den jeweiligen berufsrechtlichen Regelungen nicht hinreichend vollzogen ist, stehen der endgültigen Entwicklung des Einzelarztes hin zum Unternehmer noch wesentliche Hürden entgegen. Wie soeben aufgezeigt, kann die Novellierung des Vertragsarztrechts allein diese Hürden nicht beseitigen. Auf den ersten Blick versprechen die geplanten Änderungen in der Tat größtmögliche Liberalisierung auf dem Gebiet der ärztlichen Kooperationen. Solange aber der zwingend erforderliche Gleichlauf zwischen den verschiedenen die Berufsausübung betreffenden Rechtsgebieten nicht hergestellt wird, ist der Endstand der Entwicklung des Einzelarztes hin zum Unternehmer noch nicht wirklich erreicht. Hierzu bedarf es abschließender höchstrichterlicher Entscheidungen zur Beurteilung des Verhältnisses zwischen den betroffenen Rechtsgebieten. Bis zur endgültigen Klärung dieser Kollisionsfrage führen die Diskrepanzen zwischen den Rechtsgebieten weiterhin zu erheblicher Rechtsunsicherheit.[731]

730) Siehe allgemein zum Verhältnis Vertragsarztrecht – ärztliches Berufsrecht *Wigge*, in: *Schnapp/Wigge*, Handbuch des Vertragsarztrechts, § 2 Rn. 30 f.

731) Beispiel zur Veranschaulichung: Würde ein Vertragsarzt in Bayern einen fachfremden Arzt anstellen, so verstieße er gegen die bayerische Berufsordnung. Diesen Verstoß gegen ärztliches Standesrecht müsste die Kammer ahnden. Nach Vertragsarztrechtsänderungsgesetz hingegen wäre diese Konstruktion künftig ohne Probleme möglich.

Schlussbemerkung

Abschließend kann festgestellt werden, dass die gesellschaftsrechtlichen Gestaltungsmöglichkeiten auf dem Gebiet der ärztlichen Kooperationsformen sehr vielseitig geworden sind. Mit jeder Gesundheitsreform wird den Ärzten ein immer breiteres Spektrum an Gestaltungsalternativen eröffnet. Das deutsche Gesundheitswesen befindet sich in einem beispiellosen Umbruch und wird in den nächsten Jahren noch wesentliche strukturelle Änderungen erfahren.

Trotz der bereits zahlreich erfolgten Neuerungen auf dem Gebiet der Kooperationen muss dennoch festgestellt werden, dass die **Entwicklung der Einzelpraxis hin zum Unternehmensnetzwerk** bei näherer Betrachtung bislang doch nur eine Entwicklung mit angezogener Handbremse darstellt. Zielsetzung des 107. Deutschen Ärztetages war, durch die Novellierung der Musterberufsordnung kooperative Erleichterungen dahingehend zu schaffen, dass insbesondere diejenigen Ärzte, welche die Voraussetzungen eines Medizinischen Versorgungszentrums nicht erfüllen, in Wettbewerb zu diesen Einrichtungen treten können.

Im Folgenden gilt es, einige Ungereimtheiten und Widersprüche im Rahmen der Liberalisierungsbestrebungen konkret aufzuzeigen. Denn erst bei näherer Betrachtung wird deutlich, dass viele der neuen berufsrechtlichen Vorschriften, die große Freiheiten für Ärzte verheißen, bei der praktischen Durchsetzung einen ‚Haken' haben. Zum Teil fehlt es noch an der Umsetzung durch die Landesärztekammern, weil erst noch die entsprechenden Ermächtigungsgrundlagen in den Heilberufe-Kammergesetzen geschaffen werden müssen. Zum anderen mangelt es noch an der Konformität zum Vertragsarztrecht, insbesondere zum Leistungserbringerrecht des SGB V, der Ärzte-ZV und den Bundesmantelverträgen.

Unter den Voraussetzungen des **§ 18 Abs. 3 MBO** ist es allen Arztgruppen nun möglich, überörtliche Berufsausübungsgemeinschaften zu bilden. Solange die kooperierenden Praxen im selben KV-Planungsbereich liegen, steht das im Einklang mit dem Vertragsarztrecht. Die planungsbereichsübergreifende Berufsausübungsgemeinschaft hingegen ist seit jeher aus vertragsarztrechtlichen Gründen nicht zulässig, weil § 33 Abs. 2 Ärzte-ZV entgegensteht. Daran hat auch die Neufassung der Musterberufsordnung nichts geändert. Die Grenzen der Kassenärztlichen Vereinigung können aus den bereits in Kapitel 1, A. II. 6. a) genannten Gründen zu Kooperationszwecken nicht überschritten werden.

Die Einführung der Ärztegesellschaft i. S. d. **§ 23 a MBO** verspricht zwar weitreichende Gestaltungsfreiheiten für niedergelassene Ärzte; jedoch ist die Umsetzung in den einzelnen Bundesländern sehr uneinheitlich, so dass die praktische Bedeutung dieser Vorschrift gegenwärtig eher als gering einzustufen ist.

Die neue Vorschrift des **§ 19 Abs. 2 MBO** ermöglicht die Anstellung fachgebietsfremder Ärzte und stellt insofern, isoliert betrachtet, eine neue Möglichkeit der ärztlichen Kooperation dar. Der Behandlungsauftrag muss von Ärzten verschiedener Fachgebiete gemeinschaftlich durchgeführt werden. Diese neuerdings ermöglichte Form der Kooperation unter fachgebietsfremden Ärzten ermöglicht zwar Chancengleichheit zum Medizinischen Versorgungszentrum, ist aber im Hinblick auf § 4 Abs. 2 GOÄ, § 95 Abs. 9 und § 101 Abs. 1 SGB V problematisch. Nach § 4 Abs. 2 S. 1 GOÄ kann ein Praxisinhaber eine für ihn fachfremde Leistung aufgrund fehlender Weiterbildungsqualifikation weder fachlich selbst verantworten noch ordnungsgemäß beaufsichtigen. Daher wird teilweise als Lösung vorgeschlagen, dass der Praxisinhaber dem angestellten Arzt im Dienstvertrag ein eigenes Liquidationsrecht einräumt. Dieser kann dann die von ihm erbrachten Leistungen selbst abrechnen. Auf diese Weise rechnet also jeder Arzt, der Praxisinhaber sowie der Angestellte, jeweils seine fachgebietskonformen Leistungen selbst ab. Nur über diese Hilfskonstruktion ist § 19 Abs. 2 MBO in der Praxis brauchbar. Die Auswirkungen des § 19 Abs. 2 MBO auf das Vertragsarztrecht (§§ 95 Abs. 9, 101 Abs. 1 SGB V) sind ebenfalls noch weitgehend ungeklärt. Insbesondere die Vorschrift des § 32 b Abs. 1 S. 1 Ärzte-ZV, wonach ein Vertragsarzt nur einen ganztags beschäftigten Arzt oder höchstens zwei halbtags beschäftigte Ärzte *desselben Fachgebiets* anstellen darf, muss berücksichtigt werden. Diese Vorschrift hemmt den freiberuflich tätigen Arzt darin, uneingeschränkt Ärzte anzustellen und dadurch unternehmerisch tätig werden zu dürfen. Das Vertragsarztrecht verbietet gegenwärtig noch, dass ein Arzt wie jeder andere Unternehmer auch, dem Umfang, Fachgebiet und zeitlichen Ausmaß nach frei über etwaige Anstellungen entscheiden kann. In Folge dieses Widerspruchs zu der Vorschrift des § 32 b Abs. 1 S. 1 Ärzte-ZV ist § 19 Abs. 2 MBO 2004 überwiegend noch nicht umgesetzt worden und daher bis dato in der Praxis weitgehend bedeutungslos.

Auch die neue Vorschrift des **§ 17 Abs. 2 MBO**, welche die Filialbildung von Vertragsärzten ermöglicht, läuft weitgehend ins Leere. Bisher war die Ausübung ambulanter ärztlicher Tätigkeit außerhalb von Krankenhäusern an die Niederlassung in eigener Praxis gebunden.[732] Die Neufassung des § 17 Abs. 1 MBO 2004 verzichtet nun sowohl auf das Merkmal „in eigener Praxis" als auch auf die Unterscheidung zwischen ausgelagerten Praxisräumen und Zweigpraxen und führt den Begriff „in einer Praxis" ein. Die Ausübung ambulanter Heilkunde ist folglich aus berufsrechtlichen Gründen an mehreren Orten ohne Genehmigungserfordernis erlaubt. Der neue Absatz 2 des § 17 MBO gestattet dem Arzt, über den Praxissitz hinaus an zwei weiteren Orten ärztlich tätig zu sein. Zum gegenwärtigen Zeitpunkt stehen bei der praktischen Umsetzung jedoch noch vertragsärztliche Vorschriften, wie §§ 20, 24 Ärzte-ZV und 15 BMV-Ä entgegen.

Die Verfasserin kommt zum Ergebnis, dass die Änderung der Musterberufsordnung zwar einen wesentlichen Schritt in der Entwicklung der Einzelpraxis hin zum Unternehmensnetzwerk darstellt, umfangreiche Freiheiten in Bezug auf die Kooperationsformen eröffnet und damit den Weg für mehr Vertragswettbewerb unter den verschiedenen Versorgungsformen ebnet, gleichwohl aber noch weitere Hürden, insbesondere im Vertragsarztrecht, beseitigt werden müssen. Diese besagte Entwicklung hat bereits vor Jahren begonnen und ist nicht mehr aufzuhalten. Die Liberalisierungsbestrebungen kommen in der neuen Musterberufsordnung deutlich zum Ausdruck. Die Novellierung der Musterberufsordnung ist die Reaktion auf die nicht mehr aufzuhaltende Entwicklung, nämlich die Abkehr vom traditionellen Bild der Einzelpraxis hin zum Unternehmensnetzwerk. Die Bereitschaft der Einzelärzte, Kooperationen mit Kollegen einzugehen, soll durch die neu eingeführten Vorschriften weiter gefördert werden. Nicht nur aus ökonomischen und wettbewerblichen Gründen, sondern auch im Hinblick auf die Verbesserung der Patientenversorgung ist eine verstärkte Kooperation wünschenswert. Soll die Gesundheitsbranche aber wirklich zu einem Wirtschaftsfaktor werden, der mit Gewinnerzielungsabsicht betrieben und einem anderen beliebigen Wirtschaftsunternehmen gleichgestellt werden kann, darf das Berufs- und Vertragsarztrecht nicht als angezogene Handbremse fungieren. Ansonsten droht den niedergelassenen Vertragsärzten ein Wettbewerbsnachteil gegenüber denjenigen, die seit jeher als nach Gewinn strebende Unternehmer auf dem Gesundheitssektor auftraten, wie es die Krankenhausträger

732) Vgl. *Ratzel/Lippert*, MedR 2004, 525 ff.; *Koch*, GesR 6/2005, 241 ff. (242).

sind. Letztere fallen eben gerade nicht in den unmittelbaren Anwendungsbereich der Musterberufsordnung, unterliegen also nicht den einschränkenden Regelungen.

Die noch bestehenden Kollisionen mit einzelnen Vorschriften des Vertragsarztrechts, insbesondere dem Leistungserbringerrecht des SGB V und der Ärzte-ZV müssen beseitigt und der fortschreitenden Entwicklung angepasst werden. Solange einzelne Rechtsgebiete nicht kompatibel sind und sich widersprechen, sind die Kooperationsbestrebungen in der Praxis nur schwer durchsetzbar. Inwieweit das geplante Vertragsarztrechtsänderungsgesetz daran etwas ändern wird, bleibt abzuwarten. Diese fehlende Konformität zwischen den einzelnen Fachgebieten ist zum gegenwärtigen Zeitpunkt der Hemmschuh in der Entwicklung des Gesundheitswesens hin zum gewinnbringenden Wirtschaftsfaktor.

Es ist also durchaus gerechtfertigt und nachvollziehbar, wenn von einer Entwicklung mit angezogener Handbremse die Rede ist. Auf der einen Seite steht die Öffnung der neuen Musterberufsordnung mit neuen Kooperationsmöglichkeiten, auf der anderen Seite bleiben ‚Überreste' aus der Zeit des traditionellen Arztberufs als freier Beruf in eigener Niederlassung bestehen, die überwiegend zu Ungereimtheiten führen. Diese noch teilweise bestehenden Diskrepanzen lassen den Arzt eher als **Unternehmer sui generis** erscheinen. Nur dann, wenn das Zusammenspiel zwischen Gesellschaftsrecht und Berufsrecht klar und eindeutig geregelt ist und in eine gemeinsame Richtung geht, kann der Gesundheitsmarkt tatsächlich zum Wirtschaftsfaktor werden, in dem der Arzt als Unternehmer, einzeln und/oder in Kooperation, ärztlich tätig werden kann.

Schließlich kommt die Verfasserin in der haftungsrechtlichen Frage zu der Schlussfolgerung, dass sich mit der Fortentwicklung der Kooperationsmöglichkeiten und der immer vielseitiger werdenden rechtlichen Konstruktionen auch die Vertrags- und Haftungssituation der Ärzte erheblich verändert. Dies folgt aus der erweiterten Wahl der zulässigen Rechtsformen und in der daraus folgenden, neu geschaffenen Möglichkeit der Haftungskonzentration auf eine Gesellschaft. Die Entwicklung des Einzelarztes hin zum Unternehmer spiegelt sich also auch und gerade im Haftungsrecht wider. Seit jeher war der Arzt in vertrags- und haftungsrechtlicher Hinsicht ein Individuum. Mittlerweile beschränkt sich der individuelle Charakter der Haftung des Arztes auf den deliktischen Bereich. Im Übrigen ist die Haftung nun abhängig von der jeweiligen Gesellschaftsform. Das bedeutet, dass nicht nur der Berufsstand des Arztes als solcher, sondern auch und gerade die Haftung des Arztes vergesellschaftet wird.

Schrifttumsverzeichnis

AG Rechtsanwälte im MedizinR e. V. (Hrsg.), Das Belegarztsystem: Risiko für Arzt, Krankenhaus und Patient?, bearbeitet von Thomas *Ratajczak*/Gabriela *Schwarz-Schilling,* Carl Heymann Verlag KG, Köln, Berlin, Bonn, München 1994.

Ahrens, Praxisgemeinschaften in Ärztehäusern mit Fremdgeschäftsführung – Voraussetzungen und Grenzen ärztlichen Unternehmertums, MedR 1992, 141 ff.

Altendorfer, Reinhold/*Merk*, Wolfgang/*Jensch*, Ingolf, Das Medizinische Versorgungszentrum, Frankfurter Schriften, Band 8, MedizinRecht.de Verlag, Frankfurt am Main 2004.

Altmeppen, Holger, Deliktshaftung in der Personengesellschaft, NJW 2003, 1553 ff.

Altmeppen, Holger, Haftung der Gesellschafter einer Personengesellschaft für Delikte, NJW 1996, 1017 ff.

Altmeppen, Holger, Verfassungswidrigkeit der akzessorischen Haftung in der GbR?, NJW 2004, 1563 ff.

Andreas, Manfred/*Debong*, Bernhard/*Bruns*, Wolfgang, Handbuch Arztrecht in der Praxis, 1. Aufl., Nomos Verlagsgesellschaft, Baden-Baden 2001.

Andreas, Manfred/*Siegmund-Schultze*, Günter, Abgrenzung von Konsilium und Mitbehandlung, ArztRecht 1977, 243 ff.

Balling, Richard, Kooperation: Strategische Allianzen, Netzwerke, Jointventures und andere Organisationsformen zwischenbetrieblicher Zusammenarbeit in Theorie und Praxis, Frankfurt 1997.

Bamberger, Georg/*Roth*, Herbert, Kommentar zum Bürgerlichen Gesetzbuch, Band 2: §§ 611-1296, ErbbauVO, WEG, C. H. Beck Verlag, München 2003.

Baumann, Horst, Rechtsnatur und Haftungsverfassung der Gesellschaft bürgerlichen Rechts im Spannungsfeld zwischen Grundrechtsgewährung und Zivilrechtsdogmatik, JZ 2001, 895 ff.

Baumbach, Adolf/*Hopt,* Klaus, Handelsgesetzbuch, Beck´scher Kurzkommentar, 32. Aufl., C. H. Beck Verlag, München 2006.

Baumbach, Adolf/*Hueck*, Alfred, GmbH-Gesetz, Beck´scher Kurzkommentar, 18. Aufl.; C. H. Beck Verlag, München 2006.

Behnsen, Erika, Medizinische Versorgungszentren - die Konzeption des Gesetzgebers (II), das Krankenhaus 9/2004, 698 ff.

Behnsen, Erika, Medizinische Versorgungszentren – die Konzeption des Gesetzgebers (I), das Krankenhaus 8/2004, 602 ff.

Bellmann, Klaus/*Hippe*, Alan, Management von Unternehmensnetzwerken, Gabler Verlag, Wiesbaden 1996.

Bergmann, Karl-Otto/*Kienzle*, Hans Friedrich, Krankenhaushaftung, 2. Aufl., Deutsche Krankenhaus Verlagsgesellschaft mbH, Düsseldorf 2003.

Beule, Claudia, Rechtsfragen der integrierten Versorgung, Schriftenreihe Medizinrecht, Springer Verlag, Berlin, Heidelberg, New York 2003.

Beuthien, Volker, Beck'scher Kurz-Kommentar, Genossenschaftsgesetz mit Umwandlungsgesetz, Band 11, 14. Aufl., C. H. Beck Verlag, München 2004.

BGB-RGRK, Das Bürgerliche Gesetzbuch, Kommentar, Bd. II, 5. Teil, §§ 812-831, 12. Aufl., Walter de Gruyter Verlag, Berlin, New York 1989.

Biermann, Elmar, Haftung bei Zusammenarbeit von Ärzten verschiedener Gebiete aus juristischer Sicht, ZaeF 1995, 626 ff.

Boehmer, Thilo von, Gleich und gleich gesellt sich gern, Krankenhaus Umschau 1/2004, 18 ff.

Boese, Jürgen, „Letztendlich geht es um die Verbesserung der Qualität", ku-Spezial 1997, 8 ff.

Bohle, Thomas, Umstrukturierung im Krankenhaus: Rechtsfragen der Kooperation mit niedergelassenen Ärzten, das Krankenhaus 8/2003, 621 ff.

Bohle, Thomas, Vertragsgestaltung in der Integrierten Versorgung, ecomed Medizin, Verlagsgruppe Hüthig Jehle Rehm GmbH, Landsberg/ Lech 2005.

Brückner, Martina/*Paul,* Wolfgang, Wirtschaftlichkeitsfrage, KMA 01/ 2004, 50 f.

Bruns, Jan, Die Haftung des neuen Sozius für alte Schulden, ZIP 2002, 1602 ff.

Büchel, Bettina/*Prange*, Christiane/*Probst*, Gilbert/*Rüling*, Charles-Clemens, Joint-Venture-Management, Paul Haupt Verlag, Bern, Stuttgart, Wien 1997.

Bundesärztekammer, Stellungnahme vom 17.2.2006: „Niederlassung und berufliche Kooperation, Neue Möglichkeiten, Hinweise und Erläuterungen zu §§ 17-19 und 23 a-d (Muster-) Berufsordnung (MBO), www.bundesaerztekammer.de

Burk, R./*Hellmann*, Wolfgang, Krankenhausmanagement für Ärztinnen und Ärzte, Bd. I und II, ecomed Verlagsgesellschaft AG & Co. KG, Landsberg/Lech 2001.

Büsken, Rainer/*Klüglich,* Gabriele, Die Krankenhausbehandlung: Haftungssystem und innerbetrieblicher Schadensausgleich, VersR 1994, 1141 ff.

Butzer, Hermann, Nullbeteiligungsgesellschaften unter Ärzten, MedR 2001, 604 ff.

Canaris, Claus-Wilhelm, Die Übertragung des Regelungsmodells der §§ 125-130 HGB auf die Gesellschaft bürgerlichen Rechts als unzulässige Rechtsfortbildung contra legem, ZGR 2004, 69 ff.

Carstensen, Gert/*Ulsenheimer*, Klaus, Ambulantes Operieren – Vernetzung der Dienste, MedR Schriftenreihe Medizinrecht, Springer Verlag, Berlin, Heidelberg, New York 1997.

Cramer, Udo, Fortführung der Arztpraxis nach GSG – Der Gesellschaftsvertrag: Die Abfindung – Nullbeteiligungspartnerschaften, MedR 1994, 237 ff.

Dahm, Franz-Josef/*Möller*, Karl-Heinz/*Ratzel*, Rudolf, Rechtshandbuch Medizinische Versorgungszentren, Springer Verlag, Berlin, Heidelberg 2005.

Dahm, Franz-Josef: Vertragsgestaltung bei Integrierter Versorgung am Bsp. „Prosper – Gesund im Verbund“, MedR 2005, 121 ff.

Debong, Bernhard, Haftung des Neugesellschafters für Altschulden der BGB-Gesellschaft, ArztRecht 7/2003, 184 ff.

Demuth, Björn, Grundbuchfähigkeit der BGB-Gesellschaft – logische Folge der jüngsten BGH-Rechtsprechung, BB 2002, 1555 ff.

Deutsch, Erwin, Anm. zu BGH, Urt. v. 10.2.1987, VI ZR 68/86, NJW 1987, 1479 ff.

Deutsch, Erwin/*Spickhoff*, Andreas, Medizinrecht, 5. Aufl., Springer Verlag, Berlin, Heidelberg, New York 2003.

Deutsche Krankenhaus Gesellschaft (DKG), Ambulantes Operieren und stationsersetzende Eingriffe im Krankenhaus nach § 115 b SGB V, Materialien, 7. Aufl., Deutsche Krankenhaus Verlagsgesellschaft mbH, Düsseldorf 2005.

Deutsche Krankenhaus Gesellschaft (Hrsg.), Hinweise zur Gründung Medizinischer Versorgungszentren nach § 95 SGB V, 2. Aufl. Deutsche Verlagsgesellschaft mbH Düsseldorf 2004.

Deutscher Ärztetag, Beschlussprotokoll des 109. Deutschen Ärztetages vom 23.-26. Mai 2006 in Magdeburg, www.bundesaerztekammer.de

Deutscher Anwaltverein, Stellungnahme durch den Medizinrechtsausschuss zum Entwurf eines Gesetzes zur Änderung des Vertragsarztrechts und anderer Vorschriften, Berlin im Mai 2006, Stellungnahme Nr. 19/2006, abrufbar unter www.anwaltverein.de

Dierks, Christian, Integrierte Versorgung aus juristischer Sicht, ZaeFQ 2006, 37 ff.

Dierks, Christian/*Feussner*, Hubertus/*Wienke*, Albrecht, Rechtsfragen der Telemedizin, MedR Schriftenreihe Medizinrecht, Springer Verlag, Berlin, Heidelberg, New York 2001.

Dierks, Christian/*Nitz*, Gerhard/*Grau*, Ulrich, Gesundheitstelematik und Recht, Frankfurter Schriften, Band 2, hrsg. von Carsten *Faller* und Thomas *Schlegel*, MedizinRecht.de Verlag, Frankfurt am Main 2003.

Dolinski, Claus-Markus, Der Belegarzt, Konstanzer Schriften zur Rechtswissenschaft, 1. Aufl., Hartung-Gorre Verlag, Konstanz 1996.

Ebenroth, Carsten Thomas/*Boujong*, Karlheinz/*Joost*, .Detlev, Handelsgesetz, Kommentar, Band 1, §§ 1-342 a, C. H. Beck Verlag/Verlag Franz Vahlen, München 2001.

Ehmann, Horst, Praxisgemeinschaft/Gemeinschaftspraxis, MedR 1994, 141 ff.

Eichhorn, Siegfried/*Schmidt-Rettig*, Barbara, Chancen und Risiken von Managed Care, Verlag W. Kohlhammer GmbH, Stuttgart, Berlin, Köln 1998.

Eisenberg, Judith, Ärztliche Kooperations- und Organisationsformen, Europäische Hochschulschriften, Peter Lang GmbH Verlag, Europäischer Verlag der Wissenschaften, Frankfurt am Main 2002.

Elbing, Gunther, Anm. zu LG München I, Beschl. v. 22.6.1995, 17 HKT 7611/95, MedR 1996, 518 ff.

Engelmann, Klaus, Die Gemeinschaftspraxis im Vertragsarztrecht, ZMGR 01/2004, 3 ff.

Erbsen, Maike C., Anm. zu BSG, Urt. v. 4.3.2004, B 3 KR 4/03 R, MedR 2004, 702 ff.

Erman, Walter/*Westermann*, Harm Peter, Bürgerliches Gesetzbuch, § 1-811, UKlaG, Band 1, 11. Aufl., Aschendorff Rechtsverlag, Köln 2004.

Flenker, Ingo, Referat auf dem 107. Deutschen Ärztetag in Bremen, veröffentlicht unter www.bundesaerztekammer.de (‚Referate'), S. 1-14.

Frahm, Wolfgang/*Nixdorf*, Wolfgang, Arzthaftungsrecht, 1. Aufl., Verlag Versicherungswirtschaft, Karlsruhe 2001.

Franken, Andreas, Die privatrechtliche Binnenstruktur der integrierten Versorgung, §§ 140 a-h SGB V, Tenea Verlag für Medien, Berlin 2003.

Franzki, Harald/*Hansen,* Britta, Der Belegarzt - Stellung und Haftung im Verhältnis zum Krankenhausträger, NJW 1990, 737 ff.

Gehrlein, Markus, Leitfaden zur Arzthaftpflicht, Verlag Franz Vahlen, München 2000.

Geiß, Karlmann/*Greiner*, Hans-Peter, Arzthaftpflichtrecht, 4. Aufl., C. H. Beck Verlag, München 2001.

Geschäftsführender Ausschuss der Arbeitsgemeinschaft im DAV, Schriftenreihe der Arbeitsgemeinschaft Medizinrecht im DAV, Psychotherapeutengesetz Ärztliche Kooperationsformen, Band 2, Verlag Otto Schmidt, Köln 2000.

Gleichner, Elmar, Job-Sharing in der Vertragsarztpraxis: Die geänderten Richtlinien, MedR 2000, 399 ff.

Goette, Wulf, Mindestanforderungen an die Gesellschafterstellung in der BGB-Gesellschaft, MedR 2002, 1 ff.

Goette, Wulf, Anm. zu BGH, Urt. v. 6.12.1993, II ZR 242/92, DStR 1994, 401 ff..

Goette, Wulf, Anm. zu BGH, Urt. v. 6.3.1995, II ZR 97/94, DStR, 1995, 856 f.

Grohs, Bernd/*Uedelhofen,* Klaus, Telematik im Gesundheitswesen, f&w 1998, 92 ff.

Grunewald, Barbara, Anm. zu BGH, Urt. v. 22.1.2004, IX ZR 65/01, JZ 2004, 681 ff.

Gummert, Hans, *Riegger*, Bodo, *Weipert*, Lutz (Hrsg.), Münchener Handbuch des Gesellschaftsrechts, BGB-Gesellschaft, Offene Handelsgesellschaft, Partnerschaftsgesellschaft, Partenreederei, EWIV , Band 1, Verlag C. H. Beck, München 2004.

Gurgel, Detlef, Kooperationen im Rahmen des ambulanten Operierens nach § 115 b SGB V, das Krankenhaus 1/2006, 40 ff.

Haack, Hansjörg, Die Beteiligung an einer Gemeinschaftspraxis, MedR 2005, 631 ff.

Habersack, Mathias, Die Anerkennung der Rechts- und Parteifähigkeit der GbR und der akzessorischen Gesellschafterhaftung durch den BGH, BB 2001, 477 ff.

Hailer, Bettina, Das Belegarztsystem als Bestandteil integrierter Gesundheitsleistungen, Baumann Fachverlag, Ku-profi-Reihe, Kulmbach 2000.

Halbe, Bernd/*Schirmer,* Dieter, Handbuch Kooperationen im Gesundheitswesen, Rechtsformen und Gestaltungsmöglichkeiten, Economica Verlagsgruppe Hüthig Jehle Rehm GmbH, Heidelberg/München/Landsberg/Berlin 2005.

Hamdad, Heidi, Das ambulante Geschäft gelingt nur mit sinnvoller Vernetzung, KMA 12/2003, 45 ff.

Hanika, Heinrich, Telemedizin - Handlungs- und Weiterentwicklungsbedarf, MedR 2001, 107 ff.

Hart, Dieter, Grundlagen des Arzthaftungsrecht: Leistungs- und Haftungsschuldner, Jura 2000, 14 ff.

Hartmann, Dirk R., Praxisgemeinschaft als steuerliche Innengesellschaft unzulässig?, MedR 2003, 623 ff.

Hartwig, Rudolf, Neuregelung der Integrationsversorgung, Krankenhaus Umschau 1/2004, 10 ff.

Haubrock, Manfred/*Hagmann,* Hartmut/*Nerlinger,* Thomas, Managed Care, Integrierte Versorgungsformen, 1. Aufl., Verlag Hans Huber, Bern, Göttingen, Toronto, Seattle 2000.

Häußermann, Daniel/*Dollmann,* Michael, Die Ärztegesellschaft mbH, MedR 2005, 255 ff.

Hefermehl, Wolfgang/*Gmür,* Rudolf/*Brox,* Hans (Hrsg.), Festschrift für Harry Westermann zum 65. Geburtstag, Verlag C. H. Müller, Karlsruhe 1974.

Heil, Hans-Jürgen, Das Grundeigentum der Gesellschaft bürgerlichen Rechts – res extra commercium?, NJW 2002, 2158 ff.

Held, Michael/*Leber,* Wulf-Dietrich/*Wolff,* Johannes, Ambulantes Operieren neu geregelt, Dreiseitiger Vertrag im Schiedsamt entschieden, f&w 3/2005, 256 ff.

Hellmann, Wolfgang, Management von Gesundheitsnetzen, Verlag W. Kohlhammer GmbH, Stuttgart, Berlin, Köln 2001.

Henke, Klaus-Dirk/*Rich*, Robert E./*Stolte*, Hilmar (Hrsg.), Integrierte Versorgung und neue Vergütungsformen in Deutschland, 1. Aufl., Nomos Verlagsgesellschaft, Baden-Baden 2004.

Hennies, Kristina, Anm. zu BGH, Urt. v. 29.1.2001, das Krankenhaus 2001, 519 f.

Hensen, Peter/*Bunzemeier,* Holger/*Fürstenberg,* Torsten/*Roeder,* Norbert, Gut vorbereitet ins erste Anwenderjahr, f&w 1/2004, 93 ff.

Heyers, Johannes/*Heyers,* Hermann Josef, Arzthaftung – Einsatz von Telematik im Behandlungsprozess, MDR 2001, 918 ff.

Hildebrandt Helmut, „Integrierte Versorgung – Stand der Dinge", ku-Sonderheft, Integrierte Versorgung, 9/2004, 4 ff.

Hildebrandt, Helmut/*Hesselmann,* Hildegard, Integrierte Versorgung – die Politik macht Ernst, und die Krankenhäuser müssen rasch handeln, f&w 5/2003, 437 ff.

Hillebrand, Klaus-Peter/*Keßler*, Jürgen, Berliner Kommentar zum Genossenschaftsgesetz, 1. Aufl., HVH Hammonia Verlag GmbH, Hamburg 2001.

Hoffmann-Goldmayer, Achim/*Langsdorff*, Udo von/*Altmiks*, Christoph, Leitfaden GMG für Ärzte, hrsg. v. Carsten *Faller* und Thomas *Schlegel*, Band 5, Frankfurter Schriften, MedizinRecht.de Verlag; Frankfurt 2003.

Hönn, Günther/*Konzen*, Horst/*Kreutz*, Peter, Festschrift für Alfons *Kraft* zum 70. Geburtstag, Luchterhand Verlag GmbH, Neuwied 1998.

Hohmann, Jörg, Der Gemeinschaftspraxisvertrag für Ärzte, Teil 1 (2003) und Teil 2 (2004), MedizinRecht.de Verlag, Frankfurt 2003 und 2004.

Hohmann, Jörg/*Klawonn*, Barbara, Das Medizinische Versorgungszentrum (MVZ) – Die Verträge, C. F. Müller MedizinRecht.de, Heidelberg 2005.

Hoppe, Jürgen, Telemedizin und internationale Arzthaftung, MedR 1998, 462 ff.

Hüffer, Uwe, Aktiengesetz, Beck´scher Kurzkommentar, 7. Aufl., C. H. Beck Verlag, München 2006.

Isringhaus, Walter/*Kroel*, Marc/*Wendland*, Holger, Medizinisches Versorgungszentrum MVZ-Beratungshandbuch, Praxis Management Wirtschaftsberatungsgesellschaft mbH (Verlag), Erftstadt 2004.

Jähn, Karl/*Nagel*, Eckhard, e-Health, Springer Verlag, Berlin, Heidelberg, New York 2004.

Jansen, Christoph, Ambulantes Operieren im Krankenhaus, MedR 1993, 252 ff.

Jansen, Christoph, Vergütung des Arztes im Krankenhaus, ZaeFQ 2003, 552 ff.

Jorzig, Alexandra/*Schafirski*, Elisabeth, Belegarzt versus Konsiliararzt, KHuR 2002, 118 ff.

Kammerlohr, Jürgen, Behandlungsfehlerhaftung im arbeitsteiligen Medizinbetrieb: Eine rechtsvergleichende Untersuchung zum deutschen und amerikanischen Recht, Hochschulschrift Bremen, Univ. Diss 1995.

Kamps, Hans, Der neue Teilnahmestatus der eingeschränkten Zulassung gemäß § 101 Abs. 1 Nr. 4 SGB V, MedR 1998, 103 ff.

Kassenärztliche Bundesvereinigung, Arbeitspapier der Rechtsabteilung „Gemeinsame und arbeitsteilige Berufsausübung in der vertragsärztlichen Versorgung“, Stand 15.1.2003, www.kbv.de

Kasseler Kommentar, Sozialversicherungsrecht, Band 1, C. H. Beck Verlag, München, Stand: Januar 2006.

Katzenmeier, Christian, Anm. zu BGH, Urt. v. 16.4.1996, VI ZR 190/95, MedR 1996, 466 ff.

Katzenmeier, Christian, Kapitalgesellschaften auf dem Gebiet der Heilkunde, MedR 1998, 113 ff.

Kern, Bernd-Rüdiger, Anm. zu BGH, Urt. v. 16.5.2000, VI ZR 321/98, MedR 2001, 197 ff.

Kern, Bernd-Rüdiger, Anm. zu OLG Stuttgart, Urt. v. 19.9.2000, 14 U 65/99, MedR 2001, 311 ff.

Kern, Bernd-Rüdiger, Haftungsrechtliche Fragen und Probleme des ambulanten Operierens, NJW 1996, 1561 ff.

Kingreen, Thorsten, Wettbewerbsrechtliche Aspekte des GKV-Modernisierungsgesetzes, MedR 2004, 188 ff.

Klose, Holger, Zulässigkeit von Kapital- und Personengesellschaften für Ärzte und andere Heilberufe ab 2004, BB 2003, 2702 ff.

Kober, Klaus, Wie lange kann sich unser Gesundheitswesen ein fehlendes Schnittstellenmanagement noch leisten?, f&w 2001, 137 ff.

Koch, Bertram F., Niederlassung und berufliche Kooperation – Neue Möglichkeiten nach der novellierten (Muster-)Berufsordnung für Ärzte, GesR 6/2005, 241 ff.

Koennecke, Hans-Christian/*Rohm,* Kerstin, Telemedizin: Arztbesuch per Mausklick, f&w 2003, 294 ff.

Koller, Christian, Wer haftet in der Integrierten Versorgung? Notwendige Vereinbarung vertraglicher Schutzmechanismen, ku-Sonderheft Integrierte Versorgung 9/2005, 34 ff.

Krafczyk, Wolfgang, Praxisgemeinschaften im Zwielicht - Ein Situationsbericht, MedR 2003, 313 ff.

Kuhlmann, Jens, How to do it, ku-Sonderheft, Networks-Integrierte Versorgung, 12/2000, 15 ff.

Kuhlmann, Jens, Neue Versorgungsmöglichkeiten für Krankenhäuser durch das GMG, das Krankenhaus 1/2004, 13 ff.

Kuhlmann, Jens, Vertragliche Regelungen und Strukturen bei der Integrierten Versorgung, das Krankenhaus 6/2004, 417 ff.

Lange, Hermann/*Nörr,* Knut Wolfgang/*Westermann*, Harm Peter, Festschrift für Joachim *Gernhuber* zum 70. Geburtstag, J. C. B. Mohr (Paul Siebeck), Tübingen 1993.

Lange, Jérôme, Beratungsprobleme beim „Eintritt" eines Arztes in eine Einzelpraxis oder bei seiner Aufnahme in eine Gemeinschaftspraxis (Teil 1), ZMGR 2003, 18 ff.

Laufs, Adolf, Die Ärzte-GmbH und das Berufsrecht, MedR 1995, 11 ff.

Laufs, Adolf/*Uhlenbruck*, Wilhelm, Handbuch des Arztrechts, 3. Aufl., C. H. Beck Verlag, München 2002.

Lennartz, Michael, Neue Musterberufsordnung der Ärzte – Abkehr von der Einzelpraxis, DFZ 7-8/2004, 24 f.

Lutter, Marcus/*Mertens,* Hans-Joachim/*Ulmer,* Peter (Hrsg.), Festschrift für Walter *Stimpel* zum 68. Geburtstag am 29.11.1985, Walter de Gruyter, Berlin, New York 1985.

Lux, Jochen, Anm. zu BGH, Urt. v. 7.4.2003, II ZR 56/02, MDR 2003, 756 ff.

Mangoldt, Hermann von (Begründer), fortgeführt von *Klein*, Friedrich/*Starck,* Christian (Hrsg.), Kommentar zum Grundgesetz, Band 1: Präambel, Art. 1 bis 19, 5. Aufl., Verlag Franz Vahlen, München 2005.

Martis, Rüdiger/*Winkhart,* Martina, Arzthaftungsrecht aktuell, Dr. Otto Schmidt Verlag, Köln 2003.

Meder, Gerald/*Hain,* Hartmut, Die Teleportalklinik verbessert die Qualität und schützt die kleinen Krankenhäuser, f&w 2003, 336 ff.

Meilicke, Wienand/*Graf v. Westphalen*, Friedrich/*Hoffmann*, Jürgen/*Lenz*, Tobias/*Wolff*, Reinmar, Partnerschaftsgesellschaftsgesetz, Gesetz über Partnerschaftsgesellschaften Angehöriger Freier Berufe, 2. Aufl., C. H. C. H. Beck Verlag, München 2006.

Möhlmann, E., Das ambulante Operieren im Krankenhaus aus der Sicht des Krankenhausträgers, Sonderheft ArztRecht 6/1996, 5 ff.

Möller, Karl-Heinz, Beitritt zur Gemeinschaftspraxis - persönliche Haftung für Altverbindlichkeiten, MedR 2004, 69 ff.

Möller, Karl-Heinz, Gemeinschaftspraxis zwischen Privatarzt und Vertragsarzt, MedR 2003, 195 ff.

Möller, Karl-Heinz, Rechtliche Probleme von „Nullbeteiligungsgesellschaften" – wieviel wirtschaftliches Risiko muss sein?, MedR 1999, 493 ff.

Mühlbacher, Axel, Integrierte Versorgung: Management und Organisation, 1. Aufl., Verlag Hans Huber, Bern, Göttingen, Toronto, Seattle 2002.

Müller, Gerda, Spielregeln für den Arzthaftungsprozeß, DRiZ 2000, 259 ff.

Müller, Klaus, GenG, Kommentar zum Gesetz betreffend die Erwerbs- und Wirtschaftsgenossenschaften, Erster Band, §§ 1-33, 2. Aufl., Verlag Ernst und Werner Gieseking, Bielefeld 1991.

Müller, Klaus, GenG, Kommentar zum Gesetz betreffend die Erwerbs- und Wirtschaftsgenossenschaften, Zweiter Band, §§ 33 bis 42, 2. Aufl., Verlag Ernst und Werner Gieseking, Bielefeld 1996.

Münchener Kommentar, Bürgerliches Gesetzbuch, Allgemeiner Teil, Band 1 §§ 1-240, AGB-Gesetz, 4. Aufl., C. H. Beck Verlag, München 2001.

Münchener Kommentar zum Bürgerlichen Gesetzbuch, Schuldrecht, Allg. Teil, Band 2 a §§ 241-432, 4. Aufl., C. H. Beck Verlag, München 2003.

Münchener Kommentar, Bürgerliches Gesetzbuch, Schuldrecht Bes. Teil II, Band 4 §§ 611-704, EFZG, TzBfG, KSchG, 4. Aufl., C. H. Beck Verlag, München 2005.

Münchener Kommentar, Bürgerliches Gesetzbuch, Schuldrecht Bes. Teil III, Band 5 §§ 705-853, PartGG, ProdHaftG, 4. Aufl., C. H. Beck Verlag, München 2004.

Münchener Kommentar, Handelsgesetzbuch, hrsg. von Karsten *Schmidt*, §§ 1-104, Band 1, 2. Aufl., C. H. Beck Verlag/Franz Vahlen Verlag, München 2005.

Münchener Kommentar, Handelsgesetzbuch, hrsg. von Karsten *Schmidt*, §§ 105-160, Band 2, C. H. Beck Verlag, München 2004.

Neuefeind, Wolfgang, Arzthaftungsrecht, Ein Überblick für Rechtsanwender, Ärzte und Patienten, 3. Aufl., Tectum Verlag, Marburg 2001.

Nösser, Gerhard, Stationäre Behandlung durch niedergelassene Ärzte, das Krankenhaus 9/2004, 736 ff.

o. V., ZMGR 3/2004, Weitreichende Änderungen der Musterberufsordnung, 115 ff.

Ott, Sieghart, Zur Grundbuchfähigkeit der GbR und des nicht eingetragenen Vereins, NJW 2003, 1223.

Pages, Katja, Erstes virtuelles Krankenhaus in Europa, KMA 2003, 50 ff.

Palandt, Kommentar zum Bürgerlichen Gesetzbuch, 65. Aufl. C. H. Beck Verlag, München 2006.

Peikert, Peter, Erste Erfahrungen mit Medizinischen Versorgungszentren, ZMGR 06/2004, 211 ff.

Pflüger, Frank, Haftungsfragen der Telemedizin, VersR 1999, 1070 ff.

Pflüger, Frank, Krankenhaushaftung und Organisationsverschulden, MedR Schriftenreihe Medizinrecht, Springer Verlag Berlin Heidelberg New York 2002.

Preißler, Reinhold/*Rehborn*, Martin, Ärztliche Gemeinschaftspraxis versus Scheingesellschaft, Dr. Otto Schmidt Verlag, Köln 2002.

Quaas, Michael/*Zuck*, Rüdiger, Medizinrecht, NJW-Schriftenreihe, C. H. Beck Verlag, München 2005.

Rachold, Ursula, Neue Versorgungsformen und Managed Care, Verlag W. Kohlhammer GmbH, Stuttgart, Berlin, Köln 2000.

Ratzel, Rudolf, Das Belegarztsystem - Chancen und Risiken, Der Frauenarzt 1991, 371 ff.

Ratzel, Rudolf, Medizinische Versorgungszentren, ZMGR 2/2004, 63 ff.

Ratzel, Rudolf, Stand der Umsetzung in den Berufsordnungen der Länder nach den Beschlüssen des 107. Deutschen Ärztetages in Bremen, ZMGR 5/2005, 143 ff.

Ratzel, Rudolf/*Lippert*, Hans-Dieter, Das Berufsrecht der Ärzte nach den Beschlüssen des 107. Deutschen Ärztetages in Bremen, MedR 2004, 525 ff.

Ratzel, Rudolf/*Lippert*, Hans-Dieter, Kommentar zur Musterberufsordnung der deutschen Ärzte (MBO), 4. Aufl., Springer Verlag, Berlin, Heidelberg 2006.

Rau, Stephan, Neue gesellschaftsrechtliche Organisationsformen ärztlicher Tätigkeit, DStR 2004, 640 ff.

Rau, Stephan, Offene Rechtsfragen bei der Gründung Medizinischer Versorgungszentren, MedR 2004, 667 ff.

Rehborn, Martin, Aktuelle Entwicklungen im Arzthaftungsrecht, MDR 2000, 1101 ff.

Reiff, Peter, Anm. zu BGH, Urt. v. 29.1.2001, II ZR 331/00, VersR 2001, 510 ff.

Reiff, Peter, Anm. zu BGH, Urt. v. 24.2.2003, II ZR 385/99, VersR 2003, 650 ff.

Reiling, Emil, Anm. zu BGH, Urt. v. 22.12.1992, VI ZR 341/91, MedR 1993, 191 ff.

Reiling, Emil, Die Grundlagen der Krankenhaushaftung – Eine kritische Bestandsaufnahme, MedR 1995, 443 ff.

Reyer, Ulrich, Anm. zu OLG Düsseldorf, Urt. v. 17.12.1992, 8 U 278/91, MedR 1993, 233 ff.

Richter-Reichhelm, Manfred, Netzwerke, ZaeFQ 2003, 599 ff.

Rieger, Hans-Jürgen (Hrsg.), Lexikon des Arztrechts, 12. Aktualisierung, C. F. Müller Verlagsgruppe Hüthig Jehle-Rehm GmbH, Heidelberg, Stand: März 2006.

Rieger, Hans-Jürgen, Die Heilkunde-GmbH in der Rechtsprechung unter besonderer Berücksichtigung des Verfassungsrechts, MedR 1995, 87 ff.

Rieger, Hans-Jürgen, Vernetzte Praxen, MedR 1998, 75 ff.

Rieger, Hans-Jürgen, Verträge zwischen Ärzten in freier Praxis, Heidelberger Musterverträge, 7. Aufl., Verlag Recht und Wirtschaft Heidelberg, Karlsruhe 2002.

Rippel, Walter H./*Rippel*, Frank, Die Ambulanz im Krankenhaus. Ein Leitfaden für die Praxis. Bd. I, 3. Aufl. 1986, 27. Ergänzung Mai 2003, Baumann Fachverlag, Kulmbach 2003.

Robbers, Jörg/*Wagener*, Andreas (Hrsg.), Die Krankenhausbehandlung, Praxiskommentar zur Vertragsgestaltung, Band 1, 2. Aufl., Deutsche Krankenhaus Verlagsgesellschaft mbH; Verlag W. Kohlhammer GmbH, Stuttgart 2006.

Robbers, Jörg, Die Krankenhausbehandlung; Praxiskommentar zur Vertragsgestaltung, Band 5, 1. Aufl., Deutsche Krankenhaus Verlagsgesellschaft mbH, Düsseldorf 1999.

Rohde, Ernst, Der Zeitpunkt der Aufklärung vor ambulanten Operationen, VersR 1995, 391 ff.

Röhrer, W./*Müller,* M. C./*Golombowski,* S./*Sterzenbach,* G./*Lehnert,* P., Handbuch Managed Care – Ein Leitfaden für Ärzte, HEXAL AG 2000.

Römermann, Volker, Anm. zu BGH, Urt. v. 7.4.2003, II ZR 56/02, BB 2003, 1081 ff.

Roth, Gunter/*Altmeppen*, Holger, Gesetz betreffend die Gesellschaften mit beschränkter Haftung (GmbHG), Kommentar, 5. Aufl., C. H. Beck Verlag, München 2005.

Salfeld, Rainer/*Wettke*, Jürgen, Die Zukunft des deutschen Gesundheitswesens, Perspektiven und Konzepte, Springer Verlag, Berlin, Heidelberg, New York 2001.

Schädlich, Hartmut, Grenzüberschreitende Telemedizin-Anwendungen: Ärztliche Berufserlaubnis und Internationales Arzthaftungsrecht, Peter Lang GmbH Verlag, Europäischer Verlag der Wissenschaften, Frankfurt am Main 2003.

Schmid, Eva-Maria, Die Passivlegitimation im Arzthaftpflichtprozess, Schriftenreihe Medizinrecht, Springer Verlag, Berlin, Heidelberg, New York 1988.

Schmidt, Karsten (Hrsg.), Handelsrecht, 5. Aufl., Carl Heymanns Verlag KG, Köln, Berlin, Bonn, München 1999.

Schmidt, Karsten, Analoge Anwendung von § 28 HGB auf die Sachgründung freiberuflicher und gewerbetreibender BGB-Gesellschaften?, BB 2004, 785 ff.

Schmidt, Karsten, Die BGB-Außengesellschaft: rechts- und parteifähig, Besprechung des Grundlagenurteils II ZR 331/00 vom 29.1.2001, NJW 2001, 993 ff.

Schmidt, Karsten, Die Gesellschafterhaftung bei der Gesellschaft bürgerlichen Rechts als gesetzliches Schuldverhältnis, NJW 2003, 1897 ff.

Schmidt, Karsten, Die Sozietät als Sonderform der BGB-Gesellschaft, NJW 2005, 2801 ff.

Schmidt, Karsten, Gesellschaftsrecht, 4. Aufl., Carl Heymanns Verlag, Köln, Berlin, Bonn, München 2002.

Schmidt, Karsten, Partnerschaftsgesetzgebung zwischen Berufsrecht, Schuldrecht und Gesellschaftsrecht, ZIP 1993, 633 ff.

Schmidt, Karsten, Das Handelsrechtsreformgesetz, NJW 1998, 2161 ff.

Schmucker, Beate/*Biersack,* Kristina, Neue Regeln zum ambulanten Operieren im Krankenhaus, Die BKK 11/2003, 552 ff.

Schnapp, Friedrich E., Rechtsfragen der gemeinschaftlichen Berufsausübung von Vertragsärzten, Bochumer Schriften zum Sozialrecht, Band 9, Peter Lang GmbH Verlag, Europäischer Verlag der Wissenschaften, Frankfurt am Main 2002.

Schnapp, Friedrich, *Wigge,* Peter (Hrsg.), Handbuch des Vertragsarztrechts, Das gesamte Kassenarztrecht, 2. Aufl., Verlag C. H. Beck, München 2006.

Scholz, Karsten, Neuerungen im Leistungserbringerrecht durch das GKV Modernisierungsgesetz, GesR 2003, 369 ff.

Schulz, Stefan/*Mertens,* Anja, Ambulantes Operieren durch Vertragsärzte im Krankenhaus – Zulässigkeit und Vergütung, MedR 2006, 191 ff.

Schwall, Karin/*Itzel,* Peter, Grundstrukturen der zivilrechtlichen Haftung von Belegarzt, Hebamme und Belegkrankenhaus im Rahmen der Geburtshilfe, MedR 2001, 565 ff.

Schwarz, Kristina/*Schreck,* Jens-Uwe/*Brenske,* Michael/*Schlottmann,* Nicole/*Walger,* Martin, Ambulante Behandlung im Krankenhaus - Abschluss des dreiseitigen Vertrags nach § 115 b SGB V, das Krankenhaus 8/2003, 599 ff.

Schwing, Claus, Erfolgsmodell oder Desaster?, ku-Sonderheft Ambulantes Operieren 3/2004, 6 ff.

Schwing, Claus, Riesiges Konfliktpotenzial, Krankenhaus Umschau 12/2003, 1199 ff.

Steffen, Erich/*Dressler,* Wolf-Dieter, Arzthaftungsrecht, Neue Entwicklungslinien der BGH-Rechtsprechung, 9. Aufl., RWS Verlag Kommunikationsforum GmbH, Köln 2002.

Stellpflug, Martin, Haftung in der Gemeinschaftspraxis, Arzt & Wirtschaft 6/2002, 24 ff.

Stopper, Michael/*Schillhorn,* Kerrin/*Dietze,* Jan: Gemeinnützige Krankenhäuser: rechtliche Umsetzung einer Integrierten Versorgung, das krankenhaus 4/2005, 281 ff.

Stürner, Rolf, Anm. zu BVerfG, Beschl. v. 2.9.2002, 1 BvR 1103/02, JZ 2003, 43 ff.

Sydow, Jörg, Management von Netzwerkorganisationen, 3. Aufl., Gabler Verlag, Westdeutscher Verlag, Wiesbaden 2003.

Taupitz, Jochen, Die GmbH als Organisationsform ambulanter heilkundlicher Tätigkeit, NJW 1992, 2317 ff.

Taupitz, Jochen, Anm. zu BGH, Urt. v. 25.11.1993, I ZR 281/91, MedR 1994, 152 ff.

Taupitz, Jochen, Rechtliche Bindungen des Arztes: Erscheinungsweisen, Funktionen, Sanktionen, NJW 1986, 2851 ff.

Taupitz, Jochen, Zur Verfassungswidrigkeit des Verbots, ärztliche Praxen in Form einer juristischen Person des Privatrechts zu führen, NJW 1996, 3033 ff.

Taupitz, Jochen, Zur Zulässigkeit von Freiberufler-GmbHs, Heilkunde-GmbH: ja, Rechtsberatungs-GmbH: nein?, JZ 1994, 1100 ff.

Theilmann, Martin, Der Weg zur Integration ambulanter Leistungen in das Krankenhaus ist frei, f&w 6/2003, 526 ff.

Tophoven, Christina/*Lieschke*, Lothar, Integrierte Versorgung, Entwicklungsperspektiven für Praxisnetze, Deutscher Ärzte-Verlag GmbH, Köln 2003.

Tuschen, Karl Heinz/*Quaas*, Michael, Bundespflegesatzverordnung, Kommentar, 5. Aufl., Verlag W. Kohlhammer GmbH, Stuttgart 2001.

Uhlenbruck, Wilhelm, Anm. zu OLG Koblenz, Beschl. v. 25.8.1989, 5 W 478/89, MedR 1990, 155 f.

Uhlenbruck, Wilhelm, Die rechtlichen Auswirkungen der neuen Bundespflegesatzverordnung auf den Krankenhausaufnahmevertrag, NJW 1973, 1399 ff.

Uhlenbruck, Wilhelm, Typische Formen des Krankenhaus-Aufnahmevertrages, NJW 1964, 431 ff.

Ulmer, Peter, Die Haftungsverfassung der BGB-Gesellschaft, ZIP 2003, 1113 ff.

Ulmer, Peter, Gesellschafterhaftung in der Gesellschaft bürgerlichen Rechts: Durchbruch der Akzessorietätstheorie?, ZIP 1999, 554 ff.

Ulmer, Peter/*Steffek,* Felix, Grundbuchfähigkeit einer rechts- und parteifähigen GbR, NJW 2002, 330 ff.

Ulsenheimer Klaus, „Oberste Priorität“: Patientensicherheit, Ambulantes Operieren, ku-Sonderheft 3/2004, 23 ff.

Ulsenheimer, Klaus/*Heinemann,* Nicola, Rechtliche Aspekte der Telemedizin - Grenzen der Telemedizin?, MedR 1999, 197 ff.

Wallhäuser, Matthias, Verträge in der Integrierten Versorgung, Frankfurter Musterverträge, C. F. Müller, MedizinRecht.de, Heidelberg 2005.

Walter, Alexander, Haftung in Gemeinschaftspraxen, Arzt & Wirtschaft 2003, 27 f.

Walter, Alexander, Haftungsverhältnisse in ärztlichen Kooperationsformen nach der Anerkennung der Rechtsfähigkeit von BGB-Gesellschaften, MedR 2002, 169 ff.

Walter, Alexander, Anm. zu BGH, Urt. v. 24.2.2003, II ZR 385/99, MedR 2003, 632 f.

Walter, Alexander, Anm. zu BGH, Urt. v. 7.4.2003, II ZR 56/02, MedR 2003, 634 ff.

Walter, Alexander, Organhaftung in als BGB-Gesellschaft betriebenen ärztlichen Gemeinschaftspraxen, GesR 9/2005, 396 ff.

Wannagat, Georg, Sozialgesetzbuch, Kommentar zum Recht des Sozialgesetzbuchs, Hrsg. *Eichenhofer,* Eberhard, *Wenner,* Ulrich, Ordner 2, Carl Heymanns Verlag KG, Köln, Berlin, München, Stand: 2005.

Weber, Ralph/*Vogt-Weber*, Beate, Die rechtliche Zulässigkeit und wirtschaftliche Sinnhaftigkeit des Betreibens einer Arztpraxis in der Rechtsform der GmbH, ArztRecht 7/1997, 179 ff.

Weimar, Robert, Ärztliche Praxisnetze - Anwaltliche Gestaltung des Gesellschaftsvertrages, MDR 2000, 866 ff.

Wertenbruch, Johannes, Die vertragliche Bindung der Kassenarztzulassung eines Gesellschafters an die Ärzte-Personengesellschaft, NJW 2003, 1904 ff.

Westermann, Peter, Zivilrechtliche Verantwortlichkeit bei ärztlicher Teamarbeit, NJW 1974, 577 ff. (579).

Wienke, Albrecht, Juristische Implikationen, ZaeFQ 2003, 603 ff.

Wigge, Peter, Integrierte Versorgung und Vertragsarztrecht (Teil 1), NZS 2001, 17 ff.

Wigge, Peter, Medizinische Versorgungszentren nach dem GMG, MedR 2004, 123 ff.

Wilk, Thomas, Die Rechtsbeziehungen im Vertragsarztwesen unter besonderer Berücksichtigung der Rechtsstellung des Belegarztes, Bochumer Schriften zum Sozialrecht, Band 10, Peter Lang Verlag, Frankfurt am Main 2005.

Windthorst, Kay, Die integrierte Versorgung in der gesetzlichen Krankenversicherung, Düsseldorfer Rechtswissenschaftliche Schriften, 1. Aufl., Nomos Verlagsgesellschaft, Baden-Baden 2002.

Wöhe, Günter/*Döring*, Ulrich, Einführung in die Allgemeine Betriebswirtschaftslehre, 19. Aufl., Verlag Franz Vahlen, München, 1996.

Wolf, Klaus/*Runzheimer*, Bodo, Risikomanagement und KonTraG, 3. Aufl., hrsg. v. Price Waterhouse Coopers, Thomas Gabler Verlag, Wiesbaden 2001.

Zwingel, Bernd/*Preißler*, Reinhold, Das Medizinische Versorgungszentrum, Deutscher Anwalt Verlag, Köln 2005.

FSC
www.fsc.org
MIX
Papier | Fördert
gute Waldnutzung
FSC® C083411

Kolibri 360 GmbH
Ferdinand-Jühlke-Straße 7
99095 Erfurt, Deutschland
produktsicherheit@kolibri360.de

Druck:
CPI Druckdienstleistungen GmbH
im Auftrag der
Kolibri 360 GmbH
Ferdinand-Jühlke-Str. 7
99095 Erfurt